아파치 Camel 따라잡기

아파치 Camel 따라잡기

다재다능한 EIP 기반 오픈소스 통합 프레임워크

스콧 크랜튼 · 야쿱 코랍 지음 | 전재홍 옮김

지은이 소개

스콧 크랜튼 Scott Cranton

오픈소스 소프트웨어 컨트리뷰터이자 에반젤리스트다. 거의 5년 전 1.5 버전부터 아파치 카멜로 작업을 해왔으며 미들웨어 개발자, 아키텍트, 컨설턴트로 20년이 넘게 활동해왔다. 퓨즈소스^{FuseSource}에서, 그리고 지금 레드햇에 근무하며 아파치 카멜, ActiveMQ, ServiceMix, Karaf, CXF의 핵심 커미터들과 가깝게 일해왔다. 카멜을 비롯한 오픈소스 프로젝트를 사용해 많은 회사가 대용량의 복잡한 통합과 메시징 시스템을 성공적으로 만들고 적용하는 것도 도왔다.

코드를 파고들고, 카멜과 오픈소스에 관한 웨비나^{webinar}에서 발표하고, 통합 문제들을 해결하기 위해 카멜을 사용하는 법을 가르치며 시간을 보낸다.

> 오랫동안 나를 참고 견뎌주고, 늦은 시간에 회사에서 컴파일하는 동안 거는 전화도 늘 잘 받아준 나의 멋진 아내 메리 엘리자베스에게 감사한다. 이 책은 항상 나를 위해 있어준 그녀가 없었다면 어떤 경우에서라도 나올 수 없었다. 주말에 책을 쓰는 동안 내가 잠시 쉬기를 원하며 "주말인데 아빠…" 하며 항상 나를 미소짓게 한 나의 멋진 세 아이들 길버트, 엘리자, 루시에게도 모두 사랑한다고 말하고 싶다.

야쿱 코랍 Jakub Korab

통합과 메시징을 전공한 컨설팅 소프트웨어 엔지니어다. 소프트웨어 공학과 분산 시스템 분야 경력이 있으며 14년 동안 텔레콤, 금융 서비스, 뱅킹 산업의 소프트웨어 분야에서 일해왔다. 웹 개발 일을 하다가 자연스레 시스템 통합으로 옮겼다. 아파치 카멜을 접하자마자 직접 통합 코드를 작성하는 것과 비교해 얼마나 많은 시간과 노력을 절약할 수 있는지에 대한 확신이 들었다. 그리고 나서는 아파치 카멜에만 매진해 왔다.

지난 몇 년간 컨설턴트로서 많은 클라이언트를 도와서 확장 가능하고, 오류로 정지하지 않으면서도 성능이 높은 시스템 통합에 관한 일을 진행해왔다. 현재는 자신의 전문 컨설턴트 사인 아멜리언트Ameliant를 운영하며 아파치의 통합 제품들을 가지고 시스템 통합과 메시징을 하는 일에 집중하고 있으며 카멜은 그 주춧돌 역할을 한다.

일하지 않을 때는 아이들과 시간을 보내고 카이트서핑과 스키를 타곤 한다. 하지만 제2의 고향인 런던에서는 그럴 기회가 줄어 아쉽다.

> 이 책을 쓰는 것은 새로운 회사를 시작하는 동안에 이루어졌다. 많은 출장, 빠르게 자라는 아기, 이사, 수많은 작은 방해요소들로 인해 글 몇 자 쓰기도 쉽지 않았다. 내 아내 앤 마리의 이해심과 사랑, 지원 없이는 가능하지 않았을 것이다. 그건 팀워크 같은 것이었다. 아내에게 고마움을 전한다.
>
> 내가 계속 집중할 수 있도록 도와준 내 귀여운 딸, 알렉스에게도 감사의 말을 전한다.

감사의 글

아파치 카멜 커뮤니티의 훌륭함에 감사드린다. 친절하고 활기가 넘쳤으며, 항상 질문에 대한 대답을 해주었고 코드 기여도 많았다. 많은 카멜 커뮤니티 회원들에게 큰 감사드린다.

감수자와, 편집자 등 보이지 않게 일한 분들에게도 감사드리고 싶다. 책을 내는 것은 큰 프로젝트로. 집필 작업은 일부에 불과하다. 여러분들 없이는 가능하지 않았을 것이다.

롭 데이비스^{Rob Davies}, 클라우스 입센^{Claus Ibsen} 그리고 퓨즈 팀 전체에게 오픈소스가 얼마나 재미있는 일인지 보여준 것에 감사한다. 그들은 항상 질문에 대답해주었고 새로운 프로젝트를 파고 들었으며, 함께 있을 때 가끔 맥주를 마시기도 했다. 여러분과 같이 일할 수 있어서 정말 즐거웠고 앞으로도 오랫농안 인연이 이어지길 바란다.

제임스 스트라찬^{James Strachan}에게 특별히 감사한다. 당신의 코드에 대한 열정과 사랑은 당신을 만나는 모두에게 진정으로 영감을 준다. 최근 당신의 새로운 프로젝트를 비롯해 어떤 것이든 계속 함께 작업하기를 바란다.

기술 감수자 소개

빌긴 이브라이엄 Bilgin Ibryam

전산 석사학위를 가진 소프트웨어 엔지니어로서 현재 레드햇에서 미들웨어 컨설턴트로 일하고 있다. 분산 애플리케이션, 메시지 지향 미들웨어, 애플리케이션 통합 등에 열정을 가지고 있다. 『Instant Apache Camel Message Routing』이라는 아파치 카멜과 기업 통합 패턴에 관한 책의 저자다. 또한 오픈소스에 깊이 관여하고 있으며, 아파치 OFBix를 비롯한 여러 아파치 카멜 프로젝트의 커미터이다. 여가 시간에는 오픈소스 프로젝트에 기여하는 것을 즐기고 http://ofbizian.com에 블로그를 올린다. 트위터 계정 @bibryam을 통해 그에게 연락할 수 있다.

클라우스 입센 Claus Ibsen

소프트웨어 엔지니어이자 아키텍트, 컨설턴트로 15년 이상 일해왔다. 지난 5년 동안 퓨즈소스와 레드햇의 미들웨어 팀에서 퓨즈 제품을 위해 풀타임 오픈소스 개발자로 일해왔다. 6년 넘게 아파치 카멜 프로젝트에서 활발히 활동해왔으며 수석 컨트리뷰터로 여러 컨퍼런스에서 아파치 카멜을 사용한 통합에 관해 발표를 해왔다.

매닝Manning 출판사에서 출간한 『Camel in Action』(2011)의 저자다.

> 이 굉장한 책을 쓴 스콧Scott과 야쿱Jakub을 축하해주고 싶다. 카멜 커뮤니티가 더욱더 성장하는 것을 보는 것이 즐겁다. 새로운 사용자는 이 책을 통해 아파치 카멜을 성공적으로 사용할 수 있게 될 것이고, 경험있는 사용자는 많은 예제에서 가치있는 정보를 발견할 수 있을 것이다.

크리스찬 포스타 Christan Posta

아리조나의 피닉스에 살고 있으며, 수석 컨설턴트이자 아키텍트다. 고 확장성과 처리량을 요구하는 메시징에 기반한 기업 통합 분야의 전문가다. 또한, 임베디드 시스템에서 UI/UX 디자인과 그 사이의 많은 통합까지 넓은 범위의 도메인에서 10년 넘게 개발해왔다. 소프트웨어 개발에 관해 열정적이며 어려운 기술적 문제를 해결하는 것을 좋아하고 새로운 언어와 프로그래밍 패러다임을 배우는 것을 즐긴다. 좋아하는 언어는 파이썬과 스칼라다. 하지만 대부분은 자바로 코드를 짠다. 아파치 카멜, 아파치 ActiveMQ, 아파치 Apollo 프로젝트의 커미터이며, ActiveMQ의 PMC이기도 하다. 카멜과 ActiveMQ, 통합에 관련한 블로그(http://www.christianposta.com/blog)를 운영하며, 흥미있는 기술에 대한 트윗은 @christianposta 계정으로 올린다.

> 이 책의 감수를 요청한 스콧Scott과 야쿱Jakub에 감사한다. 나는 이 작업이 다른 카멜 책에 궁극적인 보완이 될거라 생각한다. 이 책은 훌륭한 라이브러리를 사용해 어려운 통합을 쉽게 수행하는 법을 추적하고 보여준다.

필 윌킨스 Phil Wilkins

다국적 기업과 스타트업 양쪽 모두에서 경험을 가지고 있으며, 소프트웨어 산업에서 거의 25년을 지내왔다. 개발자로 시작해 지금은 기술과 개발 관리 역할을 담당하고 있다. 지난 12년 동안은 주로 자바 기반 환경에서 일했다. 현재는 국제 광학 의료 생산자와 소비자를 위한 IT 그룹 내에서 기업 기술 아키텍트로 일하고 있다.

그 외에도, 커뮤니티 웹사이트 개발부터, 책을 쓰는 사람들에 대한 정보 제공과 지원, 그리고 소프트웨어 아이디어와 비즈니스 개발까지 다양한 범위의 활동에서 여러 사람들을 지원해왔다.

일하지 않을 때에는 음악을 즐기거나, 아내와 두 아들과 시간을 보낸다.

내 아내 캐서린과 두 아들 크리스토퍼와 아론에게 이 자리를 빌려 고마움을 전하고 싶다. 그들은 내가 오랫동안 해왔던 많은 IT 관련 활동과 나의 고용주를 위해 일하느라 컴퓨터 앞에서 보냈던 수많은 시간을 참아주었다.

옮긴이 소개

전재홍 cheonjh@hotmail.com

한화S&C R&D팀에서 모바일 플랫폼을 개발하고 있다. 빅데이터, 인메모리 기반 처리, 소프트웨어 아키텍처 등에 관심이 많으며, 한국 JBoss User Group 커뮤니티에서 활동하고 있다. 『JBoss 인피니스팬 따라잡기』(에이콘출판사, 2013)를 번역했다.

옮긴이의 말

2003년에 그레거 호프와 바비 울프의 공동 저작으로 『기업 통합 패턴 Enterprise Integration Patterns』이 출간되었다(2014년 에이콘 출판사에서 번역본이 나왔다). 애디 슨웨슬리 출판사의 마틴 파울러 시리즈의 하나인 그 책은 기업용 애플리케이션의 통합과 메시지 기반 미들웨어를 사용하는 다수의 설계 패턴에 대해 설명한다.

아파치 카멜은 이런 기업 통합 패턴의 구현체다. 동일한 목적으로 스프링 인티그레이션 Spring Integration 이나 뮬 ESB Mule ESB 같은 프레임워크가 있으나 카멜이 사실상 표준이 라고 할 수 있을 정도로 많이 사용되고 있고 이미 성숙도도 높다.

기업용 애플리케이션 통합을 위해서 기업 통합 패턴, 즉 카멜을 사용한다는 것은 비 동기 메시지 기반 아키텍처를 도입한다는 것을 뜻한다. 이것은 고성능의 대용량 분산 시스템 구축과 통합을 위한 최선의 방법이며, 최근에는 일반 웹 애플리케이션에서도 성능과 확장성을 위해 비동기 메시징을 사용하는 경우가 많다.

카멜을 사용하면 많은 문제에 대해서는 이미 만들어져있는 컴포넌트 등을 조합하여 XML 설정이나 간단한 코드로도 원하는 통합이 가능하고, 새로운 문제에 대해서는 직 접 컴포넌트를 제작할 수 있다. 그리고 많이들 사용하고 있는 스프링 프레임워크와의 통합도 아주 쉽기 때문에 어렵지 않게 접근할 수 있다.

이 책은 카멜이나 기업 통합 패턴을 설명하기보다는 같이 실행해보면서 배우는 책이 다. 카멜에 대해서 들어는 봤지만 실제로 아직 실행해보지 않았거나, 사용하고 있지 만 다른 패턴들을 배우거나 참고하고자 하는 개발자들에게 많은 도움이 될 것이다.

이 책은 각 패턴의 개념을 깊게 설명하지 않는다. 요리책같이 실무에서 마주칠 수 있 는 문제에 대해 여러 해결 방법 중 하나의 예제를 제시할 뿐이다. 각 예제에는 문제가 있고 그 문제와 해결 방법에 대해 설명하고 있지만, 그것만으로는 부족할 수 있다. 예 제 코드를 다운로드하여 실행해보고 조금씩 고쳐서 다시 실행하는 것을 반복한다면 책이 전달하고자 하는 지식을 자기 자신의 것으로 만들 수 있을 것이다.

목차

1장 루트 구성   33

2장 메시지 라우팅   71

들어가며

아파치 카멜은 시스템 통합system integrations을 위한 자바 프레임워크다.

왜 이런 프레임워크가 필요한가라고 질문할 수 있겠다. 시스템 통합은 해결이 많이 된 문제다. 우리는 오래전부터 다양한 프론트엔드를 웹 서비스, 메시지브로커, 데이터베이스에 어떻게든 연동해왔다. 확실히 시스템 통합은 추상화를 필요로 하지 않는, 잘 알려진 영역이다.

하지만 꼭 그렇지도 않다.

스프링 프레임워크가 2003년 이후 자바 EE 시장의 판도를 뒤바꿔 놓았던 것처럼, 아파치 카멜은 2007년에 출시된 이후로 시스템 통합 시장의 균형을 흔들어왔다. 카멜은 훨씬 간결하고 쉬운 코드를 생산하는 시스템 통합을 생각하고 행하는 새로운 길을 가능케 하고, 더 적은 노력으로 오류를 줄이고 유지보수를 손쉽게 만들었다. 활발히 움직이는 대규모 아파치 카멜 커뮤니티와 카멜에 기반한 상용 통합 제품의 수가 얼마나 늘었는지, 그리고 미들웨어 개발자 컨퍼런스에서 회자되는 카멜에 대한 논의가 얼마나 많아졌는지 등이 카멜에 대한 호평을 입증할 수 있는 근거가 될 것이다.

이 책은 카멜을 이미 좀 알고 있고, 통합에 관한 복잡한 문제를 풀기 위해 카멜이 어떻게 더 도움이 될지 팁을 찾는 독자들을 대상으로 한다. 이 책은 일반적인 통합 작업을 해결하기 위해 카멜을 사용하는 단계별 설명이 포함된 100개가 넘는 예제가 담겨 있다. 각 예제에서는 카멜이 내부적으로 어떤 작업을 수행하는지를 간단히 설명하고, 심도 있는 학습을 원하는 사람들을 위한 추가 정보 등을 알려줄 것이다.

이 책은 카멜을 처음 시작하는 사람에게는 적합하지 않을 수도 있다. 하지만 다른 통합 기술에 벌써 익숙해 있고, 사용하면서 배우길 원한다면 이 책의 예제들이 도움이 될 것이다. 여기서는 카멜의 개념에 대해서 깊은 설명을 하지는 않을 것이다.

많은 예제 코드와 함께 카멜의 개념적인 내용을 더 원하는 독자는, 클라우스 입센Claus Ibsen과 조나단 앤스티Jonathan Anstey가 저술한 매닝Manning 출판사의 『Camel in Action』

을 읽어보길 권한다. 한 권 더 소개하자면, 팩트 출판사에서 발간된 빌긴 이브라이엄 Bilgin Ibryam의 『Instant Apache Camel Message Routing』(2013)을 보라. 카멜 공식 웹 사이트(http://camel.apache.org)도 카멜을 사용하는 데 도움이 되는 글과 문서 리스트를 많이 다룬다.

카멜의 개요

이 절에서는 카멜에 대한 짧은 개요와 카멜을 왜 만들었는지에 대해 설명한다. 이 절의 목적은 독자들이 카멜의 핵심 개념을 상기하고, 개발자들이 어떻게 그런 개념들을 정의했는지를 이해하는 데 도움을 주는 것이다. 카멜에 대한 포괄적인 소개를 하려는 것은 아니다. 이 책에 포함된 여러 예제를 활용하는 데 카멜의 개념에 대한 간략한 참고 정도로 생각해주길 바란다.

시스템 통합은 어렵다. 통합 작업을 수행하는 개발자들이, 종단의 시스템이 어떻게 외부 시스템으로 자신을 노출하고 있는지, 각 시스템으로부터 오는 데이터 기록(메시지)이 어떻게 변환되고 어디로 가는지 반드시 이해해야 하기 때문에 어렵다. 또, 전송, 라우팅, 메시지 처리에 사용되는 새로운 기술에 대한 실무지식도 익혀야 한다. 더욱 힘든 것은 통합 대상 시스템이 아마도 다른 개발자들에 의해 다른 시점에 만들어졌고 또 당신이 작업하는 순간에도 여전히 바뀌고 있을 것이라는 것이다. 이는 고속도로를 달리는 자동차 두 대를 연결하는 것과 같다.

지난 수십 년 동안 해왔던 방법에서, 일반적인 시스템 통합은 해결하고자 하는 상위 레벨 통합 문제들과는 아무런 관련이 없는 많은 코드 작성을 필요로 했다. 대부분은 공통 처리, 또는 파일시스템, SOAP, JMS, JDBC, 소켓 I/O, XSLT 등과 같은 메시지 전송과 처리 기술을 위한 라이브러리들을 올리고 내리는 반복적인 작업을 다루기 위한 중복 코드들이다.

2000년대 초에 많은 사람들이 다수의 프로젝트에서 소프트웨어 패턴을 연구, 정리했고, 그 결과로 그레거 호프Gregor Hohpe와 바비 울프Bobby Woolf가 저술한 애디슨웨슬리 출판사의 훌륭한 책 『기업 통합 패턴 Enterprise Integration Patterns: 기업 분산 애플리케이션 통합을 위한 메시징 해결책』(에이콘출판, 2014)이 출판되었다. 통합 패턴EIP, Enterprise Integration Patterns 목록은 관련 사이트(http://www.enterpriseintegrationpatterns.

com)에서 확인할 수 있다. 이 패턴들은 내용기반 라우터[Content Based Router], 분할기[Splitter], 필터[Filter] 같은 고전적인 패턴을 포함한다. 이 책은 데이터가 하나의 시스템으로부터 독립적인 기술을 사용하는 다른 시스템으로 어떻게 옮겨가는지에 대한 모델을 소개한다. 이렇게 이름 붙은 개념들은 공통 언어가 되어서 모든 통합 아키텍트와 개발자들이 구현을 하는 데 어려움이 없도록 무엇을 해야 하는지 알려준다.

카멜은 이런 EIP 개념을 그 프레임워크의 핵심 구조로 삼고, 실제 작업을 수행하는 기반 기술이 동작하는 것과 독립적으로 EIP 개념들의 실행 가능한 버전을 제공한다. 카멜은 그 추상화에 컴포넌트[Components]와 동작하는 엔드포인트 URI[Endpoint Uniform Resource Identifiers] 등을 추가했다. 이는 개발자들이 해당 기술을 사용하는 데 필요한 중복 코드에서 헤매지 않고 목적 시스템에 연결하는 데 사용되는 특정 기술을 지정하게 한다. 카멜은 도메인 특화 언어[DSL]를 제공해 자바, 그루비, 스칼라 등의 많은 프로그래밍 언어와 스프링, OSGi 블루프린트 등의 프레임워크를 연결하는 통합 로직을 정의하게 한다. 그래서 개발자들은 EIP 개념을 사용하는 통합을 위해 일상의 영어식 표현을 사용한다. 예를 들면 다음과 같다.

```
consume from some endpoint,
split the messages
  based on an expression, and
  send those split messages to some other endpoint
```

카멜을 사용하는 법을 보기 위해 구체적인 예를 살펴보자.

상사가 다가와서 당신 프로젝트의 통합 문제를 하나 해결하라고 지시했다고 가정하자. 매분 새로운 XML 파일을 확인하기 위해 특정 디렉토리를 폴링하고, 많은 엘리먼트가 반복되는 XML 파일을 쪼개서 개별적인 레코드/메시지로 만들고, 그 개별적인 레코드들을 각각 JMS 큐에 보내서 다른 시스템이 처리하게 하라고 명령받았다. 그리고 어떤 문제가 발생하면 코드는 재시도해야 한다. 또한 그 시스템은 자주 변경될 것이니 코드를 변경하기 쉽도록 유연하게 만들어야 한다. 하지만 어떻게 변경이 이루어질지는 아무도 모른다. 듣기에 익숙하지 않은가?

카멜을 도입하기 전이라면 당신은 안정적인 디렉토리 폴링, XML 파싱, XML 파일을 위한 XPath 라이브러리 사용, JMS 커넥션 설정 등을 하는 데 최선의 방법을 찾기 위해 인터넷을 뒤지며 수천 행의 코드를 보고 있을 것이다. 카멜은 이런 반복적인 복잡함을 테스트 완료된 컴포넌트로 모두 숨기고 여러분은 다음 예제대로 스프링 XML DSL을 사용해 문제에 대해 정의하기만 하면 된다.

```
<route>
    <from uri="file://someDirectory?delay=60000"/>
    <split>
        <xpath>/xpath/to/record</xpath>
        <to uri="jms:queue:myProcessingQueue"/>
    </split>
</route>
```

우와! 처음 카멜 코드를 보고 이렇게 적은 양의 코드로 표현이 가능함에 놀랐던 것을 아직 기억한다.

이 카멜 예제는 메시지 처리를 위한 채널의 그래프를 정의하는 하나의 루트^{Route}를 보여주는데, someDirectory로부터 60,000밀리초마다 파일을 가져오고, XPath 표현에 기반해 그 데이터를 분리하고, myProcessingQueue라고 이름 지어진 JMS 큐로 그 결과 메시지를 보내는 것을 정의한다. 이는 상사에게 지시받았던 바로 그 문제고, 카멜 코드는 효율적으로 그것을 정의한다. 코드를 만들기도 쉬울 뿐만 아니라 (한참 후에 당신 자신을 포함해) 다른 사람들이 코드가 무엇을 하는지 이해하기 쉬워진다.

이 예제에서 확실하지 않은 것은 이 코드가 (파일 처리를 재시도 하는 것을 포함하는) 에러 처리, 파일 객체를 XML 문서 객체로 바꾸는 것 같은 데이터 타입 변환, 그리고 JMS 큐에 데이터 송신을 위한 데이터 패키징과 연결을 위한 기본 행위를 가지고 있다는 것이다.

하지만 만약 다른 기술을 사용할 필요가 있다면 어떨까? 카멜은 어떻게 그런 상황을 다루는가? 아주 잘 다룬다. 만약에 상사가 이젠 디렉토리 대신에 원격 FTP 서버로부터 파일을 가져오라고 지시한다면, 간단히 파일 컴포넌트를 FTP 컴포넌트로만 바꾸고 나머지 로직은 그냥 놔두면 된다.

```
<route>
    <from uri="ftp://scott@remotehost/someDirectory?delay=60000"/>
    <split>
        <xpath>/xpath/to/record</xpath>
```

```
        <to uri="jms:queue:myProcessingQueue"/>
    </split>
</route>
```

file:을 ftp:로 간단히 변경하는 것은 카멜에게 로컬 디렉토리 폴링을 하기 위해 잘
테스트된 수백 행의 코드를 사용하는 것을 FTP 디렉토리를 폴링하는 테스트 완료된
수백 행의 코드로 바꾸라고 말하는 것이다. 게다가 데이터를 분리하고 JMS 큐로 전달
하라는 핵심 데이터 처리 로직에는 변화가 없다.

이 책의 원서가 출판되는 시점을 기준으로, 카멜 커뮤니티에는 모든 것을 다루는 160
개가 넘는 컴포넌트가 있다. 파일, FTP, JMS부터 아파치 주키퍼 같은 분산 레지스트
리, FIX와 HL7 같은 로우레벨 와이어 포맷, Nagios 같은 모니터링 시스템, 그리고 페
이스북, 트위터, SAP, 세일즈포스 같은 상위 수준 시스템의 추상화까지. 이런 많은 컴
포넌트들은 당신이 사용하고자 하는 기술을 만든 사람들에 의해 쓰였다. 그래서 일반
적으로는 해당 기술을 사용하는 데 가장 좋은 방법을 선택하고 있다. 카멜은 세상에
존재하는 수많은 오픈소스 프레임워크 최고의 통합 기술들을 쉽게 사용하면서 모범
적인 적용을 가능하게 한다.

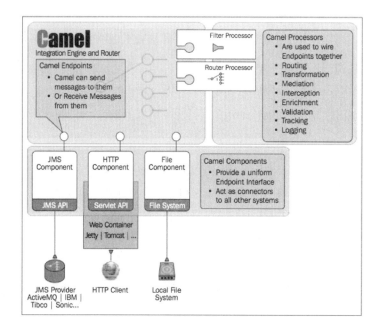

22

카멜에 있어서 또 다른 큰 혁신은, 채널을 흐르는 메시지가 고정된 표준 데이터 타입이 아니어도 된다는 것이다. 대신 카멜은 메시지의 현재 데이터 타입을 추적하고, 확장 가능한 데이터 타입 전환 기능을 포함하고 있어 카멜이 메시지를 프로세스의 다음 단계에서 요구하는 데이터 타입으로 전환하게 한다. 이는 카멜이 카멜 루트route에서 호출하는 자바 메소드를 위해 타입을 전환하기 때문에, 이미 존재하는 자바 라이브러리와 매끄러운 통합을 제공한다. 이 모든 것들이 매우 유연하게 조합되어, 고도로 독립적인 자바 코드라도 카멜의 어떤 부분에서든 쉽고 빠르게 확장이 가능하다.

카멜은 지금까지 설명한 내용보다 훨씬 많은 역량을 보유하고 있다.

카멜의 개념

이 책 전반에서 사용하는 몇 가지 카멜 아키텍처 관련 개념을 빨리 찾아볼 수 있게 간단히 설명한다. 자세한 내용은 아파치 카멜 웹사이트(http://camel.apache.org)에서 찾으면 된다.

카멜 익스체인지Camel Exchange는 시스템 간 대화의 상태를 포함하고 있는 홀더 객체며, 속성과 다양한 플래그flag, 메시지 교환 패턴MEP, message exchange pattern(InOnly/InOut) 그리고 두 개의 메시지(In메시지와 Out메시지)를 가지고 있다. 속성은 스트링 키와 오브젝트 값의 맵이며, 일반적으로 카멜과 익스체인지의 처리에 관련된 정보를 저장하는 컴포넌트에 의해 사용된다.

하나의 메시지는 처리 단계에서 사용되는 페이로드뿐만 아니라 스트링 키와 오브젝트 값의 맵으로 표현되는 헤더를 가진다. 헤더는 프로세서 간 메시지에 관해 부가적인 정보를 전달하기 위해 사용한다. 헤더 값들은 일반적으로 기본값들을 덮어쓰게 된다.

In 메시지는 항상 프로세서로 들어가는 익스체인지를 나타낸다. 프로세서는 In 메시지를 변경하거나 새로운 페이로드를 준비해 Out 메시지에 위치한다. 만약 하나의 프로세서가 Out 메시지를 정하면, 카멜 컨텍스트는 다음 프로세서로 넘기기 전에 그것을 익스체인지의 In 메시지로 옮길 것이다. 더 많은 정보는 http://camel.apache.org/exchange.html와 http://camel.apache.org/message.html를 참조하라.

카멜 프로세서Processor는 모든 메시지 처리 단계를 위한 기본 인터페이스다. 분할기

Splitter 같은 미리 정해진 EIP들을 포함하는 프로세서는 엔드포인트 또는 `org.apache.camel.Processor` 인터페이스를 구현해 작성한 커스텀 프로세서를 호출한다. 더 많은 정보는 http://camel.apache.org/processor.html를 보라.

카멜 루트Route는 카멜 DSL을 사용해 정의한 메시지 처리 단계를 연결한 것이다. 루트는 항상 `from()`문 안에 하나의 컨슈머 엔드포인트로 시작하고 하나 또는 그 이상의 프로세서 단계를 포함한다. 루트 내의 프로세싱 단계들은 느슨하게 연결되어 있고 loosely coupled 서로를 호출하지 않으며, 그들 간에 메시지를 전달하는 대신 카멜 컨텍스트에 의존한다. 더 많은 정보는 http://camel.apache.org/routes.html를 보라.

카멜 컨텍스트Context는 루트에 정의된 단계를 따라 익스체인지를 처리하는 엔진이다. 메시지들은 컴포넌트 기술에 적절한 스레딩 모델에 기반해 루트에 뿌려진다. 그 후의 스레딩은 루트에 정의된 프로세서들에 의존한다.

카멜 컴포넌트Component는 전송 또는 공통 카멜 인터페이스들 뒤에서 전송이나 기술과의 통신을 캡슐화한 라이브러리다. 카멜은 컴포넌트를 사용해 메시지를 만들어 보내거나 또는 메시지를 얻어 소비한다. 모든 컴포넌트 목록은 http://camel.apache.org/components.html를 확인하라.

카멜 엔드포인트Endpoint는 컴포넌트에 의해 해석되는 주소값으로, 컴포넌트가 메시지를 받거나 보내는 디렉토리, 메시지 큐 또는 데이터베이스 테이블 같은 대상 자원을 식별한다. `form()` 안에 사용되는 하나의 엔드포인트는 컨슈머Consumer 엔드포인트라 하고, `to()` 안에 사용되는 것은 프로듀서Producer 엔드포인트라 한다. 엔드포인트는 URI로 표현되며, 그 속성들은 대응되는 특정 컴포넌트에만 적용된다. 더 많은 정보는 http://camel.apache.org/endpoint.html를 보라.

카멜 표현식Expression은 메시지를 처리하는 인라인 코드를 루트 내에 넣는 하나의 방법이다. 예를 들어, 진행 중인 메시지를 검토하기 위해 사용될 인라인 그루비 코드를 작성하기 위해 그루비 표현 언어를 사용한다. 표현식은 많은 EIP들에 사용되어 메시지 라우팅에 영향을 준다. 라우팅 슬립 패턴Routing Slip EIP에서 메시지를 분기route하기 위해 표현식을 사용해 엔드포인트 목록을 제공하는 것은 한 가지 예다. 더 많은 정보는 http://camel.apache.org/expression.html를 확인하라.

카멜 DSL

카멜의 루트는 각각의 도메인 특화 언어^{DSL, Domain Specific Language}를 통해 정의된다. 이 책은 라우팅을 설명할 때 자바 DSL과 스프링 XML DSL 두 가지 주요 DSL을 사용한다. 스프링을 모델로 만들어진 OSGi 블루프린트 XML DSL은 잠깐 살펴본다. 스프링과 OSGi 블루프린트 XML DSL을 일괄적으로 XML DSL이라고 부르겠다. 그루비나 스칼라를 포함해 카멜 루트를 정의하는 데 사용 가능한 여러 DSL이 있다. 이들에 대한 자세한 정보는 다음 링크를 보라.

- 그루비 DSL: http://camel.apache.org/groovy-dsl.html
- 스칼라 DSL: http://camel.apache.org/scala-dsl.html

카멜에서 고전적인 내용 기반 라우터^{Content Based Router} 패턴을 XML과 자바 DSL 두 가지를 사용해 정의한 예를 보자. 이 패턴에 대해서는 2장, '메시지 라우팅'에서 더 자세히 다룰 것이다.

XML DSL에서는 라우팅 로직을 다음과 같이 작성한다.

```
<route>
    <from uri="direct:start"/>
    <choice>
        <when>
            <simple>${body} contains 'Camel'</simple>
            <log message="Camel ${body}"/>
        </when>
        <otherwise>
            <log message="Other ${body}"/>
        </otherwise>
    </choice>
    <log message="Message ${body}"/>
</route>
```

자바 DSL에서는 동일한 루트를 다음과 같이 표현한다.

```
from("direct:start")
    .choice()
        .when().simple("${body} contains 'Camel'")
            .log("Camel ${body}")
```

```
        .otherwise()
            .log("Other ${body}")
    .end()
    .log("Message ${body}");
```

어떤 DSL을 사용할 것인지는 주로 개인이 결정한다. 어느 하나를 사용한다고 해서
다른 쪽을 함께 사용하지 못하게 하지는 않는다. 각 DSL은 장단점을 가지고 있다. 어
떤 DSL을 사용하든 카멜의 모든 기능을 사용할 수 있다.

DSL	장점	단점
자바	▶ 루트가 매우 유연성있게 정의된다(예를 들어 루트 정의가 환경에 따른 조건을 가진다). ▶ RouteBuilder 객체가 루트 템플릿을 사용해 다른 프로세서와 엔드포인터에 여러 번 인스턴스화될 수 있다. ▶ 루트가 코드의 길이 면에서 대응되는 XML보다 짧은 경향이 있다. ▶ 각 RouteBuilder는 전체 카멜 컨텍스트에서 모든 루트의 시작을 요구하지 않고 독립적으로 테스트 가능하다.	▶ 때때로 루트 정의가 고급 자바 언어 특성을 너무 많이 쓰는 경우가 있다. 인라인 프로세서 단계를 위한 대량의 익명 내부 클래스 코드 때문에 루트의 의도가 숨겨지거나 추후 유지보수를 어렵게 만든다. ▶ 루트가 빌더 패턴을 사용해 정의되기 때문에 통합개발환경(IDE)에서 자동 코드 정렬이 들여쓰기를 망칠 수 있다. ▶ EIP 내의 처리 단계가 어디에서 끝나는지 확실치 않을 때가 있다. ▶ DSL을 위해 자바를 사용하는 것의 한계 때문에 때때로 EIP 내에서 다른 어떤 EIP를 사용할 때 그것을 서브루트(sub-route)로 분리해야 할 경우가 있다.
XML	▶ 자동으로 들여쓰기가 된다. ▶ 자바 개발자가 아니더라도 읽기 쉽다. ▶ Fuse IDE와 hawtio 같은 툴도 지원한다. ▶ ActiveMQ 설정을 함께 할 때와 같이 자바 코드를 사용하기 어려운 환경에서도 사용하기 쉽다.	▶ 장황하다. (각괄호 쓰다가 지친다) ▶ 독립된 자바 루트만큼 테스트가 용이하지 않다. 외부 자원을 가리키는 루트 내의 스프링 빈(bean) 의존성들은 테스트용 스프링 설정에서 목킹(mock) 되어야 한다.

이 책의 구성

1장, 루트 구성에서는 카멜 구성의 기본적인 사항을 소개한다. 자바와 스프링 애플리
케이션에서 실행되는 프레임워크를 만들고, 카멜 컴포넌트를 사용하고, 라우팅 로직
을 분리하고 재사용한다.

2장, **메시지 라우팅**에서는 카멜에서 메시지를 라우트하기 위해 사용되는 주요 EIP 사용법을 설명한다. if-else 스타일 내용 기반 라우팅부터 좀 더 복잡하고 동적인 옵션까지 모두 살펴본다.

3장, **사용자 코드로 라우팅**에서는 직접 작성한 자바 코드에서부터 카멜 런타임과 어떻게 상호작용하는지와 카멜 루트 내에서 자바 코드가 어떻게 사용되는지 설명한다.

4장, **전환**은 자바 객체, XML, JSON, CSV 같은 일반적인 메시지 형식을 다루고, 그 형식 간 변환을 위해 바로 사용 가능한 정책을 제시한다.

5장, **분리하기와 합치기**에서는 관련된 분할기^{Splitter}와 수집기^{Aggregator} 패턴을 깊이있게 살펴본다.

6장, **병렬 처리**에서는 스레드풀, 프로파일, 비동기 프로세서를 사용해 처리를 확장하기 위해 카멜이 지원하는 것을 개략적으로 살펴본다.

7장, **에러 처리와 보상**에서는 이미 완료된 비트랜잭션 작업을 위한 보상 라우팅 단계를 시작하는 기능을 포함해, 오류를 다루기 위해 카멜 DSL이 제공하는 메커니즘을 설명한다.

8장, **트랜잭션과 멱등성**은 트랜잭션 리소스(JDBC와 JMS)를 다루기 위한 몇 가지 방법을 보여준다. 메시지 재실행^{replay} 또는 복제 이벤트 시 오직 한 번만 불리게 되는 방법으로 비트랜잭션(웹 서비스 같은) 리소스를 다루는 내용도 설명한다.

9장, **테스팅**은 백엔드 시스템을 필요로 하지 않으면서 사용자 루트의 행위를 검증하기 위해 카멜의 테스트 지원을 설명한다. 또한 런타임 시 사용되는 코드를 수정하지 않고, 테스팅 목적으로 부가적인 단계를 거쳐 루트를 변경하는 법을 보여준다.

10장, **모니터링과 디버깅**은 로깅, 추적, 디버깅에 대한 카멜의 지원을 설명한다. 개발자가 직접 속성과 동작을 정의할 수 있는 기능을 포함하는 카멜의 JMX 지원으로 모니터링을 시험한다.

11장, **보안**은 시스템 간 암호화 통신, 민감한 설정 정보 숨기기, 인증서를 사용한 부인 방지, 루트에 인증과 권한부여를 적용하는 것을 다룬다.

12장, **웹 서비스**에서는 카멜을 사용해 백엔드와 프록시 SOAP처럼 행동하는 웹 서비스를 호출하는 방법을 살펴본다.

준비 사항

이 책은 http://github.com/CamelCookbook/camel-cookbook-examples 링크에 있는 예제 소스와 같이 사용하면 가장 좋다. http://www.packtpub.com 사이트에 로그인해 코드를 얻을 수도 있다.

 시작부터 우리는 모든 하나의 예제마다 동작하는 코드가 있어야 한다는 목적을 정했다. 그 결과로 기본 코드는 각 예제들의 다양한 변경사항을 지원하고 단위 테스트 작업에 의해 모두 백업된다. 사실 모든 소스 코드를 출력한다면 지금 들고 있는 책보다 네 배는 더 두꺼운 책을 가지게 될 것이다.

모든 예제는 JUnit 테스트로 실행되고 전체적으로 아파치 메이븐 프로젝트로 구성되어 있다. 실행을 위해 자바 6 또는 7 JDK(http://www.oracle.com/technetwork/java/javase/downloads/index.html)가 필요하고 아파치 메이븐 3(http://maven.apache.org/)이 설치되어 있어야 한다. 메이븐이 모든 적절한 프로젝트 의존성을 다운로드할 것이다.

 메이븐은 지난 몇 년 동안 다음과 같은 이유로 광범위한 자바 커뮤니티 내에서 선택된 빌드툴이 되었다.

- ▶ 프로젝트 구조의 표준적인 방법. 새로운 개발자가 프로젝트 레이아웃을 쉽게 전체적으로 적응하게 한다.

- ▶ 표준적이고, 커스터마이징 가능한 빌드 플러그인이 있어서 개발자가 세부적인 내용을 걱정할 필요 없이 빌드의 여러 단계에서 어떤 빌드 작업이 필요한지 결정하게 한다.

- ▶ 라이브러리 의존성에 관한 동작 메커니즘. 이것이 메이븐의 가장 큰 성공이고 의존성 관리에 대한 표준적인 접근이 되었다. 이는 (아이비(Ivy) 의존성 관리 확장을 통한) 안트(Ant), 그루비의 그래들, 스칼라의 SBT 이외 다른 여러 가지 빌드 시스템에 의해 재사용된다.

메이븐에 대한 완전한 설명은 이책의 범위를 넘어선다. 하지만 관심있는 독자는 마에스트로데브(MaestroDev)의 '메이븐으로 더 나은 빌드'(http://www.maestrodev.com/better-builds-with-maven/about-this-guide/)를 보라.

이 책의 대상 독자

이 책은 앞에 있는 모든 프레임워크를 배우지 않고 작업을 완료하길 원하는 아파치 카멜을 사용하는 프로그래머를 위한 책이다. 카멜을 처음 보고 시작점이 필요한 사람들은 이 프레임워크를 사용해 작업하면서 카멜이 특히 유용함을 알게 될 것이다.

우리는 이 책이 필요할 때 보는 개개의 실습 예제^{how-to recipes} 모음으로 읽혀지길 바랐다. 처음부터 끝까지 읽을 수도 있으나 예제 간을 왔다갔다 하며 읽어도 된다. 각각의 예제는 심화 학습을 위한 링크를 포함하고 있고, 이미 논의한 기술들을 사용해 시스템 통합을 만드는 것이 편할 때에는 다른 예제를 참조로 표시했다.

편집 규약

정보의 종류를 구분하기 위해 여러 가지 텍스트 스타일을 사용했다. 스타일의 예와 의미는 다음과 같다.

본문에서, 카멜 엔드포인트 URI, 폴더 이름, 파일 이름, 파일 확장자, 경로 이름, URL 등은 다음과 같이 표기한다.

"앞의 예제구현 절에서 설정된 대로 cxf-codegen-plugin의 기본 행위는 WSDL 파일을 파싱하여 (wsdlRoot 옵션에서 지정한) 사용자 프로젝트의 src/main/resources/wsdl 디렉터리에 넣는다. 그리고 JAX-WS와 JAXB 산출물들을 (sourceRoot 옵션에서 지정한) target/generated-sources/cxf 디렉터리에 생성한다."

코드 블록은 다음처럼 표시한다.

```
from("direct:processXml")
    .choice()
        .when()
            .xpath("/order[@units > 100]")
            .to("direct:priorityXmlOrder")
        .otherwise()
            .to("direct:normalXmlOrder")
    .end();
```

독자가 코드의 특정 부분을 주의 깊게 보길 바랄 때는 관련 행들을 굵은 코드체로 표시한다.

```
from("direct:processXml")
    .choice()
        .when()
            .xpath("/order[@units > 100]")
            .to("direct:priorityXmlOrder")
        .otherwise()
            .to("direct:normalXmlOrder")
    .end();
```

명령행 입력은 다음처럼 굵게 처리한다.

```
# java -jar camel-jasypt-2.12.2.jar -c encrypt
-p encryptionPassword -i myDatabasePassword
```

 경고나 중요한 노트는 박스 안에 이와 같이 표시한다.

 팁과 트릭은 박스 안에 이와 같이 표현한다.

독자 의견

독자로부터의 피드백은 항상 환영이다. 이 책에 대해 무엇이 좋았는지 또는 좋지 않았는지 소감을 알려주기 바란다. 독자 피드백은 독자에게 필요한 주제를 개발하는 데 매우 중요하다.

일반적인 피드백을 우리에게 보낼 때는 간단하게 feedback@packtpub.com으로 이메일을 보내면 되고, 메시지의 제목에 책 이름을 적으면 된다. 여러분이 전문 지식을 가진 주제가 있고, 책을 내거나 책을 만드는 데 기여하고 싶으면 www.packtpub.com/authors에서 저자 가이드를 참조하기 바란다.

고객 지원

팩트 출판사의 구매자가 된 독자에게 도움이 되는 몇 가지를 제공하고자 한다.

예제 코드 다운로드

이 책을 위한 예제 코드의 최신 버전은 http://github.com/CamelCookbook/camel-cookbook-examples에서 찾아볼 수 있다.

또한, 구입한 모든 Packt 도서의 예제 코드 파일은 http://www.packtpub.com의 계정을 통해 다운로드할 수 있다. 다른 곳에서 구매한 경우에는 http://www.packtpub.com/support를 방문해 등록하면 파일을 이메일로 직접 받을 수 있다.

오탈자

내용을 정확하게 전달하기 위해 최선을 다했지만, 실수가 있을 수 있다. 팩트 출판사의 책에서 코드나 텍스트상의 문제를 발견해서 알려준다면 매우 감사할 것이다. 그런 참여를 통해 다른 독자에게 도움을 주고, 다음 버전에서 책의 완성도를 높일 수 있다. 오자를 발견한다면 http://www.packtpub.com/support를 방문해 이 책을 선택하고, 정오표 제출 양식을 통해 오류 정보를 알려주기 바란다. 보내준 내용이 확인되면 웹 사이트에 그 내용이 올라가거나, 해당 서적의 정오표 섹션에 그 내용이 추가될 것이다. http://www.packtpub.com/support에서 해당 타이틀을 선택하면 지금까지의 정오표를 확인할 수 있다. 한국어판은 에이콘출판사 도서정보 페이지 http://www.acornpub.co.kr/book/apache-camel에서 찾아볼 수 있다.

저작권 침해

저작권 침해는 모든 인터넷 매체에서 벌어지고 있는 심각한 문제다. 팩트 출판사에서는 저작권과 라이선스 문제를 아주 심각하게 인식하고 있다. 어떤 형태로든 팩트 출판사 서적의 불법 복제물을 인터넷에서 발견했다면 적절한 조치를 취할 수 있게 해당 주소나 사이트 명을 즉시 알려주길 부탁한다. 의심되는 불법 복제물의 링크를 copyright@packtpub.com으로 보내주기 바란다. 저자와 더 좋은 책을 위한 팩트 출판사의 노력을 배려하는 마음에 깊은 감사의 뜻을 전한다.

질문

이 책에 관련된 질문이 있다면 questions@packtpub.com을 통해 문의하기 바란다. 최선을 다해 질문에 답해 드리겠다. 한국어판에 관한 질문은 이 책의 옮긴이나 에이콘출판사 편집팀(editor@acornpub.co.kr)으로 문의해주길 바란다.

1
루트 구성

1장에서는 다음과 같은 예제를 다룬다.

- 자바 애플리케이션에서 카멜 사용하기
- 스프링 애플리케이션에 카멜 내장하기
- 카멜 컴포넌트 사용하기
- 루트를 연결해 라우팅 로직 재사용하기
- 비동기적으로 루트 연결하기
- 단일 자바 프로세스에서 카멜 컨텍스트 사용하기
- 카멜 루트에서 외부 속성 사용하기
- 엔드포인트 재사용하기
- 루트 템플릿으로 라우팅 로직 재사용하기
- 루트 시작과 종료 제어하기

소개

1장에서는 사용자 애플리케이션 내에서 아파치 카멜을 실행하는 기초에 대해 소개한다. 카멜의 다양한 컴포넌트들을 사용하는 방법과 일반적인 통합 로직을 중복 없이 재사용하도록 루트를 구성하는 방법을 배운다. 이 주제는 카멜 프레임워크를 사용하는 개발을 위한 기반을 제공할 것이다.

예제 코드 다운로드

본문에 언급되는 코드의 완전한 예제는 http://github.com/CamelCookbook/
camel-cookbook-examples에 있다. 또한, 팩트 출판사 웹사이트(http://www.
packtpub.com)에 로그인하면 다운로드할 수 있다. 다른 곳에서 이 책을 구입한 경우
http://www.packtpub.com/support 페이지를 방문해 이메일을 등록하면 파일을
받을 수 있다.

이 예제들을 직접 실행하기 위해서, 예제 코드를 다운로드하고 아파치 메이븐 3.0 또
는 이후 버전(http://maven.apache.org)을 사용하여 빌드한다. 프로젝트의 최상위 디
렉토리에서 아래 명령을 내린다. 또 자세한 절차가 REAME 파일에 포함되어 있다.

```
# mvn clean install
```

1장의 코드는 예제의 camel-cookbook-structuring-routes 모듈 안에 포함되어있다.

자바 애플리케이션에서 카멜 사용하기

카멜은 애플리케이션 코드에서 사용하는 다른 라이브러리처럼 JAR파일의 모음으로
이루어진 프레임워크다. 카멜을 명령행에서 실행하길 원한다면 java와 javac 명령어
로 실행 가능하도록 라이브러리를 정의해야 한다.

이 책의 코드는 카멜을 메이븐(Maven) 프로젝트 내에서 실행한다. 프로젝트가 포함하
고 있는 JAR들을 직접 실행하지는 않고, 설명하고자 하는 행위를 보여주는 JUnit 테스
트를 위해 메이븐 프로젝트 구조를 사용한다.

카멜 라이브러리는 두 가지 범주로 나뉜다.

- 런타임, 테스트 지원 클래스, 빌드 도구를 포함한 코어 라이브러리
- 해당 기술을 사용하기 위한 상세를 추상화한 선택적인 라이브러리(예를 들면, JMS
  를 통한 메시징, CXF를 거치는 SOAP 서비스 등): 이 책이 쓰여질 때 카멜은 160개가
  넘는 기술과 연동했고(http://camel.apache.org/components.html), 각각은 별도의
  의존성을 가진 별개의 라이브러리를 포함한다.

이 예제는 사용자 자바 애플리케이션에서 카멜 루트를 시작하고 종료하는 단계를 간단히 보여준다.

준비

메이븐 빌드 내에서 카멜을 사용하기 위해 필요한 최소한의 라이브러리는 다음과 같다.

```
<dependency>
  <groupId>org.apache.camel</groupId>
  <artifactId>camel-core</artifactId>
  <version>${camel-version}</version>
</dependency>
<dependency>
  <groupId>org.apache.camel</groupId>
  <artifactId>camel-test</artifactId>
  <version>${camel-version}</version>
  <scope>test</scope>
</dependency>
```

카멜 버전은 보통 메이븐 POM 파일의 속성^{properties}에 한 번 정의하고 나면 반복해 정의할 필요는 없다.

```
<properties>
  <camel-version>2.12.2</camel-version>
</properties>
```

 버전에 관한 주의사항

카멜은 매우 성숙한 프레임워크로 '완전한 코어'로 여겨도 된다. 카멜은 다수의 상용 ESB의 핵심 라이브러리로 쓰이고 있고, 현재는 기반 아키텍처가 매우 안정되어 근본적인 변화가 있지는 않을 것이다.

컴포넌트가 늘어나고 실제 사용시 필요에 따라 여러 가지 통합 패턴에 옵션을 더하는 등 이 책을 집필하는 동안에 카멜에 더해진 변화는 내용에 추가될 것이다. 최신 문서에 대해서는 카멜 웹사이트를 참조하라.

이 예제의 자바 코드는 org.camelcookbook.structuringroutes.simple 패키지에 있다.

예제 구현

1. org.apache.camel.builder.RouteBuilder 추상 클래스를 상속하여 루트를 정 의함으로써, 카멜 자바 DSL을 사용한 루트를 정의한다.

```
public class LogMessageOnTimerEventRouteBuilder
    extends RouteBuilder {
    @Override
    public void configure() throws Exception {
      from("timer:logMessageTimer?period=1s")
        .log("Event triggered by ${property.CamelTimerName}"
            + " at ${header.CamelTimerFiredTime}");
    }
};
```

2. 다음 단계는 애플리케이션의 메인 메소드에서 일어난다. 예제의 SimpleCamel Application 클래스를 보라. CamelContext 구현체를 생성한다.

```
CamelContext context = new DefaultCamelContext();
```

3. 컨텍스트에 루트 정의를 추가한다. 이러면 루트를 정의한 횟수만큼 실행된다.

```
context.addRoutes(new LogMessageOnTimerEventRouteBuilder());
```

4. 컨텍스트를 시작한다. 추가된 루트 정의를 로드하면 백그라운드에서 그 루트를 통해 메시지가 처리된다.

```
context.start();
```

 CamelContext.start() 메소드는 비블로킹(non-blocking)이다. 이는 내부 스레드 위 에서 연관된 컴포넌트를 시작하고, 호출자로 리턴한다.

5. 카멜 애플리케이션이 종료할 준비가 되면 다음을 호출한다.

```
context.stop();
```

예제 분석

`CamelContext` 인터페이스는 카멜 프레임워크의 핵심이며, 루트를 따라서 메시지들을 처리하는 것을 담당한다.

루트의 처음에서 `from(...)`은 하나의 엔드포인트 또는 특정 기술이 사용되는 위치를 정하고 카멜 라우팅 엔진이 메시지를 가져오는 데 사용한다. 엔드포인트는 앞의 예제에서 `timer:logMesageTimer`라고 사용한 것 같이 URI를 사용하여 정의한다. URI의 앞 부분은 메시지를 처리하는 데 사용되는 컴포넌트를 지정하며 나머지는 해당 컴포넌트를 위한 명령들이다. 더 자세한 사항은 1장의 '카멜 컴포넌트 사용하기' 예제를 보라.

카멜 라우팅 엔진은 이런 엔드포인트로부터 익스체인지를 소비하는데, 루트에 정의된 각각의 단계를 통해서 순차적으로 그 익스체인지를 처리한다. 엔진은 스레딩, 트랜잭션, 에러 처리, 필요할 때 메시지 복제 등을 담당한다.

카멜 컨텍스트는 오래 실행되는^{long-running} 객체이며, 애플리케이션이 살아있는 동안 유지된다. 그래서 초기화와 종료는 주로 애플리케이션의 수행주기에 맞물려있다. 카멜을 사용할 때 일반적으로 컨텍스트를 아래 위치에서 정의한다.

- 독립 커맨드 기반 애플리케이션의 `main()` 메소드 내에서 정의하며, 애플리케이션은 사용자가 프로세스를 끝낼 때까지 무한정 기다린다.
- 웹 애플리케이션의 `javax.servlet.ServletContextListener`의 인스턴스 변수에 정의되어 애플리케이션의 시작과 종료를 함께 한다.
- OSGi 번들 라이프 사이클에 묶인 객체에서 정의한다.
- 애플리케이션의 수행주기와 묶인 스프링 또는 OSGi 블루프린트 컨텍스트의 객체 내에서 정의한다

메시지를 처리하는 단계의 정의라 할 수 있는 루트는 런타임에도 추가, 삭제, 변경이 가능하지만 보통은 새롭게 컨텍스트를 생성할 때 추가 된다. 루트는 컨텍스트가 실행

중 정지와 재시작은 가능하지만, 그 정의는 컨텍스트가 실행되기 전에만 추가 가능하다.

RouteBuilder 추상 클래스를 확장해 카멜의 자바 루트 정의 DSL, 간단히 자바 DSL을 사용할 수 있다. 반드시 있어야 하는 configure() 메소드 내에 루트의 시작을 알리는 첫 번째 from(...)을 입력한 후에, 사용자가 원하는 통합 패턴의 컨텍스트에 맞는 코드를 집어넣는다는 것이다.

RouteBuilder 구현체는 하나 또는 여러 개의 루트를 구현한다. 즉 configure() 메소드 내에 여러 개의 from(...) 문을 지정하면, 카멜이 런타임 시 from(...) 별로 여러 개의 루트 인스턴스로 변환한다.

부연 설명

카멜은 고도로 설정 가능한 프레임워크며 대부분의 행위는 서비스 제공 인터페이스 SPI, Service Provider Interface를 통해 커스터마이징 가능하다. 루트 이름 정책(사용자가 명시적으로 루트 이름을 짓지 않으면 카멜이 적절한 이름을 부여한다) 같은 하나의 SPI는 하나의 행위를 포함한다. 기본 행위를 덮어쓰려면 직접 SPI 구현 클래스를 제공하고 CamelContext 객체에 지정한다. 컨텍스트에는 다음과 같은 것들을 정의할 수 있다.

- 카멜 라이프사이클 이벤트를 받을 수 있는 리스너
- 루트, 루트 노드, JMX 등의 이름짓기 정책
- 애플리케이션의 안전한gracefully 종료 정책
- 스레드 풀thread pool 관리 메커니즘

그러므로 자바독스javadocs를 보면서 이 클래스의 옵션과 친숙해져야 한다.

CamelContext 인터페이스는 내부 객체 저장소를 사용하여 이름으로 객체를 찾게 한다. DefaultCamelContext를 사용한다면 JNDI 호환 레지스트리registry가 사용된다.

이 기능은 컴포넌트, 스레드 풀, 프로세서 빈bean, 데이터 포맷 등을 찾기 위해 프레임워크 전반에서 광범위하게 쓰인다.

때때로, 루트 내의 처리 단계 중의 하나로서 수행하기 원하는 빈의 경우처럼 객체들을 직접 저장소에 추가할 필요가 있다. 이것을 위해 `org.apache.camel.spi.Repository`의 구현체를 인스턴스화하고 (보통은 `org.apache.camel.impl.SimpleRegistry`) 그것을 `org.apache.camel.impl.SimpleRegistry`의 생성자에 전달한다.

```
SimpleRegistry registry = new SimpleRegistry();
registry.put("payloadTransformer", new MyPayloadTransformer());
CamelContext context = new DefaultCamelContext(registry);
```

CamelContext 인터페이스는 컴포넌트 같은 어떤 객체 타입을 넣기 위한 타입 세이프 유틸리티 메소드를 정의하고 있다. 따라서 저장소 내부에 관해 걱정할 필요 없이 넣을 수 있다.

다음 단계를 살펴보자.

```
registry.put("mylogger", new LogComponent());
```

이것은 아래와 같이 타입 세이프 방식으로 쓰여질 수 있다.

```
context.addComponent("mylogger", new LogComponent());
```

카멜에서 레지스트리는 이름지어진 자바 인스턴스를 가지고, 이 인스턴스는 카멜 DSL 내에서 이름으로 참조된다. CamelContext의 addComponent 메소드는 특별히 이름으로 카멜 컴포넌트를 등록하는 데 사용된다. 미묘하게 다른점이 있긴 하지만 두 가지 접근 방식 모두 실제로는 같은 것을 수행하게 되는데, 컴포넌트를 위해 그리고 모든 POJO와 커스텀 프로세서를 레지스트리에 추가하기 위해 addComponent 메소드를 사용하는 것을 권장한다.

참고 사항

- 카멜 컨텍스트: http://camel.apache.org/camelcontext.html
- 루트 빌더: http://camel.apache.org/routebuilder.html
- 카멜 레지스트리: http://camel.apache.org/registry.html

스프링 애플리케이션에 카멜 내장하기

이 예제는 스프링 애플리케이션에 카멜을 통합하는 방법을 보여준다.

준비

스프링 애플리케이션에서 카멜을 사용하고자 할 때 최소한의 의존성을 1장의 '자바 애플리케이션에서 카멜 사용하기' 예제에서 정의한 대로 추가할 필요가 있다.

```
<dependency>
  <groupId>org.apache.camel</groupId>
  <artifactId>camel-spring</artifactId>
  <version>${camel-version}</version>
</dependency>
<dependency>
  <groupId>org.apache.camel</groupId>
  <artifactId>camel-test-spring</artifactId>
  <version>${camel-version}</version>
  <scope>test</scope>
</dependency>
```

${camel-version} 속성은 메이븐 POM에 한 번 정의한다.

이 예제의 자바 코드는 org.camelcookbook.structuringroutes.simplespring 패키지에 위치한다. 스프링 XML 파일은 src/main/resources/META-INF/spring 아래에 simplespring이라는 접두어가 붙어있다.

예제 구현

카멜을 스프링 애플리케이션에 내장하려면 다음 단계를 수행한다.

1. XML 네임스페이스 선언에 스프링 스키마와 함께 카멜 스키마를 정의한다.

```
<beans
  xmlns="http://www.springframework.org/schema/beans"
  xmlns:camel="http://camel.apache.org/schema/spring"
```

```
    xmlns:xsi="http://www.w3.org/2001/XMLSchema-instance"
    xsi:schemaLocation="
        http://www.springframework.org/schema/beans
        http://www.springframework.org/schema/beans/spring-beans.xsd
        http://camel.apache.org/schema/spring
        http://camel.apache.org/schema/spring/camel-spring.xsd">
```

2. camelContext 엘리먼트는 스프링 설정 내에서 한 번 정의되어야 하고, 카멜 네임스페이스를 사용해야 한다. 이는 해당 엘리먼트 내의 모든 설정은 스프링이 아닌 카멜 설정이라는 것을 의미한다.

```
<camelContext xmlns="http://camel.apache.org/schema/spring">
    <!-- 여기에 라우팅 로직이 온다 -->
</camelContext>
```

3. XML DSL을 사용해 camelContext 엘리먼트 내에 루트를 정의한다.

```
<route>
    <from uri="timer:logMessageTimer?period=1s"/>
    <to uri="mylogger:insideTheRoute?showHeaders=true"/>
    <log
        message="Event triggered by
                 ${property.CamelTimerName} at
                 ${header.CamelTimerFiredTime}"/>
</route>
```

예제 분석

카멜은 처음부터 스프링과 밀접하게 연동되도록 설계되었다. camelContext 엘리먼트는 생성된 SpringCamelContext 객체 내에 들어가고, 정의한 모든 루트와 함께 초기화되며 스프링 컨텍스트가 시작할 때 같이 시작된다. 사실 camelContext 엘리먼트는 그 자신이 스프링이 관리하는 객체로, ID를 부여해 다른 빈[bean]처럼 다룰 수 있다.

앞의 예제는 카멜의 XML DSL을 사용하는 것을 보여준다. DSL의 좋은 점 하나는 DSL 정의에 XML 스키마가 사용되었다는 점이다. 이는 IDE가 코드 완성 기능을 제공한다는 의미다.

```
<camelContext xmlns="http://camel.apache.org/schema/spring">
  <route>
    <from uri="timer:logMessageTimer?period=1s"/>
    <to uri="mylogger:insideTheRoute?showHeaders=true"/>
```
```
  < > camel:aggregate                       Element : aggregate
</rou  < > camel:aop                          Content Model : ((description?),
</came  < > camel:bean                         (correlationExpression, completionPredicate?,
                                              completionTimeout?, completionSize?, (aop |
       < > camel:choice                       aggregate | bean | doCatch | when | choice |
       < > camel:convertBodyTo                otherwise | convertBodyTo | delay | dynamicRouter |
       < > camel:delay                        enrich | filter | doFinally | idempotentConsumer |
       < > camel:description                  inOnly | inOut | intercept | interceptFrom |
       < > camel:doCatch                      interceptToEndpoint | loadBalance | log | loop |
                                              marshal | multicast | onCompletion | onException |
       < > camel:doFinally                    pipeline | policy | pollEnrich | process | recipientList |
       < > camel:doTry                        removeHeader | removeHeaders | removeProperty |
       < > camel:dynamicRouter                ...
```

XML DSL을 스프링과 함께 사용하는 것이 필수는 아니다. 대신 자바 DSL을 사용하거나 XML DSL에서 정의한 루트와 함께 사용할 수 있다.

이전 예제에서 사용한 `LogMessageOnTimerEventRouteBuilder` 클래스에서 정의한 루트를 집어넣기 위해, 먼저 그 클래스를 빈[bean]으로 인스턴스화한다.

```
<!-- 축약된 패키지 이름을 사용했다 -->
<bean id="logMessageOnTimerEvent"
      class="org.camelcookbook.structuringroutes.simple
              .LogMessageOnTimerEventRouteBuilder"/>
```

그리고 `routeBuilder` 태그를 사용해 `camelContext` 엘리먼트에 추가한다.

```
<camelContext xmlns="http://camel.apache.org/schema/spring">
  <routeBuilder ref="logMessageOnTimerEvent"/>
</camelContext>
```

하나의 `camelContext`에서 복수 개의 `routeBuilder` 엘리먼트를 사용할 수 있다.

부연 설명

만약 같은 패키지 내에 여러 개의 `RouteBuilder`를 정의한다면, 카멜이 그 패키지를 스캔해 찾은 모든 루트를 인스턴스화시킨다.

```
<camelContext xmlns="http://camel.apache.org/schema/spring">
  <packageScan>
    <package>org.camelcookbook.structuringroutes</package>
```

```
    </packageScan>
</camelContext>
```

packageScan 엘리먼트 내에 여러 개의 package 엘리먼트를 추가할 수 있고, excludes/includes 엘리먼트에서 이름으로 RouteBuilder를 포함하거나 제외하기 위해 와일드카드도 사용 가능하다.

스프링은 컴포넌트 스캐닝이라고 불리는 대안 기능을 제공한다. 그 기능을 활성화하면, 스프링 애플리케이션 컨텍스트는 패키지 아래 전체를 뒤져서 org.springframework.stereotype.Component 애노테이션을 가진 클래스를 모두 인스턴스화시킨다. @Autowired나 CDI의 @Inject 애노테이션이 붙은 속성들에는 그 의존성이 주입된다. 카멜은 이런 절차를 통해 연결된[wired] 어떤 RouteBuilder를 고르도록 설정될 수 있다. RouteBuilder는 반드시 먼저 컴포넌트로 표시되어 있어야 한다.

. RouteBuilder는 반드시 먼저 컴포넌트로 표시되어 있어야 한다.

```
@Component
public class LogMessageOnTimerEventRouteBuilder
    extends RouteBuilder {
  //...
};
```

와이어링을 활성화하기 위해 스프링에서 컴포넌트 스캔을 켠다.

```
<component-scan
  base-package="org.camelcookbook.structuringroutes"
  xmlns="http://www.springframework.org/schema/context"/>
```

그리고 그 기능을 카멜 컨텍스트에 추가하여 모든 것을 함께 와이어링한다.

```
<camelContext xmlns="http://camel.apache.org/schema/spring">
  <component-scan/>
</camelContext>
```

참고 사항

- 컨텍스트 스캔: http://static.springsource.org/spring/docs/current/spring-framework-reference/html/beans.html#beans-classpath-scanning

- 카멜 스프링: https://camel.apache.org/spring.html
- 그루비 DSL: http://camel.apache.org/groovy-dsl.html
- 스칼라 DSL: http://camel.apache.org/scala-dsl.html

카멜 컴포넌트 사용하기

통합 코드를 작성할 때, 통합하려는 기술을 다루는 라이브러리와 직접 연결 작업을
해야 하는 것이 필수다. 웹 서비스 수행, 파일 읽기, FTP로 파일 보내기, JMS로 메시
지 보내기 등을 위한 세부적인 절차는 프로젝트에서 상당한 개발 시간을 차지한다.
카멜은 컴포넌트 내에 이런 동작을 캡슐화함으로써, 이런 '전송transport'으로부터 메시
지를 소비하거나 '전송'으로 보내는 반복적인 절차를 추상화한다.

카멜은 이런 연결 관련 코드를 추상화하는 다양한 컴포넌트를 제공한다. 이는 사용
자들이 세부적인 전송 절차에 관해 걱정하지 않고 업무 로직에만 전력을 다하게
한다.

이 예제는 사용자의 통합 라우팅 로직에 필요한 기술을 위해 카멜 컴포넌트를 연결하
는 기본적인 절차를 보여준다.

준비

컴포넌트를 이용하기 위해 프로젝트에서 사용하려고 하는 컴포넌트가 포함되어 있는
지 확인한다. camel-core 라이브러리는 org.apache.camel.component 패키지 아래
에 기본적인 컴포넌트들을 제공하고 있다.

다른 기술들을 통합에 사용하기 위해, 제일 먼저 카멜 웹사이트의 컴포넌트 리스트
(http://camel.apache.org/components.html)를 확인한다. 일단 원하는 기술을 발견했다
면 그 JAR 의존성을 프로젝트에 추가하고 사용하고 있는 camel-core 라이브러리의
버전과 일치하게 한다. 예를 들어, 작성한 카멜 루트에 카멜 FTP 컴포넌트를 사용하
려면 POM 파일에 camel-ftp 의존성을 아래와 같이 추가해야 한다.

```
<dependency>
  <groupId>org.apache.camel</groupId>
```

```
  <artifactId>camel-ftp</artifactId>
  <version>${camel-version}</version>
</dependency>
```

${camel-version} 속성은 이미 메이븐 POM에 정의되어 있다. 이 예제를 위한 자바 코드는 org.camelcookbook.structuringroutes.simple 패키지에 위치한다. 스프링 XML 파일은 src/main/resources/META-INF/spring 아래에 simplespring이라는 접두어를 가진다.

카멜 컴포넌트를 사용하려면, 해당 컴포넌트를 인스턴스화하고 등록해야 한다. 그리고 다음 단계처럼 카멜 루트 내에서 참조하면 된다.

1. 만약 스프링 애플리케이션이라면 컴포넌트를 빈[bean]으로 인스턴스화하고 의미있는 이름[id]을 붙여서 사용한다. 그 컴포넌트는 자동적으로 카멜에 보이게 된다.

```
<bean id="mylogger" class="org.apache.camel.component.LogComponent"/>
```

   스프링 자바 애플리케이션이 아니라면, 컴포넌트를 인스턴스화한 후 컨텍스트를 시작하기 전에 CamelContext에 추가한다.

```
CamelContext context = new DefaultCamelContext();
camelContext.addComponent("mylogger", new LogComponent());
// 여기에 루트를 추가한다
context.start();
```

2. to() 또는 from()에서 엔드포인트로 컴포넌트를 사용하려면 엔드포인트 URI의 스키마 부분에 미리 지정한 이름을 참조하면 된다.

```
.to("mylogger:insideTheRoute?showHeaders=true")
```

예제 분석

엔드포인트 URI를 사용할 때 무엇이 일어나는지 정확히 이해하려면 컴포넌트 프레임워크 내에서 카멜이 사용하는 클래스들을 살펴보는 것이 가장 쉽다.

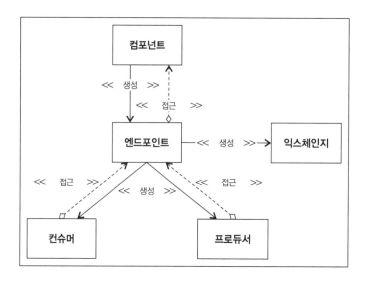

컴포넌트는 메시지 컨슈머Consumer, 프로듀서Producer 또는 둘 다의 역할을 할 수 있는 엔드포인트를 생성하기 위한 팩토리이다. 구현체는 보통 빈bean 속성을 가지고 있고 속성은 전송 전체에 영향을 준다. 예를 들어, JMS 컴포넌트는 모든 JMS 통신에 동일한 메시지 브로커를 사용하기 위해 하나의 ConnectionFactory가 할당되어야 한다.

```
<bean id="myFavouriteMQ"
     class="org.apache.camel.component.jms.JmsComponent">
  <property name="connectionFactory"
            ref="myConnectionFactory"/>
</bean>
```

모든 컴포넌트는 엔드포인트 URI를 파싱하기 위한 메소드를 구현한다.

```
Endpoint createEndpoint(String uri) throws Exception;
```

엔드포인트는 해당 컴포넌트 기술의 특정한 주소값으로 생각하면 된다. 루트가 시작될 때 프레임워크에 의해 URI가 인스턴스화된다. 첫 번째 콜론(:) 이전 부분인 URI의 스키마 부분은 사용되는 컴포넌트 구현체를 식별한다.

JMS 예제를 계속 보자. 컴포넌트가 메시지 브로커가 어디에 있는지 이미 알고 있다고 하면 엔드포인트는 메시지 송수신 시 어떤 큐와 토픽을 어떻게 사용할 것인지 서술하고 있다.

```
myFavouriteMQ:someQueue?concurrentConsumers=5
```

스키마 부분 이후의 URI는 엔드포인트 기술에 종속적이다. `concurrentConsumers`와 같은 URI 속성들은 엔드포인트 구현체의 빈^{bean} 속성에 대응되고 내부적으로 할당된다. JMS 컴포넌트 라이브러리 내부를 보면 `JmsEndpoint` 객체에서 `setConcurrentConsumers(int consumers)` 메소드를 보게 될 것이다.

사용 가능한 속성의 전체 목록을 보기 위해 항상 카멜 컴포넌트 페이지를 참조하라.

엔드포인트는 팩토리이기도 하다. 카멜은 URI가 사용되는 컨텍스트에 따라서 프로듀서 또는 컨슈머를 생성하기 위해 해당 팩토리를 사용한다. 다음 팩토리 메소드가 인터페이스에 정의되어 있다.

```
Producer createProducer() throws Exception;
Consumer createConsumer(Processor processor) throws Exception;
```

이 클래스들은 사용되는 기술들을 다루기 위한 어려운 작업을 담당한다.

엔드포인트 URI가 `from()` 문장에 사용되면 카멜은 컨슈머를 생성하고, `to()`에 쓰인다면 프로듀서를 생성하게 될 것이다.

부연 설명

다른 ID를 가진 동일한 컴포넌트를 여러 번 인스턴스화할 수 있다. 예를 들면, 다른 벤더의 메시지 브로커들을 연결하는 라우팅 로직을 작성할 때, 두 개의 JMS 컴포넌트를 사용할 수 있다.

참고 사항

• 카멜 컴포넌트: http://camel.apache.org/components.html

루트를 연결해 라우팅 로직 재사용하기

여러 개의 루트^{route}에서 동일한 처리 단계를 실행하는 것은 자주 있는 일이다. 카멜은 공유된 루트의 라우팅 단계를 호출하는 메커니즘을 제공한다. 그러면 일반 자바 메소드와 비슷하게 루트를 재사용할 수 있다.

이 예제는 사용자 루트 개발을 위한 전략을 보여주며, 공통 라우팅 작업을 공유 루트에 정의해 다른 루트가 호출할 수 있게 한다.

준비

재사용하고 싶은 라우팅 로직을 정한다. 그리고 그 로직을 direct: URI로부터 메시지를 소비하는 루트로 옮긴다.

이 예제의 자바 코드는 org.camelcookbook.structuringroutes.direct 패키지에 위치한다. 스프링 XML 파일은 src/main/resources/META-INF/spring 아래에 있으며 direct라는 접두어를 가진다.

예제 구현

direct: 엔드포인트를 사용하는 from URI와 함께 루트를 하나 만든다. 그리고 다른 루트에서 동일한 direct: 엔드포인트를 사용하는 공유 루트를 호출한다.

1. direct: 엔드포인트 이름은 알파벳과 숫자를 조합한 스트링이고 URI의 콜론(:) 뒤에 위치하며 카멜 컨텍스트 내에서 반드시 유일하다.

   XML DSL에서는 다음과 같이 표현한다.

```
<route>
  <from uri="direct:prefixBodyWithHello"/>
  <transform>
    <simple>Hello, ${body}</simple>
  </transform>
  <log message="Prefixed message: ${body}"/>
</route>
```

자바 DSL에서는 동일한 것을 다음과 같이 표현한다.

```
from("direct:prefixBodyWithHello")
  .transform(simple("Hello, ${body}"))
  .log("Prefixed message: ${body}");
```

2. 이 로직을 이용할 최상위 루트에서 direct: URI를 사용해 공유 루트를 실행한다.

   XML DSL에서는 다음과 같이 작성한다.

```
<route>
  <from uri="..."/>
  <to uri="direct:prefixBodyWithHello"/>
</route>
```

자바 DSL에서는 다음과 같다.

```
from(...).to("direct:prefixBodyWithHello");
```

예제 분석

각각의 direct: 엔드포인트는 카멜 컨텍스트 내에서 (from() 내에 사용된) 하나의 루트에 의해서만 소비될 것이다. 하지만 여러 루트가 그 URI로 메시지를 만들거나 보는 것도 가능하다. 이를 통해 일반 자바 프로그램에서 메소드를 사용하는 것과 비슷하게 사용자 라우팅 로직을 쉽게 이해 가능한 위치에 작성할 수 있다.

공유 루트는 최상위 루트의 한 부분으로 여겨질 수 있다. 같은 익스체인지 객체를 수행하고 최상위 루트가 초기화한 트랜잭션에도 참여한다.

익스체인지 위의 메시지 교환 패턴^{MEP}이 InOnly 또는 InOut이든지 상관없이, direct: 엔드포인트를 호출하는 행위는 같다. 즉 익스체인지가 공유 루트에 정의된 모든 처리 단계를 따라 흐르고, 처리가 끝나면 호출했던 루트로 돌아가서 그 다음 처리 단계를 진행하게 된다.

1장_ 루트 구성   49

공유 루트를 호출하고, 결과 익스체인지를 그 공유 루트가 불리기 전의 원래 상태의
익스체인지와 합하는 것도 가능하다. 4장, '전환'에서 '다른 엔드포인트의 도움을 받
아 내용 변경하기' 예제를 보라

- 다이렉트 컴포넌트[Direct Component]: http://camel.apache.org/direct.html

비동기적으로 루트 연결하기

루트의 처리가 특정 부분에서 오래 걸리는 경우는 드물지 않다. 처리가 빨리 끝난다
면 컨슈머 엔드포인트로부터의 요청을 수행하는 중일 수도 있는 스레드를 계속 잡고
있는 것보다는, 오래 걸리는 단계를 별도의 루트로 분리해 그런 처리를 전용 스레드
풀이 다루게 하는 것이 더 좋을 것이다.

이 예제는 호출하는 루트가 호출 당하는 루트의 응답을 기다리지 않는 것같이, 루트
를 다른 루트로부터 호출하는 방법을 보여준다.

오래 실행되는 단계를 별개의 루트로 분리하고, 그 분리된 루트를 카멜 컨텍스트 내
에서 고유한 이름을 주어 seda: 엔드포인트에 할당한다.

이 예제를 위한 자바 코드는 org.camelcookbook.structuringroutes.seda 패키지
아래에 위치한다. 스프링 XML 파일은 src/main/resources/META-INF/spring 아래
에서 seda라는 접두어를 갖고 있다.

`seda:` 엔드포인트를 사용하는 공통 루트를 생성하고, 다른 루트에서 그 공통 루트를 동일한 이름의 `seda:` 엔드포인트로 호출한다.

1. `seda:` 엔드포인트를 사용해 소비[consuming]하는 루트를 하나 만든다. 선택적으로 `concurrentConsumers` 속성을 사용하여 이 엔드포인트를 사용하는 몇 개의 스레드를 정의한다.

   XML DSL에서는 다음과 같이 작성한다.

   ```
   <route>
     <from uri="seda:longRunningPhase?concurrentConsumers=15"/>
     <process ref="longRunningProcessor"/>
     <to uri="..."/>
   </route>
   ```

   자바 DSL에서는 동일한 내용을 다음과 같이 작성한다.

   ```
   from("seda:longRunningPhase?concurrentConsumers=15")
     .process(new LongRunningProcessor())
     .to(...); // 루트의 나머지 부분
   ```

2. 루트를 호출할 때 이름으로 `seda:` 엔드포인트를 호출해 현재 익스체인지를 공유 루트로 전달한다.

   XML DSL에서는 다음과 같이 작성한다.

   ```
   <route>
     <from uri="timer:ping?period=200"/>
     <to uri="seda:longRunningPhase"/>
   </route>
   ```

   자바 DSL에서는 동일한 것을 다음과 같이 작성한다.

   ```
   from("timer:ping?period=200")
     .to("seda:longRunningPhase");
   ```

앞의 예제에서 `timer:` 엔드포인트는 200밀리초마다 규칙적으로 메시지를 발생시키기 위해 사용된다. 타이머 컴포넌트는 타이머 이름(ping)당 하나의 스레드를 사용한다. 이벤트는 스레드가 이전의 익스체인지를 처리하고 있지 않다면 그럴 때에만 200밀리초 뒤에 발생 가능하다.

이 통합 예제에서는 이벤트가 규칙적으로 발생하고 있으며, 루트 내에서 처리 시간이 긴 부분이 있다. 카멜은 이런 실행이 오래 걸리는 부분을 공유 루트로 분리하고 두 개의 루트를 `seda:` 엔드포인트로 연결하는 시나리오로 해결한다.

> SEDA는 Staged Event-Driven Architecture의 줄임이다. 메시지 처리의 여러 단계들 사이의 흐름을 조절하기 위한 메커니즘으로 설계되었다. 전체에 걸친 프로세스로부터의 메시지 출력 빈도를 줄여서 입력과 일치하게 하는 것이 목적이다.
>
> 실제적으로는 하나의 엔드포인트 처리 스레드가 실행이 오래 걸리는 작업들을 백그라운드로 돌려서 전송되어 오는 메시지를 처리하는 데 박힘이 없게 한다.

하나의 익스체인지가 `seda:` 엔드포인트로 전달될 때, 그것은 `BlockingQueue`로 들어간다. 카멜 컨텍스트 내에 리스트가 존재해 동일한 컨텍스트 내의 루트들만 이런 종류의 엔드포인트를 호출하게 한다. 이 큐는 기본적으로는 한계가 없지만 컨슈머의 URI 위에 크기 속성을 줌으로써 한계를 줄 수 있다.

기본적으로 엔드포인트에 할당된 하나의 스레드가 리스트로부터 익스체인지를 읽어가고 그 익스체인지를 루트 내에서 처리한다. 앞의 예제에서 볼 수 있듯이, 익스체인지가 제때에 리스트로부터 처리되는 것을 보증하기 위해 `concurrentConsumers` 값을 증가시키는 것도 가능하다.

완료될 때까지 3,000밀리초가 걸리는 느린 프로세서가 있다고 가정하자. 발생된 이벤트가 제때에 처리되는 것을 보증하기 위해 스레드의 개수와 처리 시간/타이머의 빈도를 같게 할 필요가 있다. 그래서 숫자를 대입하면 3,000밀리초/200밀리초가 되고 15개의 스레드 개수가 결정되었다.

direct: 엔드포인트와는 다르게, 같은 논리적 이름으로부터 데이터를 받는 여러 개의 루트를 정의하는 것도 가능하다. 이것을 위해 양쪽 루트의 seda: URI에 multipleConsumers=true을 지정한다.

```
from("seda:timerEvents?multipleConsumers=true")
    // 한쪽 라우팅 로직을 여기에 정의한다
```

```
from("seda:timerEvents?multipleConsumers=true")
    // 다른 쪽은 여기에 정의한다
```

결과적으로는 간단한 인메모리 발행-구독 시스템 비슷한 것이 만들어지고, 각 루트는 익스체인지의 복제본을 각각 얻게 된다. 이런 종류의 요건을 해결하기 위해 멀티캐스트Multicast 패턴을 사용하는 것이 훨씬 깔끔할 때가 많다. 2장, '메시지 라우팅'의 '멀티캐스트: 동일한 메시지를 여러 엔드포인트로 라우팅하기' 예제에서 상세한 정보를 볼 수 있다.

SEDA 패턴은 하나의 루트가 처리를 끝내고, 다음 단계로 가기 위해 다른 루트로 넘기는 곳에서 InOnly 메시지를 처리할 때 가장 적합하다. 메시지 교환 패턴MEP이 InOut일 때 seda: 엔드포인트를 호출해 응답을 요청하는 것도 가능하다.

이 예제에서 엔드포인트는 동기적인 direct: 엔드포인트와 매우 비슷하게 행동한다. 단, 기대했던 것보다 작업이 더 길게 실행되면 타임아웃이 된다. 기본 타임아웃은 30초이고 프로듀서 URI에 타임아웃 속성을 지정해 바꿀 수 있다.

 seda:를 사용할 때 주의해야 할 점이 있는데, 공유 루트는 최상위 루트에 의해 시작된 어떤 트랜잭션에도 참여하지 않는다. 트랜잭션은 하나의 스레드에 묶이게 되는데 seda: 루트는 그 자신의 스레드를 사용하기 때문이다. 만약 시스템이 어떤 이유(예를 들면, 전원 차단)로든지 예기치 않게 정지된다면, 그 루트에서 처리되고 있던 모든 메시지는 유실된다.

SEDA의 이점을 얻길 원한다면 메시지를 메모리 대신 디스크에 저장하고, 트랜잭션 내에서 처리되길 원한다면 메시지 브로커와 함께 JMS나 ActiveMQ를 대신 사용하면 된다. 이로써 카멜 컨텍스트와 JVM 너머로 작업이 공유되는 것도 가능해진다.

- SEDA 컴포넌트: http://camel.apache.org/seda.html
- 타이머 컴포넌트Timer Component: http://camel.apache.org/timer.html

메인 루트가 처리되는 동안 현재의 익스체인지를 가지고 백그라운드 잡job을 시작하려면 와이어탭Wire Tap EIP를 참조하라. 더 자세한 정보는 2장, '메시지 라우팅'의 '와이어 탭Wire Tap: 메시지 복제본을 다른 곳으로 보내기' 예제에서 확인하라.

단일 자바 프로세스에서 복수의 카멜 컨텍스트 사용하기

웹앱이나 OSGi 번들같이 동일한 컨테이너 내에서 이루어지는 통합 간에 라우팅 로직을 공유하는 것이 편리할 때가 있다. 카멜은 이를 위해 두 개의 컴포넌트를 제공하는데, 동기적 공유를 위한 다이렉트 VMDirect VM 컴포넌트, 또는 비동기적인 공유를 위한 VM 컴포넌트가 그것이다.

이 예제는 카멜 루트가 다른 카멜 컨텍스트에서 실행되는 루트를 호출하는 방법을 보여준다.

준비

vm: 또는 direct-vm: 전송을 사용해 루트 간에 메시지를 전달하려면 양쪽 애플리케이션의 클래스로더에 camel-core 라이브러리의 완전히 동일한 인스턴스가 있어야한다.

아파치 톰캣 같은 애플리케이션 서버에서 이는 camel-core.jar 파일이 서버의 /ext 디렉토리에 위치하는 것을 말한다. 서버에 배치된 애플리케이션은 자신의 WAR 파일 내에 camel-core를 가지고 있지 말아야 한다.

아파치 카라프Karaf나 아파치 서비스믹스ServiceMix 같은 OSGi 컨테이너를 사용할 때에는 camel-core 번들이 설치되고 실행되는지 간단히 확인하면 된다.

동일한 애플리케이션 내의 카멜 컨텍스트 간에서 통신하기를 원한다면 다른 부가적인 작업은 필요치 않다.

이 예제의 자바 코드는 `org.camelcookbook.structuringroutes.vm` 패키지에 위치하며 스프링 XML 파일들은 src/main/resources/META-INF/spring 아래에 vm 접두어와 함께 위치한다.

`vm:` 엔드포인트로 소비할 때 공유되는 루트를 하나 만들고, 그 루트를 다른 루트에서 동일한 엔드포인트 이름으로 참조한다.

1. 별도 루트로 만들어 공유하길 원하는 통합 로직을 분리하고 스레딩 요건에 적합한 VM 컴포넌트를 선택한다.

   만약 루트가 호출자와 같은 스레드를 사용한 요청을 처리해야 한다면, `direct-vm:`을 선택하고 그렇지 않고 만약 다른 스레드에 의해 비동기적으로 익스체인지가 처리되길 원한다면 `vm:`을 선택한다. 해당 엔드포인트에는 JVM 위에 유일한 이름을 할당한다.

   XML DSL에서는 다음과 같이 작성한다.

   ```
   <route>
     <from uri="vm:logMessageToBackendSystem"/>
     <to uri="..."/>
   </route>
   ```

   자바 DSL에서는 동일한 것을 다음과 같이 표현한다.

   ```
   from("vm:logMessageToBackendSystem").to(...);
   ```

2. 같은 URI 접두어를 사용해 이 로직을 이용할 최상위 루트에서 공유 루트 from을 수행한다.

   XML DSL에서는 다음과 같이 작성한다.

   ```
   <route>
     <from uri="..."/>
     <to uri="vm:logMessageToBackendSystem"/>
   </route>
   ```

자바 DSL에서는 다음과 같다.

```
from(...).to("vm:logMessageToBackendSystem");
```

예제 분석

VM 컴포넌트는 SEDA와 기능적으로는 동일하다. 하지만 동일한 JVM 안의 애플리케이션 간에 동작한다. seda: 엔드포인트의 모든 동일한 설정이 vm: 엔드포인트에도 적용된다. seda: 엔드포인트를 사용할 때는, 최상위 루트에서 사용되는 엔드포인트 이름이 공유 루트 이름과 일치하는지 주의를 기울여야 한다. 그렇지 않으면, 익스체인지는 사용되지 않을 from의 메모리 큐에 들어간다.

direct-vm:도 같은 JVM상 애플리케이션 간에 동작한다는 것 말고는 기능적으로 direct:와 동일하다. direct-vm: 엔드포인트는 두 개의 애플리케이션 간에 동일한 스레드를 사용하며, 이는 동일한 트랜잭션에 참여가 가능하다는 의미다. 이때 애플리케이션이 올바르게 설정 되었는지 확인하기 위해 충분하게 테스트되어야 한다. 동일한 트랜잭션에 참여하려면, 양쪽 애플리케이션은 같은 트랜잭션 리소스(JDBC 데이터 소스나 JMS 커넥션 팩토리)와 함께 같은 트랜잭션 매니저를 사용하고 있어야 한다.

 direct-vm:을 사용할 때, 어떤 순서로 애플리케이션 또는 컨텍스트가 시작되어 있는지 특별히 신경을 써야 한다. direct-vm: 내에 block=true 옵션을 사용해 활성화된 연관 컨슈머가 존재할 때까지 사용을 막을 수 있다. 만약 최상위 루트에서 공유 루트가 사용 가능하기 전에 벌써 메시지를 보내기 시작한다면, 카멜 런타임에 의해 다음과 같은 예외가 발생한다.

```
org.apache.camel.CamelExchangeException : No consumers available on
endpoint: Endpoint[direct-vm://someMissingEndpoint]
```

- VM 컴포넌트: http://camel.apache.org/vm.html
- 다이렉트VM 컴포넌트^{Direct-VM Component}: http://camel.apache.org/direct-vm.
  html

카멜 루트에서 외부 속성 사용하기

스프링의 좋은 특징 중 하나는 정보를 애플리케이션 바깥의 properties 파일에 두기
위해 ${database.url} 같은 속성 자리표시자^{placeholder}를 사용할 수 있다는 것이다.
이는 애플리케이션의 산출물을 한 번 빌드한 후 개발, 테스트 시스템, 사용자 수용 테
스트^{UAT}, 운영 환경에 전부 배포하고, 외부에 정의된 값에 따라 각각의 행위를 바꾸
게 한다. 카멜도 대응되는 메커니즘을 제공해 루트 내에 사용된 값들을 외부에 정의하
게 한다.

이 예제는 호스트 이름이나 포트 같은 라우팅 코드와 독립적으로 변경될 수 있는 값
들을 외부에 정의하는 방법을 보여준다.

준비

camelContext 엘리먼트 내에 propertyPlaceholder 태그를 정의한다.

```
<camelContext xmlns="http://camel.apache.org/schema/spring">
  <propertyPlaceholder
      id="properties"
      location="classpath:placeholder.properties"/>
  <!-- 여기에 다른 코드들이 온다 -->
</camelContext>
```

placeholder.properties 파일에 포함된 속성들이 자리표시자를 통해 카멜 루트에 직
접 사용된다.

"properties"라는 id값은 필수다.

이 예제의 자바 코드는 `org.camelcookbook.structuringroutes.property` `placeholder` 패키지에 위치한다. 스프링 XML 파일은 src/main/resources/META-INF/spring 아래에 있으며 propertyPlaceholder라는 접두어를 가지고 있다.

예제 구현

자리표시자는 `{{`로 시작하고 `}}`로 끝난다는 점에서, 일반적인 스프링의 `${..}` 형식과는 다르다.

```
<route>
  <from uri="{{start.endpoint}}"/>
  <transform>
    <simple>{{transform.message}}: ${body}</simple>
  </transform>
  <to uri="{{end.endpoint}}"/>
</route>
```

properties 파일에 아래 내용이 있다고 생각해보자.

```
start.endpoint=direct:in
transform.message=I hear you
end.endpoint=mock:out
```

이렇게 설정하면, 앞의 루트는 인메모리 엔드포인트로부터 메시지를 받고, "I hear you"를 바디 앞에 붙인 후 그 결과를 테스팅을 위한 목^{mock} 엔드포인트로 보내게 된다.

예제 분석

서드파티 라이브러리가 스프링의 속성 자리표시자를 사용하기에는 약간의 어려움이 있기 때문에 이런 식의 기능 연결이 필요하다.

위치 URI 스키마는 아래와 같은 형식을 가질 수 있다.

`ref:`	컨텍스트 내에 정의된 java.util.Properties의 이름을 사용한다.
`file:`	파일 시스템의 고정된 경로를 참조한다.
`classpath:`	현재 애플리케이션 내의 파일을 참조한다.

위치 URI는 JVM 시스템 속성과 환경변수를 위한 자리표시자를 포함할 수도 있다.

```
file:${karaf.home}/etc/application.properties
file:${env:CATALINA_HOME}/etc/application.properties
```

property-placeholder 태그를 사용하는 대신에, 스프링 컨텍스트 내에 "properties" 라는 id를 사용해 PropertiesComponent를 정의할 수도 있다.

```
<bean id="properties"
      class="org.apache.camel.component.properties
             .PropertiesComponent">
  <property name="location"
            value="classpath:placeholder.properties"/>
</bean>
```

PropertiesComponent는 스프링 없이 자바 애플리케이션에서 바로 카멜을 사용할 때에도 역시 동작한다.

```
PropertiesComponent properties = new PropertiesComponent();
properties.setLocation("classpath:placeholder.properties");
camelContext.addComponent(properties);
```

방금 본 자리표시자 메커니즘은 자바 내에 루트를 정의할 때도 역시 가능하다. 다음 루트는 속성 자리표시자를 설정한 카멜 컨텍스트에서 잘 동작한다.

```
from("{{start.endpoint}}")
  .transform().simple("{{transform.message}}: ${body}")
  .log("Set message to ${body}")
  .to("{{end.endpoint}}");
```

카멜은 스프링의 `PropertyPlaceholderConfigurer`를 대체하는 수단을 제공해, 한 번의 설정으로 카멜 로직이 `{{...}}`를 사용하는 동시에 스프링 빈이 `${...}` 설정으로 초기화되는 것을 가능하게 한다.

```
<bean id="bridgePropertyPlaceholder"
      class="org.apache.camel.spring.spi
             .BridgePropertyPlaceholderConfigurer">
  <property name="location"
            value="classpath:placeholder.properties"/>
</bean>
```

- 속성 자리표시자 사용하기: http://camel.apache.org/using-propertyplaceholder.html

하나의 엔드포인트를 카멜 컨텍스트 내에서 여러 차례 사용할 때, 그것을 한 곳에 정의해 일관성 있게 사용하는 것이 편하다. 이 예제는 그 방법을 보여준다.

'자바 애플리케이션에서 카멜 사용하기' 예제 또는 '스프링 애플리케이션에 카멜 내장하기' 예제에 설명된 대로 원하는 라우팅 로직을 정의한다.

XML DSL에서 `<endpoint/>` 엘리먼트의 `id` 속성과 `uri` 속성에 공유하고자 하는 URI를 지정한다.

```
<camelContext xmlns="...">
  <endpoint id="restfulOrdersService"
            uri="jetty:http://localhost:8080/orders"/>
  <route>
    <from ref="restfulOrdersService"/>
    <!-- ... -->
  </route>
</camelContext>
```

자바 DSL을 사용한다면, `RouteBuilder`의 `configure()` 메소드 내에 하나의 스트링으로 URI를 간단히 정의한다.

```
String restfulOrdersService = "jetty:http://localhost:8080/orders";

from(restfulOrdersService) //...
```

루트 템플릿으로 라우팅 로직 재사용하기

루트 정의를 자바로 하는 것의 주요 이점 중 하나는 동일하거나 비슷한 라우팅 로직을 조건이 바뀔 때마다 여러 번 정의할 수 있다는 것이다.

다음과 같은 루트를 생각해보자.

- 입력 디렉토리에 있는 CSV 파일들로부터 대량의 주문 데이터를 가져온다.
- 수집한 데이터를 각각의 주문으로 분리한다.
- 나라별로 다른 형식으로 되어있는 각 주문의 날짜를 뽑아서 공통적인 형식으로 바꾼다.
- 주문 확인을 다른 디렉토리에 저장한다.

여러 나라로부터 다른 날짜 형식으로 된 주문을 받아서 가지고 있다고 하자. 이를 위해 별도의 주문과 확인 디렉토리를 사용하고 있다.

비슷한 여러 개의 루트를 작성할 수도 있다. 하지만 유지보수에 문제가 생길 것이다. 대안으로, 카멜의 자바 DSL을 사용해 공통 라우팅 로직을 하나 작성하면, 의존성 주입dependency injection을 사용해 루트를 초기화 할 때 다른 값들로 바꿀 수 있다.

이 예제는 공통 라우팅 로직을 넘길 수 있는 카멜 루트를 다른 값들에 기반해 런타임 동안 생성하는 정책을 보여준다.

준비

하던 대로 RouteBuilder 내에 루트를 정의한다. 이번에는 시작과 종료 URI뿐만 아니라 처리하는 데 연관되는 빈^{beans}과 RouteBuilder 클래스의 속성들도 같이 정의한다.

```java
public class OrderProcessingRouteBuilder extends RouteBuilder {
  String inputUri;
  String outputUri;
  private OrderFileNameProcessor orderFileNameProcessor;

  @Override
  public void configure() throws Exception {
    from(inputUri)
      // 개개의 행으로 분리
      .split(body(String.class).tokenize("\n"))
        .process(orderFileNameProcessor)
        .log("Writing file: ${header.CamelFileName}")
        .to(outputUri)
      .end();
  }
}
```

 URI 변수가 패키지 범위로 정의되었다는 것을 염두에 두라. 이는 나중에 그 클래스를 테스트 하는 데 도움을 준다.

이 예제를 위한 자바 코드는 org.camelcookbook.structuringroutes.templating 패키지에 위치하고, 스프링 XML 파일은 src/main/resources/META-INF/spring 아래에 templating이라는 접두어를 달고 있다.

다른 속성값들을 주입해 여러 개의 루트 인스턴스를 생성하기 위해 RouteBuilder 구현체를 property 세터setter에 사용한다.

1. 속성들에 대한 세터를 추가한다.

```
public void setInputDirectory(String inputDirectory) {
    inputUri ="file://" + inputDirectory;
}

public void setOutputDirectory(String outputDirectory) {
    outputUri = "file://" + outputDirectory;
}

public void setOrderFileNameProcessor(
        OrderFileNameProcessor orderFileNameProcessor) {
    this.orderFileNameProcessor = orderFileNameProcessor;
}
```

 세터 내에서 엔드포인트 URI를 만드는 것이 좋다. 이렇게 하면 RouteBuilder를 인스턴스화할 때, 어떤 디렉토리가 사용되는지만 생각하면 된다. 매번 파일 컴포넌트를 위해 사용하는 여러 부가적인 속성들에 대해 걱정할 필요가 없다.

2. 빈의 필수 속성을 설정했는지 확인한다. 아래 코드는 org.apache.commons.lang.Validate를 사용해 스트링이 널null인지 비었는지 체크한다.

```
@PostConstruct
public void checkMandatoryProperties() {
    Validate.notEmpty(inputUri, "inputUri is empty");
    Validate.notEmpty(outputUri, "outputUri is empty");
    Validate.notNull(orderFileNameProcessor,
                "orderFileNameProcessor is null");
}
```

스프링에서 RouteBuilder를 사용한다면, 모든 속성들이 들어왔는지 확인하기 위해 @PostConstruct 메소드를 추가한다. 만약 모든 필드들이 바르게 초기화 되지 않았다면, 애플리케이션은 시작되지 않을 것이다.

3. 우리가 필요로 하는 통합을 완료하기 위해 CSV 텍스트의 한 행으로부터 날짜를 가져와 공통 형식으로 바꾸고, 출력 파일 이름을 헤더에 넣는 하나의 프로세서를 추가한다. 이 로직을 하나의 클래스에 포함시키고 다양한 데이터 형식을 외부에서 주입하도록 한다. 이 클래스의 소스는 예제 코드에 org.camelcookbook. structuringroutes.templating.OrderFileNameProcessor 클래스에 있다.

4. 스프링 XML 파일에, 이 클래스의 여러 인스턴스를 생성한다.

```
<bean id="dateFirstOrderFileNameProcessor"
     class="org.camelcookbook.structuringroutes.templating
           .OrderFileNameProcessor">
  <property name="countryDateFormat" value="dd-MM-yyyy"/>
</bean>


<bean id="monthFirstOrderFileNameProcessor"
     class="org.camelcookbook.structuringroutes.templating
           .OrderFileNameProcessor">
  <property name="countryDateFormat" value="MM-dd-yyyy"/>
</bean>
```

5. 이제 다른 입출력 디렉토리를 사용하고, 그 주문 파일에 다른 형식의 날짜를 사용하는 여러 나라를 동일하게 통합하기 위한 모든 것들을 갖추었다. 계속 진행해 RouteBuilders를 인스턴스화하고 카멜 컨텍스트에 주입한다.

```
<bean id="ukOrdersRouteBuilder"
     class="org.camelcookbook.structuringroutes.templating
           .OrderProcessingRouteBuilder">
  <property name="inputDirectory" value="/orders/in/UK"/>
  <property name="outputDirectory" value="/orders/out/UK"/>
  <property name="orderFileNameProcessor"
           ref="dateFirstOrderFileNameProcessor"/>
</bean>
```

```
<bean id="usOrdersRouteBuilder"
      class="org.camelcookbook.structuringroutes.templating
              .OrderProcessingRouteBuilder">
  <property name="inputDirectory" value="/orders/in/US"/>
  <property name="outputDirectory" value="/orders/out/US"/>
  <property name="orderFileNameProcessor"
            ref="monthFirstOrderFileNameProcessor"/>
</bean>

<camelContext xmlns="http://camel.apache.org/schema/spring">
  <routeBuilder ref="ukOrdersRouteBuilder"/>
  <routeBuilder ref="usOrdersRouteBuilder"/>
</camelContext>
```

RouteBuilder 구현체를 스프링 컨텍스트 내에서 사용하는 다른 개별 빈bean처럼 다룸으로써, 그 빈을 여러 번 인스턴스화시키고, 주입된 값을 바꿔서 다양한 행위를 하게 할 수 있었다. 나중에 만약 더 많은 로깅을 추가한다든가 라우팅 로직을 바꾸려고 할 때, 모든 것이 코드 내의 한 곳에서 이루어질 것이다.

RouteBuilder 내에 URI 속성을 정의할 때, 우린 그 속성을 패키지 범위로 설정했었다. 이는 동일한 패키지 내에서 file:이 아닌 엔드포인트를 주입하는 것을 허용하게 해주는 간단한 방법이며, 퍼블릭 세터 메소드가 사용될 때 주입된다. 테스트 클래스들이 보통 동일한 패키지 내에 위치하고 있기 때문에, 이는 RouteBuilder가 좀 더 테스트하기 용이한 엔드포인트와 함께 초기화될 수 있다.

```
OrderFileNameProcessor processor = new OrderFileNameProcessor();
processor.setCountryDateFormat("dd-MM-yyyy");

OrderProcessingRouteBuilder routeBuilder =
    new OrderProcessingRouteBuilder();
routeBuilder.inputUri = "direct:in";
routeBuilder.outputUri = "mock:out";
routeBuilder.setOrderFileNameProcessor(processor);
```

테스팅에 관한 더 자세한 사항은 9장, '테스팅'을 참조하자.

참고 사항

- 파일 컴포넌트: https://camel.apache.org/file2.html

루트 시작과 종료 제어하기

통합 로직이 direct:를 사용해 다른 루트에 의존하는 루트로 구성되어 있을 때, 익스체인지가 흐르기 시작하기 전에 의존 루트들이 준비되고 나서 상위 루트가 시작해야한다. 그렇지 않으면 다음과 같은 종류의 예외를 보게 된다.

```
org.apache.camel.CamelExchangeException: No consumers available on
endpoint: Endpoint[direct://someMissingEndpoint]
```

그 반대로, 애플리케이션 종료 시에는 메시지들이 의존 루트가 더 이상 사용 가능하지 않기 때문에 오류를 내기보다는 안전하게 처리를 끝내야한다. 카멜은 시작과 종료의 순서를 정의하는 메커니즘을 제공해 이 두 가지 이슈를 다룬다.

이 예제는 루트의 시작과 종료 순서를 제어하는 법을 보여준다.

준비

'자바 애플리케이션에서 카멜 사용하기' 예제 또는 '스프링 애플리케이션에 카멜 내장하기' 예제에 설명된 대로 원하는 라우팅 로직을 정의한다.

이 예제의 자바 코드는 org.camelcookbook.structuringroutes.routecontrol 패키지에 위치한다.

예제 구현

루트에 연관된 startupOrder 속성을 설정한다.

XML DSL 내 루트 엘리먼트에 startupOrder 속성을 추가한다.

```xml
<route startupOrder="20">
  <from uri="jms:queue:orders"/>
  <to uri="direct:processOrder"/>
</route>

<route startupOrder="10">
  <from uri="direct:processOrder"/>
  <process ref="orderProcessor"/>
</route>
```

자바 DSL에서는 `from` 문장 뒤에 `startupOrder(..)`를 호출한다.

```
from("jms:queue:orders").startupOrder(20)
  .to("direct:processOrder");

from("direct:processOrder").startupOrder(10)
  .process(new OrderProcessor());
```

예제 분석

루트는 `startupOrder`의 오름차순으로 시작된다. 앞의 예제에서 `direct:` 루트는 JMS로부터 연결된 통합의 메인 엔트리 포인트 이전에 시작된다.

`startupOrder`에는 0보다 크고 1000보다 작은 정수를 할당한다. 카멜 컨텍스트 내 한 번 이상 같은 값을 할당할 수는 없다. 그렇지 않으면 시작하지 않는다. 카멜은 특별히 값을 지정하지 않은 루트에 대해서는 1000 이상의 값을 자동적으로 할당할 것이다.

 (BASIC을 알 만큼 나이가 든 독자라면) BASIC 프로그래밍에서처럼 10씩 증가되는 값을 startupOrder에 할당하는 것이 유용하다. 통합이 커지고 재사용을 위해 루트를 분리해야 할 때, 중간에 사용 가능한 숫자들이 있어서 모든 루트에 숫자를 재할당할 필요가 없다.

애플리케이션을 종료할 때, 카멜은 시작할 때의 역순으로 루트를 종료할 것이다. 루트는 반대 순서대로 종료된다.

루트가 종료되면, 엔드포인트 사용자가 첫번째로 꺼지고, 실행 중인 루트를 통해 흘러오는 모든 메시지(in-flight 메시지)는 루트가 내려가기 전에 종료되어야 한다. 처리 중인 모든 메시지는 300초의 타임아웃이 지나면 제거될 것이다. 타임아웃은 카멜 컨텍스트에 연관된 ShutdownStrategy에 설정된다.

부연 설명

루트는 카멜 컨텍스트의 startRoute()와 stopRoute() 메소드로 프로그램 내에서 시작과 종료가 가능하다. 익스체인지를 통해 컨텍스트를 접근 가능하기 때문에, 커스텀 루트 제어 로직을 수행하는 것도 가능하다. 한 가지 예로, 다음 코드 블록에 익스체인지 바디에서 명시한 이름의 루트를 종료하는 클래스가 있다.

```java
public class RouteStoppingProcessor implements Processor {
  @Override
  public void process(Exchange exchange) throws Exception {
    final String routeName = exchange.getIn().getBody(String.class);
    final CamelContext context = exchange.getContext();

    new Thread(new Runnable() {
      @Override
      public void run() {
        try {
          context.stopRoute(routeName);
        } catch (Exception e) {
          throw new RuntimeException(e);
        }
      }
    }).start();
  }
}
```

익스체인지를 처리하는 스레드가 아닌 다른 스레드 내에서 카멜 루트를 종료하는 것이 실제로는 가장 좋다. 이유는 루트를 정지하기 이전에 루트를 통해 흐르고 있는 모든 익스체인지가 끝나기를 기다리기 때문이다. 만약 익스체인지를 처리하는 하나의 스레드가 종료하려는 루트가 그 익스체인지가 흐르고 있는 루트라면, 데드락이 일어난다.

더 자세한 설명은 다음 링크를 참고하라. http://camel.apache.org/how-can-i-stop-a-route-from-a-route.html

또한 루트는 컨트롤 버스^{Control Bus} 엔드포인트를 사용해 종료와 시작이 가능하다.

```
from("direct:in").id("mainRoute")
  .log("Stopping route")
  .to("controlbus:route?routeId=mainRoute&action=stop&async=true")
  .log("Signalled to stop route")
  .to("mock:out");
```

 데드락을 방지하고자 백그라운드 스레드에서 루트를 종료시키기 위해 async=true를 사용했다는 것을 주의해서 보라.

직접 루트를 제어하는 것은 `startupOrder`를 고려하지 않으므로, 수행 시 시작하거나 종료하려는 루트들이 제대로 된 순서로 제어되는지 반드시 주의해야 한다.

루트는 `autoStartup` 속성을 `false`로 지정함으로써 카멜을 시작할 때 활성화되지 않을 수 있다.

XML DSL에서는 `route` 엘리먼트에 `autoStartup` 속성을 더한다.

```
<route autoStartup="false">
  <from uri="jms:queue:orders"/>
  <!-- ... -->
</route>
```

자바 DSL에서는 `from` 문장 이후에 `autoStartup(..)` 메소드를 호출한다.

```
from("jms:queue:orders").autoStartup(false)...
```

루트의 사용성을 직접 제어하길 원하거나 루트 정책^{route policy}를 통해 제어하기를 원한다면 이 기능을 이용한다.

RoutePolicy는 루트의 실행 여부를 결정하기 위해 작성 가능한 하나의 인터페이스다. 카멜은 루트 흐름을 조절하거나(ThrottlingInflightRoutePolicy), 타이머를 가지고 실행 시간을 정의하고(SimpleScheduledRoutePolicy), 크론 표현을 사용하기 위해 (CronScheduledRoutePolicy) 미리 만들어져 있어 바로 사용 가능한 루트 정책을 제공한다.

참고 사항

- 루트 시작 순서와 자동 시작 설정: http://camel.apache.org/configuring-route-startup-ordering-and-autostartup.html
- 안전한 종료: http://camel.apache.org/graceful-shutdown.html
- 루트 정책: http://camel.apache.org/routepolicy.html
- 카멜 컨트롤 버스^{Camel Control Bus}: http://camel.apache.org/controlbus.html

2

메시지 라우팅

2장에서는 다음과 같은 예제를 다룬다.

- 내용 기반 라우팅
- 원치않는 메시지 제외하기
- 와이어탭^{Wire Tap}: 메시지 복제본을 다른 곳으로 보내기
- 멀티캐스트^{Multicast}: 동일한 메시지를 여러 엔드포인트로 라우팅하기
- 수신자 목록^{Recipient List}: 메시지를 여러 개의 엔드포인트로 라우팅하기
- 조절기^{Throttler}: 엔드포인트로 흐르는 메시지 개수 제한하기
- 단방향 메시지를 보내는 요청-응답 루트
- 요청-응답 엔드포인트를 기다리는 단방향 루트
- 동적 라우팅: 실행 중에 라우팅 결정하기
- 여러 엔드포인트로 부하 분산하기
- 라우팅 슬립^{Routing Slip}: 메시지를 고정된 여러 개의 엔드포인트로 라우팅하기

2장에서는 카멜의 통합 로직을 작성하기 위해 내장된 기업 통합 패턴EIP, Enterprise Integration Patterns을 사용하는 법을 설명한다. 일단 엔드포인트로부터 메시지가 얻어지면, 그 처리를 위해 (라우팅 같은) 어떤 단계를 사용할 것인지 결정 내려야 한다. 그리고 이런 EIP들은 많은 종류의 메시지 라우팅 옵션을 제공해준다. 이 EIP들은 카멜의 도메인 특화 언어DSL, Doamin specific Language로 정의한 루트에서 사용된다.

EIP는 DSL 내에서 가장 중요한 구조다. 그 자체로, 통합 로직이 어떻게 메시지를 라우팅할 것인지, 즉, 어떤 EIP를 사용할 것인지를 명확히 표현한다. 커스텀 자바 프로세서 내에서 라우팅을 하는 것에 비해, 카멜 코드에서 이런 EIP DSL 문장을 많이 사용할수록 개발자들이 나중에 유지보수할 때 카멜 루트가 어떤 일을 하는지 이해하기 쉬워진다. 이것이 카멜의 핵심 가치다. 그러니 코드 내에서 최대한 잘 활용해야 한다. 과거에 많은 노력을 들여 작성했던 가장 복잡한 통합 시나리오에서도 카멜을 사용한다면 더 많은 유연함과 명료성을 얻을 수 있다.

여러 가지 카멜 아키텍처 개념이 2장에 걸쳐 사용된다. '들어가며'에 카멜 개념에 대한 개략적인 설명이 있다. 전체에 대한 설명은 아파치 카멜 웹사이트(http://camel.apache.org)에서 찾을 수 있다.

2장의 코드는 예제의 camel-cookbook-routing 모듈에 포함되어 있다.

내용 기반 라우팅

메시지 내용 그리고(또는) 메시지와 연관된 헤더나 속성에 따라 메시지를 라우팅할 필요가 있을 때, 카멜의 내용 기반 라우터 패턴Content Based Router EIP를 사용한다.

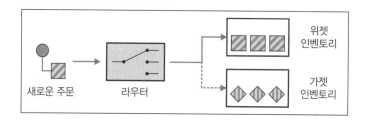

내용 기반 라우팅과 필터링은 매우 비슷하다. 내용 기반 라우터는 복수 개의 조건서술^{predicate}을 가진다. 그리고 포함된 단계는 첫 번째로 부합된 조건에 의해 수행된다. 아무것도 부합하지 않을 때엔 지정된 문장에 의해 수행된다(자바의 `if() {..} else if() {..} else {..}` 문과 비슷하다).

카멜의 필터 패턴^{Filter EIP}은 메시지가 하나의 조건서술에 부합할 때만 포함된 단계를 수행한다. 자바에서는 `if` 하나만 있는 문장이 필터와 같다고 생각할 수 있다.

이 예제에서 내용 기반 라우터가 메시지 내용에 따라서 여러 목적지 중 하나로 메시지를 보내는 법을 보여준다.

준비

이 예제의 자바 코드는 `org.camelcookbook.routing.contentbasedrouter` 패키지 아래에 위치한다. 스프링 XML 파일들은 src/main/resources/META-INF/spring 아래에 contentBasedRouter라는 접두어를 가지고 있다.

예제 구현

하나 또는 그 이상의 when 문장과 choice DSL 문을 사용하고 연관된 조건서술 시험으로 메시지가 계속 그 길을 가야 하는지 볼 필요가 있다. 그리고 필요하다면 otherwise 문을 사용해 when에 하나도 걸리지 않은 모든 메시지를 잡을 수 있다.

1. 루트 안에 적어도 하나의 when을 사용해 choice 문을 생성한다. 각 when 문장은 하나 또는 그 이상의 처리 단계가 달린 조건서술 문장으로 시작되어야 한다(예를 들면 `<to uri="…"/>`).

   XML DSL에서는 다음과 같이 작성한다.

   ```
   <choice>
     <when>
       <simple>${body} contains 'Camel'</simple>
       <to uri="mock:camel"/>
       <log message="Camel ${body}"/>
     </when>
   ```

```
    <!-- ... -->
</choice>
```

자바 DSL에서는 다음과 같이 표현한다.

```
.choice()
  .when()
    .simple("${body} contains 'Camel'")
    .to("mock:camel")
    .log("Camel ${body}")
    //...
  .end()
```

 자바 DSL 내에, 내용 기반 라우터 완료 후에 다른 단계를 계속 실행하길 원한다면, choice 문에 end()를 호출해 명시적으로 종료할 필요가 있다. end() 문장은 자바 if문 의 닫는 }와 같아서 라우팅 엔진이 내용 기반 라우터 작업을 끝냈다는 것을 알려 준다.

2. otherwise 문을 추가해 어떤 when 조건에도 맞지 않았던 모든 메시지를 처리한 다. otherwise 문은 하나 또는 그 이상의 단계를 포함한다.

XML DSL에서는 다음과 같이 작성한다.

```
<choice>
  <!-- ... -->
  <otherwise>
    <to uri="mock:other"/>
    <log message="Other ${body}"/>
  </otherwise>
</choice>
```

자바 DSL에서는 동일한 것을 다음과 같이 작성한다.

```
.choice()
  //...
  .otherwise()
    .to("mock:other")
    .log("Other ${body}")
.end()
```

내용 기반 라우터는 카멜의 조건서술 기능에 의존한다. 앞의 예제는 카멜의 단순 표현 언어^{Simple Expression Language}를 사용한다. 단순표현언어는 익스체인지 내에 포함된 모든 데이터(메시지, 헤더, 속성)에 수행될 수 있는 연산들을 제공한다. 각 when 엘리먼트는 하나의 조건서술을 요구하는데, 그것은 내장된 카멜 표현 언어 중 하나며, 불린^{boolean} 값을 리턴하는 일반 자바 오브젝트^{POJO, Plain Old Java Object} 메소드의 하나를 포함한다.

메시지는 조건과 부합하는, 다시 말하면 true를 리턴하는 첫 번째 when으로 라우팅 된다. 메시지는 그 when 조건서술 표현 이후에 명명된 하나 또는 그 이상의 프로세서 단계로 가고, 기본적으로 파이프라인^{pipeline}, 즉 순서대로 여러 프로세서가 수행된다. 메시지가 어떤 when 조건에도 맞지 않을 때, otherwise 블럭이 있으면 그곳으로 라우 팅된다.

첫 번째 부합된 when 조건서술, 또는 부합되지 않을 때 otherwise 문으로 메시지를 라우팅한 후, 그 choice 문 이후에 명시된 (것이 있다면) 다음 프로세서로 가게 된다.

내용 기반 라우터 내에 다른 내용 기반 라우터를 내장하길 원한다면, 내부 choice 문 은 코드의 명료성을 위해 별도의 루트에 정의되어야 한다.

```
from("direct:start")
  .choice()
    .when()
      .simple("${body} contains '<xml>'")
      .to("direct:processXml")
    .otherwise()
      .to("direct:processPlainText")
  .end();

from("direct:processXml")
  .choice()
    .when()
```

```
      .xpath("/order[@units > 100]")
      .to("direct:priorityXmlOrder")
    .otherwise()
      .to("direct:normalXmlOrder")
  .end();
```

when 또는 otherwise 문 내에서, 파이프라인 프로세서를 지정하고 end() 문에서 그 단계를 끝내는 부하 분산기^{Load Balancer}, 분할기^{Splitter} 등의 다른 EIP 패턴으로 라우팅한 다면, 그 단계들은 endChoice()에서 종료되어야 한다. 이로써 자바 언어가 중첩 컨텍스트를 제대로 유지하지 못하는 문제를 피하고, 명시적으로 중첩된 EIP로부터 다시 choice 문으로 제어를 리턴하게 된다.

```
.choice()
  .when()
    .simple("${body} contains 'Camel'")
    .to("mock:camel")
    .loadBalance()
      .to("mock:a")
      .to("mock:b")
    .endChoice()
    .log("Camel ${body}")
  .otherwise()
    .to("mock:other")
    .log("Other ${body}")
.end()
```

참고 사항

- 내용 기반 라우터: http://camel.apache.org/content-based-router.html
- 조건서술^{Predicate}: http://camel.apache.org/predicate.html
- endChoice: http://camel.apache.org/why-can-i-not-use-when-or-otherwise-in-a-java-camel-route.html

원치않는 메시지 제외하기

메시지가 어떤 조건(조건서술)에 부합할 경우 일련의 단계를 수행할 필요가 있을 때 필터^{Filter}를 사용한다.

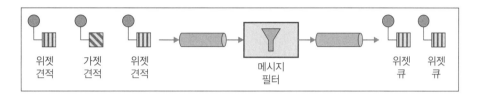

내용 기반 라우팅과 필터는 매우 비슷하다. 필터는 (단일 if 문과 매우 비슷하게도) 제공되는 조건서술에 부합되는 메시지만 처리한다.

내용 기반 라우터는 메시지를 여러 개의 조건서술 중 첫째로 걸리는 것에 따라 메시지를 보내거나, 아무런 조건서술과 맞지 않을 때에는 선택적으로 otherwise 문으로 보낸다(이는 자바의 if() {..} else if () {..} else {..} 문과 비슷하다).

이 예제는 메시지가 특정 조건서술에 부합할 때만 메시지 처리 단계를 수행하는 방법을 보여준다.

준비

이 예제를 위한 자바 코드는 org.camelcookbook.routing.filtering 패키지에 위치한다. 스프링 XML 파일은 src/main/resources/META-INF/spring 아래에 filtering 접두어를 가지고 있다.

예제 구현

카멜 표현 언어를 사용하는 조건서술과 함께 filter 문을 생성한다. 조건서술 뒤에 하나 또는 여러 개의 단계를 정의한다(복수의 프로세서 단계는 기본적으로 순서대로 실행된다.)

XML DSL에서는 이 라우팅 로직을 다음과 같이 작성한다.

```
<filter>
  <simple>${body} regex '^C.*'</simple>
  <to uri="mock:C"/>
</filter>
```

자바 DSL에서는 동일한 것을 다음과 같이 작성한다.

```
.filter()
  .simple("${body} regex '^C.*'")
  .to("mock:C")
.end()
```

 자바 DSL에서 조건서술 부합 시 실행되는 마지막 프로세서 문장 이후에 end()를 넣는
것은 좋은 습관이다.

예제 분석

카멜의 필터 기능은 카멜의 조건서술 기능에 의존하고 있다. 앞의 예제는 카멜 단순
표현언어Camel's Simple Expression Language를 사용한다. 그 단순표현언어는 카멜 익스체인
지(메시지, 헤더, 속성) 내에 포함된 모든 데이터를 사용하는 동작들을 제공한다. 각각
의 filter 엘리먼트는 다수의 내장 카멜 표현 언어 중 하나인 조건서술 한 개와, 불린
Boolean 값을 리턴하는 POJO 메소드를 필요로 한다. 메시지는 when 조건서술 표현 후
에, 정해진 한 개 또는 그 이상의 프로세서 단계로 전송된다. 기본적으로는 복수의 단
계들은 마치 파이프라인Pipeline처럼, 즉 순서대로 실행된다.

부연 설명

카멜은 CamelFilterMatched라는 (Exchange.FILTER_MATCHED 상수로 정의되는) 익스
체인지의 boolean 속성을 가진다. 메시지가 그 전 필터의 조건서술에 부합되었다면
true일 것이다. 여러 개의 필터 문장을 사용한다면, FilterMatched 속성이 각 필터의
조건서술에 의해 true 또는 false로 정해짐에 따라 메시지를 처리한 이전 필터의 조
건서술의 값을 의미한다는 점에 주의하라.

78

- 필터: http://camel.apache.org/message-filter.html
- 조건서술: http://camel.apache.org/predicate.html

와이어탭: 메시지 복제본을 다른 곳으로 보내기

현재 메시지를 메인 루트가 아닌 백그라운드로 동시에 실행하면서 응답이 필요 없을 때, 와이어탭^{Wire Tap} 패턴이 도움이 된다. 전형적 사용 용도는 백엔드의 시스템으로 메시지를 로깅하는 것이다. 실행하는 메인 스레드는 평소와 같이 현재의 루트를 통해 메시지를 계속 처리하고 있는 동안, 와이어탭은 메인 루트 밖에서 별도의 메시지 처리가 일어나게 한다.

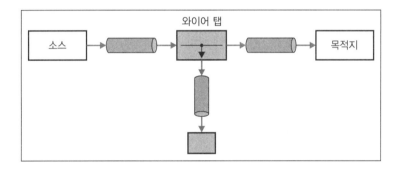

이 예제는 메시지의 복제본을 다른 엔드포인트로 보내는 방법을 보여준다.

준비

이 예제의 자바 코드는 org.camelcookbook.routing.wiretap 패키지 내에 있다. 스프링 XML 파일은 src/main/resources/META-INF/spring 아래에 wireTap 접두어를 가지고 있다.

wireTap 문을 사용해 메시지의 복제본을 어디로 보낼 것인지 엔드포인트 URI를 지정한다.

XML DSL에서는 다음과 같이 작성한다.

```
<route>
  <from uri="direct:start"/>
  <wireTap uri="mock:tapped"/>
  <to uri="mock:out"/>
</route>
```

자바 DSL에서는 동일한 루트를 다음과 같이 표현한다.

```
from("direct:start")
  .wireTap("mock:tapped")
  .to("mock:out");
```

와이어탭 프로세서는 기본적으로 카멜 익스체인지 인스턴스 레퍼런스의 얕은 복제본shallow copy을 카멜 라우팅 엔진이 관리하는 풀pool에서 할당한 하나의 스레드 위에서 처리한다. 이 익스체인지의 복제본은 wireTap DSL 문에 명시된 엔드포인트로 보내진다.

앞의 예제에서, 스레드는 단순히 mock: 엔드포인트로 메시지를 보낸다.

이 와이어탭의 전형적인 용도는 현재 메시지를 백엔드의 시스템으로 로깅하는 것이다. 이 구현체는 현재 메시지를 direct: 참조를 통해서 다른 루트로 전달한다. 두 번째 루트가 백엔드의 시스템을 호출하기 전에 페이로드에 따라서 메시지 형태를 바꾸기도 한다.

메시지가 복제되면 헤더와 원래 메시지의 직접 참조가 새로운 익스체인지 객체로 복제된다. 이는 주 루트를 통해서 흐르는 원래 메시지에 영향을 주지 않고 루트가 복제된 메시지를 변경하는 처리를 가능케 한다.

와이어탭 메시지의 메시지 교환 패턴^{MEP, Message Exchange Pattern}은 InOnly로 설정되며 주 루트가 와이어탭 루트로부터 아무런 응답을 기대하지 않는다는 사실을 나타낸다.

와이어탭의 메시지 바디는 원래 메시지의 바디와 동일한 객체며 이는 카멜이 익스체인지의 얕은 복제본^{shallow copy}을 수행하기 때문이다. 따라서 그 메시지 객체 위에서 실행하는 두 개의 루트가 그 객체의 내부 상태를 바꾸는 것이 가능하고, 그래서 서로 정보가 보인다. 다음에 나오는 '익스체인지의 깊은 복제^{deep copy}' 절에서 익스체인지의 깊은 복제에 대한 자세한 설명을 보라.

Cheese 클래스의 인스턴스를 하나의 루트로 전달하려고 한다.

```
public class Cheese {
  private int age; // getters, setters 생략
}
```

루트 내에 메시지가 아래 코드에 의해 동시에 처리되길 원한다.

```
public class CheeseRipener {
  public static void ripen(Cheese cheese) {
    cheese.setAge(cheese.getAge() + 1);
  }
}
```

우리가 호출할 루트는 direct:start 엔드포인트로 그 호출을 시작하고, Cheese의 현재 숙성 시간에 대해 로그를 남기고, 비동기적으로 그 메시지를 별도의 direct:processInBackground 루트로 보내며, 1000밀리초를 기다린 후에 그 메시지를 mock:out 엔드포인트로 전달한다.

```
from("direct:start")
  .log("Cheese is ${body.age} months old")
  .wireTap("direct:processInBackground")
  .delay(constant(1000))
  .to("mock:out");

from("direct:processInBackground")
  .bean(CheeseRipener.class, "ripen")
  .to("mock:tapped");
```

1의 숙성 시간을 가진 치즈를 direct:start로 전달한 결과는, 그 치즈 상태에 대한 변경이 와이어탭^{wire tapped} 루트에서 일어남에도, mock:out은 그 숙성 시간이 2로 변경된 것을 보게 된다.

익스체인지의 깊은 복제

이런 종류의 상태 누출은 상태를 생성자로만 넣게 해서 메시지를 변경 불가능하게 만들어 피해갈 수 있다. 이 과정이 불가능할 때, 그리고 와이어탭 루트가 상태를 변경할 때를 위해 와이어탭 패턴은 메시지의 깊은^{deep} 복제를 수행하는 메커니즘을 제공한다.

이 기능을 위해 Cheese 모델에 깊은 복제 메소드를 추가한다.

```
public Cheese clone() {
  Cheese cheese = new Cheese();
  cheese.setAge(this.getAge());
  return cheese;
}
```

복제 단계를 수행하기 위해 Processor 클래스를 구현한다.

```
public class CheeseCloningProcessor implements Processor {
  public void process(Exchange exchange) throws Exception {
    Message in = exchange.getIn();
    Cheese cheese = in.getBody(Cheese.class);
    if (cheese != null) {
      in.setBody(cheese.clone());
    }
  }
}
```

끝으로, 커스텀 프로세서를 onPrepare 속성에 넣어 원래 루트를 변경한다.

```
.wireTap("direct:processInBackground")
  .onPrepare(new CheeseCloningProcessor())
```

XML DSL에서, 둘러싸인 컨텍스트 내의 빈^{bean}으로서 구현체의 인스턴스를 정의할 필요가 있다.

```
<bean id="cheeseCloningProcessor"
      class="org.camelcookbook.routing.CheeseCloningProcessor"/>
```

그러고 나서 루트 정의 내의 from 빈 인스턴스를 참조한다.

```
<route>
  <from uri="direct:start"/>
  <wireTap uri="direct:processInBackground"
           onPrepareRef="cheeseCloningProcessor"/>
  <to uri="mock:out"/>
</route>
```

부연 설명

카멜은 기본 스레드에 충분한 스레드 수를 가지고 있어 변경할 필요는 없을 것이다.

 기본 스레드 풀은 10개의 스레드로 시작해서 필요할 때 20개까지 늘어나고, 60초 동안
활동이 없으면 내려간다(org.apache.camel.impl.DefaultExecutorServiceManager
참조).

특정 사용 용도에 더 적합하도록 커스텀 스레드를 만들 수도 있다. 아래 코드에서는
와이어탭 메시지를 순차적으로 처리하고 익스체인지에 스레드 이름을 기록하기 위한
단일 스레드의 풀을 만든다.

```
<threadPool id="oneThreadOnly"
            threadName="JustMeDoingTheTapping"
            poolSize="1"
            maxPoolSize="1"
            maxQueueSize="100"/>
<route>
  <from uri="direct:start"/>
  <wireTap uri="direct:tapped"
           executorServiceRef="oneThreadOnly"/>
  <to uri="mock:out"/>
</route>
```

```xml
<route>
  <from uri="direct:tapped"/>
  <setHeader headerName="threadName">
    <simple>${threadName}</simple>
  </setHeader>
  <to uri="mock:tapped"/>
</route>
```

동일한 목적의 자바 코드를 요약하면 다음과 같다.

```java
ThreadPoolBuilder builder = new ThreadPoolBuilder(getContext());
ExecutorService oneThreadOnly =
    builder.poolSize(1).maxPoolSize(1)
        .maxQueueSize(100).build("JustMeDoingTheTapping");

from("direct:start")
  .wireTap("direct:tapped").executorService(oneThreadOnly)
  .to("mock:out");

from("direct:tapped")
  .setHeader("threadName").simple("${threadName}")
  .to("mock:tapped");
```

참고 사항

- 와이어탭: http://camel.apache.org/wire-tap.html
- 다른 루트에서의 비동기 처리를 위한 SEDA: http://camel.apache.org/seda.html
- 여러 프로세서 처리를 위한 멀티캐스트: http://camel.apache.org/multicast.html
- 별개 루트를 호출하고 그 응답과 원래 메시지를 합치기 위한 내용 향상 패턴: https://camel.apache.org/content-enricher.html
- 스레드 풀과 스레드 풀 프로파일: http://camel.apache.org/threading-model.html

멀티캐스트: 동일한 메시지를 여러 엔드포인트로 라우팅하기

동일한 메시지를 여러 개의 엔드포인트로 라우팅해 각각 다른 방법으로 메시지를 처리할 때에 멀티캐스트 패턴을 사용한다.

이 예제는 카멜의 멀티캐스트 패턴을 사용하기 위한 기본적이고 순차적인 방법을 보여준다. 6장, '병렬 처리'에서 동시성concurrency 스레드를 가지고 멀티캐스트를 사용하는 것에 대한 예제를 다룬다.

준비

이 예제의 자바 코드는 org.camelcookbook.routing.multicast 패키지에 있다. 스프링 XML 파일은 src/main/resources/META-INF/spring 아래에 multicast라는 접두어를 달고 있다.

예제 구현

multicast DSL 문을 사용하고, 그 안에 엔드포인트들과 처리 단계를 나열한다.

XML DSL에는 라우팅 로직을 다음과 같이 작성한다.

```
<route>
  <from uri="direct:start"/>
  <multicast>
    <to uri="mock:first"/>
    <to uri="mock:second"/>
    <to uri="mock:third"/>
  </multicast>
</route>
```

자바 DSL에서는 동일한 것을 다음과 같이 작성한다.

```
from("direct:start")
  .multicast()
    .to("mock:first")
    .to("mock:second")
```

```
    .to("mock:third")
  .end();
```

이 예제는 동일한 스레드 내에 순차적으로 특정 단계들을 각각 가진다. 6장, '병렬 처리'에서는 어떻게 여러 개의 스레드에서 이것이 가능한지에 대해 이야기한다.

하나의 메시지가 멀티캐스트 패턴에 도달하면, 그 패턴 정의에 나열되어 있는 각각의 단계를 위해 메시지의 얕은 복제본(이에 대한 설명은 '와이어탭: 메시지 복제본을 다른 곳으로 보내기' 예제를 보라)이 만들어진다. 현재 해당 메시지를 처리하고 있는 스레드는 메시지의 고유한 복제본을 하나 하나씩 지정된 단계로 보낸다. 이 복제된 메시지에 일어난 어떤 변경도 원래 메시지에는 보이지 않게 되고 멀티 캐스트가 일단 끝나게 되면 메인 루트를 계속 흐르게 된다.

하지만 가변적인 상태는 메시지 바디가 변경될 때 메시지 간에 정보를 누출할 가능성이 있다(이에 대한 설명은 '와이어탭: 메시지 복제본을 다른 곳으로 보내기' 예제를 보라).

멀티캐스트는 여러 개의 단계를 단순히 차례대로 실행시키는 것과는 전혀 다르다.

```
from("direct:start")
  .to("direct:first")
  .to("direct:second")
  .to("direct:third");
```

이 루트에서 각 엔드포인트는 동일한 메시지 객체 위에서 동작한다. 멀티캐스트는 각각이 원래 객체의 복제본을 받게 된다. 위 예제에서 direct:first로 참조된 루트 내의 익스체인지에 헤더값 등에 변경이 이루어진다면 direct:second, direct:third를 처리할 때 익스체인지에 그 변경이 보이게 된다.

멀티캐스트에서는 복제된 메시지의 MEP는 원래 메시지의 MEP에 상관 없이 기본적으로 InOnly로 정해진다. 이것은 원래 루트는 응답을 받지 않는다는 사실을 뜻한다. 이런 점에서 멀티캐스트의 기본 행위는 여러 단계를 가지고 있는 와이어탭과 비슷하다. 오직 메인 루트를 실행하는 스레드가 여러 단계를 위해 메시지 복제 처리를 한다는 점에서 그렇다. 다음 절에 설명된 대로 이 행위를 바꿀 수도 있다.

때때로 멀티캐스트 내에 수행되는 프로세서로부터 응답을 받고 그 응답으로 원래 메시지의 변경을 원할 수도 있다. 이것을 위해서는 멀티캐스트 패턴에 AggregationStrategy 인터페이스의 구현체를 제공하면 된다. 이 인터페이스는 하나의 메소드를 정의한다.

```
public Exchange aggregate(Exchange oldExchange, Exchange newExchange)
```

newExchange 파라미터는 현재 처리되는 멀티캐스트 응답이고, oldExchange는 현재까지 통합된 결과다. aggregate() 메소드가 처음 호출될 때 oldExchange는 널^{null}이다(자세한 설명은 '수집기^{Aggregator} 패턴'을 보라).

다음은 스트링 응답들을 연결하는 간단한 AggregationStrategy이다.

```
public class ConcatenatingAggregationStrategy
    implements AggregationStrategy {
  @Override
  public Exchange aggregate(Exchange oldExchange,
                            Exchange newExchange) {
    if (oldExchange == null) {
      return newExchange;
    } else {
      String oldBody = oldExchange.getIn().getBody(String.class);
      String newBody = newExchange.getIn().getBody(String.class);
      String merged = (oldBody == null) ? newBody
          : oldBody + "," + newBody;
      oldExchange.getIn().setBody(merged);
      return oldExchange;
    }
  }
}
```

이 패턴에 수집 저장소$^{aggregation\ repository}$를 정의하는 것은 결과적으로 멀티캐스트 단계로 보내지는 메시지의 MEP를 InOut으로 지정하는 것이다.

멀티캐스트에서 이것을 가능하게 하는 방법은 다음과 같다.

```
from("direct:start")
  .multicast().aggregationStrategy(
      new ConcatenatingAggregationStrategy())
    // 하나 또는 그 이상의 엔드포인트 생략
  .end();
```

XML DSL에서는 포함하는 컨텍스트 내에서 구현체 인스턴스를 하나의 빈[bean]으로 정의한다.

```
<bean id="concatenatingStrategy"
      class="ConcatenatingAggregationStrategy"/>
```

루트 정의 내에서 그 인스턴스를 참조한다.

XML DSL 내에서, 그 구현체의 인스턴스를 컨텍스트 내의 하나의 빈[bean]으로 정의한다.

```
<route>
  <from uri="direct:start"/>
  <multicast aggregationStrategyRef="concatenatingStrategy">
      <!-- 하나 또는 그 이상의 엔드포인트 생략 -->
  </multicast>
</route>
```

여기에서 수집[aggregation] 정책은 원래의 메시지가 아닌 서로 간의 응답만을 모은다. 만약 응답들을 요청과 합하길 원한다면 멀티캐스트 패턴과 내용 향상[Content Enricher] 패턴을 조합해 사용해야 하며 이때 두 패턴 모두 동일한 AggregationStrategy 인스턴스를 사용해야 한다.

```
AggregationStrategy concatenationStrategy =
    new ConcatenatingAggregationStrategy();

from("direct:start")
  .enrich("direct:performMulticast", concatenationStrategy)
  // 들어오는(In) 메시지를 나가는(Out) 메시지로 복제한다
  // 나가는 메시지가 해당 루트의 응답이 된다
  .transform(body());

from("direct:performMulticast")
```

```
    .multicast().aggregationStrategy(concatenationStrategy)
      .to("direct:first")
      .to("direct:second")
  .end();
```

멀티캐스트에는 예외를 처리하기 위한 두 가지 방법이 있다.

- `multicast().stopOnException()` 플래그를 사용한다. 이는 호출되는 이후의 엔드포인트를 중지하고 현재 루트를 흐르며 처리되는 메시지를 즉시 종료시킨다.
- `AggregationStrategy` 구현체에서 예외를 다룬다. 이는 `newExchange.isFailed()`의 값을 확인하고 적절한 조치를 함으로써 수행된다.

다음은 결과적으로 멀티캐스트 내의 카멜 런타임이 발생시키는 `org.apache.camel.CamelExecutionException`이다. 이 예외는 잡히지 않는다.

- `AggregationStrategy` 구현체를 사용하지 않고 있을 때, 서브 루트에서 예외를 처리하는 것의 실패한다면 발생한다.
- `AggregationStrategy` 구현체가 예외를 발생시켰을 때 `Aggregation Strategy` 내에서 예외를 우아하게 다루기 위해 `newExchange.isFailed()`의 값을 확인한다.

순차적이 아니고 병렬적으로 멀티캐스트 내에 각각의 단계를 수행하는 것도 가능하다. 이를 위해서는 `parallelProcessing` 문이 그 패턴 내에 사용되어야 한다.

```
from("direct:start")
    .multicast().parallelProcessing()
        .to("mock:first")
        .to("mock:second")
    .end();
```

기본 스레드 풀 행위는 커스텀 스레드 풀을 참조함으로써 와이어탭 패턴에 따라 변경 가능하다.

익스체인지 인스턴스는 `UnitOfWork` 객체를 관리한다. 이는 메시지가 참여하려는 트랜잭션에 대한 정보를 포함하고 있으며 루트 내에서 사용되었던 트랜잭션 자원의 커밋 또는 롤백에 대한 연결을 카멜 라우팅 엔진에 제공한다.

멀티캐스트 내 각 단계는 원래 메시지의 복제본을 받는데, 기본적으로 그 복제본은 본래의 UnitOfWork를 포함하지 않는다. 멀티캐스트의 각 단계는 다른 UnitOfWork 객체를 보게 된다. 그 패턴의 shareUnitOfWork 속성을 true로 설정하면 이 행위를 변경시켜서 모든 라우팅이 같은 트랜잭션 컨텍스트 내에서 수행되도록 한다.

 parallelProcessing이 함께 사용될 때 UnitOfWork 객체를 공유하는 것은 일반적으로 좋지않다. JMS 세션 객체나 JDBC 커넥션 객체 같은 트랜잭션 자원들이 한 번에 하나의 스레드에 의해 사용되도록 한다.

참고 사항

- UnitOfWork 객체와 스레드 영역 간 공유 시 의도하지 않은 동작에 대한 설명을 위해 8장, '트랜잭션과 멱등성'을 보라.
- 멀티캐스트: http://camel.apache.org/multicast.html

수신자 목록: 메시지를 여러 개의 엔드포인트로 라우팅하기

각각의 메시지들을 보낼 엔드포인트의 목록을 런타임에 동적으로 결정하고자 할 때, 수신자 목록 패턴Recipient List EIP을 사용하라. 이 패턴은 두 단계로 구성되는데, 먼저 메시지를 보낼 곳을 결정하고 그 다음 루트 단계를 호출한다. 동적인 멀티캐스팅으로도 알려져있으며 상당히 비슷하게 행동한다.

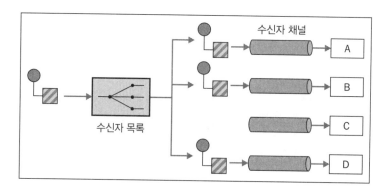

이 예제는 동적으로 정해지는 엔드포인트로 메시지를 라우팅하는 법을 보여준다.

준비

이 예제의 자바 코드는 `org.camelcookbook.routing.recipientlist` 패키지에 위치하고 있다. 스프링 XML 파일들은 src/main/resources/META-INF/spring 아래에 recipientList라는 접두어를 가지고 있다.

예제 구현

DSL에 `recipientList` 문을 사용해 런타임 메시지 라우팅을 위한 엔드포인트 목록을 어디서 얻을지 표현한다.

XML DSL에서는 라우팅 로직을 다음과 같이 작성한다.

```
<route>
  <from uri="direct:start"/>
  <setHeader headerName="endpointsToBeTriggered">
    <method ref="messageRouter"
            method="getDestinationsFromMessage"/>
  </setHeader>
  <recipientList>
    <header>endpointsToBeTriggered</header>
  </recipientList>
</route>
```

자바 DSL에서는 동일한 것을 다음과 같이 표현한다.

```
from("direct:start")
  .setHeader("endpointsToBeTriggered")
    // 아래 메소드는 구현해야 한다
    .method(MessageRouter.class,
          "getDestinationsFromMessage")
  .recipientList(header("endpointsToBeTriggered"));
```

다음은 어떤 단계로 보낼지 결정하기 위한 첫 번째 진행 단계다.

1. 사용자 로직에서 메시지 내용에 기반해 결정하는 명시적인 단계

2. 엔드포인트 URI 목록이 메시지 내 어딘가에 벌써 포함되있을 때 생략

두 번째 단계는 메시지 어디에서 엔드포인트 주소를 찾을지 알려주는 표현식을 가지고 EIP 구현체를 실행한다.

앞의 예제에서는 메시지의 헤더에 콤마(,)로 구분된 문자열을 사용해 엔드포인트 URI 리스트를 넣은 바 있다.

```
public class MessageRouter {
  public String getDestinationsFromMessage (Exchange exchange) {
    String orderType = exchange.getIn()
        .getHeader("orderType", String.class);
    if (orderType == null) {
      return "direct:unrecognized";
    } else if (orderType.equals("priority")) {
      return "direct:order.priority,direct:billing";
    } else {
      return "direct:order.normal,direct:billing";
    }
  }
}
```

문자열 내에서 엔드포인트 목록을 분리하기 위한 문자를 변경하기 위해 delimiter 속성을 사용한다.

반드시 헤더를 사용할 필요는 없다. 수신자 목록 DSL 문은 보낼 엔드포인트 URI 목록을 결정하기 위한 어떤 표현도 사용 가능하다.

recipientList 문은 또한 반복형^{iterable type}도 처리 가능해서 배열, java.util. Collection, java.util.Iterator, org.w3c.dom.NodeList 등을 리턴해도 된다. 기본적으로 이 패턴은 엔드포인트 URI 목록을 순서대로 돌며 동일한 스레드에서 원래 익스체인지의 복제본을 가지고 차례대로 엔드포인트를 호출한다.

표현식에 이름이 있는 엔드포인트 중 하나가 인식되지 않는다면, 카멜은 org. apache.camel.ResolveEndpointFailedException 예외를 발생시킨다. 이 컨텍스트에서 '미인식Unrecognized'은 수신자 목록 표현식이 리턴한 엔드포인트 URI를 카멜이 찾을 수 없음을 의미한다. 이 예외는 아마도 다음과 같이 보일 것이다.

```
Failed to resolve endpoint: randommq://cheese due to: No component
found with scheme: random
```

이것은 해당 루트에 의해 다루어질 수 없는 예외의 한 종류다. 런타임에까지 발견되지 않은 심각한 문제가 라우팅 로직에 있다는 것을 나타낸다. 하지만 ignoreInvalidEndpoints 속성을 사용해 이런 제약을 완화시킬 수 있다.

```
from("direct:start")
  .setHeader("multicastTo")
    .constant("direct:first,direct:second,randommq:cheese")
  .recipientList()
    .header("multicastTo").ignoreInvalidEndpoints();
```

수신자 목록과 멀티캐스트 패턴은 많은 기능을 공유한다. 실제로 차이점은 엔드포인트 리스트가 표현식을 통해 작성된다는 점 하나뿐이다. 두 가지 패턴 모두 가능한 내용은 다음과 같다.

- parallelProcessing으로 다른 스레드를 사용해 각각의 엔드포인트 실행
- 수집aggregate이 커스텀 AggregationStrategy을 같이 사용한 엔드포인트로부터 응답을 받음
- stopOnException으로 불리지 않은 엔드포인트 호출을 회피
- shareUnitOfWork 속성으로 트랜잭션 컨텍스트를 공유
- onPrepareRef를 사용해 익스체인지의 깊은 복제deep cloning를 수행

- '멀티캐스트: 동일한 메시지를 여러 엔드포인트로 라우팅하기' 예제

- 수신자목록^{Recipient List}: http://camel.apache.org/recipient-list.html

조절기: 엔드포인트로 흐르는 메시지 개수 제한하기

특정 시간 동안 루트를 통해 흘러가는 메시지 숫자를 제한할 필요가 있을 때, 조절기 ^{Throttler} 패턴을 사용한다. 예를 들어 초당 10개의 요청만을 처리하는 응답 시스템이 있다면 루트 내에 조절기 패턴을 사용해 그 속도를 초과하지 않도록 보증할 수 있다.

이 예제는 특정 시간 범위 동안 엔드포인트들에게 전송되는 메시지 숫자를 제한하는 방법을 보여준다.

준비

이 예제의 자바 코드는 org.camelcookbook.routing.throttler 패키지 내에 있다. 스프링 XML 파일은 src/main/resources/META-INF/spring 아래에 throttler라는 접두어를 가지고 있다.

예제 구현

조절기를 사용하기 위해 아래 단계를 수행하라.

1. 시간 범위(기본값 1,000밀리초)당 허용되는 메시지의 최대 개수를 지정해야만 한다. 이는 최대 속도를 실행 중에 바꿀 수 있도록 XML DSL 내에서 표현식으로 지정한다. 이 예제에서는 상수표현언어^{Constant Expression Language}를 사용해 최대 메시지 개수를 5로 넣었다.

```
<route>
  <from uri="direct:start"/>
  <throttle>
    <constant>5</constant>
    <to uri="mock:throttled"/>
  </throttle>
</route>
```

자바 DSL에서는 상수 표현 언어식의 결과와 비슷하게 해석되는 `java.lang.Long` 값을 제공하거나 각각의 메시지가 현재의 시간 범위당 최대 메시지 개수를 계산할 수 있게 하는 표현식을 제공한다.

 조절기로 제약을 주길 원하는 단계 뒤에 만약 단계가 더 있다면 .end() 문을 명시해야 한다.

```
from("direct:start")
  .throttle(5)
    .to("mock:throttled")
  .end()
  .to("mock:after");
```

2. 선택적으로, 루트 내에서 수행되는 조절기에 명시적으로 시간 범위를 표시한다. 이는 조절기가 바로 전 단계에서 지정했던 최대 개수의 메시지만을 허용할 시간 범위다. 이 예제는 시간 범위를 2,000밀리초, 즉 2초로 정해서 조절기는 2초마다 다섯 개의 메시지만 처리한다.

XML DSL에서는 다음과 같이 작성한다.

```
<route>
  <from uri="direct:start"/>
  <throttle timePeriodMillis="2000">
    <constant>5</constant>
    <to uri="mock:throttled"/>
  </throttle>
</route>
```

자바 DSL에서는 동일한 것을 다음과 같이 작성한다.

```
from("direct:start")
  .throttle(5).timePeriodMillis(2000)
    .to("mock:throttled")
  .end()
  .to("mock:after");
```

조절기는 처리중인 메시지의 maximumRequestsPerPeriod 표현식을 검토한다. 만약 정해진 처리율이 초과되었다면 해당 메시지의 처리는 연기된다. 표현식의 사용은 조절기의 조절 비율을 현재 메시지 관점에 따라 실행 시에 변경하거나 또는 (빈 표현 언어Bean Expression Language를 사용하는) 외부 자바 객체를 호출한다. 기본적으로 조절기는 처리율이 정해진 최대값 아래로 떨어질 때까지 해당 루트의 실행을 막는다.

다음 예제는 조절 비율을 지정하기 위해 ThrottleRate라는 메시지 헤더를 사용한다. 이 예제에서 헤더에는 어떤 값이든 올 수 있다. 헤더 이름으로는 어떤 것이든 가능한데 단지 java.lang.Long 형으로 표현되어 maximumRequestsPerPeriod 속성에 사용되는 값을 가진 헤더 이름만 제공하면 된다.

```
<throttle timePeriodMillis="10000">
  <header>ThrottleRate</header>
  <to uri="mock:throttled"/>
</throttle>
```

조절기는 asyncDelayed 옵션을 제공해 조절 비율이 넘는 메시지를 가져와 나중에 실행하도록 예약하고, 해당 루트의 현재 스레드는 다른 용도를 위해 풀어준다. 별도의 스레드 풀pool이 executorServiceRef 옵션을 통해 제공된다. XML DSL 예제는 다음과 같다.

```
<camelContext xmlns="http://camel.apache.org/schema/spring">
  <threadPoolProfile id="myThrottler"
                     poolSize="5"
                     maxPoolSize="20"
                     maxQueueSize="1000"
                     rejectedPolicy="CallerRuns"/>
  <route>
    <from uri="direct:start"/>
    <to uri="mock:unthrottled"/>
    <throttle timePeriodMillis="10000"
```

```
                asyncDelayed="true"
                executorServiceRef="myThrottler">
        <constant>5</constant>
        <to uri="mock:throttled"/>
      </throttle>
      <to uri="mock:after"/>
    </route>
</camelContext>
```

조금 덜 엄격한 것이 필요하다면 조절기 대신에 `org.apache.camel.impl.ThrottlingInflightRoutePolicy` 클래스를 사용한다. `ThrottlingInflightRoutePolicy`는 조절기보다 덜 정확하다. 하지만 카멜 컨텍스트 내의 하나 또는 그 이상의 루트에 더 쉽게 적용 가능하다.

참고 사항

- 조절기^{Throttler}: http://camel.apache.org/throttler.html
- 표현식^{Expression}: http://camel.apache.org/expression.html
- `ThrottlingInflightRoutePolicy`: http://camel.apache.org/routepolicy. html#RoutePolicy-ThrottlingInflightRoutePolicy

단방향 메시지를 보내는 요청-응답 루트

요청-응답^{Request-Response}(InOut) 루트에서 메시지를 처리할 때 가끔씩 메시지를 하나의 엔드포인트에 보내고 나서 응답을 받길 원하지 않을 때가 있다. 이 예제는 `InOnly` MEP를 사용해 그런 엔드포인트를 사용하는 법을 보여준다.

MEP를 사용해 엔드포인트의 행위를 근본적으로 바꿀 수 있다. 예를들어 요청-응답 (InOut) 루트 내에 JMS 엔드포인트를 사용한다면, 메시지를 큐로 보내고 응답을 기다리고자 임시 목적지에 리스너를 설정할 것이고, 이는 메시징 위에서의 요청-응답으로 알려져 있다. 만약 큐의 다른 쪽에서 메시지를 받고 아직 응답 메시지를 만들지 않았다면 그 루트는 계속 (또는 컴포넌트에 설정된 타임아웃 시간만큼) 기다린다.

이 예제는 요청-응답 루트에서 메시지를 한 방향으로 보내기 위해 MEP를 임시적으로 변경하는 방법을 보여준다.

준비

이 예제의 자바 코드는 `org.camelcookbook.routing.changingmep` 패키지에 위치하고 있다. 스프링 XML 파일은 src/main/resources/META-INF/spring 아래에 changingMep이라는 접두어를 가지고 있다.

예제 구현

메시지를 특정 MEP로 엔드포인트에게 명시적으로 보내기 위해 `inOnly` DSL 문을 사용한다.

XML DSL에서는 다음과 같이 작성한다.

```xml
<route>
  <from uri="direct:start"/>
  <inOnly uri="direct:oneWay"/>
  <transform>
    <constant>Done</constant>
  </transform>
</route>
```

> 엔드포인트는 아래처럼 수행할 수도 있다.
>
> ```xml
> <to uri="direct:oneWay" pattern="InOnly"/>
> ```

자바 DSL에서는 동일한 것을 다음과 같이 표현한다.

```java
from("direct:start")
  .inOnly("direct:oneWay")
  .transform().constant("Done");
```

이 엔드포인트는 다음처럼 사용할 수도 있다.

```
to(ExchangePattern.InOnly, "direct:oneWay")
```

예제 분석

메시지가 루트에서 `InOnly` 엔드포인트로 보낼 단계에 오면, 익스체인지와 관계있는 MEP는 특정 엔드포인트로 가는 요청을 위해 `InOnly`로 임시적으로 바뀌게 되고 그 호출이 완료되면 되돌려진다.

이 DSL 문은 하나의 엔드포인트로 메시지를 보내는 일반적인 문장이기 때문에 메시지를 복제할 필요는 없고 단지 엔드포인트로부터의 응답을 기다리지 않도록 임시로 MEP를 변경한다.

부연 설명

메인 루트를 흐르는 익스체인지를 처리하는 스레드는 프로듀서 엔드포인트(`direct:oneWay`)를 흐르는 익스체인지를 처리하기 위해서도 사용된다. 이것이 메시지의 처리를 다른 스레드로 넘기는 와이어탭^{Wire Tap} 패턴과 이 패턴의 다른 점이다.

참고 사항

- '와이어탭: 메시지 복제본을 다른 곳으로 보내기' 예제
- 와이어탭: http://camel.apache.org/wire-tap.html
- 멀티캐스트: http://camel.apache.org/multicast.html

InOnly MEP를 사용하는 루트를 가지고 있다고 가정하자. 그 루트로 메시지를 공급한 컨슈머는 응답을 기대하지 않는다. 그 루트에 나열된 엔드포인트들은 결과적으로 InOnly MEP로 호출될 것이다.

이 예제는 단방향 루트에서 사용하는 엔드포인트로부터 응답을 요청하기 위해 MEP를 임시적으로 InOut으로 변경하는 방법을 보여준다.

준비

이 예제의 자바 코드는 org.camelcookbook.routing.changingmep 패키지에 위치하고 있다. 스프링 XML 파일들은 src/main/resources/META-INF/spring 아래에 changingMep이라는 접두어를 가지고 있다.

예제 구현

명시적으로 메시지를 특정 MEP로 엔드포인트에게 보내기 위해 inOut DSL 문을 사용한다.

XML DSL에서는 이 로직을 다음과 같이 작성한다.

```
<route>
  <from uri="direct:in"/>
  <inOut uri="direct:modifyMessage"/>
  <to uri="mock:afterMessageModified"/>
</route>
```

> 이 엔드포인트의 수행은 다음처럼 사용할 수도 있다.
>
> ```
> <to uri="direct:modifyMessage" pattern="InOut"/>
> ```

자바 DSL에서는 동일한 것을 다음과 같이 표현한다.

```
from("direct:start")
  .inOut("direct:modifyMessage")
  .to("mock:afterMessageModified");
```

 이 엔드포인트의 수행은 다음처럼 사용할 수도 있다.

```
.to(ExchangePattern.InOut, "direct:modifyMessage")
```

예제 분석

예제에서 메시지가 modifyMessage 엔드포인트로 전달되었을 때, 익스체인지의 MEP
는 임시로 InOnly에서 InOut으로 바뀐다. 메인 루트를 따라 메시지를 처리하는 스레
드가 InOut 엔드포인트로 가는 메시지도 처리한다. 이 메시지는 메인루트에 정의된
모든 트랜잭션에 계속 참여한다.

응답이 반환되고, 메시지가 메인 루트로의 흐름을 재개시킬 때, MEP는 원래 익스체
인지의 MEP로 복원된다. 앞의 예제에서는 InOnly이다.

만약 루트의 나머지 부분에서 MEP를 InOut으로 영구적으로 바꾸고 싶다면,
setExchangePattern DSL 문을 사용한다. 이는 루트의 컨슈머 엔드포인트의 행위에
영향을 주지는 않는다.

XML DSL에서는 다음과 같이 작성한다.

```
<setExchangePattern pattern="InOut"/>
```

자바 DSL에서는 동일한 것을 다음과 같이 표현한다.

```
.setExchangePattern(ExchangePattern.InOut)
```

부연 설명

이 예제는 JMS 메시징을 소스로 사용할 때 자주 보인다. 한 루트가 JMS 큐로부터 들
어오는 메시지를 사용하고 InOut 패턴으로 다른 큐를 호출한다. 두 번째 큐의 메시징
에 요청-응답 동작을 수행하는 것을 의도하는 것이다.

```
from("jms:inbound")
  .inOut("jms:serviceRequest")
  .log("Service responded with: ${body}");
```

참고 사항

- SEDA 컴포넌트: https://camel.apache.org/seda.html

동적 라우팅: 실행 중에 라우팅 결정하기

엔드포인트들의 순서대로 라우팅하고, 또 그 목록이 어떤 엔드포인트의 응답에 의해 그 순서를 변경할 때 동적 라우터Dynamic Router를 사용한다. 라우팅 슬립Routing Slip과 비슷하게 라우트하려는 엔드포인트의 목록을 생성하고 실행하지만, 동적 라우터는 피드백 루프를 통해 이전 엔드포인트의 결과에 기반해 라우트할 다음 엔드포인트를 변경하는 것이 가능하다.

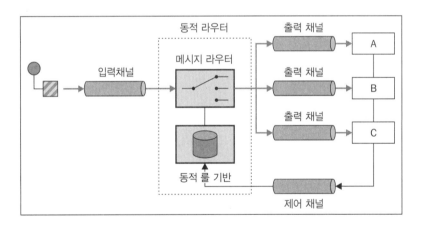

이 예제는 실행 중에 라우팅 결정을 위해 작성된 코드를 수행해 효율적으로 메시지를 엔드포인트로 보내는 방법을 보여준다.

이 예제의 자바 코드는 `org.camelcookbook.routing.dynamicrouter` 패키지 아래에 있다. 스프링 XML 파일은 src/main/resources/META-INF/spring 아래에 dynamicRouter라는 접두어와 함께 위치한다.

동적 라우터에는 두 단계가 있다. 루트 컨슈머를 생성하고 선택적으로 동적 라우팅 준비를 할 때 메시지를 변환하는 것과, 동적 라우터 표현식^{Dynamic Router Expression}(보통은 메소드 표현 언어를 사용하는 자바 메소드다)을 호출하는 것이다.

1. 루트를 하나 생성하고 초기에 호출을 준비할 때 선택적으로 동적 라우터 표현식으로 메시지를 변환한다. 대부분은 dynamicRouter가 자바 메소드를 호출할 표현식을 가지고 있다. 라우팅이 끝났다는 것을 알려주기 위해서 `null`을 반드시 리턴한다.

   XML DSL에서는 이 로직을 다음과 같이 작성한다.

   ```
   <route>
     <from uri="direct:start"/>
     <dynamicRouter>
       <method ref="myDynamicRouter"
               method="routeMe"/>
     </dynamicRouter>
   </route>
   ```

   자바 DSL에서는 동일한 것을 다음과 같이 표현한다.

   ```
   from("direct:start")
       .dynamicRouter(method(MyDynamicRouter.class, "routeMe"));
   ```

2. 동적 라우터를 생성한다. 이 예제에서는 자바 메소드를 호출한다. 그리고 좀 더 깔끔한 코드를 위해 전체 익스체인지 대신에 익스체인지의 일부를 자바 메소드로 전달하는 카멜의 빈^{bean} 주입 기능을 사용한다.

```
public String routeMe(String body,
   @Properties Map<String, Object> properties) {
   // 메시지 익스체인지에 속성을 저장한다
   // 이것이 동적 라우터 구현체의 라우팅 결정을 수행할 것이다
   int invoked = 0;

   // 첫번째 호출에서는 속성이 null이다
   Object current = properties.get("invoked");
   if (current != null) {
      invoked = Integer.valueOf(current.toString());
   }
   invoked++;
   properties.put("invoked", invoked);

   if (invoked == 1) {
      return "mock:a";
   } else if (invoked == 2) {
      return "mock:b,mock:c";
   } else if (invoked == 3) {
      return "direct:other";
   } else if (invoked == 4) {
      return "mock:result";
   }

   // 더이상 없으니 null을 리턴한다
   return null;
}
```

예제 분석

동적 라우터는 라우팅을 위해 표현식^{Expression}을 사용한다. 카멜이 표현식을 실행해
리턴되는 엔드포인트 URI를 한 번 호출한 후에, 이 표현식은 반복적으로 불려질 것이
다. 라우팅이 끝났을 때 그 표현식은 반드시 null을 리턴해야 한다.

동적 라우터 패턴에서 이 표현식은 조건에 부합할 때까지 계속적으로 불려지게 된다.
그래서 표현식이 최종적으로 null을 리턴하는 것은 아주 중요하다. 그러지 않으면 이

루트는 무한히 돌 것이다.

이 표현식이 엔드포인트 URI 목록을 리턴한다면, 그 목록 순서대로 불릴 것이다. 표현식은 구분자(기본값은 콤마)를 사용해 URI들을 구분한다. 이 구분자는 dynamicRouter DSL 문의 uriDelimiter 속성을 사용해 변경 가능하다.

부연 설명

동적 라우터가 자바 메소드인 경우는 아주 흔하기 때문에, 자바 애노테이션을 사용하는 자바 클래스에 무엇인가를 넣기 위해 카멜의 빈^{bean} 주입 기능을 사용한다. @DynamicRouter 애노테이션은 카멜 루트 내의 dynamicRouter 문과 동일한 정보를 카멜에 제공한다. 카멜과 자바 코드의 강력한 통합에 대한 자세한 설명은 3장, '사용자 코드로 라우팅'을 보라.

@Consume 애노테이션은 카멜에게 제공된 엔드포인트 URI에서 소비하는 새로운 루트를 생성하라고 한다. 별도의 루트 정의를 제공할 필요는 없다.

 카멜 컨텍스트와 함께 스프링이나 OSGi 블루프린트 같은 카멜이 지원하는 의존성 주입 프레임워크 내에서 사용자 애노테이션 빈(bean)을 인스턴스화할 필요가 있다.

```
@Consume(uri = "direct:dynamicRouteAnnotated")
@DynamicRouter(delimiter = ",")
public String routeMe(String body,
    @Properties Map<String, Object> properties) {
  // ...
}
```

참고 사항

- 동적 라우터: http://camel.apache.org/dynamic-router.html
- 빈 주입^{Bean Injection}: http://camel.apache.org/bean-integration.html
- 빈 바인딩^{Bean Binding}: http://camel.apache.org/bean-binding.html

- 표현식^{Expression}: http://camel.apache.org/expression.html

여러 엔드포인트로 부하 분산하기

일련의 메시지를 미리 정해둔 엔드포인트들 사이에 분산시키는 기능이 필요할 때, 부하 분산기^{Load Balancer} EIP를 사용한다. 이는 하드웨어 부하 분산기가 사용 불가능 할 때, 애플리케이션 수준에서 웹서비스 부하 분산 같은 작업에 유용하다. 이 패턴은 메시지들이 엔드포인트로 어떻게 분산되는지 정의하기 위한 여러 가지 정책을 끼워 넣게 한다.

이 예제는 특정 정책(예를 들어 라운드 로빈 같은)을 사용해 여러 엔드포인트 간에 메시지 로드를 분산하는 방법을 보여준다.

준비

이 예제의 자바 코드는 `org.camelcookbook.routing.loadbalancer` 패키지 내에 있다. 스프링 XML 파일들은 src/main/resources/META-INF/spring 아래에 loadBalancer라는 접두어를 달고 있다.

예제 구현

다음은 라운드로빈^{round-robin} 정책을 사용해 메시지를 분산하는 방법을 설명한다.

XML DSL에서는 라우팅 로직을 다음과 같이 작성한다.

```
<route>
  <from uri="direct:start"/>
  <loadBalance>
    <roundRobin/>
    <to uri="mock:first"/>
    <to uri="mock:second"/>
    <to uri="mock:third"/>
  </loadBalance>
  <to uri="mock:out"/>
```

```
</route>
```

자바 DSL에서는 동일한 것을 다음과 같이 표현한다.

```
from("direct:start")
  .loadBalance().roundRobin()
    .to("mock:first")
    .to("mock:second")
    .to("mock:third")
  .end()
  .to("mock:out");
```

예제 분석

부하 분산기 패턴은 메시지를 공급할 때 여러 개의 프로듀서 엔드포인트를 선택하는 단계로 여겨진다. 어떤 엔드포인트로 다음 메시지를 보낼지 제공된 정책에 기반해 결정한다.

앞의 예제는 라운드로빈이라는 간단히 미리 정의된 정책을 사용한다. 첫 메시지는 첫 번째 엔드포인트로, 두 번째는 두 번째 엔드포인트로, 세 번째 메시지는 세 번째 엔드포인트로, 네 번째는 다시 첫 번째 엔드포인트로, 이런 식으로 간다. 이렇게 보면 상태를 가지는 스위치 문이라 생각해도 된다.

바로 사용 가능한 다른 여러 개의 정책들이 준비되어 있다.

random 정책은 가장 간단한 것으로 이름이 시사하는 바와 같이 행위한다.

XML DSL에서는 다음과 같이 정의한다.

```
.loadBalance().random()
```

자바 DSL에서는 동일한 것이 다음과 같이 나타난다.

```
<loadBalance>
  <random/>
  <!-- ... -->
</loadBalance>
```

sticky 부하 분산 정책은 엔드포인트 간에 동등하게 메시지를 분배한다는 점에서는 라운드로빈 방식과 비슷하게 동작한다. 하지만 제공된 표현식에 대해 동일한 결과를 공유하는 모든 메시지는 동일한 엔드포인트로 보내진다. 특정 고객의 모든 요청을 동일한 서버가 처리할 때는 이 정책을 쓰면 된다.

다음의 자바 DSL에서 이것을 사용하는 법을 보여준다.

```
.loadBalance().sticky(header("customerId"))
```

XML DSL에서는 약간 다르게 표현된다.

```xml
<loadBalance>
  <sticky>
    <correlationExpression>
      <header>customerId</header>
    </correlationExpression>
  </sticky>
  <!-- ... -->
</loadBalance>
```

sticky 부하 분산기는 동일하게 부하가 분산된 엔드포인트로 메시지를 전달하는 해시 키를 생성하는 데 사용하는 데이터 값을 얻기 위해 상관 표현식correlation Expression을 사용한다.

장애조치failover 정책은 몇 가지 단계들을 정의해 그중 하나가 만족되거나 최대 재시도 수에 도달할 때까지 차례대로 시도해 보게 한다.

자바 DSL에서는 다음과 같이 같이 작성한다.

```
.loadBalance()
  .failover(-1,      // 최대 재시도
            false,   // 현재 루트의 에러 핸들러가 동작해야 하는지 여부
            true)    // 라운드 로빈(round-robin)
  .to("direct:first")
  .to("direct:second")
.end()
```

XML DSL 버전은 읽기에 훨씬 간단하다.

```xml
<loadBalance>
  <failover roundRobin="true"/>
```

```
  <to uri="direct:first"/>
  <to uri="direct:second"/>
</loadBalance>
```

특정 예외에서만 실행되고 그 이외의 경우에는 루트의 예외 처리로 보내지도록 장애 조치를 설정하는 것도 역시 가능하다.

자바 DSL에서는 다음과 같이 표현한다.

```
.failover(IllegalStateException.class)
```

XML DSL에서는 다음과 같이 작성한다.

```
<failover>
  <exception>java.lang.IllegalStateException</exception>
</failover>
```

어떤 단계들을 다른 단계보다 선호하도록 가중치별 부하 분산 정책^{weighted load balancing} strategies을 사용하는 것 역시 가능하다. 만약 여러 서버들을 통합하려 하고 그중 몇 개가 다른 것보다 성능이 더 좋을 때는 이것을 사용하면 된다. 비율을 사용한 가중치 목록을 제공하는 것이 목적이다.

XML DSL에서는 이 정책을 다음과 같이 사용한다.

```
<loadBalance>
  <weighted roundRobin="true" distributionRatio="4,2,1"/>
  <to uri="mock:first"/>
  <to uri="mock:second"/>
  <to uri="mock:third"/>
</loadBalance>
```

자바 DSL에서는 동일한 것을 다음과 같이 작성한다.

```
.loadBalance().weighted(true,  // true = round-robin,
                               // false = random
                   "4,2,1")  // 분산 비율
  .to("mock:first")
  .to("mock:second")
  .to("mock:third")
```

토픽topic 정책도 존재하는데, 이는 멀티캐스트와 비슷한 방법으로 행위하지만 그 패턴의 옵션이 모두 없다.

부연 설명

미리 정의된 정책들 중 어느 것도 사용 목적에 적합하지 않는다면, 자신만의 부하 분산 정책을 정의하고 이 패턴 내에서 사용하는 것도 가능하다. 그렇게 하기 위해 org.apache.camel.processor.loadbalancer.LoadBalancerSupport 추상 클래스를 확장하고(자세한 정보에 대해서는 카멜 구현체들을 참조하라.) 부하 분산 패턴에 제공한다.

XML DSL에 ref 속성은 카멜 컨텍스트 내에 정의된 빈bean을 참조한다.

```
<loadBalance>
  <custom ref="myCustomLoadBalancingStrategy"/>
  <!-- ... -->
</loadBalance>
```

자바 DSL에서는 인스턴스를 바로 custom 문장 내로 전달한다.

```
.loadBalance().custom(new MyCustomLoadBalancingStrategy())
```

참고 사항

- 부하 분산기Load Balancer: http://camel.apache.org/load-balancer.html
- '멀티캐스트: 동일한 메시지를 여러 엔드포인트로 라우팅하기' 예제

라우팅 슬립: 메시지를 고정된 여러 개의 엔드포인트로 라우팅하기

실행 중 동적으로 메시지를 보낼 엔드포인트 목록을 마련해야 할 때, 라우팅 슬립Routing Slip 패턴이 도움이 된다. 라우팅 슬립은 메시지, 외부 소스 또는 일반적으로는 (이전의 루트 단계에서 생성된) 메시지 헤더를 사용해 메시지를 보내기 위한 엔드포인트 목록을 결정한다.

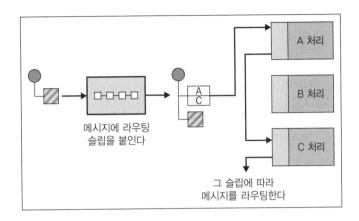

A 처리
B 처리
C 처리

메시지에 라우팅
슬립을 붙인다

그 슬립에 따라
메시지를 라우팅한다

라우팅 슬립은 라우팅 슬립 표현식이 엔드포인트 목록을 정하기 위해 한 번만 불린다는 점에서 동적 라우터$^{Dynamic Router}$와 다르다. 동적 라우터 표현식은 (null을 리턴하여) 라우팅을 종료할 때를 결정할 때까지 여러 번 불리게 된다.

이 예제는 실행 중 제공되는 엔드포인트 목록으로 개별 메시지를 보내는 방법을 결정하기 위한 표현식을 지정하는 법을 보여준다.

준비

이 예제의 자바 코드는 `org.camelcookbook.routing.routingslip` 패키지에 위치한다. 스프링 XML 파일들은 src/main/resources/META-INF/spring 아래에 routingSlip이라는 접두어를 가지고 있다.

예제 구현

`routingSlip` 문을 사용한 루트를 하나 생성한다. 그 문장 내의 표현식은 스트링이나 스트링 리스트를 리턴하고 각 스트링은 순서대로 메시지를 보낼 엔드포인트 URI를 나타낸다.

이 예제에서 라우팅 슬립은 `myRoutingSlipHeader` 메시지 헤더의 내용을 사용하는데, 이 헤더는 원래 메시지부터 있거나 전 단계의 루트가 설정한다.

XML DSL에서는 이 로직을 다음과 같이 작성한다.

```
<route>
  <from uri="direct:start"/>
  <routingSlip>
    <header>myRoutingSlipHeader</header>
  </routingSlip>
</route>
```

자바 DSL에서는 동일한 것을 다음과 같이 표현한다.

```
from("direct:start")
  .routingSlip(header("myRoutingSlipHeader"));
```

예제 분석

라우팅 슬립은 엔드포인트 목록을 결정하기 위해 카멜 표현식을 사용한다. 이 표현식은 한 번만 확인되며 메시지는 그 목록에 지정된 하나 또는 그 이상의 엔드포인트로 순서대로 보내지게 된다.

만약 표현식의 순서대로 호출될 엔드포인트 URI 목록을 리턴한다면, 그 표현식은 기본적으로 콤마를 구분자로 사용해 URI를 분리한다. 구분자는 routingSlip 엘리먼트의 uriDelimiter 속성을 사용해 바꿀 수 있다.

만약 메시지를 현재 존재하지 않은 엔드포인트로 보내려고 시도하는 것을 알고 또 이것이 에러를 발생시키길 원치 않는다면 ignoreInvalidEndpoints 옵션을 true로 설정해(기본값은 false) 카멜에 일반적으로 발생하는 ResolveEndpoint FailedException을 무시하라고 명령한다.

부연 설명

카멜의 빈bean 주입 기능을 사용해 어떤 것이든 자바 클래스 내로 넣을 수 있다. @RoutingSlip 애노테이션은 루트 내의 routingSlip 엘리먼트와 같은 정보를 카멜에 제공한다. @Consume 애노테이션은 별도의 루트 정의를 제공할 필요 없이 함께 제공된 엔드포인트 URI를 사용하는 새로운 루트를 생성하라고 카멜에 명령한다.

카멜 컨텍스트와 함께 스프링이나 OSGi 블루프린트 같은 카멜이 지원하는 의존성 주입 프레임워크 내에서 사용자 애노테이션 빈(bean)을 인스턴스화할 필요가 있다.

```
@Consume(uri = "direct:routingSlipAnnotated")
@RoutingSlip(delimiter = ",")
public List<String> routeMe(String body,
    @Headers Map<String, Object> headers) {
  //...
}
```

이 패턴은 수신자 목록$^{Recipient List}$ 패턴의 변형으로 볼 수도 있다. 수신자 목록에서 엔드포인트 URI의 목록을 결정하기 위해 표현식이 사용된다. 하지만 각 엔드포인트는 원래 메시지의 복제본을 받게 된다.

참고 사항

- 라우팅 슬립: http://camel.apache.org/routing-slip.html
- 동적 라우터: http://camel.apache.org/dynamic-router.html
- 수신자 목록: http://camel.apache.org/recipient-list.html
- 빈 주입$^{Bean Injection}$: http://camel.apache.org/bean-integration.html
- 표현식: http://camel.apache.org/expression.html

3

사용자 코드로 라우팅

3장에서는 다음과 같은 예제를 다룬다.

- 메시지를 직접 자바 메소드로 라우팅하기
- 메시지를 직접 카멜 엔드포인트로 라우팅하기
- 조건서술로 자바 메소드를 사용하기
- 커스텀 카멜 프로세서 작성하기
- 메시지를 메소드 파라미터에 매핑하기
- 커스텀 데이터 마살러 작성하기
- 커스텀 데이터 타입 변환기 작성하기

소개

3장에서는 사용자가 직접 작성한 코드로 카멜을 확장하고 코드로부터 카멜 루트를 호출하는 여러 가지 방법을 살펴볼 것이다.

카멜은 기존의 자바 코드와 함께 동작할 수 있도록 매우 쉽게 설계되었는데 JDBC, JMS 등 통합에서 흔히 쓰는 기술을 사용할 때 중복 코드를 최소화하면서 사용자 코드에서 간단히 카멜을 호출하도록 설계되었다.

3장은 메시지 데이터를 자바 파라미터나 리턴 타입으로 보내고 받는 것에 대해 살펴본다. 사용자 코드가 라우팅 결정과 메시지 처리에 정보를 제공하도록 재사용될 수 있는지 알아본다. 통합 작업 내내 반복되는 공통 메시지 변환, 데이터 타입 변환 수행을 더 쉽게 하는 재사용 가능한 카멜 추상화를 생성하는 방법도 다룰 것이다.

카멜 아키텍처의 몇 가지 개념이 3장에 걸쳐 사용될 것이다. '들어가며'에 카멜 개념에 관한 개요가 있으며, 자세한 사항은 아파치 카멜 웹사이트(http://camel.apache.org)에서 찾을 수 있다.

3장의 코드는 예제의 camel-cookbook-extend 모듈에 포함되어 있다.

메시지를 직접 자바 메소드로 라우팅하기

하나의 엔드포인트로부터 받은 메시지를 바로 사용자 자바 코드의 메소드로 보내길 원할 때, 카멜은 POJO 컨슈밍Consuming이라는 빈 통합Bean Integration 기능을 제공한다. POJO 컨슈밍은 메시지를 받기 원하는 엔드포인트를 위한 카멜 URI를 자바 메소드에 애노테이션으로 붙일 수 있게 한다. 메시지는 자바 메소드로 바로 전달될 것이다.

예제를 통해 살펴보자. 이 예제는 자바 메소드가 마치 JMS(또는 WS, TCP/IP, 기타 카멜 컨슈밍 엔드포인트) 리스너처럼 자바 EE 메시지 기반 빈MDB, Message Driven Bean과 동일한 방법으로 행위하기 위해 자바 메소드에 애노테이션을 붙이는 것을 보여준다. 이는 다른 추가적인 컨테이너가 필요 없이 독립적인 자바 프로세스 같이 간단한 환경 내에서 코드를 실행하는 기능을 제공한다.

이 예제는 사용자 자바 코드에 애노테이션을 붙여서, 특정 카멜 엔드포인트로부터 받은 메시지를 가지고 호출하는 방법을 보여준다.

준비

이 예제의 자바 코드는 org.camelcookbook.extend.consume 패키지에 위치한다. 스프링 XML 파일은 src/main/resources/META-INF/spring 아래에 consume 접두어를 가지고 있다.

예제는 단순 JMS 메시지 컨슈밍 메소드를 위한 JMS 프로바이더 역할을 하기 위해 내장된 ActiveMQ 인스턴스를 사용한다. 실제 환경에서는 보통 카멜을 외부 메시징 서버로 연결한다.

카멜의 POJO 컨슈밍은 @Consume 애노테이션을 메시지를 소비하는 엔드포인트의 URI와 함께 사용하는 것을 필요로한다. 이 예제는 JMS 요청/응답 메시지 컨슈머의 생성을 보여준다. 카멜은 onMyMessage(..)라는 자바 메소드로부터 받은 응답 메시지를 요청메시지의 JMSReplyTo 헤더에 적혀있는 JMS 큐로 보낸다.

```
import org.apache.camel.Consume;

public class ConsumeMdb {
  @Consume(uri="activemq:queue:sayhello")
  public String onMyMessage(String message) {
    return "Hello " + message;
  }
}
```

카멜에서 ConsumeMdb 클래스를 사용하기 위해서, 그 클래스가 카멜 컨텍스트와 동일한 스프링 애플리케이션 컨텍스트에 빈[bean]으로 반드시 정의되어야만 한다.

```
<beans xmlns="http://www.springframework.org/schema/beans" ...>
  <bean id="activemq"
        class="org.apache.activemq.camel.component
               .ActiveMQComponent">
    <property name="brokerURL"
              value="vm://myBroker?create=false"/>
  </bean>

  <bean class="org.camelcookbook.extend.consume
               .ConsumeMdb"/>
  <camelContext xmlns="http://camel.apache.org/schema/spring"/>
</beans>
```

카멜의 POJO 컨슈밍은 메소드에 @Consume 애노테이션을 사용해, 지정된 엔드포인트 URI를 사용하는 엔드포인트 컨슈머를 하나 생성해야 한다는 것을 카멜에 알려준다.

```
public class MyBean {
  @Consume(uri="someEndpoint")
  public String myMethod(String message) {
    //...
  }
}
```

이것은 런타임 시 자바 DSL에서 명시적으로 아래의 루트를 생성하는 것과 사실상 동일하다.

```
from("someEndpoint")
  .bean(MyBean.class, "myMethod");
```

자바 메소드가 예외를 던진다면, 엔드포인트나 프로세서로부터 발생한 예외와 동일한 방법으로 처리된다. 에러 핸들러를 정의한 루트와 예외 핸들러가 예외를 잡을 것이다. 더 자세한 것은 7장, '에러 처리와 보상'을 살펴보라.

카멜은 메소드 호출의 결과를 그 메소드가 POJO 컨슈밍 중에 호출되었는지 또는 앞서 동일한 루트에서 봤던 빈bean DSL 문장을 통해 호출되었는지 상관 없이 비슷한 방법으로 처리한다. 만약 메소드가 void를 리턴한다면, 이것은 InOnly 프로세서를 호출한 것과 같다. 만약 메소드가 무엇인가를 리턴한다면, 그것은 InOut 프로세서를 호출한 것과 같다. 그리고 받은 값은 새로운 메시지의 바디로 사용된다.

카멜은 데이터 타입 변환기를 사용해 메소드의 파라미터에 정의된 타입으로 메시지 바디를 자동적으로 변환한다. 메소드 파라미터는 익스체인지 타입이 될 수도 있는데, 그런 경우에는 메소드가 카멜 익스체인지 내의 모든 데이터에 대한 모든 접근 권한을 갖게 된다. 더 자세한 것은 빈 바인딩Bean Binding에 관한 카멜 문서를 보라.

메시지를 직접 카멜 엔드포인트로 라우팅하기

카멜의 엔드포인트를 자바 코드에서 바로 사용할 수도 있다. 예를 들자면, 일반적으로 필요한 단순 반복 코드 없이 JMS 메시지를 보내는 것을 손쉽게 만든다. 카멜은 어떤 컴포넌트나 루트로부터 데이터를 (단방향) 송신하거나 (응답을 위한) 요청을 하는 작업을 쉽게 만들어준다. 카멜은 이것을 POJO 프로듀싱^{Producing}이라고 부른다.

이 예제는 사용자의 자바 코드에서 카멜 엔드포인트와 카멜 루트에 데이터를 보내는 방법을 보여준다.

준비

이 예제를 위한 자바 코드는 `org.camelcookbook.extend.produce` 패키지에 위치한다. 스프링 XML 파일은 src/main/resources/META-INF/spring 아래에 produce라는 접두어를 가지고 있다.

포함된 예제는 단순 JMS 메시지 컨슈밍 메소드를 위한 JMS 프로바이더 역할을 하기 위해 내장된 ActiveMQ 인스턴스를 사용한다. 보통 실제 환경에서는 카멜을 외부 메시징 서버로 연결한다.

예제 구현

카멜의 POJO 프로듀싱은 카멜의 `ProducerTemplate` 클래스를 이용해 엔드포인트로 데이터를 보내거나 엔드포인트로부터 데이터를 요청한다. `ProducerTemplate`에 대한 참조를 얻기 위해 클래스 변수를 정의하고 `@Produce` 애노테이션을 붙인다. 다음 코드를 참조하라.

```
import org.apache.camel.Produce;
import org.apache.camel.ProducerTemplate;

public class ProducePojo {
  @Produce
  private ProducerTemplate template;

  public String sayHello(String name) {
    return template.requestBody("activemq:queue:sayhello",
                                name, String.class);
  }
}
```

ProducerTemplate을 ProducePojo 클래스로 주입하기 위해 카멜 컨텍스트와 동일한 스프링 애플리케이션 컨텍스트 내에 빈bean으로 정의한다.

```
<beans xmlns="http://www.springframework.org/schema/beans" ...>
  <bean id="activemq"
        class="org.apache.activemq.camel.component
               .ActiveMQComponent">
    <property name="brokerURL"
              value="tcp://localhost:61616"/>
  </bean>
  <bean id="producer"
        class="org.camelcookbook.extend.produce.ProducePojo"/>

  <camelContext xmlns="http://camel.apache.org/schema/spring"/>
</beans>
```

예제 분석

카멜의 POJO 프로듀싱은 실행 중에 ProducerTemplate을 주입하기 위해 @Produce 라는 애노테이션을 사용한다. ProducerTemplate은 데이터만을 또는 데이터와 부가 적인 메시지 헤더, 속성을 send..()(InOnly/단방향) 또는 request..()(InOut/요청-응 답)하기 위해 다수의 메소드를 제공한다. 송신이 완료되었거나 요청한 데이터가 사용 가능할 때 콜백을 받도록 하는 비동기적인 수단도 역시 제공한다.

`ProducerTemplate`은 ActiveMQ 컴포넌트 같은 카멜 엔드포인트와 연동이 가능하다. 또는 `direct:`나 `seda:` 같은 인메모리[in-memory] 엔드포인트를 리스닝하는 모든 카멜 루트 호출도 가능하다. 이것은 사용자 로직의 최소한의 변경으로 코드에서 직접 다른 송신 방법과 다른 루트를 쉽게 호출하게 한다.

부연 설명

카멜의 `@Produce` 애노테이션은 사용자가 제공하는 자바 인터페이스에 기반한 프록시를 자동적으로 생성한다. 이 예제에서, 카멜은 실행시에 데이터 타입 변환을 처리하는 `ProducerTemplate`으로의 호출을 감쌀 것이다. 이것은 사용자 자바 인터페이스 뒤에 카멜 구현을 숨겨서 사용자 코드에 향상된 분리성을 제공한다.

다음 코드에서 앞의 예제와 같은 것을 할 수 있다.

```
public interface ProxyPojo {
  String sayHello(String name);
}

public class ProxyProduce {
  @Produce(uri = "activemq:queue:sayhello")
  ProxyPojo myProxy;

  public String doSomething(String name) {
    return myProxy.sayHello(name);
  }
}
```

이 예제 코드에서 `@Produce` 애노테이션을 사용해 카멜 컨텍스트가 프록시 객체를 생성하고 주입시키고, 사용자 코드는 단지 사용자가 정의한 인터페이스만 연동하면 보이는 카멜 코드는 `@Produce` 애노테이션 뿐이다. `name` 파라미터는 메시지 바디를 포함하고 리턴값은 카멜 익스체인지의 메시지가 되어 루트의 다음 프로세서가 보게 된다. 메소드가 값을 리턴한다는 것은 이것이 `InOut` 동작으로 여겨져야 한다는 것을 의미한다.

카멜은 자신의 데이터 타입 변환을 사용해 자동적으로 메시지 바디를 메소드 파라미터에 지정된 타입으로 변환한다. 메소드 파라미터는 익스체인지 타입도 가능한데, 이경우에 해당 메소드는 카멜 익스체인지 내의 모든 데이터에 대한 모든 접근 권한을 갖는다. 더 자세한 사항은 빈 바인딩^{Bean Binding}에 관한 카멜 문서를 보라.

참고 사항

- POJO 프로듀싱^{POJO Producing}: http://camel.apache.org/pojo-producing.html
- POJO 프로듀싱 FAQ: http://camel.apache.org/why-does-camel-use-too-many-threads-with-producertemplate.html
- 빈 바인딩^{Bean Binding}: http://camel.apache.org/bean-binding.html
- 스프링 리모팅^{Spring Remoting}: http://camel.apache.org/spring-remoting.html

조건서술로 자바 메소드 사용하기

내용 기반 라우터^{Content Based Router}나 필터 같은 패턴^{EIP}을 사용할 때 카멜은 조건서술 역할을 위해 이미 존재하는 자바 코드를 쉽게 호출한다. 카멜의 조건서술을 사용하는 모든 패턴은 불린^{boolean} 값을 리턴하는 자바 메소드를 호출하기 위해 빈 표현 언어^{Bean Expression Language}를 사용할 수 있다. 카멜 조건서술은 불린 값(true/false)으로 결과를 내는 카멜 표현식이라는 것을 기억하라. 이는 기존의 자바 코드에서 라우팅 로직으로 복잡한 의사결정을 통합할 수 있게 한다.

이 예제는 카멜이 조건서술^{predicate}을 사용할 때마다 불린 값을 리턴하는 자바 메소드를 사용하는 방법을 보여준다.

준비

이 예제의 자바 코드는 org.camelcookbook.extend.predicate 패키지에 위치한다. 스프링 XML 파일은 src/main/resources/META-INF/spring 아래에 predicate라는 접두어를 가지고 있다.

다음과 같이 불린 값을 결과로 하는 자바 메소드가 있다고 하자.

```
public class MyPredicate {
  public boolean isWhatIWant(String body) {
    // 메시지 내용을 살펴보고 true 또는 false를 리턴한다
  }
}
```

이 메소드는 조건서술을 필요로 하는 어떤 패턴[EIP]에 의해서도 사용될 수 있다.

XML DSL에서는 다음과 같이 작성한다.

```
<beans xmlns="http://www.springframework.org/schema/beans"... >
  <bean id="myPredicate"
        class="org.camelcookbook.extend.predicate.MyPredicate"/>

  <camelContext xmlns="http://camel.apache.org/schema/spring">
    <route>
      <from uri="direct:start"/>
        <filter>
          <method ref="myPredicate" method="isWhatIWant"/>
          <to uri="mock:boston"/>
        </filter>
    </route>
  </camelContext>
</beans>
```

자바 DSL에서는 동일한 루트를 다음과 같이 표현한다.

```
public class MyPredicateRouteBuilder extends RouteBuilder {
  @Override
  public void configure() throws Exception {
    MyPredicate predicate = new MyPredicate();

    from("direct:start")
      .filter().method(predicate, "isWhatIWant")
      .to("mock:boston");
```

```
        }
    }
}
```

보이지 않는 곳에서 카멜은 표현식(예제에서는 method 문장으로 연결된 빈 표현 언어 표현식)을 boolean 값을 리턴하는 메소드에 익스체인지의 내용(메시지, 헤더, 속성)을 전달하는 조건서술로 변환하기 위해 PredicateBuilder라는 클래스를 사용한다.

카멜은 다음 단계를 수행하기 위해 빈 바인딩^{Bean Binding}이라고 알려진 매우 복잡한 알고리즘을 사용한다.

1. 메소드가 명시적으로 지정되지 않거나 오버로드 메소드가 있다면, 객체의 어떤 메소드를 호출할 것인지 선택한다.

2. 익스체인지의 내용을 하나 또는 그 이상의 메소드 파라미터로 매핑한다.

3. 결과 데이터 타입을 불린 값으로 바꾼다.

카멜이 자바 객체와 연동하기 위해 사용하는 여러 자바 애노테이션이 있다. 예를 들어, 만약 첫 번째 파라미터가 메시지의 헤더와 연결되고, 두 번째 파라미터가 바디와 연결되길 원한다면, 다음을 수행한다.

```
public void doSomething(
    @Header("JMSCorrelationID") String correlationID,
    @Body String body)
{
    // 여기서 메시지를 처리한다
}
```

 좀 더 자세한 내용은 파라미터 바인딩 애노테이션에 관한 카멜 문서(http://camel.apache.org/parameter-binding-annotations.html)에서 찾을 수 있다.

앞의 method 문은 bean 문장과 빈 컴포넌트의 변형된 표현식이며, 전부 다 참조하는
POJO 자바 클래스 인스턴스의 메소드를 호출할 수 있다. method 문은 카멜 컨텍스트
레지스트리에 있는 빈 인스턴스에 대한 참조를 필요로 한다. bean 문은 참조의 이름
또는 자바 타입(카멜은 그 타입의 싱글턴 인스턴스를 인스턴스화할 것이다) 중 하나와 메
소드 이름(없을 때 카멜은 어떤 메소드를 호출해야 할지 정하기 위해 빈 바인딩 알고리즘을
사용한다)을 받는다. 빈 컴포넌트^{Bean Component}는 엔드포인트 URI를 표시할 수 있는 모
든 곳에서 참조를 표시하게 한다. 즉 .to("bean:myBean?method=foo") 으로 표시한
다.

카멜은 하나 또는 그 이상의 표현식들을 복합 조건서술로 조합할 수 있다. 여러 개의
표현 언어로 되어 있더라도 여러 개의 표현식을 논리적으로 조합 (and, or, not) 할 수
있게 한다. 예를 들자면, 먼저 XPath 표현식을 수행하고 그러고 나서 자바 메소드를
수행하는 복합 조건서술을 만들 수 있다.

```
import static org.apache.camel.builder.PredicateBuilder.and;

from("direct:start")
  .filter(and(xpath("/someXml/city = 'Boston'"),
              method(predicate, "isWhatIWant")))
    .to("mock:boston");
```

- 카멜 조건서술: http://camel.apache.org/predicate.html
- 빈 바인딩: http://camel.apache.org/bean-binding.html
- 파라미터 바인딩 애노테이션: http://camel.apache.org/parameter-binding-annotations.html

커스텀 카멜 프로세서 작성하기

커스텀 카멜 프로세서를 루트에서 사용해 사용자가 처리 중인 익스체인지의 모든 부분에 쉽게 접근하게 한다. 이는 궁극적으로 카멜의 최고의 기능 요소라 할 수 있는데, 사용자가 자바로 할 수 있는 어떤것이든 할 수 있게 메시지 프로세서를 생성, 재사용, 수정 가능하다.

이 예제는 사용자가 직접 카멜 프로세서 구현체를 생성해 루트에서 사용하고 공유하는 방법을 보여준다.

준비

이 예제의 자바 코드는 org.camelcookbook.extend.processor 패키지에 위치한다. 스프링 XML 파일은 src/main/resources/META-INF/spring 아래에 processor라는 접두어를 가지고 있다.

예제 구현

루트에서 커스텀 프로세서를 사용하기 위해 다음 단계를 수행한다.

1. org.apache.camel.Processor 인터페이스를 구현한 프로세서 클래스를 생성한다.

```
import org.apache.camel.Exchange;
import org.apache.camel.Message;
import org.apache.camel.Processor;

public class MyProcessor implements Processor {
  @Override
  public void process(Exchange exchange) throws Exception {
    //...
  }
}
```

2. 처리 메소드를 구현한다. 들어오는 메시지는 exchange.getIn() 안에 포함된다.
만약 사용자 프로세서가 메시지를 변경하길 원하면 대부분의 경우 그 메시지를
직접 변경해야 한다. (더 자세한 사항은 다음 페이지의 '예제 분석'을 보라)

```java
public void process(Exchange exchange) throws Exception {
  String result = "Unknown language";

  final Message inMessage = exchange.getIn();
  final String body = inMessage.getBody(String.class);
  final String language =
      inMessage.getHeader("language", String.class);

  if ("en".equals(language)) {
    result = "Hello " + body;
  } else if ("fr".equals(language)) {
    result = "Bonjour " + body;
  }

  inMessage.setBody(result);
}
```

3. 루트에서 커스텀 프로세서를 참조한다.

XML DSL에서는 다음과 같이 작성한다.

```xml
<beans
    xmlns="http://www.springframework.org/schema/beans"...>
  <bean id="myProcessor"
      class="org.camelcookbook.extend.processor.MyProcessor"/>

  <camelContext
      xmlns="http://camel.apache.org/schema/spring">
    <route>
      <from uri="direct:start"/>
      <process ref="myProcessor"/>
      <to uri="mock:result"/>
    </route>
  </camelContext>
</beans>
```

자바 DSL에서는 동일한 것을 다음과 같이 표현한다.

```java
import org.apache.camel.builder.RouteBuilder;

public class MyProcessorRouteBuilder extends RouteBuilder {
  @Override
    public void configure() throws Exception {
      from("direct:start")
        .process(new MyProcessor())
        .to("mock:result");
      }
  }
}
```

 일반적으로 커스텀 프로세서를 참조할 때 process 지시자를 사용한다. 만약 카멜 레지스트리 내에 커스텀 프로세서를 이미 등록했다면 to 지시자를 사용해 커스텀 프로세서를 빈(bean)처럼 참조할 수도 있다. 예를 들면 다음과 같다.

〈to uri="bean:myProcessor?method=process"/〉

예제 분석

카멜 프로세서는 카멜 내에 근본적인 구성요소인 메시지 바디와 헤더, 메시지와 관련된 모든 속성들을 포함해 수행되는 메시지와 연관 있는 모든 데이터에 완전한 접근을 제공한다.

커스텀 프로세서는 메시지를 변경하고 메시지 헤더와 속성을 추가하거나 변경하는 권한을 가진다. 여러 메시지 헤더를 지정하는 것뿐만 아니라 메시지 바디를 변경하는 것과 같이 하나의 라우팅 단계 내에서 다양한 작업을 수행하길 원할 때마다 일반적으로 사용된다.

앞의 예제에서 사용자 커스텀 프로세서는 싱글턴으로 접근되며 이는 복수 개의 메시지들(스레드)이 동시에 호출한다는 것을 뜻한다. 그러니 사용자 프로세스 메소드를 작성할 때 스레드 세이프thread-safety에 관한 고려를 해야 한다.

일반적으로 프로세서는 in 메시지를 변경하기 마련이다. 익스체인지에는 out 메시지가 있어서 원래 메시지(요청)와 처리된 메시지(응답) 둘 다 리턴하는 것을 가능하게 한다. 만약 out 메시지가 지정된다면 메시지와 연관있는 모든 적절한 헤더와 속성들을 유지하는 데 많은 주의를 기울일 필요가 있다.

다음의 코드에서 copyFrom 메소드는 소스 메시지로부터 바디, 헤더, 속성을 복제한다. ExchangeHelper.isOutCapable()은 받은 익스체인지의 메시지 교환 패턴^{MEP}을 확인하고 만약 InOut이라면 true를 리턴하는데, 이것은 호출한 루트가 응답이 리턴되기를 기다린다는 것을 암시한다. in과 out 메시지 변경에 대한 더 많은 논의는 카멜 프로세서 FAQ에서 확인하라.

```
if (ExchangeHelper.isOutCapable(exchange)) {
  exchange.getOut().copyFrom(exchange.getIn());
  exchange.getOut().setBody("<modified body>");
} else {
  exchange.getIn().setBody("<modified body>");
}
```

부연 설명

자바 DSL에서, 커스텀 프로세서를 루트 정의 내에서 익명 내장 클래스를 사용해 소스 내에 삽입 가능하다. 일반적으로 process() 메소드가 짧을 때 그렇게 한다.

커스텀 프로세서가 많은 코드를 가지고 있을 때 그것을 별도의 클래스로 분리해 독립

적으로 테스트가 가능하게 하고 전체 루트 흐름을 읽는 데 산만하지 않게 하는 것이
좋다.

```java
public class MyProcessorInlineRouteBuilder
    extends RouteBuilder {
  @Override
  public void configure() throws Exception {
    from("direct:start")
      .process(new Processor() {
        @Override
        public void process(Exchange exchange)
            throws Exception {
          // 자바 코드 생략
        })
      .to("mock:result");
  }
}
```

참고 사항

- 카멜 프로세서: http://camel.apache.org/processor.html
- 카멜 프로세서 FAQ: http://camel.apache.org/using-getin-or-getout-methods-on-exchange.html

메시지를 메소드 파라미터에 매핑하기

카멜은 파라미터 바인딩Parameter Binding이라 불리는 기능을 제공해 카멜이 자바 메소드
를 실행할 때 루트에서 명시적으로 메시지의 일부를 메소드 파라미터로 지정할 수 있
도록 한다. 이는 조건서술, 프로세서 단계, 표현식 등과 같은 빈/메소드 표현 언어를
사용할 수 있는 모든 곳에서 사용 가능하다.

이 예제는 DSL 내에서 익스체인지 값들을 메소드 파라미터로 지정하는 방법을 보여
준다.

이 예제의 자바 코드는 `org.camelcookbook.extend.binding` 패키지에 위치한다. 스프링 XML 파일은 src/main/resources/META-INF/spring 아래에 binding이라는 접두어를 가지고 있다.

여기서는 다음과 같이 정의한 자바 클래스가 존재한다고 가정한다. 이 예제에서 설명하는 기술들은 다른 자바 메소드 호출에도 적용된다.

```
public class MyBean {
  public String sayHello(String name, boolean hipster) {
    return (hipster) ? ("Yo " + name) : ("Hello " + name);
  }
}
```

빈 표현 언어 호출에서, 리터럴^{literal}이나 단순 표현 언어를 사용해 자바 메소드를 부를 때 사용되는 매핑 파라미터 값을 지정할 수 있다.

XML DSL에서는 다음과 같이 작성한다.

```xml
<route>
  <from uri="direct:hipster"/>
  <bean ref="myBean"
      method="sayHello(${body}, true)"/>
</route>
<route>
  <from uri="direct:undecided"/>
  <bean ref="myBean"
      method="sayHello(${body}, ${header.hipster})"/>
</route>
```

자바 DSL에서는 동일한 라우팅 로직을 다음과 같이 표현한다.

```java
from("direct:hipster")
  .bean(MyBean.class, "sayHello(${body}, true)");
```

```
from("direct:undecided")
    .bean(MyBean.class, "sayHello(${body}, ${header.hipster})");
```

예제 분석

카멜은 자바 객체를 호출할 때 메소드 파라미터로 익스체인지와 카멜 컨텍스트 데이터를 넣는 알고리즘을 가지고 있고 문서화도 잘 되어 있다.

(http://camel.apache.org/bean-binding#BeanBinding-Parameterbinding를 참조하라).

정리하면, 첫째 파라미터는 메시지 바디라고 가정하고, 그 첫째 파라미터가 org.apache.camel.Exchange 데이터 타입이라면 바로 변환되나 그렇지 않으면 파라미터의 데이터 타입으로 바디를 변환하려고 시도한다. 개발자는 파라미터 바인딩을 통해 카멜 DSL 내에 리터럴과 메시지의 일부를 메소드 파라미터로 대응시키는 규칙을 줄 수 있다.

카멜 파라미터 바인딩은 바인딩되는 스트링의 일부로서 리터럴(true, false, 숫자, 스트링, null)과 단순 표현식을 넣는 것을 허용한다. 와일드카드 별표(*)를 사용해 카멜에게 파라미터의 그 부분에 일반적인 파라미터 바인딩 알고리즘을 사용하라고 말할 수도 있다.

예를 들어, 만약 자바 메소드가 스트링 값과 불린 값을 받는다면,

```
public String myMethod(String name, boolean doDifferent)
```

카멜 루트로부터 여러 가지 방법으로 위 메소드를 호출 가능한데, 불린 파라미터에 대해서는 값을 하드코딩하고, 첫 번째 파라미터를 위해서는 메시지 바디를 스트링으로 보내주는 기본 파라미터 매핑을 원할 수도 있다.

```
.bean(MyBean.class, "myMethod(*, true)");
```

이와 달리, 만약 단순 표현식을 사용해 헤더 값을 첫째 파라미터로 대응시키고자 한다면,

```
.bean(MyBean.class, "myMethod(${header.username}, false)");
```

.to() 문 내에서 bean: 엔드포인트 URI의 한 부분으로도 정의 가능하다.

132

```
.to("bean:myBean?method=myMethod(${header.username}, false)");
```

카멜은 또한 어떻게 메시지와 파라미터를 매핑할 것인지 명령하는 애노테이션을 제
공한다. 이런 접근은 루트 개발자에 의해 서술된 파라미터 바인딩 사용과 정반대로
메소드 작성자가 매핑을 지정하게 한다.

```
public String myMethod(@Header("JMSCorrelationID") String id,
                       @Body String message) {
  //...
}
```

파라미터 바인딩 애노테이션에서 복잡한 매핑을 위해 다른 표현식을 사용 가능하다.
다음은 메시지 값을 파라미터로 대응시키기 위해 XPath 표현식을 사용하는 예다.

```
public String myMethod(@XPath("/myData/people/@id") String id,
                       @Body String message) {
  //...
}
```

- 카멜 빈 바인딩: http://camel.apache.org/bean-binding
- 카멜 파라미터 바인딩 애노테이션: http://camel.apache.org/parameter-binding-annotations.html

커스텀 데이터 마샬러 작성하기

카멜은 데이터 형식Data Formats이라는 기능을 통해 메시지를 바이너리와 텍스트 간 상
호 변환한다. 데이터 형식은 메시지 변환 패턴Message Translator EIP의 구현체다.

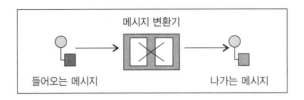

메시지 변환기

들어오는 메시지   나가는 메시지

카멜 라이브러리는 JAXB, JSON, CSV, HL7, Base64, Crypto, Gzip 등과 같은 여러 가지 데이터 형식을 포함한다. 이 예제는 카멜이 기본 제공하는 것 이외의 것이 더 필요할 때 사용자 자신의 데이터 형식을 작성하는 법을 서술한다.

이 예제는 사용자가 직접 데이터 형식을 구현해 카멜 루트 내에서 쉽게 공유하는 방법을 보여준다.

준비

이 예제의 자바 코드는 `org.camelcookbook.extend.dataformat` 패키지에 위치한다. 스프링 XML 파일은 src/main/resources/META-INF/spring 아래에 dataformat이라는 접두어를 가지고 있다.

예제 구현

커스텀 데이터 형식을 만들고 사용하기 위해 두 가지 주요 단계가 있다. 첫째로, `DataFormat` 인터페이스를 구현하는 자바 클래스를 생성하고, 두 번째로 사용자 루트에서 그 자바 클래스에 대한 참조를 제공한다.

1. 사용자 데이터 형식을 생성하는 것은 주로 `org.apache.camel.spi.DataFormat` 인터페이스를 구현하는 자바 클래스를 만드는 것인데, 그 인터페이스는 `marchal`과 `unmarshal` 두 개의 메소드를 가지고 있다. 일반적으로 자바로부터 저수준의 데이터 표현방법으로 `marshal`을 하고, 저수준 데이터 표현방법으로부터 자바로 `unmarshal`한다. 대부분의 경우에 이것이 적용되지만, 사용자 데이터 형식이 의도하는 것에 따라 달라지기도 한다. 이 예제에서는 스트링을 한 캐릭터 셋에서 다른 캐릭터 셋으로 변환한다.

다음 예제는 EBCDIC과 자바 스트링(UTF-8) 사이에서 변환한다. 이는 메인프레임 통합을 수행할 때 유용하다. 스트링에서 EBCDIC으로 마샬링하고 EBCDIC에서 스트링으로 언마샬링한다.

```java
public class EbcdicDataFormat implements DataFormat {
  // US EBCDIC 037 코드페이지
  private String codepage = "CP037";

  public EbcdicDataFormat() {}

  public EbcdicDataFormat(String codepage) {
    this.codepage = codepage;
  }

  @Override
  public void marshal(Exchange exchange,
          Object graph, OutputStream stream) throws Exception {
    final String str =
    ExchangeHelper.convertToMandatoryType(exchange,
        String.class, graph);
    stream.write(str.getBytes(codepage));
  }

  @Override
  public Object unmarshal(Exchange exchange,
      InputStream stream) throws Exception {
    final byte[] bytes =
    ExchangeHelper.convertToMandatoryType(exchange,
        byte[].class, stream);
    return new String(bytes, codepage);
  }
}
```

2. 그리고 나서 사용자 데이터 형식을 marshal, unmarshal 문장을 사용해 루트 내에서 참조한다.

XML DSL에서는 사용자 데이터 형식의 빈[bean] ID를 참조하기 위해 `marshal`과
`unmarshal` 블록에 `custom` 엘리먼트를 사용한다.

```
<beans xmlns="http://www.springframework.org/schema/beans" …>
  <bean id="ebcdic"
        class="org.camelcookbook.extend.dataformat
              .EbcdicDataFormat">
    <constructor-arg value="CP037"/>
  </bean>

  <camelContext
      xmlns="http://camel.apache.org/schema/spring">
    <route>
      <from uri="direct:marshal"/>
      <marshal>
        <custom ref="ebcdic"/>
      </marshal>
    </route>
    <route>
      <from uri="direct:unmarshal"/>
      <unmarshal>
        <custom ref="ebcdic"/>
      </unmarshal>
    </route>
  </camelContext>
</beans>
```

자바 DSL에서는 데이터 형식 인스턴스를 참조한다.

```
public class EbcdicDataFormatRouteBuilder
    extends RouteBuilder {
  @Override
  public void configure() throws Exception {
    EbcdicDataFormat dataFormat =
        new EbcdicDataFormat("CP037");

    from("direct:marshal").marshal(dataFormat);
```

```
        from("direct:unmarshal").unmarshal(dataFormat);
    }
}
```

예제 분석

데이터 형식의 `marshal`과 `unmarshal` 메소드는 루트에서 현재 메시지 바디와 함께 호출될 것이다. 사용자 구현체는 메시지를 새로운 형식으로 상호 변환하게 된다.

`marshal` 구현체에서, 메시지 바디는 두 번째 파라미터인 `Object graph`로 전달되고 사용자 데이터 형식으로 변환된다. 그리고 그 결과는 세 번째 파라미터인 `OutputStream` 스트림으로 내보내진다.

`ExchangeHelper` 유틸리티 클래스는 몇 개의 유용한 메소드를 제공한다. `convertToMandatoryType` 메소드는 카멜의 타입 변환기를 사용해 현재 메시지 바디를 지정된 타입으로 변환하고 실패할 경우 예외를 던진다. 사용자 데이터 형식이 수행하는 실제 데이터 변환에 관한 메커니즘은 개발자가 정한다.

`unmarshal` 구현은 비슷하다. 현재의 메시지 바디를 `InputStream`에서 얻고 사용자 메소드로부터 변환 결과를 리턴하거나 `exchange.getIn().setBody()`를 통해 익스체인지에 넣는다.

 앞의 예제의 EbcdicDataFormat의 기능이 카멜의 내장된 StringDataFormat을 사용해 수행하는 것을 눈여겨보라. 자바스트링(UTF-8)과 CP037 같은 스트링 인코딩 간 변환을 위해 이런 내장된 데이터 형식을 사용해도 된다. "CP037"은 US/Latin-1 EBCDIC Code Page 000037를 의미한다. 더 자세한 사항은 StringDataFormat 문서를 확인하라(http://camel.apache.org/string.html).

카멜은 스트리밍 데이터를 지원해 대량의 데이터 메시지가 적은 메모리를 사용하고 빠른 속도로 루트를 통해 흐르게 한다. 가능하다면, 데이터는 컨슈밍 엔드포인트로부터 스트림으로 들어오고 루트에 정의된 프로세서 단계를 지나 프로듀서 엔드포인트로 스트림으로 나가게 된다. 만약 데이터 변환 로직이 부분적으로 또는 데이터 스트림 기반의 수행을 지원한다면, 그것을 사용자 데이터 형식에 적용해 스트리밍을 다룰 수 있게 해야 한다.

GZip 데이터 형식이 스트리밍을 구현하는 방법을 예로 들어 보겠다. marshal 메소드에 입력 메시지 바디가 InputStream으로 변환되는 과정을 보라.

```java
public class GzipDataFormat implements DataFormat {
  public void marshal(Exchange exchange, Object graph,
                      OutputStream stream) throws Exception {
    InputStream is =
        exchange.getContext().getTypeConverter()
          .mandatoryConvertTo(InputStream.class,
                              exchange, graph);
    GZIPOutputStream zipOutput = new GZIPOutputStream(stream);
    try {
      IOHelper.copy(is, zipOutput);
    } finally {
      // 모든 인풋 스트림은 반드시 닫혀야 한다
      IOHelper.close(is, zipOutput);
    }
  }
  //...
}
```

- 카멜 데이터 형식Camel Data Format: http://camel.apache.org/data-format.html
- 카멜 커스텀 데이터 형식Camel Custom Data Format: http://camel.apache.org/custom-dataformat.html

커스텀 데이터 타입 변환기 작성하기

데이터 타입 하나를 단지 다른 데이터 타입으로 캐스팅하거나 변환만 하는 프로세서를 작성한다면, 카멜 타입 변환기Camel Type Converter를 작성하는 것이 중복 코드를 줄여준다. 카멜은 루트 내에서 자동적으로 데이터 타입 변환을 시도한다. 그리고 알려진 타입 간 변환을 위한 클래스와 변환 레지스트리를 확장할 수 있다.

타입 변환기는 자바의 캐스트 연산과 비슷하다. XML을 JSON으로 바꾸는 것 같이 좀 더 복잡한 데이터 형식 변환을 하기 원한다면, 4장, '전환'을 참고하고, 카멜 내장 데이터 형식 마샬러 문서(http://camel.apache.org/data-format.html)와, '커스텀 데이터 마샬러 작성하기' 예제를 살펴보자.

이 예제는 카멜이 지정된 데이터 타입을 자동적으로 변환하기 위해 사용자 타입 변환기를 생성하고 등록하는 법을 보여준다.

준비

이 예제의 자바 코드는 `org.camelcookbook.extend.typeconverter` 패키지에 위치한다. 스프링 XML 파일은 src/main/resources/META-INF/spring 아래에 typeconverter라는 접두어를 가지고 있다.

이 예제는 `MyPerson`이라는 사용자 자바 클래스와 `MyPersonGreeter`라는 사용자 빈 bean 프로세서가 있다고 가정한다. `MyPersonGreeter`의 `sayHello()` 메소드는 메시지 바디가 `MyPerson` 데이터 타입이라고 가정한다. 예제 코드의 목적에 맞게 우리는 스트링 메시지 바디를 다룬다고 가정하겠다.

스트링에서 `MyPerson`으로의 변환은 우리가 만든 통합 시나리오에서 매우 흔하게 일어난다. 그래서 우리는 커스텀 타입 변환기를 작성할 것이고 이것으로 루트 내에 명시적으로 별도의 단계를 정의할 필요 없이 카멜이 자동적으로 그 변환을 하게 할 것이다.

`MyPerson`은 두 개의 필드를 가진 간단한 데이터 클래스다.

```
public class MyPerson {
```

```
    private String firstName;
    private String lastName;
    // 게터와 세터를 여기에 둔다
}
```

MyPersonGreeter는 MyPerson 객체를 파라미터로 받아 어떤 처리를 수행하는 자바 클래스다.

```
public class MyPersonGreeter {
    public String sayHello(MyPerson person) {
        return "Hello " + person.getFirstName()
            + " " + person.getLastName();
    }
}
```

예제 구현

사용자 데이터 타입 변환기를 생성하고 사용하는 데에는 두 가지 주요 단계가 있다. 첫째로 생성하고, 두 번째로 카멜에 생성한 것을 등록해야 한다.

1. 첫번째 파라미터가 변환 대상 데이터 타입이고 변환될 타입을 리턴하는 메소드를 가진 자바 클래스를 생성한다. 메소드 이름은 중요하지 않다. 클래스와 그 변환 메소드 둘 다 @Converter 애노테이션을 붙인다. 만약 헤더나 속성 같은 변환을 정확히 수행할 부가적인 정보가 필요하면, 변환 메소드의 두 번째 파라미터는 선택적으로 카멜의 익스체인지로 둔다.

   사용자 변환기는 전역^{static} 또는 인스턴스 메소드일 수 있다. 전역 메소드는 카멜의 인스턴스 캐싱을 덜 요구하므로 선호된다. 스프링을 통해 설정된 객체들인 인스턴스들은 변환기 동작에 영향을 주기 위해 나중에 필드에 개별적으로 주입된다.

   import org.apache.camel.Converter;

   @Converter
   ```
   public final class MyPersonTypeConverter {
       // 유틸리티 클래스는 퍼블릭 생성자를 가지지 말아야한다
   ```

```
    private MyPersonTypeConverter() {}

    /**
     * "firstName|lastName" 형식의 스트링을 {@link MyPerson}로 변환한다
     */
    @Converter
    public static MyPerson convertStringToMyPerson(
        String str) {
      final int index = str.indexOf("|");
      if (index > 0) {
        final MyPerson person = new MyPerson();
        person.setFirstName(str.substring(0, index));
        person.setLastName(str.substring(index + 1));
        return person;
      }
      throw new IllegalArgumentException("String must be in"
          + " format of '<firstName>|<lastName>'");
    }
}
```

2. 새로운 타입 변환기를 카멜에 등록한다. 이를 위해 META-INF/services/org/
   apache/camel/TypeConverter 파일을 Jar에 포함시킨다. 이 TypeConverter 파
   일은 다음 두 가지 중 하나의 목록을 포함한다.

   - 사용자 타입 변환기의 완전한 클래스 이름(예를 들어 org.cookbook.extend.
     typeconverter.MyPersonTypeConverter)
   - @Converter 애노테이션이 붙은 클래스가 스캔될 자바 패키지(예를 들어
     org.cookbook.extend.typeconverter)

   이 예제에서 TypeConverter 파일은 단 하나의 항목만 포함한다.

   `org.camelcookbook.extend.typeconverter.MyPersonTypeConverter`

완전한 클래스 이름을 사용하는 편이 좋은데, 카멜이 클래스 패스 내의 모든 jar 파일
을 스캔할 필요가 없기 때문이다. 또한, 어떤 컨테이너에 따라 패키지 스캐닝을 잘 수
행하지 못하는 경우도 있기 때문이다.

주의할 점 또 하나는 파일이 확장자 없이 TypeConverter로 이름지어졌다는 것이다.

카멜은 모든 TypeConverter의 목록을 가지고 있는 각각의 카멜 컨텍스트와 연관된 TypeConverterRegistry를 가진다. 카멜이 데이터 타입을 변환할 필요가 있을 때마다 이 저장소를 사용해 입력 데이터 타입을 파라미터로 받고 결과 데이터 타입을 리턴하는 메소드를 찾는다.

카멜에 데이터를 변환하라고 명시적으로 전달할 필요는 없다. 모두 자동적으로 이루어지기 때문이다. convertBodyTo라 불리는 DSL 연산이 있어서 명시적으로 데이터 타입 변환을 할 수도 있다. 변환이 느리지 않거나, 통합 흐름 동안에 변환이 일어날 때를 조정하길 원하지 않다거나, 또는 변환기 선택이 애매할 때가 아니라면 일반적으로는 명시적 변환이 필요 없다.

스트링을 MyOrder로 변환하는 예제인 다음 코드를 사용해 사용자 타입 변환을 런타임 시에 등록할 수도 있다.

```
context.getTypeConverterRegistry()
    .addTypeConverter(MyOrder.class, String.class,
                    new MyOrderTypeConverter());
```

카멜 컨텍스트(또는 카멜 컨텍스트를 포함하는 익스체인지)에 대한 참조를 가지고 있다면 코드 내에서 카멜의 데이터 타입 변환 기능을 사용할 수 있다. 다음 코드는 스트링을 MyPerson으로 변환한다.

```
MyPerson person = context.getTypeConverter()
    .convertTo(MyPerson.class, "Scott|Cranton");
```

org.apache.camel.util.ExchangeHelper 유틸리티 클래스가 있어서 convertTo, convertToMandatoryType, getMandatoryInBody 같은 몇 가지 전역 헬퍼 메소드도

제공한다. 이 헬퍼 클래스를 쓰면 주어진 익스체인지에 대해 내부적인 null 체크 연산을 용이하게 수행할 수 있다.

```
String str = ExchangeHelper.convertToMandatoryType(exchange,
    String.class, value);
```

참고 사항

- 카멜 타입 변환기: http://camel.apache.org/type-converter.html

4

전환

4장에서는 다음과 같은 예제를 다룬다.

- 단순 표현식을 사용해 전환하기
- 인라인에서 XQuery를 이용해 전환하기
- XSLT를 이용해 전환하기
- JAXB를 이용해 자바에서 XML로 전환하기
- 자바에서 JSON으로 전환하기
- XML에서 JSON으로 전환하기
- 콤마로 분리된 값^{CSV} 분석하기
- 다른 엔드포인트의 도움을 받아 내용 전환하기
- 공통 XML 형식으로 메시지 표준화하기

소개

4장에서는 카멜이 처리하는 메시지 내용을 전환하거나 바꾸기 위한 몇 가지 방법에 대해 살펴본다. 그레거 호프$^{Gregor Hohpe}$와 바비 울프$^{Bobby Woolf}$가 공저한 『기업 통합 패턴 Enterprise Integration Patterns』(에이콘출판, 2014) 책의 메시지 변환기^{Message} ^{Translator} 패턴 절에서는 하나의 형식에서 다른 형식으로 데이터를 전환하기 위한 책임을 정의했다(http://www.enterpriseintegrationpatterns.com/MessageTranslator.html). 카멜이 가진 전환 기능도 여기에 기반을 두고 있다.

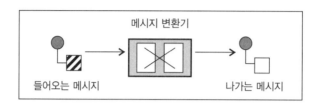

4장에서는 카멜이 메시지 내용 변환을 수행하기 위한 여러 방법을 탐구해본다.

- transform 문을 사용한다. 이것은 메시지 변환을 위해 루트의 카멜 표현 언어를 참조하게 한다.
- 카멜의 XSLT 또는 벨로시티Velocity 템플릿 스타일 컴포넌트 같은 템플릿 컴포넌트를 호출한다. 이것은 보통 사용자 메시지 변환에 사용되는 외부 템플릿 리소스를 참조한다.
- 전환을 수행하기 위해 카멜 루트 내에서 사용자에 의해 정의된 자바 메소드(예를 들어 beanref)를 호출한다. 이것은 참조하는 자바 객체 메소드를 실행시킬 수 있는 특별한 경우의 프로세더다.
- 카멜의 타입 변환 기능은 카멜 루트 내에서 데이터를 자동적으로 하나의 타입에서 다른 타입으로 투명하게 변환할 수 있다. 이 기능은 확장 가능하며 직접 작성한 타입 변환기Type Converters를 추가할 수도 있다.
- 카멜의 데이터 형식Data Format 기능을 통해 내장된 메시지 타입 변환기를 사용하거나 직접 작성한 변환기를 추가할 수 있다. 카멜 데이터 형식은 스트링을 정수형으로, 또는 파일을 스트링으로 변환하는 것과 같은 간단한 타입 변환을 다루는 단순한 데이터 타입 변환기를 넘어선다. 자료 형식Data Formats은 저수준 표현(XML)과 고수준(자바 객체) 사이의 변환에 쓰인다. 다른 예제로는 데이터를 암복호화하는 것과 압축하고 압축을 푸는 것이 있다. 더 자세한 사항은 http://camel.apache.org/data-format.html를 보라.

카멜의 아키텍처에 관한 몇 가지 개념이 4장에 걸쳐 다뤄진다. '들어가며' 절에서 이미 카멜 개념에 관한 포괄적인 개요를 다뤘다. 자세한 사항은 아파치 카멜 웹사이트

(http://camel.apache.org)에서 찾을 수 있다.

4장의 코드는 예제의 camel-cookbook-transformation 모듈에 포함되어 있다.

단순 표현식을 사용해 전환하기

메시지를 상대적으로 간단하게 전환하기를 원할 때 카멜에 의해 제공되는 표현 언어 중 하나와 transform 문을 같이 사용한다. 예를 들면 카멜의 단순표현언어^{Simple} ^{Expression Language}는 간단한 전환을 위해 빠른 인라인 메커니즘을 제공한다.

이 예제는 카멜의 단순 표현 언어를 사용해 메시지 바디를 전환하는 방법을 보여준다.

준비

4장의 자바 코드는 org.camelcookbook.transformation.simple 패키지에 위치한다. 스프링 XML 파일은 src/main/resources/META-INF/spring 아래에 simple이라는 접두어를 가지고 있다.

예제 구현

카멜 루트에서 전환을 수행하는 표현 언어 코드가 포함된 transform DSL 문장을 사용한다.

XML DSL에서는 다음과 같이 작성한다.

```
<route>
  <from uri="direct:start"/>
  <transform>
    <simple>Hello ${body}</simple>
  </transform>
</route>
```

자바 DSL에서는 동일한 루트를 다음과 같이 표현한다.

```
from("direct:start")
  .transform(simple("Hello ${body}"));
```

이 예제에서 메시지 변환은 단순 표현 언어를 사용해 들어오는 메시지 앞에다가 Hello 접두어를 붙인다.

transform 문 이후의 처리 단계에서는 익스체인지의 바디 부분에서 전환된 메시지 내용이 보이게 된다.

예제 분석

카멜의 단순표현언어는 풍부한 스트링 연산자와 논리 연산자를 가지고 처리 중인 메시지의 모든 면에 접근해 스트링 값을 변경하는 데에 꽤나 훌륭하다.

단순 표현식의 결과는 transform 단계 이후의 새로운 메시지 바디가 된다. 이 단순 표현식은 논리연산자를 사용하는 조건서술을 포함해 참 또는 거짓 조건을 판단하기도 한다. 이때 불린 연산의 결과는 "true" 또는 "false"라는 스트링을 포함하는 새로운 메시지 바디가 된다.

 루트에서 별개의 전환 단계를 사용하는 장점은 프로세서 내에 포함하는 것보다 개발자에게 로직이 명료하게 보인다는 것이다. 사용자 루트 내에 포함된 표현식을 간단하게 유지해 개발자가 통합의 궁극적인 목적에 집중하게 한다. 많이 복잡하거나 긴 전환 로직은 별도의 서브 루트로 옮기고 direct:나 seda:를 사용해 호출하는 것이 가장 좋다. 더 자세한 사항은 1장, '루트 구성'의 '루트를 연결해 라우팅 로직 재사용하기' 예제를 보라.

부연 설명

transform 문장은 카멜에서 사용 가능한 모든 표현 언어와 같이 동작한다. 더 강력한 메시지 처리 기능이 필요하다면 그루비나 자바스크립트 같은 스크립트 언어를 사용할 수도 있다. '인라인에서 XQuery를 이용해 전환하기' 예제에서 XML 메시지 전환을 하기 위해 XQuery 표현 언어를 사용하는 것을 살펴보게 될 것이다.

- 메시지 변환기: http://camel.apache.org/message-translator.html
- 카멜 표현식 기능^{Camel Expression capabilities}: http://camel.apache.org/expression.html
- 카멜 단순표현언어: http://camel.apache.org/simple.html
- 카멜이 지원하는 언어: http://camel.apache.org/languages.html
- 1장, '루트 구성'의 '루트를 연결해 라우팅 로직 재사용하기' 예제
- '인라인에서 XQuery를 이용해 전환하기' 예제

인라인에서 XQuery를 이용해 전환하기

카멜은 루트에서 XML 메시지를 전환하기 위한 빠르고 쉬운 방법으로 transform 문장과 함께 XQuery 표현 언어를 사용하는 것을 지원한다.

이 예제는 루트 내 XML 전환을 위해 XQuery 표현식을 사용하는 방법을 보여준다.

준비

이 예제의 자바 코드는 org.camelcookbook.transformation.xquery 패키지에 위치한다. 스프링 XML 파일은 src/main/resources/META-INF/spring 아래에 xquery라는 접두어를 가지고 있다.

XQuery 표현 언어를 사용하기 위해 그 구현체를 제공하고 있는 camel-saxon 라이브러리를 위한 의존성 엘리먼트를 추가해야 한다.

메이븐 POM의 의존성 부분에 다음을 추가한다.

```
<dependency>
  <groupId>org.apache.camel</groupId>
  <artifactId>camel-saxon</artifactId>
  <version>${camel-version}</version>
</dependency>
```

카멜 루트 내에서 전환을 하기 위해 XQuery 표현 언어 코드를 가지는 `transform` 문을 명기한다.

XML DSL에서는 다음과 같이 작성한다.

```
<route>
  <from uri="direct:start"/>
  <transform>
    <xquery>
      &lt;books&gt;{
        for $x in /bookstore/book
        where $x/price>30
        order by $x/title
        return $x/title
      }&lt;/books&gt;
    </xquery>
  </transform>
</route>
```

XML DSL을 사용할 때에 XQuery 내장 XML 엘리먼트를 인코딩해야 함을 기억하라. 따라서 〈는 <가 되고, 〉는 >가 된다.

자바 DSL에서는 동일한 루트를 다음과 같이 표현한다.

```
from("direct:start")
  .transform(xquery("<books>{ for $x in /bookstore/book "
              + "where $x/price>30 order by $x/title "
              + "return $x/title }</books>"));
```

다음의 XML 입력 메시지 전환을 위해 사용한다.

```
<bookstore>
  <book category="COOKING">
    <title lang="en">Everyday Italian</title>
```

```
      <author>Giada De Laurentiis</author>
      <year>2005</year>
      <price>30.00</price>
   </book>
   <book category="CHILDREN">
      <title lang="en">Harry Potter</title>
      <author>J K. Rowling</author>
      <year>2005</year>
      <price>29.99</price>
   </book>
   <book category="PROGRAMMING">
      <title lang="en">Apache Camel Developer's Cookbook</title>
      <author>Scott Cranton</author>
      <author>Jakub Korab</author>
      <year>2013</year>
      <price>49.99</price>
   </book>
   <book category="WEB">
      <title lang="en">Learning XML</title>
      <author>Erik T. Ray</author>
      <year>2003</year>
      <price>39.95</price>
   </book>
</bookstore>
```

결과 메시지는 다음과 같을 것이다.

```
<books>
   <title lang="en">Apache Camel Developer's Cookbook</title>
   <title lang="en">Learning XML</title>
</books>
```

transform 문장 뒤의 단계에서는 익스체인지의 바디에서 전환된 메시지 내용을 보게 된다.

카멜의 XQuery 표현 언어는 사용자 루트 내에 XML 전환 코드를 삽입할 수 있는 좋은 방법이다. XQuery 표현식의 결과는 전환 단계 이후에서 새로운 메시지 바디가 된다.

메시지의 바디, 헤더, 속성 모두가 XQuery 프로세서에게 제공된다. 그래서 그것들을 XQuery 문장 내에서 직접 참조할 수 있다. 이는 XML 메시지 전환을 위한 강력한 메커니즘을 제공한다. 만약 XSLT가 더 편하다면 'XSLT를 이용해 전환하기' 예제를 보라.

 전환을 루트에 직접 삽입하는 것은 무엇이 바뀌는지 확실하게 볼 수 있다는 면에서 때때로 장점이 된다. 하지만 전환 표현식이 복잡해져서 통합 루트를 많이 차지하기 시작한다면 전환 표현식을 루트 바깥으로 옮기는 것을 고려해야 한다.

다른 인라인 전환 예제를 위해 '단순 표현식을 사용해 전환하기' 예제를 보라. 그리고 전환을 외부로 빼는 예제를 위해 'XSLT를 사용해 선환하기' 예제를 보라.

카멜의 리소스 참조 문법을 사용해 외부 파일로부터 XQuery 표현식을 가져올 수 있다. 클래스패스 내의 XQuery 파일을 참조하기 위해 아래와 같이 서술한다.

```
<transform>
  <xquery>resource:classpath:/path/to/myxquery.xml</xquery>
</transform>
```

이는 XQuery를 엔드포인트로 사용하는 것과 동일하다.

```
<to uri="xquery:classpath:/path/to/myxquery.xml"/>
```

XQuery 표현 언어는 메시지 헤더도 전달한다. 이는 XQuery 문장 내에서 참조되는 XQuery 변수로 보여진다. 이전의 예제에서 필터링되는 도서 값이 메시지 바디와 함께 전달되기 위해, 즉 XQuery를 파라미터로 하려면, XQuery 문을 다음과 같이 변경한다.

```
<transform>
  <xquery>
    declare variable $in.headers.myParamValue as
      xs:integer external;
    &lt;books value='{$in.headers.myParamValue}'&gt;{
      for $x in /bookstore/book
      where $x/price>$in.headers.myParamValue
      order by $x/title
      return $x/title
    }&lt;/books&gt;
  </xquery>
</transform>
```

메시지 헤더는 in.headers.<헤더 이름>으로 불리는 XQuery 변수와 연관지어진다. 이것을 XQuery에 사용하려면 동일한 이름의 외부 변수 하나와 메시지 헤더 값으로 XML 스키마(xs:) 타입을 명시적으로 선언한다.

transform 문은 카멜의 모든 표현 언어와 함께 동작한다. 더 강력한 메시지 처리 기능이 필요하다면 (여러 다른 언어 중에서도) 그루비 또는 자바스크립트 같은 스크립트를 이용할 수 있다. '단순 표현식을 사용해 전환하기' 예제는 스트링 메시지를 전환하기 위해 단순 표현 언어를 사용하는 방법을 보여준다.

참고 사항

- 메시지 변환기: http://camel.apache.org/message-translator.html
- 카멜 표현식 기능: http://camel.apache.org/expression.html
- 카멜 XQuery 표현식 언어: http://camel.apache.org/xquery.html
- XQuery 언어: http://www.w3.org/XML/Query/
- 카멜이 지원하는 언어: http://camel.apache.org/languages.html
- 'XSLT를 이용해 전환하기' 예제
- '단순 표현식을 사용해 전환하기' 예제
- 1장, '루트 구성'의 '루트를 연결해 라우팅 로직 재사용하기' 예제

XSLT를 이용해 전환하기

XSLT를 사용해 XML 메시지를 전환하려 할 때 카멜의 XSLT 컴포넌트를 사용한다. 이것은 XSLT 표현 언어가 아니라는 것만 빼면 '인라인에서 XQuery를 이용해 전환하기' 예제와 비슷하다. 따라서 엔드포인트로서만 사용된다.

이 예제는 외부 XSLT 리소스를 사용해 메시지를 전환하는 방법을 보여준다.

준비

이 예제의 자바 코드는 org.camelcookbook.transformation.xslt 패키지에 위치한다. 스프링 XML 파일은 src/main/resources/META-INF/spring 아래에 xslt라는 접두어를 가지고 있다.

예제 구현

카멜 루트에서 xslt 프로세서 단계를 XSLT 전환이 일어나길 원하는 루트 내의 위치에 추가하라. XSLT 파일은 외부 리소스로 참조되며 파일이 어디에 위치하는지에 따라 classpath:, file:, http: 중 하나를 접두어로 사용한다(접두어가 지정되지 않는다면 classpath:가 기본값으로 사용된다).

XML DSL에서는 다음과 같이 작성한다.

```
<route>
  <from uri="direct:start"/>
  <to uri="xslt:book.xslt"/>
</route>
```

자바 DSL에서는 동일한 루트가 다음과 같이 표현된다.

```
from("direct:start")
  .to("xslt:book.xslt");
```

루트 이후 단계의 익스체인지 바디에서는 전환된 메시지 내용을 보게 될 것이다.

다음 예제는 진행 중인 단계들이 어떻게 XML 파일을 처리하는지 보여준다. 다음과
같은 입력 XML 메시지를 생각해보자.

```
<bookstore>
  <book category="COOKING">
    <title lang="en">Everyday Italian</title>
    <author>Giada De Laurentiis</author>
    <year>2005</year>
    <price>30.00</price>
  </book>
  <book category="CHILDREN">
    <title lang="en">Harry Potter</title>
    <author>J K. Rowling</author>
    <year>2005</year>
    <price>29.99</price>
  </book>
  <book category="PROGRAMMING">
    <title lang="en">Apache Camel Developer's Cookbook</title>
    <author>Scott Cranton</author>
    <author>Jakub Korab</author>
    <year>2013</year>
    <price>49.99</price>
  </book>
  <book category="WEB">
    <title lang="en">Learning XML</title>
    <author>Erik T. Ray</author>
    <year>2003</year>
    <price>39.95</price>
  </book>
</bookstore>
```

이 메시지를 books.xslt 내에 포함된 다음 XSLT를 이용해 처리한다.

```
<?xml version="1.0" encoding="UTF-8"?>
<xsl:stylesheet
    version="1.0"
```

4장_ 전환   155

```
    xmlns:xsl="http://www.w3.org/1999/XSL/Transform">
    <xsl:output omit-xml-declaration="yes"/>

    <xsl:template match="/">
      <books>
        <xsl:apply-templates
            select="/bookstore/book/title[../price>30]">
          <xsl:sort select="."/>
        </xsl:apply-templates>
      </books>
    </xsl:template>

    <xsl:template match="node()|@*">
      <xsl:copy>
        <xsl:apply-templates select="node()|@*"/>
      </xsl:copy>
    </xsl:template>
</xsl:stylesheet>
```

결과는 다음과 같다.

```
<books>
  <title lang="en">Apache Camel Developer's Cookbook</title>
  <title lang="en">Learning XML</title>
</books>
```

카멜의 XSLT 프로세서는 엔드포인트에서 참조된 XSLT 파일을 가지고, 등록된 자바 XML 전환기를 사용해 내부적으로 메시지 바디를 처리한다. 이 프로세서는 입력된 메시지 바디 데이터 타입을 카멜의 타입 변환기 기능을 사용해 다음의 리스트 중에 먼저 지원되는 XML 소스 모델로 전환한다.

- StAXSource (기본적으로는 사용하지 않고, 엔드포인트 URI에서 allowStAX=true를 지정해 활성화한다)
- SAXSource
- StreamSource
- DOMSource

카멜 타입 변환기는 대부분의 입력 데이터 타입(String, File, byte[] 등)을 다른 카멜 엔드포인트가 로드하는 XML의 소스 타입으로 별도 작업 없이 전환한다. 메시지에 대한 출력 데이터 타입은 기본적으로 스트링이며 xslt 엔드포인트 URI의 output 파라미터를 사용해 설정 가능하다.

부연 설명

XSLT 프로세서는 메시지와 헤더, 속성, 그리고 파라미터를 받는다. 이들은 XSLT 문장 내에서 참조되는 XSLT 파라미터로 나타나게 된다.

XSLT 템플릿의 파라미터로 책 이름을 보낼 수 있다. 앞에서 설명한 XSLT를 다음과 같이 수정하면 된다.

```
<xsl:param name="myParamValue"/>

<xsl:template match="/">
  <books>
    <xsl:attribute name="value">
      <xsl:value-of select="$myParamValue"/>
    </xsl:attribute>
    <xsl:apply-templates
        select="/bookstore/book/title[../price>$myParamValue]">
      <xsl:sort select="."/>
    </xsl:apply-templates>
  </books>
</xsl:template>
```

익스체인지 인스턴스는 익스체인지라고 불리는 파라미터와 함께 연관을 맺게 된다. in이라는 파라미터로 들어오는 IN 메시지와 그 메시지 헤더, 속성, 파라미터들은 동일한 이름의 XSLT 파라미터로 연관지어진다. 사용자 XSLT에서 이것들을 사용하기 위해 XSLT 파일에 동일한 이름의 파라미터를 명시적으로 선언해야 한다. 이전 예제에서는 메시지 헤더 또는 myParamValue라 불리는 익스체인지 속성 중 하나를 사용할 수 있다.

- 메시지 변환기: http://camel.apache.org/message-translator.html
- 카멜 XSLT 컴포넌트: http://camel.apache.org/xslt
- 카멜 타입 컨버터: http://camel.apache.org/type-converter.html
- XSL 워킹 그룹: http://www.w3.org/Style/XSL/
- '인라인에서 XQuery를 이용해 전환하기' 예제

JAXB를 이용해 자바에서 XML로 전환하기

카멜의 JAXB 컴포넌트는 XML 데이터를 자바 객체로 상호 변환하는 데 사용하는 여러 컴포넌트 중 하나다. JAXB 애노테이션이 표시된 자바 클래스를 사용하는 카멜 데이터 형식을 제공해 데이터를 마샬링marshalling(자바에서 XML로) 또는 언마샬링unmarshalling(XML에서 자바로)한다.

JAXB는 XML 데이터와 자바 간의 전환을 위한 자바 표준이고, XML 데이터 스키마와 대응되는 애노테이션을 붙인 자바 클래스를 생성하는 데 사용된다.

이 예제는 JAXB 카멜 데이터 형식Data Format을 사용해 자바와 XML 간에 변환하는 방법을 보여준다.

준비

이 예제의 자바 코드는 org.camelcookbook.transformation.jaxb 패키지에 위치한다. 스프링 XML 파일은 src/main/resources/META-INF/spring 아래에 jaxb라는 접두어를 가지고 있다.

카멜의 JAXB 컴포넌트를 사용하기 위해 JAXB 데이터 형식Data Format 구현체를 제공하는 camel-jaxb 라이브러리를 위한 의존성 엘리먼트를 추가한다.

메이븐 POM의 의존성 부분에 다음을 추가한다.

```xml
<dependency>
  <groupId>org.apache.camel</groupId>
  <artifactId>camel-jaxb</artifactId>
  <version>${camel-version}</version>
</dependency>
```

예제 구현

자바와 XML 간의 변환을 위한 주요 단계는 다음과 같다.

1. JAXB 애노테이션을 붙인 모델을 카멜 데이터 형식^{Camel Data Format} 내에서 참조한다.

2. 그 데이터 형식을 `marshal`, `unmarshal` DSL 문을 사용하는 카멜 루트 내에서 사용한다.

3. 표준 JAXB 애노테이션을 사용해 자바 모델을 생성한다. 이미 존재하는 XML, XSD(XML 스키마) 파일로부터 모델 생성을 자동화하는 여러 가지 외부 도구가 있다.

```java
@XmlAccessorType(XmlAccessType.FIELD)
@XmlType(name = "",
        propOrder = {
          "title",
          "author",
          "year",
          "price"
        }
)
@XmlRootElement(name = "book")
public class Book {
  @XmlElement(required = true)
  protected Book.Title title;

  @XmlElement(required = true)
  protected List<String> author;
```

```
    protected int year;
    protected double price;

    // 게터와 세터를 여기에 둔다
}
```

4. JAXB 애노테이션을 붙인 클래스를 가진 자바 패키지를 참조하는 루트 내에서 JAXB 데이터 형식을 인스턴스화한다.

XML DSL에서는 다음과 같이 작성한다.

```
<camelContext
    xmlns="http://camel.apache.org/schema/spring">
  <dataFormats>
    <jaxb id="myJaxb"
          contextPath="org.camelcookbook
                      .transformation.myschema"/>
  </dataFormats>

  <!-- 여기에 루트를 정의한다 -->
</camelContext>
```

자바 DSL에서는 다음과 같이 정의한다.

```
public class JaxbRouteBuilder extends RouteBuilder {
  @Override
  public void configure() throws Exception {
    DataFormat myJaxb = new JaxbDataFormat(
        "org.camelcookbook.transformation.myschema");

    // 여기에 루트를 정의한다
  }
}
```

5. marshal(자바에서 XML로) 또는 unmarshal(XML에서 자바로)을 적절하게 선택하고, 루트에서 그 데이터 형식을 참조한다.

XML DSL에는 라우팅 로직을 다음과 같이 작성한다.

```
<route>
  <from uri="direct:unmarshal"/>
  <unmarshal ref="myJaxb"/>
</route>
```

자바 DSL에서는 다음과 같이 표현한다.

```
from("direct:unmarshal").unmarshal(myJaxb);
```

예제 분석

카멜의 JAXB를 사용해 XML 데이터와 자바를 상호 전환하면 커스텀 메시지 처리를 위해 루트 내에서 나중에 정의되는 자바 프로세서를 사용하기가 훨씬 용이하다. 이것은 내장된 전환기(예로 XSLT 또는 XQuery)가 충분하지 않을 때 또는 이미 존재하는 자바 코드를 호출하길 원할 때 유용하다.

카멜 JAXB는 XML 데이터를 위한 자바 바인딩을 인스턴스화하기 위해 기본 JAXB 메커니즘의 래퍼wrapper를 제공해 통합 흐름에서 중복 코드를 제거하게 한다.

부연 설명

카멜 JAXB는 XML 스키마XSD로부터 JAXB 애노테이션이 붙은 자바 클래스를 자동으로 생성하는 maven-jaxb2-plugin 플러그인 같은 기존의 JAXB 도구와도 잘 동작한다.

참고 사항

- 카멜 JAXB: http://camel.apache.org/jaxb.html
- 사용 가능한 데이터 형식: http://camel.apache.org/data-format.html
- JAXB 표준명세: http://jcp.org/en/jsr/detail?id=222

카멜의 JSON 컴포넌트는 JSON 데이터와 자바 간 상호 변환 시 사용한다. 이 컴포넌트는 애노테이션을 붙인 자바 클래스를 요구하지 않으면서 데이터를 marshal(자바에서 JSON으로) 또는 unmarshal(JSON에서 자바로)하게 한다.

카멜 JSON을 사용해 XML 데이터를 마샬링 또는 언마샬링하기 위해 단 하나의 단계면 된다. 카멜 루트에 marshal(자바에서 JSON) 또는 unmarshal(JSON에서 자바로) 문을 삽입하고 JSON 데이터 형식을 사용하도록 설정하면 된다.

이 예제는 camel-xstream를 사용해 자바와 JSON 간에 변환을 하는 법을 보여준다.

준비

이 예제의 자바 코드는 org.camelcookbook.transformation.json 패키지에 있다. 스프링 XML 파일은 src/main/resources/META-INF/spring 아래에 json이라는 접두어를 가지고 있다.

카멜의 JSON 컴포넌트를 사용하기 위해 XStream 라이브러리를 사용하는 JSON 데이터 형식 구현체를 제공하는 camel-xstream 라이브러리를 의존성에 추가한다.

메이블 POM 파일의 의존성 부분에 다음을 추가한다.

```
<dependency>
  <groupId>org.apache.camel</groupId>
  <artifactId>camel-xstream</artifactId>
  <version>${camel-version}</version>
</dependency>
```

예제 구현

적절하게 marshal(자바에서 JSON으로) 또는 unmarshal(JSON에서 자바로)을 선택하고, 루트에서 그 데이터 형식을 참조한다.

XML DSL에서는 다음과 같이 작성한다.

```
<route>
  <from uri="direct:marshal"/>
  <marshal>
    <json/>
  </marshal>
  <to uri="mock:marshalResult"/>
</route>
```

자바 DSL에서는 동일한 루트를 다음과 같이 표현한다.

```
from("direct:marshal")
  .marshal().json()
  .to("mock:marshalResult");
```

카멜 JSON을 사용하는 것은 JSON과 자바 간 데이터 전환을 단순화시킨다. REST 엔드포인트를 다루면서 이 루트의 뒤에서 메시지 처리를 위한 자바 프로세서가 필요할 때 편리하게 사용할 수 있다.

카멜 JSON은 JSON 데이터에 대응하는 자바 객체를 인스턴스화하는 JSON 라이브러리의 래퍼^{wrapper}를 제공해 중복되는 코드를 제거한다.

부연 설명

카멜 JSON은 기본적으로 XStream 라이브러리와 함께 동작한다. 그리고 Jackson이나 GSon 같은 JSON 라이브러리를 사용하게도 설정 가능하다. 이런 타 라이브러리는 카멜이 사용할 수 있는 부가적인 기능, 더 많은 커스터마이징, 더 높은 유연함을 제공한다. 그것들을 사용하기 위해서는 각각의 카멜 컴포넌트를 포함해야 하는데, camel-jackson을 예로 들자면 json 엘리먼트 내에 해당 라이브러리를 지정하면 된다.

```
<dataFormats>
  <json id="myJson" library="Jackson"/>
</dataFormats>
```

- 카멜 JSON: http://camel.apache.org/json.html
- 사용 가능한 데이터 형식: http://camel.apache.org/data-format.html

XML에서 JSON으로 전환하기

카멜은 XML JSON 컴포넌트를 제공해 XML과 JSON 간의 변환을 중간 자바 객체 표현 없이 하나의 단계에서 수행한다. 그 컴포넌트는 데이터를 marshal(XML에서 JSON으로) 또는 unmarshal(JSON에서 XML로) 하게 하는 카멜 데이터 형식을 제공한다.

이 예제는 XML JSON 컴포넌트를 사용해 XML과 JSON 상호 간 전환하는 것을 보여준다.

준비

이 예제의 자바 코드는 org.camelcookbook.transformation.xmljson 패키지에 위치한다. 스프링 XML 파일은 src/main/resources/META-INF/spring 아래에 xmljson이라는 접두어를 가지고 있다.

카멜의 XML JSON 컴포넌트를 사용하기 위해 XML JSON 데이터 형식 구현체를 제공하는 camel-xmljson 라이브러리를 의존성에 추가해야 한다.

메이븐 POM의 의존성 부분에 다음을 추가하라.

```
<dependency>
  <groupId>org.apache.camel</groupId>
  <artifactId>camel-xmljson</artifactId>
  <version>${camel-version}</version>
</dependency>
```

적절하게 marshal(XML에서 JSON으로) 또는 unmarshal(JSON에서 XML로)을 선택하고,
루트에서 xmljson 데이터 형식을 참조한다.

XML DSL에서는 다음과 같이 작성한다.

```
<route>
  <from uri="direct:marshal"/>
  <marshal>
    <xmljson/>
  </marshal>
  <to uri="mock:marshalResult"/>
</route>
```

자바 DSL에서는 동일한 루트를 다음과 같이 표현한다.

```
from("direct:marshal")
  .marshal().xmljson()
  .to("mock:marshalResult");
```

카멜 XML JSON 컴포넌트를 사용하면 REST 엔드포인트를 사용할 때 XML과 JSON
간 데이터 전환이 간단해진다. XML JSON 데이터 형식은 핵심 전환 기능을 제공하는
json-lib 라이브러리를 래핑^{wrap}하고 통합에서 중복되는 코드를 제거한다.

전환의 결과에 대해 세세하게 조정하고 싶다면 XML JSON을 설정할 필요가 있다. 다
음 JSON의 예를 살펴보자.

```
[{"@category":"PROGRAMMING","title":{"@lang":"en","#text":
  "Apache Camel Developer's Cookbook"},"author":[
    "Scott Cranton","Jakub Korab"],"year":"2013","price":"49.99"}]
```

기본적으로 이 JSON은 다음과 같이 변환되는데, 아마도 원했던 결과는 아닐 것이다
(<a>와 <e> 엘리먼트를 보라).

```xml
<?xml version="1.0" encoding="UTF-8"?>
<a>
  <e category="PROGRAMMING">
    <author>
        <e>Scott Cranton</e>
        <e>Jakub Korab</e>
    </author>
    <price>49.99</price>
    <title lang="en">Apache Camel Developer's Cookbook</title>
    <year>2013</year>
  </e>
</a>
```

<a> 대신 <bookstore>를 루트 엘리먼트로, <e> 대신 <book>을 사용하고 <author>
엘리먼트를 여러 개 사용해 여러 author 값을 갖도록 XML JSON을 설정하기 위해 참
조 전에 루트에서 데이터 형식의 설정을 조절해야 한다.

XML DSL에서는 데이터 형식과 루트의 정의를 다음과 같이 작성한다.

```xml
<dataFormats>
  <xmljson id="myXmlJson"
          rootName="bookstore"
          elementName="book"
          expandableProperties="author author"/>
</dataFormats>

<route>
  <from uri="direct:unmarshalBookstore"/>
  <unmarshal ref="myXmlJson"/>
  <to uri="mock:unmarshalResult"/>
</route>
```

자바 DSL에서는 동일한 것을 다음과 같이 표현한다.

```java
XmlJsonDataFormat xmlJsonFormat = new XmlJsonDataFormat();
xmlJsonFormat.setRootName("bookstore");
```

```
xmlJsonFormat.setElementName("book");
xmlJsonFormat.setExpandableProperties(
    Arrays.asList("author", "author"));

from("direct:unmarshalBookstore")
  .unmarshal(xmlJsonFormat)
  .to("mock:unmarshalBookstoreResult");
```

이는 이전의 JSON을 다음과 같이 언마샬링되게 한다.

```
<?xml version="1.0" encoding="UTF-8"?>
<bookstore>
  <book category="PROGRAMMING">
    <author>Scott Cranton</author>
    <author>Jakub Korab</author>
    <price>49.99</price>
    <title lang="en">Apache Camel Developer's Cookbook</title>
    <year>2013</year>
  </book>
</bookstore>
```

참고 사항

- 카멜 XML JSON: http://camel.apache.org/xmljson.html
- 사용 가능한 데이터 형식: http://camel.apache.org/data-format.html
- Json-lib: http://json-lib.sourceforge.net

콤마로 구분된 값(CSV) 분석하기

카멜 빈디 컴포넌트[Bindy Component]는 콤마로 분리된 값[CSV, Comma-Separated Value]같이 구분자로 분리된 데이터를 쉽게 다룰 때 사용한다. 자바 모델을 생성하고 원하는 값들을 적절한 데이터 필드로 대응시키는 애노테이션을 붙이고, 그러고 나서 데이터를 마샬링(자바에서 분할 데이터로) 또는 언마샬링(분할된 데이터에서 자바로)하는 카멜 데이터 형식을 제공한다.

빈디 컴포넌트는 자바의 필드 기반 데이터 표현을 위한 모델로써, 처리방법을 지시하는 애노테이션을 붙인 자바 클래스를 사용한다. 이 애노테이션은 다음과 같이 빈디 컴포넌트의 행위를 지시한다.

- 구분자가 무엇인지(예를 들면 ',')
- 필드 이름, 위치 그리고 데이터 타입
- 날짜 형식을 정의하거나 스트링을 트림 하는 등의 지시사항을 위한 특별한 필드 핸들러

부가적으로 빈디 컴포넌트는 객체의 (제한된) 그래프를 단일 행의 구분된 레코드single row-delimited record로 매핑하는 기능을 제공한다.

이 예제는 빈디 컴포넌트를 사용해 CSV 형식 데이터를 변환하는 법을 보여준다.

준비

이 예제의 자바 코드는 `org.camelcookbook.transformation.csv` 패키지에 있다. 스프링 XML 파일들은 src/main/resources/META-INF/spring 아래에 csv 접두어를 가지고 있다.

카멜의 빈디 컴포넌트를 사용하려면 빈디 데이터 형식의 구현체를 제공하는 `camel-bindy` 라이브러리를 의존성에 추가해야 한다.

다음 코드를 메이븐의 pom.xml의 의존성 부분에 추가하라.

```
<dependency>
  <groupId>org.apache.camel</groupId>
  <artifactId>camel-bindy</artifactId>
  <version>${camel-version}</version>
</dependency>
```

예제 구현

카멜 빈디 컴포넌트로 CSV 데이터를 마샬링하고 언마샬링하는 데에는 세 가지 단계가 있다.

1. 애노테이션을 사용해 자바 모델을 생성한다.

```java
@CsvRecord(separator = ",", crlf = "UNIX")
public class BookModel {
  @DataField(pos = 1)
  private String category;

  @DataField(pos = 2)
  private String title;

  @DataField(pos = 3, defaultValue = "en")
  private String titleLanguage;

  @DataField(pos = 4)
  private String author1;

  @DataField(pos = 5)
  private String author2;

  @DataField(pos = 6, pattern = "MMM-yyyy")
  private Date publishDate;

  @DataField(pos = 7, precision = 2)
  private BigDecimal price;

  // 게터와 세터를 여기에 둔다
}
```

2. 카멜 루트 내에 빈디 데이터 형식을 인스턴스화하여 애노테이션이 붙은 자바 클래스가 있는 패키지에 대한 참조를 제공한다.

   XML DSL에서는 다음과 같이 작성한다.

```xml
<camelContext
    xmlns="http://camel.apache.org/schema/spring">
  <dataFormats>
    <bindy id="bookModel"
           type="Csv"
           packages=
             "org.camelcookbook.transformation.csv.model"/>
```

```
    </dataFormats>

    <!-- 여기에 루트 정의를 한다 -->
</camelContext>
```

자바 DSL에서는 동일한 것을 다음과 같이 표현한다.

```
public class CsvRouteBuilder extends RouteBuilder {
  @Override
  public void configure() throws Exception {
    DataFormat bindy =
      new BindyCsvDataFormat(
        "org.camelcookbook.transformation.csv.model");

    // 여기에 루트 정의를 한다
  }
}
```

3. 적절하게 marshal(자바에서 CSV로) 또는 unmarshal(CSV에서 자바로)을 선택하고, 루트에서 데이터 형식을 참조한다.

XML DSL에서는 다음과 같이 작성한다.

```
<route>
  <from uri="direct:unmarshal"/>
  <unmarshal ref="bookModel"/>
</route>
```

자바 DSL에서는 동일한 것을 다음과 같이 표현한다.

```
from("direct:unmarshal").unmarshal(bindy);
```

예제 분석

통합에서 매우 흔한 패턴 하나는 디렉토리나 FTP 서버에서 구분자를 사용한 파일을 가져와서 분석하고, 공통 형식으로 변환해 다른 메시지 프로세서로 전달하는 방식이다. 그 반대로, 구분자 사용 파일을 생성하는 것 역시 흔한 방법이다. 배치 파일 기반 시스템 통합, 그리고 업무 파트너 간에 데이터를 전달하기 위해 파일을 사용하는 곳에서 주로 사용한다.

이 예제는 그런 과정의 첫 번째 부분에서 파일을 분석하고 공통 형식으로 전환한다. 일단 데이터를 마샬링하거나 언마샬링하기 위한 기본 카멜 라우팅 단계를 가지고 있다면, 대부분의 시간을 구분된 데이터 형식의 변경에 맞게 모델 애노테이션을 고치는 데 쓰게 될 것이다. 메시지 표준기를 생성하는 것에 관한 더 자세한 사항은 '공통 XML 형식으로 메시지 표준화하기' 예제를 보라.

부연 설명

빈디 컴포넌트는 고정길이 파일(필드가 콤마 같은 구분자 없이 지정된 바이트나 캐릭터 단위의 위치에 정의된 파일), FIX 회계 형식과 메인프레임의 코볼 copybook 형식에서 사용되는 다중 행 레코드도 지원한다.

BeanIO, CSV, EDI, Flatpack을 포함한 구조적인 파일을 처리하는 데 도움을 주는 다른 카멜 컴포넌트들도 존재한다. 더 자세한 내용은 카멜 데이터 형식 페이지(http://camel.apache.org/data-format.html)를 확인하라.

참고 사항

* 카멜 빈디: http://camel.apache.org/bindy.html
* 사용 가능한 데이터 형식: http://camel.apache.org/data-format.html
* '공통 XML 형식으로 메시지 표준화하기' 예제

다른 엔드포인트의 도움을 받아 내용 전환하기

내용 향상Content Enricher 패턴은 메시지 전체 또는 일부에 기반한 부가적인 내용을 얻으려고 웹 서비스나 자바 메소드 같은 다른 어떤 엔드포인트를 호출할 때 사용한다. 이 예제는 가장 흔한 시나리오인, 리턴 메시지의 내용으로 (바디, 헤더, 속성을 포함한) 원래 메시지 내용을 변경하는 경우에 초점을 맞춘다.

내용 향상 패턴을 사용할 때, enrich 호출 이전에 처리 단계를 두어서 엔드포인트에 맞는 요청 형식으로 메시지 바디를 준비하는 단계를 포함하는 것이 공통 요구사항이다. 원래의 익스체인지로 엔드포인트를 수행한 결과를 합하려면 부가적인 처리 단계를 정의하는 것도 필요하다. 이 예제는 간단한 예제를 통해 향상 패턴을 사용할 때의 준비 작업과 향상 작업을 수행하는 법을 보여준다.

준비

이 예제를 위한 자바 코드는 org.camelcookbook.transformation.enrich 패키지에 위치한다. 스프링 XML 파일은 src/main/resources/META-INF/spring 아래에 enrich라는 접두어를 가지고 있다.

이 예제는 미국의 주를 나타내는 약어를 완전한 이름으로 바꾸는 자바 메소드 예제를 호출한다. 이 예제의 접근은 SOAP 웹 서비스나 데이터베이스 룩업^{look up} 같은 다른 카멜 엔드포인트와도 잘 동작할 것이다.

AbbreviationExpander 클래스 코드는 다음과 같다.

```
public class AbbreviationExpander {
  public String expand(String abbreviation) {
    if ("MA".equalsIgnoreCase(abbreviation)) {
      return "Massachusetts";
    }

    if ("CA".equalsIgnoreCase(abbreviation)) {
      return "California";
    }

    throw new IllegalArgumentException(
      "Unknown abbreviation '" + abbreviation + ";");
  }
}
```

이 코드는 향상 패턴에 의해 호출될 direct:expander 래퍼 카멜 루트로부터 호출된다.

```
from("direct:expander")
  .bean(AbbreviationExpander.class, "expand");
```

다른 루트의 결과를 가지고 익스체인지의 내용을 향상시키려면 다음을 생성해야
한다.

- 원래 메시지의 결과와 향상 엔드포인트로부터의 응답을 조합할 Aggregation
  Strategy
- 향상 엔드포인트로의 호출을 셋업하는 코드
- 모든 것을 한데 묶는 카멜 루트

이 단계들을 다음과 같이 수행한다.

1. AggregationStrategy 구현체 하나를 생성하고 셋업 코드를 작성한다. 이 코
   드는 향상 엔드포인트 셋업 코드와 원래 메시지와 결과를 합하는 Aggregation
   Strategy 코드를 가지고 있다.

```
public class MergeInReplacementText
    implements AggregationStrategy {
  public static final String ENRICH_EXAMPLE_ORIGINAL_BODY =
      "EnrichExample.originalBody";
  public static final String
      ENRICH_EXAMPLE_REPLACEMENT_STRING =
        "EnrichExample.replacementString";
  /**
   * 이 AggregationStrategy를 사용할 때 이 메소드는
   * 반드시 enrich 호출 이전에 불려야 한다
   * 이 메소드는 메시지 바디를 준비하고
   * aggregate 메소드가 필요로 하는 몇 가지 속성을 추가한다
   */
  public void setup(Exchange exchange) {
    final String originalBody =
        exchange.getIn().getBody(String.class);

    exchange.setProperty(ENRICH_EXAMPLE_ORIGINAL_BODY,
                          originalBody);

    final String enrichParameter =
```

```
    originalBody.substring(
      originalBody.lastIndexOf(" ") + 1);

  exchange.setProperty(ENRICH_EXAMPLE_REPLACEMENT_STRING,
                       enrichParameter);

  exchange.getIn().setBody(enrichParameter);
}

@Override
public Exchange aggregate(Exchange original,
                          Exchange enrichResponse) {
  // original.In.Body는 대체 스트링으로 바뀌었기 때문에
  // 원래 바디의 속성을 가져온다
  final String originalBody =
      original.getProperty(ENRICH_EXAMPLE_ORIGINAL_BODY,
                           String.class);
  Validate.notEmpty(originalBody,
      "The property '" + ENRICH_EXAMPLE_ORIGINAL_BODY
      + "' must be set with the original message body.");

  final String replacementString =
      original.getProperty(
        ENRICH_EXAMPLE_REPLACEMENT_STRING, String.class);

  Validate.notEmpty(replacementString,
      "The property '"
      + ENRICH_EXAMPLE_REPLACEMENT_STRING
      + "' must be set with the value to be replaced.");

  final String replacementValue =
      enrichResponse.getIn().getBody(String.class);

  // 정규 표현식을 사용해
  // 마지막으로 나타난 대체문자열을 대체한다
  final String mergeResult =
      originalBody.replaceAll(replacementString + "$",
```

```
                            replacementValue);

    original.getIn().setBody(mergeResult);

    return original;
  }
}
```

2. 카멜 루트에서 향상 엔드포인트를 호출을 준비한다. 이 예제는 다른 카멜 루트를
   호출하지만 어떤 카멜 엔드포인트를 사용하더라도 동작한다.

   XML DSL에서는 다음과 같이 빈을 하나 정의하고 루트에서 사용한다.

```
<beans xmlns="http://www.springframework.org/schema/beans"
       xmlns:xsi=
         "http://www.w3.org/2001/XMLSchema-instance"
       xsi:schemaLocation= "
         http://www.springframework.org/schema/beans
         http://www.springframework.org/schema/beans/spring-beans.xsd
         http://camel.apache.org/schema/spring
         http://camel.apache.org/schema/spring/camel-spring.xsd">
  <bean id="myMerger"
        class="org.camelcookbook.transformation.enrich
               .MergeInReplacementText"/>

  <camelContext
      xmlns="http://camel.apache.org/schema/spring">
    <route>
      <from uri="direct:start"/>
      <bean ref="myMerger" method="setup"/>
      <enrich uri="direct:expander"
              strategyRef="myMerger"/>
    </route>
  </camelContext>
</beans>
```

   자바 DSL에서는 동일한 것을 다음과 같이 표현한다.

```
public class EnrichWithAggregatorRouteBuilder
        extends RouteBuilder {
    private MergeInReplacementText myMerger;

    @Override
    public void configure() throws Exception {
        from("direct:start")
            .bean(myMerger, "setup")
            .enrich("direct:expander", myMerger);
    }

    // 게터와 세터를 여기에 둔다
}
```

3. enrich DSL 문을 사용해 향상 엔드포인트를 호출하고 그 결과를 처리하기 위한 AggregationStrategy를 참조한다.

XML DSL에서는 다음과 같이 작성한다.

```
<route>
  <from uri="direct:start"/>
  <bean ref="myMerger" method="setup"/>
  <enrich uri="direct:expander"
          strategyRef="myMerger"/>
</route>
```

자바 DSL에서는 동일한 것을 다음과 같이 표현한다.

```
from("direct:start")
  .bean(myMerger, "setup").enrich("direct:expander", myMerger);
```

 자바 DSL버전은 AggregationStrategy의 참조를 필요로 한다. 이 예제에서 그 인스턴스는 RouteBuilder에 주입된다.

예제 분석

향상 패턴은 요청-응답(InOut MEP)으로 참조되는 엔드포인트를 호출하고 Aggregation Strategy 구현체를 통해 원래 메시지를 응답과 합한다. 만약 AggregationStrategy 참조가 제공되지 않는다면 enricher는 원래 메시지 바디를 향상 엔드포인트 호출의 결과로 대치한다.

카멜은 현재 메시지를 참조하고 있는 향상 엔드포인트로 보낸다. 그래서 대부분은 외부 엔드포인트를 호출하기 위해 적절한 메시지 변형이 필요하다. 이 예제에 있는 예제 코드에서 향상 엔드포인트는 "MA"같은 미국의 주를 나타내는 약어를 기대한다. 만약 원래 메시지가 "Hello MA"라면 카멜 루트는 그 메시지를 "MA"로 변경한다.

연결된 Aggregator는 원래 메시지를 그 결과와 합한다. 그래서 이 예제에서 원래의 메시지인 "Hello MA"의 약어인 "MA"는 "Massachusetts"로 대치될 것이다. AggregationStrategy는 두 개의 카멜 익스체인지를 받는데 첫 번째 파라미터는 향상 엔드포인트가 호출되기 전의 익스체인지이고 두 번째 파라미터는 향상 엔드포인트로부터 받은(즉 응답받은) 익스체인지다.

이 Aggregator는 주의 약어를 긴 이름으로 대치해야 하기 때문에 원래 메시지가 필요하다. 셋업 메소드에서 원래 메시지와 카멜 익스체인지에서 대치된 주의 약어 값들을 속성으로 저장한다. 이는 향상^{enrich} 호출 후에 불려지는 aggregate 메소드가 엔드포인트 결과("Massachusetts")를 원래 메시지("Hello MA")와 합해 최종적으로 희망했던 결과("Hello Massachusetts")를 가져오게 한다.

부연 설명

파일이나 데이터베이스 같은 Polling Consumers 엔드포인트와 사용되는 poll Enrich라는 일종의 enrich가 있다. 예를 들면, 통합 중간에 외부에서 생성되는 디렉토리 내의 파일로부터 데이터를 추가하길 원한다면, 그 내용을 가져오기 위해 pollEnrich를 써야 한다.

```
from("direct:start")
    .pollEnrich("file:/path/to/data", myAppender);
```

pollEnrich를 사용할 때, 밀리초 단위로 데이터를 기다리는 타임아웃을 주는 것이 좋다. 기본적으로 타임아웃은 -1이며 이는 enrichment 데이터를 영원히 기다린다는 것을 의미한다. 통합 흐름이 멈춘 것처럼 보이지 않게 여기에 항상 의미있는 값을 주는 것을 추천한다.

참고 사항

- 카멜 향상^{Camel Enricher}: http://camel.apache.org/content-enricher.html
- 폴링 컨슈머^{Polling Consumer}: http://camel.apache.org/polling-consumer.html

공통 XML 형식으로 메시지 표준화하기

이 예제는 다양한 형식의 입력을 단일 공통 XML 형식으로 표준화시키는 방법을 보여준다. 이 방법은 알려지지 않은 입력 형식을 처리할 수도 있다.

이 방법은 노멀라이저^{Normalizer} 패턴을 사용하는데 이것은 데이터 형식 변환기와 조합된 내용 기반 라우터 패턴이다(2장, '메시지 라우팅'의 '내용 기반 라우팅' 예제를 보라). 들어오는 메시지 형식을 감지하고 그 메시지를 공통 형식으로 전환하기 위해 하나 또는 그 이상의 단계를 수행한다. 내용 기반 라우터 이후에 모든 처리 단계는 메시지가 공통 형식으로 되어있다는 것을 가정해 수행한다.

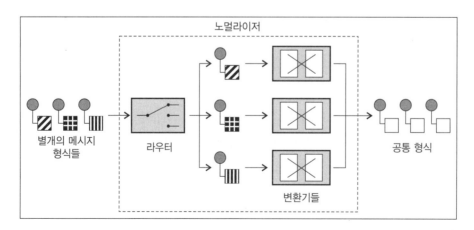

다음 예제에서 주의 깊게 봐야 할 것은 메시지를 JAXB 객체(XML 메시지의 분석된 버전)들의 객체 그래프로 전환한다는 것이다. 자세한 사항은 'JAXB를 이용해 자바에서 XML로 전환하기' 예제를 보라.

준비

이 예제의 자바 코드는 `org.camelcookbook.transformation.normalizer` 패키지에 위치한다. 스프링 XML 파일은 src/main/resources/META-INF/spring 아래에 normalizer라는 접두어를 가지고 있다.

예제 구현

메시지를 표준화^{normalizing}한다는 것은 내용 기반 라우터를 사용할 때 when 문장에서 표준화 대상 형식들을 식별하고 전환하는 것을 의미한다(2장, '메시지 라우팅'의 '내용 기반 라우팅' 예제를 참조하라).

1. 공통 메시지 형식을 기대하는 처리 단계 앞에 내용 기반 라우터를 배치하라.

   XML DSL에서는 다음과 같이 작성한다.

```
<route>
  <from uri="direct:start"/>
  <choice>
     <!-- 각 입력 형식을 여기서 표준화한다 -->
  </choice>
  <to uri="mock:normalized"/>
</route>
```

   자바 DSL에서는 동일한 것을 다음과 같이 표현한다.

```
public void configure() throws Exception {
   // 여기에서 데이터 형식을 준비한다

   from("direct:start")
```

```
    .choice()
        // 각 입력 형식을 여기서 표준화한다
    .end()
    .to("mock:normalized");
}
```

`mock:normalized` 엔드포인트는 이 루트로의 입력 메시지 형식에 상관 없이 JAXB 객체의 그래프 메시지만을 받게 된다.

2. CSV 입력 메시지를 처리하고, 그것을 공통 모델로 변환한다. 빈디 데이터 형식에 관해 더 자세한 사항은 '콤마로 분리된 값CSV 분석하기' 예제를 보라.

XML DSL에는 라우팅 로직을 다음과 같이 작성한다.

```
<choice>
  <when>
    <simple>
      ${header.CamelFileName} regex '.*\.csv$'
    </simple>
    <unmarshal>
      <bindy type="Csv"
             packages="org.camelcookbook.transformation
                      .csv.model"/>
    </unmarshal>
    <bean ref="myNormalizer" method="bookModelToJaxb"/>
    <to uri="mock:csv"/>
  </when>
  <!-- 다른 형식을 표준화한다 -->
</choice>
```

자바 DSL에서는 동일한 것을 다음과 같이 작성한다.

```
.choice()
  .when(header(Exchange.FILE_NAME).endsWith(".csv"))
    .unmarshal(bindy)
    .bean(MyNormalizer.class, "bookModelToJaxb")
    .to("mock:csv")
  // 다른 형식을 표준화한다
.end()
```

`MyNormalizer` 자바 호출은 CSV 자바 모델을 JAXB 모델로 전환하는 코드다.

자바 DSL이 값을 만드는 조건서술같이 헤더 표현식을 사용하는 반면, XML DSL은 파일의 확장자를 감지하기 위해 단순 표현 언어의 정규 표현식 연산(regex)을 사용한다. 자바 DSL은 정규표현식보다는 자바다운 표현식(endsWith)을 사용하는 것이 더 자연스럽게 느껴진다. 이 같은 상황에는 최선의 접근방법이 존재하지 않는다. 필요한 것에 가장 적합하게 느껴지는 방법을 사용하라.

3. JSON 입력 메시지를 다루고 그것을 공통 모델로 변환한다. JSON 데이터 형식에 관해서는 '자바에서 JSON으로 전환하기' 예제를 보라.

XML DSL에서는 다음과 같이 작성한다.

```
<choice>
  <when>
    <simple>
      ${header.CamelFileName} regex '.*\.json$'
    </simple>
    <unmarshal>
      <xmljson rootName="bookstore"
               elementName="book"
               expandableProperties="author author"/>
    </unmarshal>
    <to uri="mock:json"/>
  </when>
  <!-- 다른 형식들을 표준화한다 -->
</choice>
```

자바 DSL에서는 아래와 같이 작성한다.

```
.choice()
  .when(header(Exchange.FILE_NAME).endsWith(".json"))
    .unmarshal(xmlJsonFormat)
    .to("mock:json")
  // 다른 형식들을 표준화한다
.end()
```

4. XML 입력 메시지를 다루고, 그것을 공통 모델로 변경한다. 이 예제에서 이것은 JAXB를 사용해 XML을 자바로 파싱하는 것을 뜻한다. JAXB 데이터 형식에 관해

더 자세한 사항은 'JAXB를 이용해 자바를 XML로 전환하기' 예제를 보라.

XML DSL에서는 이 로직은 다음과 같이 작성한다.

```xml
<choice>
  <when>
    <simple>
      ${header.CamelFileName} regex '.*\.xml$'
    </simple>
    <unmarshal>
      <jaxb contextPath="org.camelcookbook.transformation
                         .myschema"/>
    </unmarshal>
    <to uri="mock:xml"/>
  </when>
  <!-- 다른 형식들을 표준화한다 -->
</choice>
```

자바 DSL에서는 다음과 같이 작성한다.

```java
.choice()
  .when(header(Exchange.FILE_NAME).endsWith(".xml"))
    .unmarshal(jaxb)
    .to("mock:xml")
  // 다른 형식들을 표준화한다
.end()
```

5. 다른 알려지지 않은 입력 메시지는 발송 불가 큐$^{dead letter queue}$ 같은 엔드포인트로 메시지를 전달한다. 그리고 루트 내에서 메시지 처리를 멈추게 하기 위해 stop 문장을 사용한다.

XML DSL에서는 이 단계는 다음과 같이 작성한다.

```xml
<choice>
  <!-- 다른 형식들을 표준화한다 -->
  <otherwise>
    <to uri="mock:unknown"/>
    <stop/>
  </otherwise>
</choice>
```

자바 DSL에서는 동일한 것을 다음과 같이 표현한다.

```
.choice()
  // 다른 형식들을 표준화한다
  .otherwise()
    .to("mock:unknown")
    .stop()
.end()
```

예제 분석

이 예제의 주요 사항은 입력 메시지 형식을 감지하고, 그 메시지를 공통 형식으로 표준화하는 단계를 수행하고자 내용 기반 라우팅 패턴을 사용한다는 것이다.

다른 종류의 표현식들은 입력 메시지 형식을 감지하기 위해 사용된다. 앞의 예제는 파일과 FTP 컴포넌트에 의해 지정되는 CamelFileName 헤더를 사용해 파일 이름의 확장자에 기반해 입력 형식을 감지한다. 다른 XML 입력들이 있는 시나리오에서는, XSLT 또는 XQuery를 사용해 공통 XML 형식으로 전환하기 전에 XPath 표현식을 사용하고 네임스페이스를 조사하는 것이 XML 요청의 다른 버전들을 표준화하기에 더 좋은 방법일 수 있다.

내용 기반 라우터의 otherwise 부분은 when 문장의 표현식에 의해 처리되지 않는 다른 알려지지 않은 입력 메시지 형식을 감지하기 위해 사용된다. 이런 경우 로그를 남기거나 그 메시지를 어떤 외부 루트나 프로세서로 보내 나중에 사람이나 사용자 애플리케이션의 자동화된 에러 처리 부분에서 처리되게 하는 것이 일반적이다. 만약 호출자가 이 문제를 처리하길 원한다면 루트는 또한 IllegalArgumentException 같은 예외를 던질 수도 있다. 이 예제에서 카멜의 stop 문은 카멜에게 처리를 중단하라고 한다. 즉 이 루트 내에서 이 메시지와 관련한 처리 단계를 더 이상 실행하지 말라고 한다.

이 예제에서 들어오는 CSV 형식 메시지를 표준화하는 단계 내에 하나의 자바 객체 모델을 다른 것으로 전환하는 자바 호출을 볼 수 있다. 사용자 카멜 루트에서 이와 같은 자바 모델 전환이 흔하다면, 카멜 데이터 타입 변환기를 생성하고 등록해 카멜이 필요시에 자동으로 타입 변환을 하게 한다. 이 예제에서는 MyNormalizer에 대한 자바 호출은 카멜 지시자인 convertBodyTo(org.camelcookbook.transformation. myschema.Bookstore)를 사용하는 것으로 대체 가능하다. 논란이 있을 수 있지만 루트내에서 무엇이 일어나는지 더 명확해진다. 더 자세한 사항은 3장, '사용자 코드로 라우팅'의 '커스텀 데이터 타입 변환기 작성하기' 예제를 보라.

참고 사항

- 카멜 노멀라이저: http://camel.apache.org/normalizer.html
- 카멜 내용 기반 라우터: http://camel.apache.org/content-based-router.html
- 'JAXB를 이용해 자바에서 XML로 전환하기' 예제
- '콤마로 분리된 값CSV 분석하기' 예제
- '자바에서 JSON으로 전환하기' 예제
- 2장, '메시지 라우팅'의 '내용 기반 라우팅' 예제
- 3장, '사용자 코드'로 '라우팅의 커스텀 데이터 타입 변환기 작성하기' 예제

5

분리하기와 합치기

5장에서는 다음과 같은 예제를 다룬다.

- 메시지를 조각으로 분리하기
- XML 메시지 분리하기
- 분리된 메시지를 병렬로 처리하기
- 관련 메시지 합치기
- 타임아웃을 이용해 합치기
- 일정 간격으로 합치기
- 합친 메시지를 병렬로 처리하기
- 메시지를 분리, 처리하고 응답 합치기
- 메시지를 분리하고 다른 기준으로 다시 합치기

소개

5장에서는 익스체인지를 작은 조각으로 분리하고 개별적으로 처리하는 방법을 설명한다. 또한 임의의 표현식에 따라서 그룹을 나눠 여러 개의 익스체인지를 합치는 aggregate 방법도 설명한다. 결론적으로, 메시지를 조각으로 분리하고, 개별적으로 그것들을 처리하고, 결과를 다시 합치는 법을 살펴볼 텐데, 그 결과는 원래 익스체인지로 돌아가거나 아니면 익스체인지의 새로운 조합이 된다.

이 작업들은 보기보다 간단하지 않다. 사용자가 선택한 옵션의 조합은 에러 처리와 상당한 스레드 작업 등의 행위를 변경한다. 다음의 예제들은 이런 경계조건의 경우를 설명한다.

카멜의 아키텍처에 관한 몇 가지 개념이 5장에 걸쳐 사용된다. '들어가며'에 카멜의 전체적인 개념 설명을 해뒀다. 자세한 사항은 아파치 카멜 웹사이트(http://camel.apache.org)에서 찾을 수 있다.

5장의 코드는 예제의 camel-cookbook-split-join 모듈에 포함되어있다.

메시지를 조각으로 분리하기

분할기 패턴Splitter EIP은 하나의 메시지를 작은 조각으로 분리하고 그것들을 각각 처리하는 다재다능한 메커니즘을 제공한다.

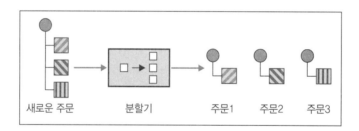

이 예제는 카멜의 내장 표현 언어와 함께 분할기 EIP를 사용해 쉽게 메시지를 분리하는 방법을 보여준다.

준비

이 예제의 자바 코드는 org.camelcookbook.splitjoin.split 패키지에 위치한다. 스프링 XML은 src/main/resources/META-INF/spring에 split이라는 접두어를 가지고 있다.

루트 내에서, 첫 행이 분할 표현식인 split 문을 생성한다. 다음 코드는 메시지를 자연스럽게 분할하는데, 이는 배열, 컬렉션 또는 반복형인 분할된 메시지 각각의 원소가 루프를 돌며 처리된다는 것을 의미한다.

```
<from uri="direct:in"/>
<split>
  <simple>${body}</simple>
  <to uri="mock:split"/>
</split>
```

여기서 ${body}는 단순 표현식 언어고 분리될 객체 그래프 내의 노드를 식별한다.

자바에서는 해당 블록을 다음과 같이 작성한다.

```
from("direct:in")
  .split(body())
    .to("mock:split")
  .end();
```

여기서 body() 표현식은 편의상 simple("${body}") 대신에 사용되었다. end() 메소드는 split() 블럭의 종료를 정한다.

 블럭의 바깥에 더 이상 실행할 문장이 없다면 end() 문을 꼭 사용할 필요는 없다. 하지만 처리 로직을 더 명확하게 하고 이해하기 쉽도록, 쓰는 습관을 들이는 편이 더 좋다.

분할기 패턴은 처리할 원소들의 컬렉션을 얻기 위해 표현식을 검사한다. 각 원소는 표현식에 의해 검사된 순서대로 split 블록 내의 문장들을 통해 각각 처리된다.

표현식은 패턴이 분할한 것들의 컬렉션을 고유하게 식별하는 어떤 값이 될 수도 있고, 아니면 값들의 컬렉션을 리턴한다. 루트를 흐르는 익스체인지의 바디를 표현하는 다음 클래스를 생각해보자.

```
public class ListWrapper {
  // 게터(getters)와 세터(setters)는 생략
  private List<String> wrapped;
}
```

각각의 스트링을 하나씩 처리하기 위해서는 분할기에 사용되는 표현식을 다음과 같이 변경하면 된다.

```
from("direct:in")
  .split(simple("${body.wrapped}"))
    .to("mock:out")
  .end();
```

처음으로 해당 영역에 들어왔던 동일한 스레드가 분할된 단계를 개별적으로 처리한다. 스레드가 그 영역에서 나갈 때, 익스체인지의 바디는 원래 내용을 포함하게 된다. 이는 분할기가 AggregationStrategy를 사용해 처리된 메시지 조각을 수집하기 위한 옵션을 가지고 있기 때문이다('메시지를 분리, 처리하고 응답 합치기' 예제를 보라). 기본 AggregationStrategy는 분할되지 않은 원래의 익스체인지를 항상 리턴하게 된다.

메시지가 분할될 때, 루트를 통해 처리되는 과정에서 메시지 조각들을 위해 새로운 익스체인지가 생성된다. 이 익스체인지는 원래 메시지의 헤더와 속성의 복제본을 가지고 있다. 부가적으로 다음 메시지 속성도 가지게 된다.

- CamelSplitIndex: 0으로 시작하는 메시지 인덱스
- CamelSplitSize: 원래 익스체인지 바디로부터 분할된 조각의 총 개수
- CamelSplitComplete: 해당 익스체인지가 조각의 마지막 것을 포함하는지 여부를 알려주는 불린 값

부연 설명

예외가 split() 블록 내에서 발생할 때, 카멜은 그 분할 조각을 포함하는 익스체인지의 루트 에러 핸들러를 호출한다. 이 외에도 기본 행위는 기대한 것과는 다를 것이다. 분할 처리는 일반적인 자바 루프같이 강제로 중단되지는 않을 것이다. 그 대신 분할된 항목들의 나머지는 하나씩 계속 처리될 것이다. 하지만 split()의 완료 시에는 처

리가 중단되고, 그 예외는 컨슈머^{consuming} 엔드포인트로 다시 던져지게 된다.

stopOnException 속성을 true로 지정해 위 행위를 다르게 변경할 수도 있다.

XML DSL에서는 다음과 같이 작성한다.

```
<split stopOnException="true">
```

자바 DSL에서는 다음과 같이 표현한다.

```
.split(body()).stopOnException()
```

이는 예외 발생시에 분할 처리가 다른 조각들을 처리하지 못하게 만든다.

참고 사항

- 분할기^{Splitter}: http://camel.apache.org/splitter.html
- 단순 표현 언어^{Simple Expression Language}: http://camel.apache.org/simple.html

XML 메시지 분리하기

XML은 가장 자주 분리되는 메시지 유형이다. 이 예제는 XML 조각을 개별적으로 처리하기 위해 카멜에서 암시적 타입 변환과 XPath를 사용하는 방법을 보여준다.

준비

이 예제의 자바 코드는 org.camelcookbook.splitjoin.splitxml 패키지에 위치한다. 스프링 XML 파일은 src/main/resources/META-INF/spring 아래에 splitXml 이라는 접두어를 가지고 있다.

다음 XML 파일을 살펴보자.

```xml
<books>
  <book category="Tech"
        title="Apache Camel Developer's Cookbook">
    <authors>
      <author>Scott Cranton</author>
      <author>Jakub Korab</author>
    </authors>
  </book>
  <book category="Cooking" title="Camel Cookbook">
    <authors>
      <author>Heston Ramsey</author>
      <author>Gordon Blumenthal</author>
    </authors>
  </book>
</books>
```

특정 도서 분류의 저자를 뽑아내기 위해, split DSL 문장 내에 XPath 표현식을 사용해 관심있는 노드를 분리한다.

XML DSL에서는 다음과 같이 작성한다.

```xml
<from uri="direct:in"/>
<split>
  <xpath>//book[@category='Tech']/authors/author/text()</xpath>
  <to uri="mock:out"/>
</split>
```

자바 DSL에서는 동일한 것을 다음과 같이 표현한다.

```java
from("direct:in")
  .split(xpath("//book[@category='Tech']/authors/author/text()"))
    .to("mock:out")
  .end();
```

결과로 두개의 메시지가 mock:out 엔드포인트로 보내진다.

- Scott Cranton

- Jakub Korab

XPath 표현식은 분할 대상 XML DOM 노드를 식별하기 위해 사용한다. 분할기는 그 식별된 노드 각각과 자식 노드들을 `split`에서 정의한 단계를 통해 처리한다.

앞선 예제는 네임스페이스를 가지지 않는 XML 문서를 가정한다. XPath를 XML 네임스페이스와 함께 사용하려면 약간의 추가 설정만 하면 된다.

루트를 통해 전달되는 문서가 이전 예제의 문서와 다른 점이 단지 네임스페이스 정의만 있다고 가정하자.

```xml
<books xmlns="http://camelcookbook.org/schema/books">
    <!-- 나머지는 위의 예제와 같음 -->
</books>
```

XPath 표현식을 맞춰보기 위해, 하나의 접두어(c:)로 네임스페이스를 참조한다.

```
//c:book[@category='Tech']/c:authors/c:author/text()
```

남은 것은 완전한 네임스페이스 URI와 그 접두어 사이의 관계를 정의하는 것이다.

XML DSL에서 네임스페이스 정의는 `camelContext` 같은 부모 엘리먼트에서 제공된다.

```xml
<camelContext
    xmlns="http://camel.apache.org/schema/spring"
    xmlns:c="http://camelcookbook.org/schema/books">
  <route>
    <from uri="direct:in"/>
    <split>
      <xpath>
        //c:book[@category='Tech']/c:authors/c:author/text()
```

```
      </xpath>
      <to uri="mock:out"/>
    </split>
  </route>
</camelContext>
```

자바 DSL을 사용할 때는 네임스페이스를 xpath() 표현식에 추가한다.

```
from("direct:in")
  .split(
    xpath(
      "//c:book[@category='Tech']/c:authors/c:author/text()"
    ).namespace("c", "http://camelcookbook.org/schema/books")
  )
    .to("mock:out")
  .end();
```

다시 한 번, 두 개의 메시지가 mock:out 엔드포인트로 보내진다.

* Scott Cranton

* Jakub Korab

복수 개의 네임스페이스는 다음과 같이 연결지어 정의한다.

```
.namespace("c", "http://camelcookbook.org/schema/books")
.namespace("se", "http://camelcookbook.org/schema/somethingElse")
```

여러 개의 루트 전체에 걸쳐 많은 곳에서 동일한 네임스페이스를 사용하려 한다면, 정의를 반복하지 않기 위해 org.apache.camel.builder.xml.Namespaces 빌더를 이용한다.

```
Namespaces ns =
    new Namespaces("c", "http://camelcookbook.org/schema/books")
      .add("se", "http://camelcookbook.org/schema/somethingElse");

from("direct:in")
  .split(
    ns.xpath("//c:book[@category='Tech']/c:authors/c:author/text()"
    )
  )
```

192

```
    .to("mock:out")
.end();
```

 XPath 표현식으로 분할할 때, 카멜은 전체 XML 문서를 메모리로 올린다. 이것은 아주 큰 메시지에는 바람직하지 않을 수 있다. 이를 해결하려면 스트리밍과 함께 Tokenizer 표현 언어를 사용하는 것에 관하여 카멜 웹사이트의 분할기 문서를 참조하라. 동일한 목적을 위해 카멜의 StAX 컴포넌트도 사용 가능하다.

참고 사항

- 분할기: http://camel.apache.org/splitter.html
- XPath 표현 언어: http://camel.apache.org/xpath.html
- 카멜 StAX: http://camel.apache.org/stax.html

분리된 메시지를 병렬로 처리하기

통합을 구축할 때는 루트의 처리량을 증가시킬 필요가 자주 생긴다. 항상 그럴수도 있지만, 개별 단계에서 속도가 나지 않을 때 가장 편한 방법 중 하나는 루트의 일부를 병렬로 처리하는 것이다. 이 예제는 분할기 패턴의 병렬 처리 옵션을 사용해 메시지 조각을 동시 처리하기 위해 스레드 풀로 밀어내는 방법을 보여준다.

준비

이 예제의 자바 코드는 org.camelcookbook.splitjoin.split 패키지에 위치한다. 스프링 XML 파일은 src/main/resources/META-INF/spring 아래에 splitParallel과 splitExecutorService라는 접두어를 가지고 있다.

분할 메시지를 루트에서 병렬로 처리하기 위해 `split` 문에서 `parallelProcessing`
속성을 `true`로 한다.

XML DSL에서는 다음과 같이 작성한다.

```xml
<from uri="direct:in"/>
<split parallelProcessing="true">
  <simple>${body}</simple>
  <log message="Processing message[${property.CamelSplitIndex}]"/>
  <to uri="mock:split"/>
</split>
```

자바 DSL에서는 동일한 것을 다음과 같이 표현한다.

```java
from("direct:in")
  .split(body()).parallelProcessing()
    .log("Processing message[${property.CamelSplitIndex}]")
    .to("mock:split")
  .end()
```

`parallelProcessing`이 `true`일 때, 카멜은 내부적으로 스레드 풀을 생성하고 이 풀
로부터 루트의 분할된 메시지 조각 하나하나에 대해 각각의 스레드를 받아 서비스한
다. `parallelProcessing`이 `false`로 설정되면, 모든 분할된 메시지는 루트의 원래 스
레드에서 처리된다.

스레드의 비결정적인 성격때문에 마지막 조각이라고 표시된 분할 메시지
(CamelSplitComplete 속성이 true라고 되어있는 메시지)는 실제로 맨 마지막에 처
리되지 않을 수도 있다.

194

분할 메시지가 스레드 풀로 넘어가기 때문에, 에러 처리는 '메시지를 조각으로 분리하기' 예제에서 설명한 일반적인 경우와는 조금 다르다. 보통의 분할 처리에서 예외가 발생할 때, 처리 중인 분할 메시지는 루트에서 계속 처리되게 된다.

만약 stopOnException 속성을 true로 하여 처리를 멈추고 싶다는 것을 명시하면, 행위가 조금 바뀌는데, 분할기는 메시지 조각을 그 스레드 풀로 더 이상 보내지 말라고 통보를 받게 된다. 결과적으로 예외가 발생한 이후에도 분할기가 조각을 더 처리했을 수도 있다. 그렇기 때문에 조심스럽게 사용해야 한다.

조각들 모두를 처리하기 위해 넘지 말아야 하는 밀리초 단위의 최대 시간으로 타임아웃을 정의하는 것도 가능하다.

XML DSL에서는 다음과 같이 작성한다.

```
<split parallelProcessing="true" timeout="5000">
```

자바 DSL에서는 다음과 같이 작성한다.

```
.split(body()).parallelProcessing().timeout(5000)
```

타임아웃이 발생하면, 스레드 풀이 아직 가져가지 않은 조각들은 취소된다. 그리고 루트에서 현재 처리 중인 조각은 완료하게 둔다.

카멜 컨텍스트 내에 정의한 threadPool을 id로 참조해 parallelProcessing를 위해 사용되는 스레드 풀의 상세 행위를 수정할 수 있다.

```
<camelContext xmlns="http://camel.apache.org/schema/spring">
  <threadPool id="customPool" poolSize="20" threadName="pool"/>

  <route>
    <from uri="direct:in"/>
    <split executorServiceRef="customPool">
      <!-- ... -->
    </split>
  </route>
</camelContext>
```

executorService 속성의 사용은 parallelProcessing를 의미한다. 그래서 두 가지를 다 정의할 필요는 없다. 하지만 라우팅 로직을 명시할 의도로 parallelProcessing를 true로 설정해도 된다.

자바 DSL에는 카멜 레지스트리의 스레드 풀을 참조할 수 있는 동일한 옵션을 넣는다.

```
.split(body())
    .executorServiceRef("customPool")
```

참고 사항

- 분할기: http://camel.apache.org/splitter.html

관련 메시지 합치기

관련 메시지를 합치는 것은 통합에서 흔한 예다. 이것은 조심하지 않으면 잃어버릴 수 있는 상태뿐만 아니라 타이밍 같은 것을 고려하는 것과 관련이 있으므로, 손으로 작성하기가 복잡한 경우 중 하나기도 하다. 수집기 패턴Aggregator EIP의 카멜 구현체는 이 작업의 복잡도를 추상화해버리고 사용자는 다음 내용만 정의하면 되게 한다.

- 어떻게 두 개의 익스체인지가 하나로 수집되어야 하는지 정의한다. 이를 위해 복수의 익스체인지를 같이 합하는 데 사용되는 인터페이스인 Aggregation Strategy의 구현체를 제공한다.
- 어떤 익스체인지가 서로 수집되는지 정의한다. 이는 익스체인지로부터의 값을 같은 그룹으로 결정하는 표현식으로 정의된다.
- 수집이 완료되는 시점도 정의한다. 이를 위해서, DSL 내에 정의한 몇 개의 완료 조건들 중 하나를 사용하는데, 수집된 익스체인지 개수, 수집되었거나 들어온 익스체인지에 대한 조건서술, 마지막 메시지 이후의 시간, 타임아웃 등에 의해 수집 완료가 결정된다.

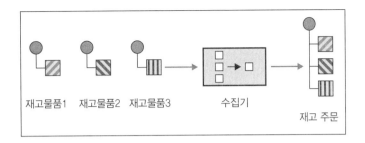

이 예제는 수집된 익스체인지 개수 또는 완료된 크기를 사용하여, 관련있는 익스체인지를 하나로 합하기 위해 수집기^{Aggregator} 패턴을 사용하는 법을 보여준다.

준비

이 예제의 자바 코드는 `org.camelcookbook.splitjoin.aggregate` 패키지에 위치한다. 스프링 XML 파일은 src/main/resources/META-INF/spring 아래에 aggregate 라는 접두어를 가지고 있다.

예제 구현

연관된 익스체인지를 수집하기 위해 `AggregationStrategy` 구현체와 함께 aggregate DSL 문을 사용한다. 이 패턴 구현체는 실제 익스체인지의 조합을 수행하기 위해 이 클래스를 사용하게 된다.

1. `AggregationStrategy`를 하나 구현한다. 다음 정책은 `String` 메시지를 `Set`으로 수집한다.

```
public class SetAggregationStrategy
    implements AggregationStrategy{
  @Override
  public Exchange aggregate(Exchange oldExchange,
                        Exchange newExchange) {
    String body =
        newExchange.getIn().getBody(String.class);
    if (oldExchange == null) {
      Set<String> set = new HashSet<String>();
```

```
            set.add(body);
            newExchange.getIn().setBody(set);
            return newExchange;
        } else {
          Set<String> set =
               oldExchange.getIn().getBody(Set.class);
          set.add(body);
          return oldExchange;
        }
    }
}
```

AggregationStrategy 인터페이스는 단일 메소드를 정의한다.

```
Exchange aggregate(Exchange oldExchange, Exchange newExchange);
```

두 개의 익스체인지 객체를 파라미터로 받고 합해진 결과를 표현하는 단일 익스체인지를 리턴한다.

맨 처음 호출에서 AggregationStrategy는 oldExchange 파라미터로 null을 받게 되고, 따라서 이 조건을 다루어야 할 필요가 있다. 이후의 호출에서는 oldExchange 파라미터는 이전의 통합된 익스페인지를 포함하게 된다.

XML DSL을 사용한다면 스프링 설정 내에서 수집 정책 구현을 인스턴스화할 필요가 있다.

```
<bean id="setAggregationStrategy"
      class="org.camelcookbook,splitjoin.aggregate
            .SetAggregationStrategy"/>
```

2. 사용자 루트에 strategyRef 속성에서 이미 생성한 aggregation 정책 빈strategy bean에 대한 참조를 넣어 aggregate 문을 정의한다. 그 다음에 행위를 정제하기 위해 aggregate 문에 다른 옵션을 설정한다.

completionSize 속성은 aggregate 블록의 나머지 부분에서 결과 메시지가 처리되기 전에 수집될 몇 개의 메시지를 정의하는 데 사용된다.

그 블록 내의 correlationExpression 엘리먼트는 메시지를 수집하기 위해 사용되는 값들을 정의하는 데 사용된다. 동일한 표현식 결과를 가지는 익스체인지들이 수집될 것이다. 연관 표현식은 aggregate 블록에 내재된 엘리먼트로 나타난다.

XML DSL에서는 다음과 같이 작성한다.

```
<route>
  <from uri="direct:in"/>
  <aggregate strategyRef="setAggregationStrategy"
             completionSize="5">
    <correlationExpression>
      <simple>${headers.group}</simple>
    </correlationExpression>
    <to uri="mock:out"/>
  </aggregate>
</route>
```

DSL 빌더 패턴을 사용하는 자바 DSL에서 aggregate 블록은 아주 다르게 보인다. 항상 필요한 연관 표현식은 aggregate() 문에 직접 전달된다. completionSize 옵션(사용 가능한 두 가지 완료 옵션 중 하나이며, 다른 옵션은 completionTimeout 이다)은 그 뒤에 온다.

```
from("direct:in")
  .aggregate(header("group"), new SetAggregationStrategy())
      .completionSize(5)
    .to("mock:out")
  .end();
```

end() 메소드는 aggregate() 블록의 종료를 나타낸다.

예제 분석

하나의 메시지가 루트 내에서 처리되고 수집 블록에 다다랐을 때, 수집기^Aggregator 의 상관관계 표현식이 메시지를 검사한다. 결과 값은 현재 메시지가 속해있는 상관관계 메시지 그룹을 식별하는 데 사용된다.

연관된 AggregationStrategy가 newExchange 인자 내의 현재 인스턴스와 함께 호출된다.

만약 이 메시지가 그룹 내 첫 번째 메시지라면 oldExchange 값은 제공되지 않고 대신 null 값이 전달된다. 이 경우에 정책이 newExchange의 바디를 초기 수집 단계로 설정한다. 앞의 예제에서 이는 단일 값, 즉 메시지의 원래 바디를 가지고 있는 하나의 Set이었다. newExchange 값은 그 이후에 수집된 익스체인지로 리턴된다.

이후에 이 그룹의 정책 호출은 oldExchange 인자로 수집된 익스체인지를 받게 된다. 그리고 나서 리턴되기 전에 들어오는 메시지 바디를 받아 증대된다.

일단 메시지가 수집되면, 완료 조건을 확인한다. 조건이 만족하면 수집된 메시지는 aggregate 블록 내에 정의된 단계에서 처리된다.

완료 조건이 만족되지 않는다면 수집된 익스체인지는 수집 저장소^{Aggregation Repository}에 저장된다(기본적으로는 인 메모리 구현체를 사용한다.) 그리고 나서 스레드는 루트 내의 익스체인지 처리를 끝낸다.

 수집 메시지는 완료 크기(completion size)에 도달할 때까지 수집 저장소에 머물게 되는데 이는 상당한 시간이 걸릴 수 있다. 무한정 머물지 않게 하기 위해, 타임아웃을 이용해 합치기 예제에 있는 대로 부가적으로 completionTimeout 속성을 사용하는 것이 일반적이다.

부연 설명

수집은 completionSize에 따라 수집된 메시지의 숫자에 기반하거나, 또는 카멜 표현언어를 사용한 완료 조건서술에 따라 완료될 수 있다. 조건서술은 수집된 메시지를 검사한다.

다음 예제는 위의 예제로부터 수집 완료를 결정하기 위해 수집된 Set을 검사하는 완료 조건서술의 사용을 보여준다.

XML DSL에서는 다음과 같이 작성한다.

```
<aggregate strategyRef="setAggregationRepository">
  <correlationExpression>
    <simple>${headers.group}</simple>
```

```
    </correlationExpression>
    <completionPredicate>
      <simple>${body.size} == 5</simple>
    </completionPredicate>
    <!-- ... -->
</aggregate>
```

자바 DSL에서는 다음과 같이 표현한다.

```
.aggregate(header("group"), new SetAggregationStrategy())
    .completionPredicate(simple("${body.size} == 5"))
```

completionSize 옵션 또한 표현식을 사용해 동적으로 정해질 수 있다. 하지만 completionPredicate 문과는 달리, 수집된 익스체인지보다는 들어오는 익스체인지에 대해 확인된다.

XML DSL에서는 다음과 같이 작성한다.

```
<aggregate strategyRef="setAggregationRepository">
  <correlationExpression>
    <simple>${headers.group}</simple>
  </correlationExpression>
  <completionSize>
    <simple>${header[batchSize]}</simple>
  </completionSize>
  <!-- ... -->
</aggregate>
```

자바 DSL에서는 다음과 같이 표현한다.

```
.aggregate(header("group"), new SetAggregationStrategy())
    .completionSize(header("batchSize"))
```

수집된 상태는 애플리케이션이 종료된 후에도 살아남기 위해 외부에 저장된다. 이는 재현이 불가한 고비용의 메시지를 사용할 때에 특히 중요하다. aggregationRepository 속성을 사용함으로써 이 상태를 영속화시키는 AggregationRepository 구현체를 수집기에 포함시킬 수 있다.

예를 들어 카멜 SQL 컴포넌트가 제공하는 JdbcAggregationRepository는 수집한 메시지를 외부에 저장하기 위해 사용할 수 있는 훌륭한 후보자다. 수집 상태가 저장될 때마다, 표준 자바 직렬화를 통해 상태가 직렬화되고 수집기의 상관관계 표현식과 연관된 BLOB로 테이블에 저장된다. 새로운 메시지가 수집되기 위해 도착하면 저장된 상태가 데이터베이스에서 읽혀지고, 익스체인지로 역직렬화되고 AggregationStrategy로 전달된다.

수집 메시지에 대한 처리는 전적으로 트랜잭션으로 이루어진다.

 직렬화된 익스체인지가 계속적으로 데이터베이스로 저장되고 읽혀지고 있으므로, 총 수집된 메시지 크기가 선형적으로 증가하고 있다는 점을 염두에 둬야 한다. 이런 I/O 활동 비용이 수집의 성능에 영향을 줄 때가 오는데 특히 큰 메시지 바디를 처리할 때 그렇다. 결국, 디스크는 더 빠르게 돌 수밖에 없다. 따라서 요건에 부합하는 처리량을 이룰 수 있는지 성능테스트를 하는 것이 좋다. 더 상세한 사항은 9장 '테스팅의 부하시 루트 행위 유효성 검사하기' 예제를 참조하라.

또한 HawtDB나 LevelDB 컴포넌트로 제공되는 다른 AggregationRepository 구현체를 고려해보고 백그라운드 디스크 동기화를 통한 안정성과 성능을 따져봐도 좋다.

참고 사항

- 수집기[Aggregator]: http://camel.apache.org/aggregator2.html
- 카멜 SQL: http://camel.apache.org/sql-component.html
- 카멜 HawtDB: http://camel.apache.org/hawtdb.html
- 카멜 LevelDB: http://camel.apache.org/leveldb.html

타임아웃을 이용해 합치기

'관련 메시지 합치기' 예제에서 설명된 대로 개수와 조건 서술에 따른 수집은 메시지들을 한 번에 일괄 처리하기 위한 훌륭한 기반이다. 이번 예제는 얼마 동안 더이상 수집을 위한 익스체인지가 도착하지 않을 때 수집된 메시지를 놔주기 위해 타임아웃을 사용하는 법을 설명한다.

준비

이 예제의 자바 코드는 `org.camelcookbook.splitjoin.aggregatetimeouts` 패키지에 있다. 스프링 XML 예제는 src/main/resources/META-INF/spring/aggregate CompletionTimeout-context.xml에 위치한다.

예제 구현

수집기 정의 내에 밀리초 형식의 타임아웃을 포함하는 `completionTimeout` 속성을 추가한다. 이 속성은 단일 수집 조건으로, 또는 다른 것과 조합되어 사용될 수 있다.

XML DSL에서는 다음과 같이 작성한다.

```xml
<from uri="direct:in"/>
  <aggregate strategyRef="setAggregationStrategy"
             completionSize="10"
             completionTimeout="1000">
    <correlationExpression>
        <simple>${headers.group}</simple>
    </correlationExpression>
    <to uri="mock:out"/>
  </aggregate>
```

자바 DSL에서는 다음과 같이 표현한다.

```java
from("direct:in")
  .aggregate(header("group"), new SetAggregationStrategy())
    .completionSize(10).completionTimeout(1000)
  .to("mock:out")
  .end();
```

수집기는 마지막으로 받은 익스체인지가 수집을 위해 도착했을 때부터 얼마나 오래 지났는지를 계속 추적하는 백그라운드 스레드를 초기화한다. 수집기가 타임아웃되면, 타임아웃 스레드가 aggregate 설정 내에 정의된 단계에서 수집된 익스체인지를 처리한다.

타임아웃 스레드가 수집 메시지를 처리하고 있는 동안에는 다른 어떤 메시지도 타임아웃되지 않으며, 타임아웃 스레드가 그 익스체인지 처리를 완료하고 나면 처리된다. 만약 타이밍이 중요하다면, 메시지를 처리하기 위한 스레드 풀을 사용한다. '분리된 메시지를 병렬로 처리하기' 예제를 보라.

completionTimeout은 completionInterval 속성보다는 수집기에 정의된 완료 조건과 함께 동작한다(다음 '일정 간격으로 합치기' 예제를 보라). 위의 루트에서는 10개의 익스체인지 객체가 수집될 때마다 수집 메시지가 처리되거나, 더 적은 수의 익스체인지가 수집되었지만 1000밀리초 내에 대상 메시지가 더 이상 도착하지 않을 때 수집 메시지가 처리된다.

참고 사항

- 수집기: http://camel.apache.org/aggregator2.html
- '관련 메시지 합치기' 예제
- '합친 메시지를 병렬로 처리하기' 예제

일정 간격으로 합치기

'관련 메시지 합치기' 예제에서 설명된 대로 개수와 조건서술에 의한 수집은 메시지 일괄 처리batch의 훌륭한 기반이 된다. 이 예제는 정해진 시간 동안 수집된 메시지를 놓아주기 위해 인터벌을 사용하는 방법을 설명한다.

이 예제의 자바 코드는 `org.camelcookbook.splitjoin.aggregateinterval` 패키지에 있다. 스프링 XML 예제는 src/main/resources/META-INF/spring/aggregate CompletionInterval-context.xml에 위치한다.

Aggregator 정의 내에 밀리초 단위의 기간을 포함하는 `completionInterval` 속성을 정의하라. 이 속성은 단일 수집 조건으로, 또는 다른 것과 조합되어 사용될 수 있다.

XML DSL에서는 다음과 같이 작성한다.

```
<from uri="direct:in"/>
<aggregate strategyRef="setAggregationStrategy"
           completionSize="10"
           completionInterval="400">
  <correlationExpression>
     <simple>${headers.group}</simple>
  </correlationExpression>
  <to uri="mock:out"/>
</aggregate>
```

자바 DSL에서는 다음과 같이 표현한다.

```
from("direct:in")
  .aggregate(header("group"), new SetAggregationStrategy())
     completionSize(10).completionInterval(400)
   .to("mock:out")
  .end();
```

수집기는 수집 표현식을 만족시키는 첫 번째 익스체인지가 도착한 후 얼마나 오래 지났는지를 계속 추적하는 스레드 풀을 초기화한다. 지정된 시간이 지나면 하나의 스레드가 aggregate 설정에서 정의한 단계에서 그동안 수집한 익스체인지를 처리한다.

수집 스레드가 수집된 메시지를 처리하느라 바쁜 동안에는 다른 스레드들이 인터벌을 계속 추적하고 다른 수집 메시지를 처리한다.

completionInterval 속성은 completionTimeout 속성보다는 수집기에 정의된 완료 조건과 함께 동작한다('타임아웃을 이용해 합치기' 예제를 보라). 위의 루트에서는 10개의 익스체인지 객체가 수집될 때마다 수집 메시지가 처리되거나, 더 적은 수의 익스체인지가 수집되었지만 완료 조건에 대응하는 첫 번째 메시지가 도착한 지 400밀리초가 지나면 수집 메시지가 처리된다.

참고 사항

- 수집기: http://camel.apache.org/aggregator2.html
- '관련 메시지 합치기' 예제

합친 메시지를 병렬로 처리하기

수집기의 기본 행위는 단일 스레드를 사용해 aggregate 블록에 정의한 단계에서 수집된 익스체인지를 처리하는 것이다. 이것은 마지막 메시지를 완료 조건을 실행하는 블록으로 밀어 넣는 스레드거나 또는 '타임아웃을 이용해 합치기' 예제에서 설명한 타이머 스레드다. 이번 예제에서는 수집기를 수정해 수집 메시지를 병렬로 처리하는 법을 설명한다.

이 예제의 자바 코드는 `org.camelcookbook.splitjoin.aggregateparallel` 패키지에 있다. 스프링 XML 예제는 src/main/resources/META-INF/spring/aggregate ParallelProcessing-context.xml에 위치한다.

`aggregate` 문에 `parallelProcessing` 속성을 `true`라고 정의한다. 이 속성은 어떤 수집 조건에서든 사용 가능하다.

XML DSL에서는 다음과 같이 작성한다.

```xml
<from uri="direct:in"/>
<aggregate strategyRef="setAggregationStrategy"
           completionSize="10" completionTimeout="400"
           parallelProcessing="true">
  <correlationExpression>
    <simple>${headers.group}</simple>
  </correlationExpression>
  <delay>
    <constant>500</constant>
  </delay>
  <log message="${threadName} - processing output"/>
  <to uri="mock:out"/>
</aggregate>
```

자바 DSL에서는 `aggregate` 문과 함께 `parallelProcessing()` 빌더 메소드를 사용한다.

```java
from("direct:in")
  .aggregate(header("group"), new SetAggregationStrategy())
     .completionSize(10).completionTimeout(400)
     .parallelProcessing()
   .log("${threadName} - procesessing output")
   .delay(500)
```

```
    .to("mock:out")
  .end();
```

수집기는 수집된 메시지를 처리하는 스레드 풀을 초기화한다. 정의된 루트를 흐르는
메시지를 처리할 때, 다른 스레드들은 그 일을 수행하는 것을 확인하는 로그가 출력
되는 것을 볼 수 있다.

```
[#1 - Aggregator] INFO  route1 - Camel (camel-1) thread #1 -
Aggregator - processing output
[#2 - Aggregator] INFO  route1 - Camel (camel-1) thread #2 -
Aggregator - processing output
```

이는 수집기에 대량으로 들어오는 메시지가 있거나 수집 메시지 처리에 시간이 많이
소비되는 상황에서 유용한 정책이다.

카멜에서 풀링^{pooling}의 기본 정책은 수집된 메시지를 수행하기 위한 10개의 스레드를
가진 풀을 초기화하는 것이다. 카멜 컨텍스트에 정의된 threadPool 인스턴스를 id로
참조해 커스텀 풀을 사용할 수도 있다.

XML DSL에서는 다음과 같이 작성한다.

```xml
<camelContext xmlns="http://camel.apache.org/schema/spring">
  <threadPool id="customPool" poolSize="20" threadName="pool"/>

  <route>
    <from uri="direct:in"/>
    <aggregate strategyRef="setAggregationStrategy"
               completionSize="10"
               completionTimeout="400"
               executorServiceRef="customPool">
      <!-- ... -->
    </aggregate>
```

```
    </route>
</camelContext>
```

 executorService 속성의 사용은 parallelProcessing를 의미한다. 따라서 두 개를 같이 정의할 필요는 없다.

자바 DSL은 카멜 저장소에 있는 스레드 풀을 참조할 수 있는 동일한 옵션을 포함한다.

```
.aggregate(header("group"), new SetAggregationStrategy())
    .completionSize(10).completionTimeout(400)
    .executorServiceRef("customPool")
```

executorService 속성을 직접 행에 집어넣어서 정의할 수도 있다.

```
.aggregate(header("group"), new SetAggregationStrategy())
    .completionSize(10).completionTimeout(400)
    .executorService(Executors.newFixedThreadPool(20))
```

참고 사항

- '관련 메시지 합치기' 예제

메시지를 분리, 처리하고 응답 합치기

이 예제는 하나의 메시지를 개별 조각들로 분할하고, 개별적으로 조각을 처리하고, 처리된 익스체인지들을 다시 수집해 하나의 단일 익스체인지로 만드는 법을 보여준다. EIP 용어로는, 조합 메시지 프로세서^{Composed Message Processor}로 알려져 있으며, 분할기와 수집기의 조합으로 만들어진다.

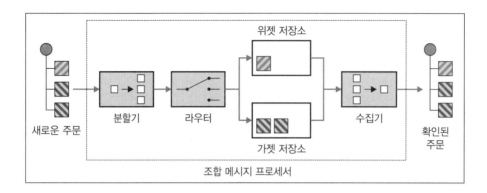

위젯 저장소

가젯 저장소

새로운 주문　　분할기　　라우터　　　수집기　　확인된 주문

조합 메시지 프로세서

준비

이 예제의 자바 코드는 `org.camelcookbook.splitjoin.splitaggregate`에 위치한다. 스프링 XML 예제는 src/main/resources/META-INF/spring 아래에 splitAggregate 접두어를 가지고 있다.

예제 구현

하나의 메시지를 분할하고 수집하기 위해 아래와 같이 `split` DSL 문을 연관있는 `AggregationStrategy`와 조합한다.

1. `AggregationStrategy` 인스턴스를 '관련 메시지 합치기' 예제에 설명한 대로 정의한다. 이 예제에서는 그 예제에 있는 `SetAggregationStrategy`를 재사용할 것이다.

   ```
   <bean id="setAggregationRepository"
         class="org.camelcookbook,splitjoin.aggregate
             .SetAggregationStrategy"/>
   ```

2. '메시지를 조각으로 분리하기' 예제에 있는 대로, 일반적인 `split` 블록을 정의하고, 표현식을 사용해 페이로드를 적당하게 쪼갠다. `split` 엘리먼트 내의 `strategyRef` 속성에서 `AggregationStrategy` 인스턴스를 참조한다.

210

```
<from uri="direct:in"/>
<split strategyRef="setAggregationStrategy">
  <simple>${body}</simple>
  <inOut uri="direct:someBackEnd"/>
</split>
<to uri="mock:out"/>
```

자바 DSL에서는 AggregationStrategy 인스턴스를 split()의 두 번째 파라미터로 사용한다.

```
from("direct:in")
  .split(body(), new SetAggregationStrategy())
    .inOut("direct:someBackEnd")
  .end()
  .to("mock:out");
```

익스체인지가 split 문에 다다르면 개별적인 조각으로 분리되고 각각은 정의된 단계에 따라 처리된다. 각각의 분리된 조각의 익스체인지가 split 블럭의 끝에 도달하면 그 익스체인지는 수집을 위한 AggregationStrategy로 전달된다.

모든 조각들이 처리 완료가 되면 최종적으로 수집된 메시지가 split 블럭의 루트로 진행하게 된다. 이는 원래 메시지를 split 문 뒤의 문장으로 전달하는 일반적인 분할기 행위와는 다르다.

 기본적으로 모든 처리는 단일 스레드에 의해 수행된다. '분리된 메시지를 병렬로 처리하기' 예제에 설명된 대로 parallelProcessing 옵션을 사용해 각 메시지 조각 처리를 병렬화할 수 있다.

AggregationStrategy를 사용할 때 예외 처리는 일반적인 분할기의 경우와는 좀 다르다. 조각을 처리할 동안 예외가 발생하면, 익스체인지는 즉각적으로 Aggregation Strategy로 전달된다. 그 다음에는 이 정보를 가지고 어떻게 할 것인지 결정하기 위한 정책에 따라 처리된다.

다음 정책은 메시지로부터 오는 예외를 삭제하고, 효율적으로 처리하고, 메시지 바디를 수정해 실패를 표시한다.

```
public class ExceptionHandlingSetAggregationStrategy
    implements AggregationStrategy {
  @Override
  public Exchange aggregate(Exchange oldExchange,
                            Exchange newExchange) {
    String body = newExchange.getIn().getBody(String.class);
    Exception exception = newExchange.getException();
    if (exception != null) { // 어떤 오류로 예외 발생
      newExchange.setException(null); // 예외를 삭제
      body = "Failed: " + body;
    }
    if (oldExchange == null) {
      Set<String> set = new HashSet<String>();
      set.add(body);
      newExchange.getIn().setBody(set);
      return newExchange;
    } else {
      Set<String> set = oldExchange.getIn().getBody(Set.class);
      set.add(body);
      return oldExchange;
    }
  }
}
```

예외를 처리하거나 또는 원래대로의 예외 객체를 포함한 익스체인지를 리턴하는 것중 선택할 수 있다. 후자의 경우 만약 parallelProcessing를 사용한다면 '메시지를

212

조각으로 분리하기' 예제와 '분리된 메시지를 병렬로 처리하기' 예제에 정의한 대로 분할기의 기본적인 예외 처리 행위가 적용될 것이다.

참고 사항

- 조합 메시지 프로세서: http://camel.apache.org/composed-message-processor.html

메시지를 분리하고 다른 기준으로 다시 합치기

'메시지를 분리, 처리하고 응답 합치기' 예제에 설명된 방법은 메시지를 조각으로 분리하고 동일하게 처리된 조각들을 다시 split 블록에서 흘러나오는 결과 메시지로 모은다.

이 예제는 조합 메시지 처리기^{CMP} 패턴의 변형으로 메시지를 분리하고 수집하는 데 원래 메시지 ID 이외의 기준을 사용하는 법을 설명한다. 수집 단계는 하나 또는 하나 이상의 수집된 메시지를 결과로 남길 수 있다.

이 예제에서, 제목과 카테고리의 도서 목록 XML 메시지를 입력으로 받는다.

```
<books>
  <book category="Tech"
        title="Apache Camel Developer's Cookbook"/>
  <book category="Cooking"
        title="Camel Cookbook"/>
  <book category="Cooking"
        title="Double decadence with extra cream"/>
  <book category="Cooking"
        title="Cooking with Butter"/>
</books>
```

책의 제목을 뽑아내고 어떤 목적 엔드포인트로 보내기 전에 그것들을 카테고리별 집합으로 수집한다. 앞의 입력 메시지에 기반해 목적 엔드포인트가 Tech 제목의 집합을 포함하는것과 Cooking 제목을 포함하는 것 두 개의 메시지를 받게 해보자.

이 예제의 자바 코드는 `org.camelcookbook.splitjoin.splitreaggregate` 패키지에 위치한다. 스프링 XML 예제는 src/main/resources/META-INF/spring/splitReaggregate-context.xml에 위치한다.

하나의 메시지를 분할하고 그 조각들을 원래 메시지 id가 아닌 다른 기준을 사용해 재수집하기 위해 다음 두 가지 단계를 수행한다.

1. 메시지를 분할하는 루트를 정의한다. `split` 블록의 마지막 단계는 2번에서 정의할 수집 루트를 호출해야 한다.

   XML DSL에서는 다음과 같이 작성한다.

```xml
<from uri="direct:in"/>
<split>
  <xpath>/books/book</xpath>
  <setHeader headerName="category">
    <xpath resultType="String">/book/@category</xpath>
  </setHeader>
  <transform>
    <xpath resultType="String">/book/@title</xpath>
  </transform>
  <to uri="direct:groupByCategory"/>
</split>
```

   자바 DSL에서는 다음과 같이 표현한다.

```java
from("direct:in")
  .split(xpath("/books/book"))
    .setHeader("category",
        xpath("/book/@category").stringResult())
    .transform(xpath("/book/@title").stringResult())
  .to("direct:groupByCategory")
.end();
```

2. 분할된 조각을 받아서 수집하는 루트를 정의한다.

```
<from uri="direct:groupByCategory"/>
<aggregate strategyRef="setAggregationStrategy"
           completionTimeout="500">
  <correlationExpression>
    <simple>${header[category]}</simple>
  </correlationExpression>
  <to uri="mock:out"/>
</aggregate>
```

setAggregationStrategy는 '관련 메시지 합치기' 예제에서 처음 정의했던 것과 동일한 정책이다. 그리고 스프링 컨텍스트에 빈으로 정의되어 있다.

자바 DSL에서는 다음과 같이 작성한다.

```
from("direct:groupByCategory")
  .aggregate(header("category"),
      new SetAggregationStrategy()).completionTimeout(500)
    .to("mock:out")
  .end();
```

예제 분석

이번 예제는 앞에서 이미 살펴본 독립적인 분할기와 수집기 메커니즘을 조합한다.

이 예제에서 페이로드는 처음에 XPath 표현식에 의해 XML 조각으로 분할된다. 각 도서의 카테고리가 다른 표현식에 의해 뽑히고 카테고리 메시지 헤더에 들어간다. 그러고 나서 메시지 바디는 도서의 제목으로 대체되고 그 익스체인지는 수집 단계를 포함하는 다른 루트로 전달된다.

수집기는 카테고리 헤더 값에 따라 분류해 조각들을 함께 묶는다. 위의 루트에서 수집된 익스체인지들은 500밀리초 동안 새로운 메시지가 도착하지 않으면 추가적인 처리를 위해 방출된다.

엄밀하게 말하자면, 이처럼 분할과 수집 단계를 다른 루트로 나눌 필요는 없다. 하지
만 단계를 분리해두면 읽기도 매우 쉽고, 라우팅 로직이 맞는지 따져보기도 쉽다. 이
것은 end()와 endParent() 문을 생략한 자바 DSL을 사용할 때 특히 그렇다. 다음과
같이 하나의 루트에 모든 것을 집어넣는 자바 DSL로 비교해보자.

```
from("direct:combined")
  .split(xpath("/books/book"))
    .setHeader("category",
        xpath("/book/@category").stringResult())
    .transform(xpath("/book/@title").stringResult())
    .aggregate(header("category"), new SetAggregationStrategy())
        .completionTimeout(500)
      .to("mock:out")
  .endParent()
.end();
```

수집기가 복수 개의 책 페이로드에 걸쳐 조각들을 합하고 있지만 확연하게 드러나
지는 않는다. 그리고 코드를 유지보수할 사람들에게 두통거리를 안겨줄 것이다.

- 'XML 메시지를 분리하기' 예제
- '관련 메시지 합치기' 예제
- 조합 메시지 프로세서: http://camel.apache.org/composed-message-processor.html

6

병렬 처리

6장에서는 다음과 같은 예제를 다룬다.

- 여러 개의 엔드포인트 컨슈머로 메시지 소비 향상하기
- 스레드를 사용해 루트에서 부하 분산하기
- 요청을 비동기적으로 라우팅하기
- 커스텀 스레드 풀 사용하기
- 스레드 풀 프로파일 사용하기
- 비동기 API 사용해 작업하기

소개

6장에서는 단일 JVM 내에서 병렬적으로 익스체인지 처리량을 늘리는 방법을 자세히 살펴본다.

이제까지 우리는 멀티캐스트Multicast, 분할기Splitter, 수집기Aggregator를 포함한 몇 가지 기업 통합 패턴EIP 컨텍스트 내에서 병렬 처리를 살펴보았다. 6장에서는 통합을 확장하는 요건에 적합한 방법으로 처리 단계를 쉽게 정의하는 법을 소개한다.

병렬 처리는 여러 개의 워커worker 스레드에 일을 나눠줌으로써 짧은 시간 안에 더 많은 일을 가능케 한다.

하나씩 수행하는 데 0.1초가 걸리는 메시지가 100개 있다고 생각해보자. 단 하나의 스레드를 사용하면 이 로드는 약 10초 동안 처리된다. 하지만 10개의 스레드가 이 메시지 묶음을 처리하게 한다면 1초 내에 처리될 것이다. 이것이 병렬성이 주는 장점이다.

병렬성이 성능 문제에 대한 만병통치약은 아니다. 무한정으로 늘어나지는 않을 것이고, JVM이 동시에 수천 개의 스레드를 실행하는 일은 없을 것이다. 워커 스레드를 계속 추가할 때 어떤 지점에서 불가피한 한계를 만나고 처리량이 줄어들게 된다. 대량의 스레드 풀을 처리하려는 요청이 사용 가능한 CPU의 처리 사이클을 깎아먹기 때문이다. 사용자는 또한 제한된 리소스을 위해 서로 경쟁하는 스레드 경합 문제를 만날 수도 있다. 각각의 스레드의 동작은 사용 중인 스레드 개수만큼 중요하다.

카멜은 필요 시에 사용자 처리를 확장하는 도구를 제공한다. 애플리케이션을 최적화하기 위해 그런 메커니즘을 사용하는 것은 사용자에게 달려있다. 성능 최적화는 때때로 암흑의 기술로 보이지만 꼭 그렇지는 않다. 일반적인 처리는 다음과 같다.

1. 선호하는 부하 테스트 도구를 사용해서 메시지 부하를 적용해 사용자 애플리케이션의 성능을 테스트하고 처리하는 데 걸리는 시간을 측정한다.

2. 성능을 향상시키고 싶은 곳에 수정 하나만 한 후 다시 테스트한다. 만약 더 좋아졌다면 계속 진행한다. 좋아지지 않았다면 이전으로 돌아간다.

성능을 위해 애플리케이션을 최적화할 때 운영 설정에서 JVM 내에 무슨 일이 일어나는지 염두에 두고 있어야 한다. 완전히 별개로 최적화된 다섯 가지의 다른 통합들이 동시에 실행될 경우 성능이 낮아져서 고생할 수 있다. 이는 CPU, 메모리, I/O, 또는 다른 외부 리소스에 관한 경합 때문일 수 있다.

 변경이 다른 문제를 발생시키지 않는다는 것을 확인하기 위해 매번 최적화한 후에 항상 애플리케이션을 전체적으로 테스트하라.

이 장에서도 카멜의 아키텍처에 관한 몇 가지 개념이 등장한다. '들어가며'에 카멜 개념에 관한 개요가 있다. 자세한 사항은 아파치 카멜 웹사이트(http://camel.apache.org)에서도 찾을 수 있다.

6장의 코드는 예제의 camel-cookbook-parallel-processing 모듈에 포함되어 있다.

여러 개의 엔드포인트 컨슈머로 메시지 소비 향상하기

처리량을 증가시키는 가장 간단한 방법 중 하나는 엔드포인트로부터 소비하는 스레드의 숫자를 증가시키는 것이다.

이 예제는 사용자가 비동기적인 루트를 시작한다고 가정한다. 예를 들어 (from DSL 문을 사용하는) 컨슈머 엔드포인트로 seda:를 사용하는 것이다. SEDA는 인메모리 큐를 통해 익스체인지 객체를 전달해 루트를 서로 비동기적으로 연결하기 위한 메커니즘이다. 1장, '루트 구성'의 '비동기적으로 루트 연결하기' 예제를 보라.

direct: 같은 엔드포인트는 처리 단계 수행을 위해 항상 호출 스레드를 사용하고 그래서 다른 스레드나 스레드 풀로 처리를 변경하기 위해 다른 기술을 사용할 필요가 있다는 것이 중요하다. 이는 '스레드를 사용해 루트에서 부하 분산하기' 예제에서 논의한다.

이 예제는 seda: 같은 비동기 컨슈밍 엔드포인트를 위해 컨슈머 스레드의 개수를 증가하는 방법을 보여준다.

준비

이 예제의 자바 코드는 org.camelcookbook.parallelprocessing.endpoint consumers 패키지에 위치한다. 스프링 XML 파일은 src/main/resources/META-INF/spring 아래에 endpointConsumer라는 접두어를 가지고 있다.

이 예제는 다음과 같은 비동기 루트가 이미 존재하는 것으로 가정한다.

```
<from uri="seda:in"/>
<delay>
  <constant>200</constant> <!-- 시간이 걸리는 서비스 -->
</delay>
<log message="Processing ${body}:${threadName}"/>
<to uri="mock:out"/>
```

이 루트는 좀 더 복잡하고 시간이 걸리는 처리 단계를 시뮬레이션 하기 위해 200밀리초 만큼 처리를 지연시킨다.

예제 구현

concurrentConsumers 옵션을 사용해 메시지를 소비하는 데 사용될 스레드 수를 증가시킨다.

XML DSL에서는 다음과 같이 작성한다.

```
<from uri="seda:in?concurrentConsumers=10"/>
<delay>
  <constant>200</constant> <!-- 시간이 걸리는 서비스 -->
</delay>
<log message="Processing ${body}:${threadName}"/>
<to Uri="mock:out"/>
```

자바 DSL에서는 동일한 루트를 다음과 같이 표현한다.

```
from("seda:in?concurrentConsumers=10")
  .delay(200)
  .log("Processing ${body}:${threadName}")
  .to("mock:out");
```

예제 분석

SEDA 컴포넌트의 기본 행위는 들어오는 메시지를 소비하기 위해 단일 스레드만을 사용하는 것이다. 이것은 우리의 경우 메시지당 200밀리초의 지연이 일어날 때 초당 최대 다섯 개의 메시지가 처리된다는 것을 의미한다. 이를 증가시키기 위해 seda: 엔드포인트에 concurrentConsumers 옵션을 사용해 해당 엔드포인트에 더 많은 컨슈머 (스레드)를 할당한다.

루트에 메시지들이 실행될 때 각각의 메시지가 다른 스레드에 의해 처리되고 있다는 로그를 보게 된다.

```
Processing Message[8]:Camel (camel-1) thread #8 - seda://in
Processing Message[0]:Camel (camel-1) thread #0 - seda://in
Processing Message[4]:Camel (camel-1) thread #3 - seda://in
Processing Message[2]:Camel (camel-1) thread #2 - seda://in
```

10개의 동시적인 컨슈머가 초당 다섯 개만 처리했던 원래의 단일 스레드 버전에 비해, 초당 약 50개의 익스체인지가 처리되는 것을 기대할 수 있다.

위 스레드들은 SEDA 컴포넌트의 인메모리 큐를 폴링할 때 서로 경쟁한다. 이는 메시지가 SEDA 엔드포인트로 보내진 순서와 동일하게 처리되는 것이 보장되지 않는다는 것을 의미한다. 그것이 앞의 출력에서 `Message[8]`이 `Message[0]`보다 먼저 처리된 이유다.

엔드포인트로부터 동시적인 소비를 지원하는 것은 컴포넌트에 달려있다. `concurrent Consumers` 속성은 `org.apache.camel.component.seda.SedaEndpoint` 클래스의 일부이며(엔드포인트 속성에 대한 자세한 설명은 1장, '루트 구성'의 '카멜 컴포넌트 사용하기' 예제를 참조하라), 이는 모든 컴포넌트에 대해 적용되는 표준 속성은 아니다.

부연 설명

모든 컴포넌트가 동시성 소비를 허용하는 것은 아니다. 일부는 근본적으로 순차적일 수도 있다. 예로, JPA 컴포넌트는 한 번에 선택[select]된 행들을 소비하고, 아마도 처리할 때 데이터베이스 테이블로부터 행을 선택할 것이다. 만약 복수 개의 스레드가 같은 select 문장을 동시에 수행한다면, 같은 행이 여러 번 처리될 것이다.

다음 컴포넌트는 여러 개의 스레드가 동시에 실행되는 것을 허용한다.

컴포넌트	엔드포인트 속성
SEDA, VM	concurrentConsumers는 고정 스레드 풀의 크기를 정의한다.
JMS, ActiveMQ	concurrentConsumers는 스레드 풀의 최소 크기를 정의한다. 필요할 때 더 많은 스레드가 생성될 것이다. maxConcurrentConsumers는 풀의 최대 스레드 개수를 정의한다.
Jetty	minThreads는 HTTP 요청을 처리하는 스레드의 최소 개수를 정의한다. maxThreads는 최대 개수를 정의한다.

사용하고자 하는 컴포넌트에서 동시성을 설정할 수 있는지는 카멜 문서를 참조하라.

참고 사항

- 카멜 SEDA 컴포넌트: http://camel.apache.org/seda.html
- 1장, '루트 구성'의 '카멜 컴포넌트 사용하기' 예제
- 1장, '루트 구성'의 '비동기적으로 루트 연결하기' 예제

스레드를 사용해 루트에서 부하 분산하기

모든 카멜 컴포넌트가 메시지를 동시에 처리하기 위해 복수 개의 스레드를 명시하도록 지원하지는 않는다('여러 개의 엔드포인트 컨슈머로 메시지 소비 향상하기' 예제를 보라). direct: 또는 file: 같은 컨슈머 엔드포인트를 사용하는 루트는 메시지를 처리하기 위해 단일 스레드를 사용하는 것이 기본적이다. 이 예제는 threads DSL을 사용해 direct:와 같이 원래 순차적으로 소비하는 메시지들을 스레드 풀로 전달해 병렬적으로 처리함으로써, 이런 제약을 피하는 방법을 보여준다.

준비

이 예제의 자바 코드는 org.camelcookbook.parallelprocessing.threadsdsl 패키지에 있다. 스프링 XML 파일은 src/main/resources/META-INF/spring 아래에 threadsDsl이라는 접두어를 가지고 있다.

이 예제는 다이렉트^{Direct} 컴포넌트를 사용해 소비할 때와 같이 단일 스레드로 루트를 시작하고, 몇몇 처리 단계를 위해 스레드 풀을 사용하길 원한다고 가정한다. 다음 루트가 그 예이다.

```
<from uri="direct:in"/>
<log message="Received ${body}:${threadName}"/>
<delay>
  <constant>200</constant> <!-- 느린 라우팅 단계를 가정 -->
</delay>
<to Uri="mock: out"/>
```

threads DSL을 사용하는 것은 메시지가 어디에서 원래 스레드로부터 분리되어 스레드 풀에 의해 처리되는지를 루트에 정의하도록 허용한다.

XML DSL에서는 다음과 같이 로직을 작성한다.

```xml
<from uri="direct:in"/>
<log message="Received ${body}:${threadName}"/>
<threads>
  <log message="Processing ${body}:${threadName}"/>
  <delay>
    <constant>200</constant> <!-- simulate slow routing step -->
  </delay>
  <to Uri="mock:out"/>
</threads>
```

자바 DSL에서는 동일한 루트를 다음과 같이 표현한다.

```java
from("direct:in")
  .log("Received ${body}:${threadName}")
  .threads()
  .delay(200)
  .log("Processing ${body}:${threadName}")
  .to("mock:out");
```

카멜은 threads 블럭 내에 인메모리 큐로부터 메시지를 소비하도록 할당된 스레드 풀을 생성한다. 하나의 스레드가 메시지를 처리해 threads 블럭에 도달하면 익스체인지는 큐에 들어가고 그 이후 처리는 스레드 풀로부터 획득된 하나의 스레드에 의해 처리된다.

이런 식으로 단일 스레드 엔드포인트로부터 메시지를 소비하고 루트 내에서 나중에 메시지를 처리하는 복수 개의 스레드를 가지며, 다음 메시지를 가져오는 것은 컨슈밍 스레드가 담당한다.

앞의 예제에서 루트에 메시지를 보냈을 때, threads 블럭의 앞뒤에서 다른 스레드들이 메시지를 처리하는 것을 확인할 수 있다. 로그에서 Received가 보이고 얼마 있다가 Processing이 있는 것을 볼 수 있다.

```
Received Message[40]:Camel (camel-1) thread #3 - ProducerTemplate
Processing Message[31]:Camel (camel-1) thread #12 - Threads
Received Message[41]:Camel (camel-1) thread #5 - ProducerTemplate
Processing Message[33]:Camel (camel-1) thread #14 - Threads
Received Message[42]:Camel (camel-1) thread #9 - ProducerTemplate
Processing Message[34]:Camel (camel-1) thread #16 - Threads
...
Processing Message[40]:Camel (camel-1) thread #15 - Threads
Processing Message[41]:Camel (camel-1) thread #10 - Threads
Processing Message[42]:Camel (camel-1) thread #12 - Threads
```

 Received를 로깅하는 복수 개의 스레드가 있다는 것을 아마 눈치 챘을 것이다. 이는 테스트 요청들이 비동기적으로 루트로 들어왔기 때문이다. 이유는 요청을 비동기적으로 라우팅하기 예제에 설명되어있다.

이 테크닉은 1장, '루트 구성'의 '비동기적으로 루트 연결하기' 예제에 설명된 SEDA 엔드포인트를 사용하는 것과 매우 유사하다. 두 가지 테크닉 모두 메시지를 스레드 풀로 전달하기 위해 인메모리 큐를 사용한다. 그리고 컨슈밍 엔드포인트가 비동기 라우팅을 지원한다면 InOnly뿐만 아니라 InOnut 익스체인지와 같이도 사용할 수 있다. 이에 대한 예는 제티^{Jetty}인데 제티는 단일 스레드로 HTTP 요청을 받아들이고 다른 스레드로 응답한다.

 이 기법은 트랜잭션과 같이 사용하고자 할 때는 조심해야 한다. 사용 중인 트랜잭션 리소스들이 다른 스레드로부터 동시 접근을 지원하지 않을지도 모른다. 만약 이 두 가지 기능을 조합하려 한다면 철저하게 테스트하라.

threads DSL과 그 속성들로 여러 가지 옵션 설정이 가능하다. 옵션은 `threadPool`과 동일한데 '커스텀 스레드 풀 사용하기' 예제에 설명되어 있다.

DSL 내에 직접 스레드 풀의 행위를 정하는 것 이외에 `threads` 블럭은 이미 존재하는 `java.util.concurrent.ExecutorService`을 재사용하도록 참조될 수 있다. 더 자세한 사항은 '커스텀 스레드 풀 사용하기'를 보라.

참고 사항

- 카멜 비동기 API: http://camel.apache.org/async.html
- 카멜 제티[Jetty]: http://camel.apache.org/jetty.html
- '여러 개의 엔드포인트 컨슈머로 메시지 소비 향상하기' 예제
- '커스텀 스레드 풀 사용하기' 예제
- 1장, '루트 구성'의 '비동기적으로 루트 연결하기' 예제
- 제티 연속[Continuations]: http://wiki.eclipse.org/Jetty/Feature/Continuations

요청을 비동기적으로 라우팅하기

`ProducerTemplate.sendBody()` 메소드를 사용해 메시지를 엔드포인트로 보낼 때, `threads` DSL('스레드를 사용해 루트에서 부하 분산하기' 예제를 보라)에 비동기 처리가 포함되어 있더라도 최초 스레드는 그 요청이 완전히 끝날 때까지 멈춰있게 된다. 이는 그렇게 설계된 것으로 카멜은 메시지가 완전히 처리되지 않으면 리턴하지 않는다. 익스체인지가 완전히 처리되었는지 계속 추적하는 것은 카멜의 비동기 라우팅 엔진의 역할 중 하나다.

이 예제는 `ProducerTemplate` 인스턴스를 가지고 어떤식으로 카멜과 소통을 하면서, 메시지가 처리되는 동안 다른 일들을 계속적으로 진행하는지 설명한다.

이 예제의 자바 코드는 org.camelcookbook.parallelprocessing.asyncrequest에 위치한다.

이 예제는 메시지를 비동기적으로 처리하고 완료하는 데 시간이 많이 걸리는 루트가 하나 있다고 가정한다. 다음은 그런 루트의 한 예다.

```
from("direct:processInOut")
  .log("Received ${body}")
  .delay(1000)  // 시간이 많이 걸리는 처리
  .log("Processing ${body}")
  .transform(simple("Processed ${body}"));
```

우리는 이 루트를 통해 메시지를 처리하는 것은 시간이 좀 걸린다는 사실을 이미 알고 있다. 그래서 메시지를 비동기적으로 보내고 싶고, 응답이 돌아올 때까지 다른 일을 계속 수행하고 싶다.

ProducerTemplate 인터페이스의 asyncSend() 또는 asyncRequest() 메소드를 사용해 메시지를 비동기적으로 카멜 엔드포인트로 보내고 또 메시지 처리가 완료될 때를 알 수 있다.

1. 익스체인지가 InOnly 또는 InOut으로 전달되야 한다는 요구사항에 따라 ProducerTemplate 인터페이스의 asyncSend() 또는 asyncRequest() 메소드 중 하나를 사용해 루트로 메시지를 보낸다.

   여기서는 asyncRequestBody()를 사용해 응답을 기대하는 InOut 대화를 시작한다.

   ```
   Future<Object> future = producerTemplate.asyncRequestBody(
       "direct:processInOut", "SomePayload");
   ```

   async...() 메소드는 java.util.concurrent.Future를 리턴하고, 그 리턴 값은 익스체인지의 처리가 끝났는지 즉 요청이 처리되었는지 체크하는 데 사용한다.

```
while(!future.isDone()) {
  log.info("Doing something else while processing...");
  Thread.sleep(200);
}
```

2. 루트로부터 성공 응답을 얻기 위해 `future.get()` 메소드를 사용한다. 이 메소드 호출은 응답을 받을 때까지 현재 스레드를 멈춘다.

```
String response = (String) future.get();
log.info("Received a response");
assertEquals("Processed SomePayload", response);
```

익스체인지를 처리하는 동안 예외가 발생한다면 `future.get()`은 카멜 내에서 발생한 예외를 감싼wrap `java.util.concurrent.ExecutionException` 인터페이스를 던질 것이다.

위 코드를 실행하면 다음과 같은 출력을 보게 된다.

```
Doing something else while processing...
Received SomePayload
Doing something else while processing...
Doing something else while processing...
Doing something else while processing...
Doing something else while processing...
Doing something else while processing...
Processing SomePayload
Received a response
```

예제 분석

내부적으로, `ProducerTemplate` 인터페이스의 `async...()` 메소드를 사용해 전송된 익스체인지를 처리하기 위해 기본 설정(10개의 스레드) 스레드 풀이 사용된다. 호출 스레드는 이 풀 내의 스레드 중 하나에 의해 처리되도록 메시지를 인메모리 큐에 넣는다. 그리고 나서 평소대로 처리를 계속한다.

org.apache.camel.spi.Synchronization 구현체를 ProducerTemplate 인터페이스
의 asyncCallback...() 메소드 중 하나에 넘겨서 콜백을 사용하고 비동기적으로 익
스체인지의 리턴 상태를 다룰 수도 있다.

```
Future<Object> future = template.asyncCallbackRequestBody(
    "direct:processInOut",
    "AnotherPayload",
    new Synchronization() {
      @Override
      public void onComplete(Exchange exchange) {
        assertEquals("Processed AnotherPayload",
                    exchange.getOut().getBody());
      }

      @Override
      public void onFailure(Exchange exchange) {
        fail();
      }
    });
```

- 카멜 비동기 API: http://camel.apache.org/async.html
- ProducerTemplate 인터페이스: http://camel.apache.org/maven/current/
  camel-core/apidocs/org/apache/camel/ProducerTemplate. html
- Synchronization 인터페이스: http://camel.apache.org/maven/current/
  camel-core/apidocs/org/apache/camel/spi/ Synchronization.html

커스텀 스레드 풀 사용하기

보통 분할기^{Splitter}, 멀티캐스트, 수집기와 같은 패턴을 사용할 때, 그 패턴을 위해 생성된 10개의 스레드를 가진 기본 스레드 풀이면 충분하다. 그러나 기본 스레드 풀이 용도에 부적절할 때 이와 같은 각각의 패턴들은 사용자가 커스텀 풀을 제공하도록 허용한다.

이 예제는 카멜에서 커스텀 스레드 풀을 정의하는 방법을 보여준다.

준비

이 예제의 자바 코드는 `org.camelcookbook.parallelprocessing.threadpools` 패키지에 위치한다. 스프링 XML 파일은 src/main/resources/META-INF/spring 아래에 threadPools이라는 접두어를 가지고 있다.

예제 구현

XML DSL을 사용해 커스텀 스레드 풀을 정의하기 위해 `camelContext` 엘리먼트 내의 루트 앞에 `threadPool` 정의를 추가한다.

```
<camelContext xmlns="http://camel.apache.org/schema/spring">
  <threadPool id="customThreadPool"
              poolSize="5"
              thread Name="CustomThreadPool"/>
  <route>
    <!-- ... -->
  </route>
</camelContext>
```

`threadPool`의 id 속성은 병렬 처리를 지원하는 어떤 패턴의 `executorServiceRef` 내에서든지 사용 가능하다. 다음 XML DSL은 '스레드를 사용해 루트에서 부하 분산하기' 예제에서 정의했던 customThreadPool를 threads 블럭으로 집어넣는다.

```
<threads executorServiceRef="customThreadPool">
```

자바 DSL도 이런 방법으로 정의된 스레드 풀을 사용할 수 있다.

```
.threads().executorServiceRef("customThreadPool")
```

예제 분석

threadPool이 XML DSL 내에 정의되면, ExecutorService 객체 하나가 지정된 속성과 함께 인스턴스화되고 주어진 id로 카멜 레지스트리에 등록된다.

 동일한 스레드 풀이 다른 여러 개의 루트 또는 EIP 엘리먼트에 의해 재사용 가능하다. 하지만 개개의 루트에 할당할 스레드가 모자라지 않도록 주의를 기울여야 한다.

스프링 또는 OSGi 블루프린트 애플리케이션에서처럼, 자바 RouteBuilder 구현체들이 XML DSL과 공동으로 사용되는 것은 매우 흔한 일이다. 이런 경우에, routeBuilder 참조는 threadPool 이전에 정의되어야 한다.

```
<bean id="routeBuilderUsingRef"
      class="org.camelcookbook.parallelprocessing.threadpools
            .CustomThreadPoolRefRouteBuilder"/>

<camelContext xmlns="http://camel.apache.org/schema/spring">
  <routeBuilder ref="routeBuilderUsingRef"/>
  <threadPool id="customThreadPool"
            poolSize="5"
            maxQueueSize="100"
            thread Name="CustomThreadPool"/>
</camelContext>
```

로그 출력에서 커스텀 풀이 사용되는 것을 볼 수 있다.

```
Processing Message[3]:Camel (camel-1) thread #12 - CustomThreadPool
```

만약 XML DSL을 사용하지 않는다면, org.apache.camel.builder.ThreadPool Builder 클래스를 사용해 사용자 루트와 함께 java.util.concurrent.Executor

`Service` 인터페이스의 구현체를 정의한다.

```
ExecutorService executorService =
    new ThreadPoolBuilder(context).poolSize(5)
        .maxQueueSize(100).build("CustomThreadPool");
```

`build()` 메소드로 전달되는 값은 스레드 이름으로 할당된다.

위의 빌더는 카멜 컨텍스트를 인자로 받고 컨텍스트에 의해 관리되는 생명주기를 가진 스레드 풀로서 자신을 등록한다.

그리고 나서 병렬 처리를 지원하는 패턴의 `executorService()` DSL 문장에서 위의 스레드 풀 인스턴스를 참조할 수 있다.

`.threads().executorService(`**`customExecutorService`**`)`

부연 설명

스레드 풀을 정의할 때 다음과 같은 여러 가지 설정을 변경할 수 있다.

설정	설명
`poolSize`	사용되는 스레드 풀 크기(필수)
`maxPoolSize`	스레드 풀이 가지는 스레드의 최대 개수
`keepAliveTime`	비활성화된 스레드가 유지되는 시간
`timeUnit`	keepAliveTime에서 사용되는 java.util.concurrent.TimeUnit 인터페이스(예를 들면, MILLISECONDS, SECONDS, MINUTES)
`maxQueueSize`	처리를 위해 큐에 유지하고 있는 익스체인지의 최대 개수. -1은 제한 없는 큐를 나타냄
`rejectedPolicy`	maxQueueSize 값에 도달하면 큐에 도착한 메시지에 대응하는 행위. Abort(예외 발생), CallerRuns, Discard 또는 DiscardOldest가 될 수 있음

마지막 두 개의 옵션은 스레드 풀을 채우는 인메모리 큐의 행위를 관리한다. 이외에도 `threadNamePattern`를 통해 풀 내의 스레드에 대한 커스텀 스레드 이름을 정의한다. 이 이름은 몇 개의 자리표시자[placeholder]를 포함하기도 한다.

`threadNamePattern="#camelId#:CustomThreadPool[#counter#]"`

다음의 자리표시자들이 이 패턴에서 사용된다.

자리표시자	설명
camelId	카멜 컨텍스트 이름
counter	증가 카운터
name	원래 스레드 이름
longName	카멜로부터의 부가적인 정보를 포함하는 자동 생성된 긴 이름

참고 사항

- 카멜 스레딩 모델: http://camel.apache.org/threading-model.html

스레드 풀 프로파일 사용하기

'커스텀 스레드 풀 사용하기' 예제에서 스레드 풀을 정의해봤다. 그 스레드 풀을 여러 개의 패턴과 루트에서 재사용 가능하다.

이 예제는 그 개념을 다음 단계로 가져가서 스레드 풀 생성을 위한 템플릿 역할을 하는 스레드 풀 프로파일을 정의하는 것을 보여준다. 패턴들은 스레드 풀 프로파일을 참조해 그 프로파일에 정의된 특징을 사용해 생성된 자신만의 독립된 스레드 풀을 가진다.

준비

이 예제의 자바 코드는 org.camelcookbook.parallelprocessing.threadpoolpro files 패키지에 위치한다. 스프링 XML은 src/main/resources/META-INF/spring 아래 threadPoolProfiles라는 접두어를 가지고 있다.

루트 내에서 생성되는 스레드 풀의 템플릿 역할을 하는 threadPoolProfile 클래스를
설정한다.

1. XML DSL에서 다른 threadPool이나 루트 정의보다 먼저 threadPoolProfile 블
   럭을 정의한다.

```
<camelContext
    xmlns="http://camel.apache.org/schema/spring">
  <threadPoolProfile id="customThreadPoolProfile" poolSize="5"/>
  <threadPool ../>

  <route>
    <!-- ... -->
  <route/>
</camelContext>
```

자바에서는 프로파일을 인스턴스화하기 위해 org.apache.camel.builder.
ThreadPoolProfileBuilder 클래스를 사용한다.

```
ThreadPoolProfile customThreadPoolProfile =
    new ThreadPoolProfileBuilder(
        "customThreadPoolProfile")
      .poolSize(5).maxQueueSize(100).build();
```

첫 번째 인자는 프로파일이 등록될 이름이다. 그다음에 프로파일을 카멜 컨텍스
트에 등록한다.

```
context.getExecutorServiceManager()
  .registerThreadPoolProfile(customThreadPoolProfile);
```

2. 병렬 처리를 지원하는 패턴의 executorServiceRef 속성에서 threadPoolProfile
   클래스의 id 속성을 사용한다.

   아래 XML DSL은 customThreadPoolProfile에 기반한 threads 블럭을 초기화한다.

```
<threads executorServiceRef="customThreadPoolProfile">
```

자바 DSL 또한 이렇게 정의된 스레드 풀 프로파일을 사용할 수 있다.

```
.threads().executorServiceRef("customThreadPoolProfile")
```

카멜 컨텍스트가 시작할 때, 카멜은 이름을 사용해 `ExecutorService` 인스턴스를 필요로 하는 패턴에 제공하려 한다. 만약 `ExecutorService` 인스턴스가 카멜 레지스트리에 해당 이름으로 등록되어 있다면 그 이름을 사용한다. 아무것도 발견되지 않으면, 카멜은 내부의 `ExecutorServiceManager`를 확인해 그 이름에 부합하는 스레드 풀 프로파일이 존재하는지 본다.

프로파일로 찾아진 스레드 풀 참조는 카멜에 의해 생성된 자신만의 유일한 `ExecutorService` 인스턴스를 가지게 된다. 그래서 두 개의 패턴이 동일한 프로파일을 찾으면, 각 패턴 인스턴스를 위한 두 개의 스레드 풀이 생성된다.

`ExecutorService` 인스턴스나 스레드 풀 프로파일로 찾아지지 않는 `executor ServiceRef` 이름을 설정하면 카멜 컨텍스트를 시작할 때 에러가 발생한다.

`threadPoolProfile` 정의 내에 몇 가지 커스터마이징 가능한 옵션이 있는데, 이것들은 `threadPool`의 옵션들과 일치한다('커스텀 스레드 풀 사용하기' 예제를 보라). 단 한 가지 예외는 스레드 이름을 정의할 수 없다는 것이다.

- 카멜 스레딩 모델: http://camel.apache.org/threading-model.html

비동기 API 사용해 작업하기

가끔은 카멜 프로세서에서 본질적으로 비동기적인 (즉 응답을 리턴하기 위해 콜백을 사용하는) 서드파티 API를 부르고 싶을 때가 있다.

이를 위한 가장 간단한 방법은 그 API에 리스너를 등록하고, 요청을 넣고, `java.util.concurrent.CountDownLatch` 인스턴스나 비슷한 것을 사용해 응답을 받을 때까지 현재 스레드를 정지하고 있는 것이다. 이는 엄격하게 필요한 것보다 하나 더 많은 스레드를 사용하게 되고, 잠재적으로 루트의 컨슈밍 엔드포인트로부터 소비율을 내리게 하는 단점이 있다.

이 예제는 비동기 처리기^{Asynchronous Processor}를 통해 이런 종류의 API를 진짜 비동기적으로 사용하게 하는 대안을 제공한다. 이 메커니즘을 사용할 경우, 일단 요청이 이루어지면 원래 스레드는 다른 일을 하기 위해 놓여지게 되고 응답은 콜백을 발생시키는 스레드를 사용해 보내진다.

 이는 서드파티 네이티브 비동기 API를 사용하려는 개발자만을 위한 고급 예제다.

준비

이 예제를 위한 자바 코드는 `org.camelcookbook.parallelprocessing.asyncprocessor` 패키지에 있다. 스프링 XML 파일은 src/main/resources/META-INF/spring 아래에 asyncProcessor라는 접두어를 가지고 있다.

예제 구현

`org.apache.camel.AsyncProcessor` 인터페이스를 구현한다. 그리고 메시지가 동기적 또는 비동기적으로 처리되었는지에 관해 세세한 조정을 하는 코드를 작성한다.

1. AsyncProcessor 인터페이스를 구현하는 클래스를 정의한다.

```
public class BackgroundThreadAsyncProcessor
    implements AsyncProcessor {
  //...
}
```

AsyncProcessor 인터페이스는 그 부모 인터페이스인 Processor가 가진 메소드 이외에 하나의 메소드를 정의한다.

```
public interface AsyncProcessor
    extends org.apache.camel.Processor {
  boolean process(org.apache.camel.Exchange exchange,
      org.apache.camel.AsyncCallback asyncCallback);
}
```

이것이 우리가 구현하는 데 관심있는 유일한 메소드다. 일반적인 process (Exchange) 메소드는 비워두거나 다른 개발자들이 그 메소드가 사용되지 않을 것이라는 것을 알도록 예외를 던지게 하면 된다.

```
@Override
public void process(Exchange exchange) throws Exception {
  throw new IllegalStateException(
    "this should never be called");
}
```

2. process(Exchange, AsyncCallback) 메소드를 구현한다.

서드파티 API을 소개하는 것보다는, java.util.concurrent.ExecutorService 인스턴스에 하나의 Runnable 구현체를 제출해 비동기적인 행위를 보여준다.

```
private final ExecutorService executorService =
    Executors.newSingleThreadExecutor();
```

AsyncCallback은 카멜 런타임으로부터 전달된 객체로, 처리가 완료되었다는 것을 알려주기 위해 모의simulated 응답 핸들러(위의 Runnable)를 실행할 것이다.

이 메소드는 그 처리가 동기적으로(true) 또는 비동기적으로(false) 완료될 것인지의 여부를 나타내는 불린 값을 리턴한다. AsyncCallback.done(boolean) 메소드는 항상 리턴된 동일한 해당 값과 함께 호출되어야 한다.

```java
@Override
public boolean process(Exchange exchange,
    final AsyncCallback asyncCallback) {
  final Message in = exchange.getIn();
  final boolean completesSynchronously = false;
  backgroundExecutor.submit(new Runnable() {
    @Override
    public void run() {
      in.setBody("Handled async: "
              + in.getBody(String.class));
      // 현재 스레드는 루트의 나머지 부분에서
      // 계속 익스체인지를 처리할 것이다

      asyncCallback.done(completesSynchronously);
    }
  });
  return completesSynchronously;
}
```

3. 루트 내에 그 프로세서를 포함한다.

XML DSL에서는 먼저 그 프로세서를 빈^{bean}으로 정의한다.

```xml
<bean id="slowOperationProcessor"
      class="org.camelcookbook.parallelprocessing
             .asyncprocessor.SlowOperationProcessor"/>
```

그 다음에 process 문 내에서 그 빈을 참조한다.

```xml
<from Uri="direct:in"/>
<process ref="slowOperationProcessor"/>
<to Uri="mock:out"/>
```

자바 DSL에서는 다음과 같이 표현한다.

```java
from("direct:in")
  .process(new SlowOperationProcessor())
  .to("mock:out");
```

앞의 예제에서, 스레드 풀에 의한 백그라운드 처리가 비동기적인 상호작용을 보여주는 데 사용되었다. 비동기 라이브러리는 이벤트 리스너를 실행하고 관심있는 이벤트가 일어났을 때 사용자 코드를 실행하는 방법으로 동작한다. 이 예제에서 그 리스너는 Runnable이다.

process(Exchange, AsyncCallback) 메소드는 비동기 API와 통신하고 요청이 동기적으로 처리되었는지 여부를 리턴한다. 만약 true를 리턴한다면, 현재 스레드는 평소와 같이 익스체인지를 처리하기 위해 진행한다. 만약 메소드가 false를 리턴한다면 현재 스레드는 익스체인지를 처리하기 위해 더 진행하지 않고, 루트의 컨슈밍 엔드포인트로부터 오는 다른 요청을 처리하도록 카멜이 그 스레드를 놓게 된다.

asyncCallback.done()에 대한 호출은 익스체인지가 동기적으로 처리되었는지 여부를 라우팅 엔진에게 알린다. true라면 엔진에게 예약된 자원을 비우기 위한 기회를 준다. false라면 그 호출 스레드는 루트의 나머지 부분에서 익스체인지를 처리하기 위해 사용된다.

process()로부터 리턴되는 값과 asyncCallback.done()의 인자는 반드시 동일해야 한다.

 여기서 살펴본 기법은 항상 긴 시간이 걸리는 처리 단계를 위해 유용하게 사용될 것이다. Runnable을 통해 처리를 ExecutorService로 넘기는 것은 컨슈밍 스레드를 놓아주어 다음 요청을 처리하게 한다. 사용자가 AsyncProcessor를 사용해야 하는 적절한 이유를 찾지 못한다면 표준적인 Processor 인터페이스를 사용해 처리를 구현하는 것을 추천한다.

AsyncProcessor 인터페이스는 모든 익스체인지를 비동기적으로 처리할 필요는 없는데, 그것이 왜 process(Exchange, AsyncCallback) 메소드가 그 실행이 동기적으로 끝났는지 아닌지 여부를 리턴하는 이유다.

그 내용에 따라 메시지를 동기적 또는 비동기적으로 처리하는 예제가 있다. 이 예제에서는 헤더 설정을 조사한다.

```java
@Override
public boolean process(final Exchange exchange,
    final AsyncCallback asyncCallback) {
  final Message in = exchange.getIn();
  if (in.getHeader("processAsync", Boolean.class)) {
    // 비동기적으로 처리한다
    executorService.submit(new Runnable() {
      @Override
      public void run() {
        in.setBody("Processed async: "
                 + in.getBody(String.class));
        asyncCallback.done(false);
      }
    });
    return false;
  } else {
    // 동기적으로 처리한다
    in.setBody("Processed sync: " + in.getBody(String.class));
    asyncCallback.done(true);
    return true;
  }
}
```

동기적인 처리를 나타내는 true를 리턴하기 이전에, 라우팅 엔진이 예약된 리소스를 삭제하게 하기 위해 asyncCallback.done(true) 메소드를 반드시 호출해야 한다.

 이 방법을 트랜잭션과 함께 사용하고자 할 때에는 조심해야 한다. 사용하는 트랜잭션 리소스들이 다른 스레드로부터 동시적인 접근을 지원하지 않을 수도 있다. 만약 이 두 가지 기능을 조합하려 한다면 철저하게 테스트하라.

- `AsyncCallback` 인터페이스: http://camel.apache.org/maven/current/camel-core/apidocs/org/apache/camel/AsyncCallback.html
- `AsyncProcessor` 인터페이스: http://camel.apache.org/maven/current/camel-core/apidocs/org/apache/camel/AsyncProcessor.html
- 카멜 비동기 라우팅 엔진: http://camel.apache.org/asynchronous-routing-engine.html

7
에러 처리와 보상

7장에서는 다음과 같은 예제를 다룬다.

- 에러 로깅하기
- 발송 불가 채널^{Dead Letter Channel}: 추후에 에러 처리하기
- 동작 재시도하기
- 조건적 재시도하기
- 각각의 재배달 시도를 커스터마이징하기
- 예외 잡기
- 예외 처리 상태로 표시하기
- doTry...doCatch를 사용해 에러를 세밀하게 처리하기
- 액션 완료 정의하기
- 액션 완료를 동적으로 정의하기

소개

7장에서는 루트 내에서 카멜이 에러를 처리하는 다양한 방법들에 대해 살펴본다. 카멜은 이슈를 적절하게 다루는 강력한 에러 처리 메커니즘을 여러 단계에서 포함 가능하도록 제공한다.

카멜에서 루트나 루트의 일부가 메시지 처리를 성공 또는 에러로 완료했을 때의 콜백을 등록하는 방법도 살펴볼 것이다. 이 완료 콜백 기능은 7장에서 논의하는 다른 몇 가지 에러 처리 기능의 대안으로 동작한다. 예를 들면, 깊게 중첩된 예외 핸들러보다 처리 단계를 실행한 후에 마무리를 하기 위해 완료 콜백을 사용하는 것이 더 쉬울 수도 있다. 파일 컴포넌트 같은 몇몇 카멜 컴포넌트는 이런 메커니즘을 가지고 있고 컨슈밍 루트의 성공 또는 실패에 기반해 단계를 수행하기 위해 그 메커니즘을 사용하는데, 예를 들면 루트의 실패 시에는 에러 디렉토리로 파일을 옮겨서 그 파일의 내용을 완전히 처리하는 것 등이다.

카멜은 에러 처리를 위해 세 가지 핵심 메커니즘을 제공한다.

- **에러 핸들러:** 기본^{Default}, 로깅^{Logging}, 발송 불가 채널^{Dead Letter Channel} 에러 핸들러는 잡고^{catch} 처리하고 재전송 정책을 정의하기 위한 일반적인 (즉, 에러를 처리하기 위한) 위치를 제공한다. 이는 (글로벌) 카멜 컨텍스트나 또는 루트 레벨 양쪽에 정의 가능하다. 또한 Transactional Error Handler에 관해서는 8장, '트랜잭션과 멱등성'에서 설명한다.

- **doTry...doCatch...doFinally:** 자바의 `try...catch...finally` 예외 처리와 동일하며, 하나 또는 그 이상의 처리 단계에서 핸들러를 정의할 수 있다. 카멜은 통합 솔루션에서 일반적으로 볼 수 있는 중첩되거나^{nested} 감싸인^{wrapped} 예외를 훌륭히 처리할 수 있는 정교한 예외 매칭 알고리즘을 제공한다.

- **onException:** 재전송과 조건별 처리에 관한 옵션과 함께 특정 자바 예외 타입을 위한 예외 핸들러를 정의한다. 재전송 이전에 메시지를 변경하는 프로세서를 등록하는 확장점 또한 사용 가능하다. 이는 (글로벌) 카멜 컨텍스트와 루트 단계 둘 다에서 정의된다. `doTry...doCatch···doFinally`와 같이 이 메커니즘은 포함된 예외들을 매칭한다.

에러 핸들링에 적용된 글로벌의 개념은 XML과 자바 DSL에서 약간 다르다는 점을 주
의하여 살펴보라.

XML DSL에서 camelContext 엘리먼트 내에 정의된 에러 핸들러는 자바와 다른
DSL 내에서 받아들인 루트 정의를 포함해 카멜 컨텍스트 내에 정의된 모든 루트에 적
용된다.

자바 DSL에서 RouteBuilder.configure() 메소드에 정의된 에러 핸들러는 그
RouteBuilder 구현체 내에 정의된 모든 루트에 적용된다.

카멜은 내장 재전송 기능을 포함해 특정 엔드포인트로 메시지 전송을 재시도하게 한
다. 통합에 있어서 외부 시스템이 잠시 동안 사용 불가능한 상태인 것은 흔하기 때문
에 이 기능은 매우 유용하다. 그런 상태를 에러로 알리기보다는 나중에 다시 메시지
를 보내는 것이 좋다. 이는 일반적인 유지보수의 일환으로서 외부 시스템 재시작이나
업그레이드 같은 경우에 쉽게 대응하게 한다.

카멜은 에러가 호출자에게 노출되어야 하는지를 제어하는 에러 처리^{handled} 개념을 사
용한다. 만약 예외가 DSL의 handled(true) 문을 사용해 처리되었다고 표시된다면
그 에러 핸들러의 처리 단계는 에러를 언급한 것으로 간주되어 호출자에게는 아무런
에러도 전달하지 않는다. 그 에러 핸들러는 에러를 반영하기 위해 메시지를 변경할
수도 있다. 만약 에러가 처리되지 않고 호출자에게 리턴된다면, 호출자는 그 에러를
처리할 수 있는 기회를 갖게 된다.

카멜의 아키텍처에 관한 몇 가지 개념이 7장에 걸쳐 사용된다. '들어가며'에 카멜 개
념에 관한 개괄이 있다. 자세한 사항은 아파치 카멜 웹사이트(http://camel.apache.
org)에서 찾을 수 있다.

7장의 코드는 예제의 camel-cookbook-error 모듈에 포함되어 있다.

카멜에서는 로깅 에러 핸들러를 사용함으로써 잡히지 않은 모든 예외를 쉽게 특정 방법으로 로깅할 수 있다. 이 메커니즘은 카멜 컨텍스트 레벨에서 전역적으로 또는 루트 레벨 수준에서 둘 다 설정 가능하고 로그 이름과 레벨을 사용해 처리되지 않은 모든 예외를 로깅한다.

이 예제는 LoggingErrorHandler라는 에러 핸들러를 사용해 런타임 시 카멜에 의해 잡힌 에러를 로깅하는 방법을 보여준다.

준비

이 예제의 자바 코드는 org.camelcookbook.error.logging 패키지에 위치한다. 스프링 XML 파일은 src/main/resources/META-INF/spring 아래에 logging이라는 접두어를 가지고 있다.

예제 구현

XML DSL에서는 camelContext 엘리먼트 내에 errorHandler 엘리먼트를 정의하고 camelContext 엘리먼트의 errorHandlerRef 속성에서 에러 핸들러의 id를 참조한다. errorHandler 엘리먼트의 type 속성은 반드시 "LoggingErrorHandler"로 설정되어야 한다. level(기본값 ERROR)과 logName(기본값 Logger) 속성도 필요하다면 설정한다. 이 작업을 통해 카멜 컨텍스트 내에 정의된 모든 루트의 기본 에러 핸들러를 설정할 수 있다. 다음 코드를 참조하라.

```
<camelContext errorHandlerRef="myErrorHandler"
              xmlns="http://camel.apache.org/schema/spring">
  <errorHandler id="myErrorHandler"
                type="LoggingErrorHandler"
                level="ERROR"
                logName="MyLoggingErrorHandler"/>
```

```
<route>
    <from uri="direct:start"/>
    <!-- ... -->
  </route>
</camelContext>
```

자바 DSL에서는 RouteBuilder.configure() 메소드 내에서 DSL의 유려한 API[fluent API]를 사용해 설정된 LoggingErrorHandler 인스턴스를 참조하는 errorHandler 인스턴스를 정의한다. level(기본값 ERROR) 속성과 logName(기본값 Logger) 속성을 설정한다. 이는 RouteBuilder 구현체 내에 정의된 모든 루트의 기본 에러 핸들러를 설정하게 된다.

```
public class LoggingRouteBuilder extends RouteBuilder {
  @Override
  public void configure() throws Exception {
    errorHandler(loggingErrorHandler()
        .logName("MyLoggingErrorHandler")
        .level(LoggingLevel.ERROR)
    );

    from("direct:start")
    //…
  }
}
```

예제 분석

카멜은 로깅을 설정하기 위해 내부적으로 SLF4J 로그 라이브러리를 사용한다. SLF4J 라이브러리는 카멜이 다양한 로그 구현체와 동작하게 한다. 사용되는 구현체에 따라서 런타임 속성을 설정할 수도 있다. 예를 들면 Log4j가 사용된다면 log4j.properties에 설정한다.

logName 속성을 설정하는 것은 SLF4J의 LoggerFactory.getLogger(logName)을 호출하는 것과 동일하다. 이는 이 스트링 값을 사용해 로그 메시지를 찾고 자동적으로 필터링하게 해 프로젝트 내에서 무엇이 일어나고 있는지 빨리 판단하는 데 도움을 준다.

그 예로서, 앞의 샘플 코드에 기반한 로그 내용은 다음과 같다. 로그에서 `logName` 설정이 어떻게 사용되는지 확인하라.

```
2013-05-28 07:21:36,913 [main             ] ERROR
MyLoggingErrorHandler     - Failed delivery for (MessageId:
ID-grelber-local-56780-1369740096617-0-3 on ExchangeId:
ID-grelber-local-56780-1369740096617-0-4). Exhausted after delivery
attempt: 1 caught: org.camelcookbook.error.logging.FlakyException:
FlakyProcessor has gone Flaky
```

부연 설명

특정 루트를 위한 에러 핸들러를 설정하는 것도 가능하다.

XML DSL에서는 다음 코드를 사용해 route 엘리먼트의 errorHandlerRef 속성을 설정할 수 있다.

```
<camelContext xmlns="http://camel.apache.org/schema/spring">
  <errorHandler id="myRouteSpecificLogging"
                type="LoggingErrorHandler"
                level="ERROR"
                logName="MyRouteLogging"/>

  <route errorHandlerRef="myRouteSpecificLogging">
    <from uri="direct:start"/>
    <!-- ... -->
  </route>
</camelContext>
```

자바 DSL에서는 루트 정의의 from 부분 뒤에 특정 루트를 위한 에러 핸들러를 서술한다.

```
from("direct:start")
    .errorHandler(loggingErrorHandler()
        .logName("MyRouteLogging")
        .level(LoggingLevel.ERROR)
    )
    .bean(FlakyProcessor.class)
    .to("mock:result");
```

발송 불가 채널: 추후에 에러 처리하기

카멜의 발송 불가 채널^{Dead Letter Channel} 에러 핸들러는 일반적인 에러를 특정 엔드포인트로 보낼 때 도움이 된다. 나중에 수동으로 처리할 에러를 발생시키는 메시지를 잡을 때도 유용하게 사용된다.

이 방법을 통해 에러를 발생시킨 익스체인지 인스턴스를 특정 카멜 엔드포인트로 보낼 수 있다(예를 들어 `activemq:queue:somethingBadHappenedQueue`). 또는 그 메시지를 다른 루트(예로 `seda:error`)로 보내게 한다. 카멜에게 엔드포인트 URI는 다른 카멜 루트를 참조하거나(`from(...)` 엘리먼트 내의 URI), 또는 `activemq:queue:errorQueue` 예와 같이 (메시지를 어딘가로 보내는) 생산 엔드포인트다.

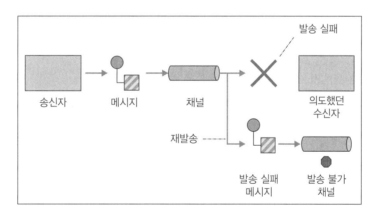

이 예제는 카멜의 발송 불가 채널 에러 핸들러를 사용해 익스체인지를 다른 카멜 루트로 보내 처리하게 하는 방법을 보여준다.

이 예제의 자바 코드는 `org.camelcookbook.error.dlc` 패키지에 위치한다. 스프링 XML 파일은 src/main/resources/META-INF/spring 아래에 dlc라는 접두어를 가지고 있다.

XML DSL에서는 `camelContext` 엘리먼트 내에 `errorHandler` 엘리먼트를 정의하고 그 id를 `camelContext`의 `errorHandlerRef` 속성에서 참조한다. `errorHandler` 엘리먼트의 `type` 속성은 반드시 "DeadLetterChannel"로 설정되어야 한다. 그리고 나서 예외를 발생시킨 메시지를 보내려는 엔드포인트(또는 루트)로 `deadLetterUri` 속성을 설정한다.

다음 코드누 이 카멜 컨텍스트 내에 정의된 모든 루트의 기본 에러 핸들러를 설정한다.

```xml
<camelContext errorHandlerRef="dlcErrorHandler"
              xmlns="http://camel.apache.org/schema/spring">
  <errorHandler
      id="dlcErrorHandler"
      type="DeadLetterChannel"
      deadLetterUri="seda:error"/>

  <route>
    <from uri="direct:start"/>
    <!-- ... -->
  </route>
  <route id="myErrorHandlingRoute">
    <from uri="seda:error"/>
    <!-- ... -->
  </route>
</camelContext>
```

248

자바 DSL을 사용한다면, RouteBuilder.configure() 메소드 내에 deadLetterChannel 인스턴스를 참조하는 errorHandler 인스턴스를 정의한다. deadLetterChannel의 단일 인자는 실패한 메시지를 보내길 원하는 엔드포인트 URI다.

다음 코드는 이 RouteBuilder 구현체 내에 정의된 모든 루트를 위한 기본 에러 핸들러를 설정한다.

```
public class DlcRouteBuilder extends RouteBuilder {
  @Override
  public void configure() throws Exception {
    errorHandler(deadLetterChannel("seda:error"));

    from("direct:start") //…

    from("seda:error") //…
  }
}
```

예제 분석

메시지를 처리하는 동안 에러(예외)가 발생할 때, 에러 처리를 하는 부분이 없다면('예외 잡기' 절을 보라), 발송 불가 채널 에러 핸들러가 호출된다. 이를 통해 실패한 익스체인지는 지정한 URI를 가진 엔드포인트로 전송된다. 이는 실패 시에 메시지 상태를 잡는 간단한 방법이며 추후에 다른 시스템이(또는 사람이) 메시지를 조사하고 이슈 해결을 시도할 수 있다.

실패한 메시지를 다른 루트로 보내는 것은 오류 발생 시 그 익스체인지의 헤더와 속성을 조사할 수 있는 기회를 주고, 문제에 대해 더 많은 통찰력을 제공한다. 카멜은 문제를 식별하는 데 도움을 주는 몇 가지 부가적인 속성을 넣고, 사용자는 아마도 그것을 메시지와 함께 유지하길 원할 것이다. 예를 들어 카멜은 CamelToEndpoint 속성을 익스체인지가 전송된 마지막 엔드포인트 URI로 정한다. 그리고 CamelFailureEndpoint는 오류를 일으킨 것으로 여겨지는 엔드포인트의 URI로 정한다.

발송 불가 채널의 기본 동작은 에러 발생 시에 메시지를 보내는 것이다. 하지만 때때로 루트로 들어왔을 때의 원래 메시지 상태를 보고 싶을 때가 있다. 카멜은 useOriginalMessage 옵션을 포함해 발송 불가 채널이 에러 발생 시의 메시지 상태가 아닌, 오류가 일어난 루트로 들어왔을 때 보이던 대로의 메시지를 보내게 한다. 이것은 사용자 메시지 처리 중에 메시지 상태가 변경이 되었을 때 유용하다.

XML DSL에서는 errorHandler 엘리먼트에 useOriginalMessage 속성을 true로 한다.

```
<camelContext errorHandlerRef="dlcErrorHandler"
              xmlns="http://camel.apache.org/schema/spring">
  <errorHandler id="dlcErrorHandler"
              type="DeadLetterChannel"
              deadLetterUri="seda:error"
              useOriginalMessage="true"/>
  //...
</camelContext>
```

자바 DSL에서는 동일한 것을 다음과 같이 표현한다.

```
public class DlcRouteBuilder extends RouteBuilder {
  @Override
  public void configure() throws Exception {
    errorHandler(
      deadLetterChannel("seda:error")
        .useOriginalMessage()
    );
    //…
  }
}
```

여러 개의 루트에서 다르게 에러를 처리하길 원한다면 특정 루트를 위한 에러 핸들러를 가질 수도 있다.

XML DSL에서는 route 엘리먼트에 errorHandlerRef 속성을 사용한다.

```
<camelContext xmlns="http://camel.apache.org/schema/spring">
  <errorHandler id="myRouteHandler"
                type="DeadLetterChannel"
                deadLetterUri="seda:error"/>

  <route errorHandlerRef="myRouteHandler">
    <from uri="direct:start"/>
    <!-- ... -->
  </route>
</camelContext>
```

자바 DSL에서는 루트 정의의 `from` 뒤에 루트 전용 에러 핸들러를 명세한다.

```
from("direct:start")
  .errorHandler(
    deadLetterChannel("seda:error")
      .useOriginalMessage()
  )
  .bean(FlakyProcessor.class)
  .to("mock:result");
```

참고 사항

- 에러 처리: http://camel.apache.org/error-handling-in-camel.html
- 에러 핸들러: http://camel.apache.org/error-handler.html
- 발송 불가 채널: http://camel.apache.org/dead-letter-channel.html

동작 재시도 하기

일시적으로 백엔드 서버가 사용 불가능할 수도 있기 때문에 재전송을 시도하는 것이 때로는 서비스 실행 중에 발생된 에러를 해결하는 가장 좋은 방법일 수 있다. 카멜은 메시지를 에러로 정의하기 전에 자동 재시도하는 정책을 쉽게 정의한다. 이 예제는 사용자 루트에서 재시도 정책을 조정하는 방법 몇 가지를 보여준다.

이 예제의 자바 코드는 `org.camelcookbook.error.retry` 패키지에 위치한다. 스프링 XML 파일은 src/main/resources/META-INF/spring 아래에 위치하고 retry라는 접두어를 가지고 있다.

XML DSL에서는 `camelContext` 엘리먼트 내에 `errorHandler` 엘리먼트를 정의한다. 그리고 그것을 `camelContext` 엘리먼트의 `errorHandlerRef` 속성에서 참조한다. `errorHandler` 엘리먼트 내에서는 `redeliveryPolicy`라는 자식 엘리먼트를 만드는데, `redeliveryPolicy` 엘리먼트는 많은 다른 옵션 중에서도 `maximumRedeliveries`와 `redeliveryDelay` 속성을 가질 수 있다. 이는 카멜 컨텍스트 내 정의된 모든 루트를 위한 기본 에러 핸들러를 정의한다.

```
<camelContext errorHandlerRef="myErrorHandler"
              xmlns="http://camel.apache.org/schema/spring">
  <errorHandler id="myErrorHandler"
                type="DefaultErrorHandler">
    <redeliveryPolicy maximumRedeliveries="2"/>
  </errorHandler>

  <route>
    <from uri="direct:start"/>
    <!-- ... -->
  </route>
</camelContext>
```

자바 DSL에서는 `RouteBuilder.configure()` 메소드에서 동일한 것을 한다. 여기서는 유려한 API를 사용해 설정된 `DefaultErrorHandler` 인스턴스를 참조하는 `errorHandler` 엘리먼트를 정의한다. maximumRedeliveries(기본값은 재시도가 없음을 의미하는 0)과 redeliveryDelay 기능(기본값 1000밀리초) 같은 몇 개의 속성을 정의한다. 다음 코드는 `RouteBuilder` 구현체 내에 정의된 모든 루트를 위한 기본 핸들러를 설정한다.

```
public class RetryRouteBuilder extends RouteBuilder {
  @Override
  public void configure() throws Exception {
    errorHandler(defaultErrorHandler()
        .maximumRedeliveries(2)
    );

    from("direct:start") //...
  }
}
```

예제 분석

카멜의 재전송 에러 처리 정책은 매우 강력하다. 에러가 감지되면 카멜은 maximumRedeliveries 횟수 만큼 실패할 때까지 엔드포인트로 같은 메시지를 자동으로 재전송을 시도한다. maximumRedeliveries 값은 다음과 같다.

- 0(기본값): 재전송 시도를 하지 않음
- -1과 같은 음수: 계속 재전송 시도
- 양수: 재전송 시도할 횟수. 즉 초기 전송 시도와 maximumRedeliveries 횟수만큼 재전송 시도를 한다(1 + maximumRedeliveries).

에러 핸들러는 호출되는 서비스가 다시 가동될 때까지 기다려서 재시도하는 redeliveryDelay 밀리초 지연 시간을 지정할 수도 있다.

지정된 maximumRedeliveryDelay 개수까지의 재전송 시도마다 backOffMultiplier 만큼 redeliveryDelay 값을 증가시키는 useExponentialBackOff 재전송 정책에는 많은 옵션이 있다. 카멜 에러 처리 문서에 강력한 재전송 옵션에 대해 자세한 설명이 있다.

만약 재전송 정책이 maximumRedeliveries 시도를 초과했다면, 카멜은 마지막 재전송 실패로 생긴 예외를 던지게 된다.

사용자는 특정 루트 에러 핸들러를 가질 수 있다.

XML DSL에서는 route 엘리먼트의 errorHandlerRef를 채운다.

```xml
<camelContext xmlns="http://camel.apache.org/schema/spring">
  <errorHandler id="myRouteSpecificErrorHandler"
                type="DefaultErrorHandler">
    <redeliveryPolicy maximumRedeliveries="2"/>
  </errorHandler>

  <route errorHandlerRef="myRouteSpecificLogging">
    <from uri="direct:start"/>
    //...
  </route>
</camelContext>
```

자바 DSL에서는 루트 정의의 from 이후에 특정 루트를 위한 에러 핸들러를 명세한다.

```java
from("direct:start")
    .errorHandler(defaultErrorHandler()
        .maximumRedeliveries(2)
    )
    .bean(FlakyProcessor.class)
    .to("mock:result");
```

- 에러 처리: http://camel.apache.org/error-handling-in-camel.html
- 에러 핸들러: http://camel.apache.org/error-handler.html

조건적 재시도하기

만약 에러 재시도 로직이 지연 시간을 가지고 재시도 하는 횟수보다 더 복잡한 것을 요구한다면, 조건별 재시도가 도움이 된다. 이는 얼마나 오랫동안 재시도를 계속할지 결정하기 위해 에러 핸들러나 onException 내에 불린 boolean 값으로 결과를 내는 표현식인 조건서술 predicate 을 적용하게 한다. 메시지 전달을 계속 재시도할지 결정하기 위해서 자바 메소드를 호출하는 것을 비롯해, 카멜의 표현식 언어 사용으로 재시도 횟수에 대한 훨씬 더 세세한 조정이 가능하다.

이 예제는 단순 표현 언어 Simple Expression Language 를 사용해 메시지 내용에 기반해 재전송을 결정하는 방법을 보여준다.

준비

이 예제의 자바 코드는 org.camelcookbook.error.retryconditional 패키지에 있다. 스프링 XML 파일은 src/main/resources/META-INF/spring 아래에 retry conditional이라는 접두어를 가지고 있다.

예제 구현

이 예제는 단순 표현식 언어를 사용해 메시지 재전송 여부를 결정하기 위해 메시지의 헤더 값(CamelRedeliveryCounter)과 (오늘이 화요일이라면 계속 재시도 하라는) 메시지 바깥의 요인(${date:now:EEE}가 금주의 요일 이름을 나타낸다)을 사용하는 것을 보여준다.

XML DSL에서는 camelContext 엘리먼트 또는 route 엘리먼트 내에 errorHandler 엘리먼트를 정의한다('발송 불가 채널: 추후에 에러 처리하기' 예제를 보라). XML DSL 조건적 재시도는 retryWhileRef의 설정이 필요한데, 이는 카멜 레지스트리 Camel Registry (일반적으로 스프링 빈으로 정의됨) 내의 빈 또는 조건서술을 참조하고 있다.

```
<camelContext errorHandlerRef="myErrorHandler"
          xmlns="http://camel.apache.org/schema/spring">
```

```
<errorHandler id="myErrorHandler"
              type="DefaultErrorHandler"
              retryWhileRef="myRetryPredicate"/>
  <!-- ... -->
</camelContext>
```

참조된 빈^{bean}은 불린 값을 리턴하는 단일 메소드를 반드시 포함해야 한다. 카멜은 빈 바인딩 메커니즘을 통해 그 메소드 호출을 수행할 것이다. 이 예제에서는 속성 세터^{setter} 또한 가지고 있는 빈을 사용한다. 따라서 단순 표현식 언어 조건서술은 스프링 XML 파일에도 역시 정의되어 있어야 한다.

```
import org.apache.camel.Exchange;
import org.apache.camel.Predicate;
import org.apache.camel.builder.SimpleBuilder;

public class SimplePredicateWrapper {
  private Predicate predicate;

  public void setSimplePredicate(String expression) {
    this.predicate = SimpleBuilder.simple(expression,
                                          Boolean.class);
  }

  public boolean matches(Exchange exchange) {
      return predicate.matches(exchange);
  }
}
```

빈은 다음과 같이 인스턴스화된다.

```
<bean id="myRetryPredicate"
      class="org...retryconditional.SimplePredicateWrapper">
  <property name="simplePredicate"
            value="${header.CamelRedeliveryCounter} &lt; 2
                   or ${date:now:EEE} contains 'Tue'"/>
</bean>
```

DSL이 가진 표현력 덕분에 자바에서 retryWhile를 사용하는 것은 더 단순하다. RouteBuilder.configure() 메소드에서 errorHandler 인스턴스를 정의하고, 유려한 API를 사용해 retryWhile를 카멜 표현식 언어를 사용하는 조건서술[Predicate]에 넣는다. 특정 POJO의 메소드를 호출하고 싶다면 빈[bean] 표현 언어를 포함한다.

```java
public class RetryRouteBuilder extends RouteBuilder {
  @Override
  public void configure() throws Exception {
    errorHandler(
      defaultErrorHandler()
        .retryWhile(
          simple("${header.CamelRedeliveryCounter} < 2 "
              + "or ${date:now:EEE} contains 'Tue'")
        )
    );

    from("direct:start") //...
  }
}
```

예제 분석

카멜의 에러 또는 onException 핸들러는 retryWhile 루프에서 참조하는 조건서술이 false를 리턴할 때까지 실패했던 처리를 계속 재시도할 것이다. 이는 Default ErrorHandler과 DeadLetterChannel를 포함하는 에러 핸들러에 기반한 Redelivery ErrorHandler와 함께 동작할 것이다.

부연 설명

어떤 카멜 표현식 언어든 그 표현식이 불린 값(true 또는 false)을 결과로 리턴한다면 사용가능하다.

특정 루트를 위한 에러 핸들러를 정할 수도 있다. '발송 불가 채널: 추후에 에러 처리하기' 예제를 보라.

- 에러 처리: http://camel.apache.org/error-handling-in-camel.html
- 에러 핸들러: http://camel.apache.org/error-handler.html

각각의 재배달 시도를 커스터마이징하기

카멜은 각각의 재전송 시도 이전에 메시지와 메시지 헤더를 변경하는 재전송 정책을 갖는 프로세서 인스턴스를 등록할 수 있게 한다. 만약 응답 내의 메시지를 어떤 에러로 수정할 수 있는 방법이 있다면 도움이 될 것이다. 이 예제는 개별 재전송 시도에서 익스체인지의 내용을 변경하는 방법을 보여줄 것이다.

준비

이 예제의 자바 코드는 `org.camelcookbook.error.retrycustom` 패키지에 위치한다. 스프링 XML 파일은 src/main/resources/META-INF/spring 아래에 retrycustom이라는 접두어를 가지고 있다.

예제 구현

메시지 재전송을 위한 에러 핸들러를 설정하고 직접 구현한 카멜 프로세서의 레퍼런스를 onRedelivery 옵션에 설정한다.

1. 각각의 재전송 시도 이전에 메시지를 처리하기 위해 호출할 `org.apache.camel.Processor`를 구현한다.

```
import org.apache.camel.Exchange;
import org.apache.camel.Processor;

public class RetryCustomProcessor implements Processor {
  @Override
  public void process(Exchange exchange) {
```

```
        exchange.setProperty("optimizeBit", true);
    }
}
```

2. RetryCustomProcessor를 XML DSL 내에서 사용하기 위해 스프링 bean 엘리먼 트를 이용해 등록하고, 그 id를 camelContext 또는 route 아래 errorHandler 엘 리먼트의 onRedeliveryRef 속성에서 참조한다 ('발송 불가 채널: 추후에 에러 처리 하기' 예제를 보라).

```
<bean id="myRetryProcessor"
    class="org.camelcookbook.error.retrycustom
        .RetryCustomProcessor"/>

<camelContext errorHandlerRef="myErrorHandler"
            xmlns="http://camel.apache.org/schema/spring">
  <errorHandler id="myErrorHandler"
            type="DefaultErrorHandler"
            onRedeliveryRef="myRetryProcessor">
    <redeliveryPolicy maximumRedeliveries="2"/>
  </errorHandler>
  <!-- ... -->
</camelContext>
```

자바 DSL 내에서 RouteBuilder.configure() 메소드에 errorHandler 인스턴스를 정의 하고 유려한 API를 사용해 프로세서의 인스턴스를 onRedelivery 속성에 설정한다.

```
public class RetryCustomRouteBuilder extends RouteBuilder {
  @Override
  public void configure() throws Exception {
    errorHandler(
        defaultErrorHandler()
          .onRedelivery(new RetryCustomProcessor())
          .maximumRedeliveries(2)
    );

    from("direct:start") //...
  }
}
```

만약 DefaultErrorHandler 함수를 사용한다면 그 함수는 기본적으로 재전송을 시도하지 않는다는 것을 잊으면 안 된다. 이 예제를 동작하기 위해 maximumRedeliveries 를 1보다 크거나 같은 값으로 정해야 한다. 더 자세한 사항은 '동작 재시도하기' 예제를 보라.

예제 분석

각각의 재전송 시도 이전에 카멜은 익스체인지의 값을 수정하기 위해 참조된 사용자 프로세서를 호출한다.

부연 설명

이 예제를 '조건적 재시도하기' 예제와 조합할 수 있다. 개별 재전송 시도 이전에 둘 다 메시지에 대한 접근을 허용하며 언제 재전송 시도를 멈출지 정확히 조절한다.

특정 루트를 위한 에러 핸들러도 정할 수 있다. '발송 불가 채널: 추후에 에러 처리하기' 예제를 보라.

참고 사항

- 에러 처리: http://camel.apache.org/error-handling-in-camel.html
- 에러 핸들러: http://camel.apache.org/error-handler.html
- 프로세서: http://camel.apache.org/processor.html

예외 잡기

카멜은 특정 예외의 처리를 커스터마이징할 수 있게 한다. 카멜의 예외 검출은 여러 가지 면에서 자바보다 훨씬 더 강력한데, 이는 예외의 상속 트리에 기반해 비교하기 때문이다. 이는 재시도 정책을 글로벌하게 하고 더 세부적인 루트 레벨에 지정하게 한다.

이 예제는 사용자 루트를 위한 예외 핸들러를 명세하는 방법을 보여준다.

준비

이 예제를 위한 자바 코드는 `org.camelcookbook.error.exception` 패키지에 위치한다. 스프링 XML 파일은 src/main/resources/META-INF/spring 아래에 exception 이라는 접두어를 가지고 있다.

예제 구현

onException DSL 문에 잡을 예외 클래스 타입을 하나 또는 여러 개 설정하고, 응답 시 실행될 처리 액션을 설정한다.

XML DSL의 `camelContext` 또는 `route` 엘리먼트 내에 `onException` 엘리먼트를 정의한다. `onException` 엘리먼트에 해당 핸들러가 잡기를 원하는 예외의 전체 패키지 이름과 같이 하나 또는 여러 개의 exception 엘리먼트를 포함한다. 그 핸들러가 뒤따라 실행할 하나 또는 두 개 이상의 루트 단계도 포함한다(예를 들면, `<to uri="direct:handleError"/>`).

```
<camelContext xmlns="http://camel.apache.org/schema/spring">
  <onException>
    <exception>
      org.camelcookbook.error.shared.FlakyException
    </exception>
    <exception>
      org.camelcookbook.error.shared.SporadicException
    </exception>
    <to uri="mock:error"/>
  </onException>
  <!-- ... -->
</camelContext>
```

자바 DSL에서는 `RouteBuilder.configure()` 메소드에서 `onException`을 정의하고 처리하기를 원하는 하나 또는 여러 개의 예외 클래스 리스트를 콤마로 구분해 포함한다. 그리고 나서 유려한 API를 사용해 예외 타입이 일치할 때 익스체인지가 흘러가야 할 하나 또는 여러 개의 라우팅 단계를 정의한다(예를 들면, `to("direct:handleError")`).

```java
public class ExceptionRouteBuilder extends RouteBuilder {
  @Override
  public void configure() throws Exception {
    onException(FlakyException.class, SporadicException.class)
      .to("mock:error");

    from("direct:start") //...
  }
}
```

복수 개의 onException을 전역적으로 그리고 루트 내에서도 정의 가능하다. 카멜은 복수 개의 onException 핸들러를 명세한 순서대로 일치하는지 검사한다. 즉 만약 복수 개의 예외 핸들러를 명명했다면 카멜은 가장 적합한 것을 위해 모두를 검사한다. 핸들러를 명세한 순서 역시 고려되어 모든 핸들러가 같은 조건일 때에는 먼저 나오는 핸들러가 선택될 것이다.

예제 분석

카멜은 어떤 예외 핸들러가 어떤 예외를 처리할 것인지 결정하기 위해 복잡한 알고리즘을 사용한다. 더 자세한 사항은 카멜 예외 처리 문서(http://camel.apache.org/exception-clause.html)에 나와 있다.

카멜은 몇 가지 조건에 기반한 비교를 하는데, 그중 일부는 다음과 같다.

- 예외 핸들러가 명세된 순서, 루트에 명세된 것이 먼저 적용되고 그 다음에 전역적으로 명세된 것이 적용된다. 여러 개의 핸들러를 루트에도 그리고 전역에도 명세할 수 있다는 것을 기억하라.

- 발생한 예외 내에 가장 깊게 중첩된[nested] 예외가 첫째로 비교된다. 그리고 카멜은 감싸는[wrapping] 예외에서 일치하는 것을 찾는다.

- `instanceof` 테스트가 예외의 상속 체계에 기반해 가장 가깝게 일치하는 것을 찾는다. 동일하게 일치하는 것이 항상 사용될 것이고 그 다음에 가장 가까운 것이 사용된다.

전역적으로 일반적인 예외 핸들러를 정의하고, 특정 예외는 루트 내에서 더 세부적으로 처리할 수 있다.

기본적으로 카멜의 기본 예외 핸들러는 호출자에게 예외를 다시 던진다. 특정 루트를 위한 핸들러에게는 호출하는 루트를 말하는 것일 수 있다. 전역 예외 핸들러에는 예외가 컨슈머(예를 들어 웹서비스(SOAP/HTTP) 리스너)를 통해 카멜 컨텍스에 처음으로 들어왔던 메시지와 함께 보내진다. 컨슈머는 그 엔드포인트 특정 방법으로 호출자에게 응답을 할 것이다. 이 행위를 개선하는 것에 대해서 더 자세한 것은 '예외 처리 상태로 표시하기' 예제와 '예외 잡기' 예제를 보라.

부연 설명

특정 루트의 `onException`을 설정할 수도 있다.

XML DSL에서는 `onException` 핸들러 정의를 루트의 `from` 엘리먼트 바로 뒤에 정의한다.

```xml
<route>
  <from uri="direct:start"/>
  <onException>
    <exception>
      org.camelcookbook.error.shared.FlakyException
    </exception>
    <to uri="mock:error"/>
  </onException>
  <bean ref="flakyProcessor"/>
  <to uri="mock:result"/>
</route>
```

자바 DSL에서는 전역에서와 동일한 방법으로 특정 루트 onException 핸들러를 정의한다. 일반 루트 단계 전에 .end() 문으로 핸들러의 라우팅 부분을 닫을 필요가 있다. 특정 루트 onException 핸들러는 from(…) 엘리먼트의 바로 뒤에 정의된다.

```
from("direct:start")
    .onException(FlakyException.class)
        .to("mock:error")
    .end()
 .bean(FlakyProcessor.class)
 .to("mock:result");
```

참고 사항

- 에러 처리: http://camel.apache.org/error-handling-in-camel.html
- 예외 구문: http://camel.apache.org/exception-clause.html

예외 처리 상태로 표시하기

카멜의 기본 행위는 사용자 예외(또는 에러) 핸들러를 호출하고, 그 예외를 다시 호출자에게 던지는 것이다. 이 예제는 예외가 처리되었음을 표시해 카멜에게 이것을 에러로 생각하지 말고 다른 추가 작업이 필요 없다고, 즉 특정 예외를 컨슈머로 다시 던지지 말라고 지시하는 방법을 보여준다.

준비

이 예제의 자바 코드는 org.camelcookbook.error.exception 패키지에 위치한다. 스프링 XML 파일은 src/main/resources/META-INF/spring 아래에 withexception 라는 접두어를 가지고 있다.

예외가 처리되었는지(조건서술이 true임) 또는 처리되지 않았는지(조건서술이 false이고 예외가 다시 던져져야함)를 나타내는 조건서술과 함께 handled 문을 onException DSL 문 내에 서술한다.

XML DSL에서는 camelContext 또는 route 엘리먼트 내에 onException 엘리먼트를 정의한다. onException 엘리먼트 내에는 하나 또는 여러 개의 루트 단계에서(예를 들어 `<to uri="direct:handleError"/>`) 처리하기를 원하는 예외의 전체 패키지 이름을 가진 exception 엘리먼트를 포함한다. 이는 모든 예외 핸들러에 공통적인 사항이다.

그리고 나서 포함된 조건서술(예로 `<constant>true</constant>`)과 함께 handled 엘리먼트를 추가한다.

```
<camelContext xmlns="http://camel.apache.org/schema/spring">
  <onException>
    <exception>
        org.camelcookbook.error.shared.FlakyException
    </exception>
    <handled>
        <constant>true</constant>
    </handled>
    <to uri="mock:error"/>
  </onException>
  <!-- ... -->
</camelContext>
```

자바 DSL에서는 RouteBuilder.configure() 메소드 내에 onException 부분을 정의하고 처리하길 원하는 예외 타입 클래스들의 리스트를 콤마로 구분해 포함한다. 그리고 나서 유려한 onException API를 사용해 루트 단계를 정의한다(예를 들면, `to("direct:handleError")`). 이는 모든 예외 처리기에 공통적인 내용이다.

그리고 나서 boolean이나 조건서술을 가진 handled(...) 호출을 추가한다.

```
public class ExceptionRouteBuilder extends RouteBuilder {
  @Override
  public void configure() throws Exception {
```

```
onException(FlakyException.class)
    .handled(true)
    .to("mock:error");

from("direct:start") //...
    }
}
```

 여러 개의 onException을 전역적으로 또는 루트 내에 정의 가능하다. 카멜은 다수의
onException 핸들러를 명세한 순서에 기반해 조건을 따질 것이다. '예외 잡기' 예제에
서 더 자세한 내용을 확인하라.

예제 분석

onException 영역은 '예외 잡기' 예제에서 설명한 대로 다른 예외 핸들러와 비슷하
게 동작한다. 단지 handled 표현식이 true를 내면 예외를 다시 상위로 던지지 않는다
는 점이 다르다.

예외가 던져지는 루트 내에서 이 메시지에 대한 어떤 추가 처리도 일어나지 않고, 현
재 메시지 상태는 호출자에게 리턴된다. 리턴하기 전에 예외 핸들러는 메시지를 변경
할 수 있고 그래서 일반 예외 처리의 부분으로써 커스텀 에러 응답을 만들 수 있다.

부연 설명

루트 내의 다음 단계에서도 예외를 일으킨 메시지를 계속 처리하길 원한다면,
handled 대신 예외를 continued라고 표시한다. 예외를 continued로 표시하는 것은
메시지 위에서 그 예외 처리 단계가 실행되고 예외를 던진 이후의 단계에서도 메시지
가 계속 처리된다는 것을 의미한다.

XML DSL에서는 continued 엘리먼트를 내재된 조건서술과 함께 사용한다. 동일한
것을 위해서 다음 코드를 참조하라.

```
<onException>
  <exception>
    org.camelcookbook.error.shared.FlakyException
  </exception>
  <continued>
    <constant>true</constant>
  </continued>
  <to uri="mock:ignore"/>
</onException>
```

자바 DSL에서는 boolean 또는 조건서술과 함께 continued(…) 문을 호출한다.

```
onException(FlakyException.class)
    .continued(true)
    .to("mock:ignore")
```

카멜 예외 핸들러는 또한 재전송 정책('동작 재시도하기' 예제를 보라), onRedelivery 프로세서('각각의 재배달 시도를 커스터마이징하기' 예제를 보라) 그리고 조건적 처리('조건적 재시도하기' 예제를 보라)를 다른 에러 핸들러와 똑같이 지원한다.

참고 사항

- 에러 처리: http://camel.apache.org/error-handling-in-camel.html
- 예외 구문: http://camel.apache.org/exception-clause.html
- '동작 재시도하기' 예제
- '각각의 재배달 시도를 커스터마이징하기' 예제
- '조건적 재시도하기' 예제

doTry...doCatch를 사용해 에러를 세밀하게 처리하기

카멜은 자바의 try...catch...finally 예외 처리와 같은 식으로 카멜 내에서 세밀한 에러 처리를 제공한다. 그 안에 하나 또는 다수의 루트 처리 단계에 특정한 예외 처리를 명세할 수 있다. 카멜은 자바의 try...catch 에러 처리와 비슷한 doTry...doCatch...doFinally 선언문을 제공한다.

이 예제는 doTry DSL 문을 사용하는 법을 보여준다.

이 예제를 위한 자바 코드는 org.camelcookbook.error.dotry 패키지에 위치한다.
스프링 XML 파일은 src/main/resources/META-INF/spring 아래에 withdotty라는
접두어를 가지고 있다.

XML DSL에서는 doTry를 사용하기 위해 필수적인 두 가지 단계와 하나의 선택적인
단계가 있다.

1. 루트 내에 특정 에러 처리를 제공하길 원하는 하나 또는 그 이상의 처리 단계를
   감싸기^{wrapping} 위해 doTry 엘리먼트를 정의한다. doTry는 컨슈밍 엔드포인트로부
   터 던져진 에러를 처리할 수 없기 때문에 반드시 from 뒤에 있어야 한다.

2. doTry 엘리먼트 내에 하나 또는 다수의 doCatch 엘리먼트를 포함한다. doCatch
   각각은 처리하기 원하는 예외의 완전한 자바 클래스 이름과 함께 하나 또는 여러
   개의 exception 엘리먼트를 명세한다. exception 이후에는 사용자 핸들러의 일
   부로써 하나 또는 여러 개의 라우팅 단계를 지정한다.

3. doCatch 엘리먼트 후에, 그리고 doTry에 내재된 doCatch 뒤에 선택적으로
   doFinally 엘리먼트를 정의한다. 자바와 비슷하게 doTry가 성공적으로 완료될
   때, 또는 어떤 실행된 doCatch 예외 핸들러 내의 단계 뒤에, 또는 잡히지 않은(맞
   는 doCatch가 없을 때) 예외가 던져진 이후에 항상 호출된다.

```xml
<route>
  <from uri="direct:start"/>
  <to uri="mock:before"/>
  <doTry>
    <bean ref="flakyProcessor"/>
    <transform>
        <constant>Made it!</constant>
```

```xml
        </transform>
        <doCatch>
            <exception>
              org.camelcookbook.error.shared.FlakyException
            </exception>
            <to uri="mock:error"/>
            <transform>
                <constant>Something Bad Happened!</constant>
            </transform>
        </doCatch>
        <doFinally>
            <to uri="mock:finally"/>
        </doFinally>
    </doTry>
    <to uri="mock:after"/>
</route>
```

자바 DSL에서는 동일한 로직을 구현하기 위해 from(…) 문 뒤의 어떤 지점에서 다음 단계를 수행한다.

1. 예외 핸들러를 지정하고 싶은 하나 또는 여러 처리 단계 앞에 doTry()를 지정한 다.

2. 끝내기 바라는 마지막 처리 단계 후에 doCatch(<예외 클래스 타입 리스트>)를 붙인다. doCatch(…) 뒤에, doCatch(…) 호출에서 제공된 예외 리스트에 대해 수행하는 예외 처리 단계를 정의한다. 여러 개의 doCatch(…) 영역을 정의할 수 있다.

   하나 또는 그 이상의 doCatch(…) 영역 뒤에 선택적으로 doFinally() 문을 붙인 다. 이는 어떤 식으로 메시지가 doTry() 영역을 떠났는지에 상관없이 항상 호출된다.

```java
from("direct:start")
  .to("mock:before")
  .doTry()
    .bean(FlakyProcessor.class)
    .transform(constant("Made it!v"))
  .doCatch(FlakyException.class)
    .to("mock:error")
```

```
     .transform(constant("Something Bad Happened!"))
  .doFinally()
     .to("mock:finally")
  .end()
  .to("mock:after");
```

 doTry 예외 핸들러는 항상 end() 호출로 끝난다는 것을 기억하라. 마지막
doCatch(...) 이후든 사용자 doFinally() 단계 이후든 말이다.

예제 분석

doTry 예외 핸들러는 기능적으로 자바의 try...catch와 비슷하다. 기본적으로 예외는
handled로 여겨지고 이는 카멜의 onException 핸들러의 기본 행위와는 다르다('예외
잡기' 예제를 보라).

카멜은 자바 행위를 최대한 흉내내기 때문에, doTry 예외 핸들러는 다른 정의된
onException과 에러 핸들러를 무효로 한다.

부연 설명

만약에 doTry 핸들러가 처리된 예외를 handled로 표시하지 않게 하려면(즉 호출자로
예외를 다시 던지려면), handled 문을 false로 한다. 이는 doTry 핸들러가 onException
영역과 동일한 방법으로 행위하게 한다.

XML DSL에서는 exception 엘리먼트 뒤에 내재된 조건서술과 함께 handled 엘리먼
트를 서술한다.

```
<doCatch>
  <exception>
    org.camelcookbook.error.shared.FlakyException
  </exception>
```

```
<handled>
  <constant>false</constant>
</handled>
<to uri="mock:error"/>
</doCatch>
```

자바 DSL에서는 doCatch(...) 호출 이후에 불린 값 또는 조건서술과 함께 handled(...)
문을 사용한다.

```
.doCatch(FlakyException.class)
  .handled(false)
  .to("mock:error")
.end()
```

 기본적으로 doTry는 예외를 handled로, 즉 handled(true)로 생각한다. 이는 기본값
이 handled(false)인 에러 및 onException 핸들러와는 다르다.

doTry 핸들러가 조건적 doCatch을 가지길 원한다면, 다른 에러나 onException 핸들
러와 똑같이 조건서술과 함께 onWhen을 명세한다('조건적 재시도하기' 예제를 보라).

참고 사항

- 에러 처리: http://camel.apache.org/error-handling-in-camel.html
- Try...Catch...Finally: http://camel.apache.org/try-catch-finally.html
- '예외 잡기' 예제
- '조건적 재시도하기' 예제

액션 완료 정의하기

통합 개발 시에 웹서비스 엔드포인트 같은 상태 유지 트랜잭션을 사용하지 않는 자원
을 사용할 때가 있다. 익스체인지가 루트에서 처리될 때, 이런 엔드포인트를 호출하
고 상태를 변경할 수 있다.

예외가 발생했을 때 그 보상 동작이 어떻게 호출되는지 'doTry...doCatch를 사용해 에러를 세밀하게 처리하기' 예제에서 살펴 보았다. 예제에서처럼 원래 동작이 주문하기 place order였다면, 그것을 원래대로 하기 위해 주문 취소cancel order 동작을 호출해야 할 것이다.

카멜 DSL은 onCompletion 문을 포함하고 있어서 메시지가 루트 레벨에서 성공적으로 완료되었거나 실패했을 때 실행하는 행동을 정의하게 한다.

이는 내재된 doTry...doCatch...doFinally 영역 없이 깔끔하게 여러 개의 실패 보상 정도를 작성하게 한다.

이 메커니즘은 또한 다음과 같은 두 단계의 비관적 트랜잭션 처리를 구현하는 데 사용되기도 한다.

1. 큰 트랜잭션의 부분이 되려는 의도로 초기 동작을 호출한다.

2. 트랜잭션을 마무리하기 위해 "commit" 명령과 동일한 것을 보낸다.

이 패턴은 SOAP나 REST를 통해 노출되는 비트랜잭션 서비스들이 조합되어 가상 트랜잭션이 되는 SOA 아키텍처에서 흔히 보인다.

이 예제는 카멜의 onCompletion 문을 통해서, 익스체인지가 성공적으로 완료했는지 아닌지에 따라서 수행될 완료 액션을 정의하는 방법의 개요를 설명한다.

준비

이 예제의 자바 코드는 org.camelcookbook.error.oncompletion 패키지에 있다. 스프링 XML파일은 src/main/resources/META-INF/spring 아래에 onCompletion라는 접두어를 가지고 있다.

예제 구현

XML DSL에서는 루트 내에 onCompletion 영역을 정의한다. 그 영역은 루트의 어디에든 정의할 수 있다. 그렇지만 보통 관례적으로는 시작 부분에 둔다. 그 영역 내에 익스체인지가 루트에서 처리되었을 때 실행될 처리 단계를 정의한다.

```
<from uri="direct:in"/>
<onCompletion>
  <log message="onCompletion triggered: ${threadName}"/>
  <to uri="mock:completed"/>
</onCompletion>
<log message="Processing message: ${threadName}"/>
```

자바 DSL에서는 동일한 로직을 다음과 같이 표현한다.

```
from("direct:in")
  .onCompletion()
    .log("onCompletion triggered: ${threadName}")
    .to("mock:completed")
  .end()
  .log("Processing message: ${threadName}");
```

예제 분석

일단 루트에서 익스체인지가 처리되었다면, 그 익스체인지의 복제본이 백그라운드 스레드 풀로 전달되고 그러고 나서 onCompletion 영역을 통해 그 익스체인지를 처리한다. 그 이후에 이 복제된 익스체인지에 생긴 수정 사항은 루트의 호출자에게는 보이지 않는다. 기능은 루트 끝에서의 암시적인 wireTap 문과 비슷하다. (2장, '메시지 라우팅'의 '와이어탭: 메시지 복제본을 다른 곳으로 보내기' 예제를 참조하라.) 위의 루트에서는 로그 내의 스레드 이름에서 익스체인지가 수정된 것을 확인할 수 있다.

```
Processing message: Camel (camel-1) thread #0 - ProducerTemplate
onCompletion triggered: Camel (camel-1) thread #1 - OnCompletion
```

onCompletion 영역은 실패했거나 성공으로 완료된 익스체인지 둘 다 처리한다. 다음과 같이 XML DSL 내에서 onCompleteOnly 또는 onFailureOnly 속성을 적용해 어떤 종류를 처리할 것인지 명시한다.

```
<onCompletion onCompleteOnly="true">
  <!-- ... -->
</onCompletion>
<onCompletion onFailureOnly="true">
```

```
  <!-- ... -->
</onCompletion>
```

 실패는 doTry..doCatch..doFinally 영역이나 에러 핸들러로 전파되는 onException
영역 내에서 처리되지 않은 예외라고 생각하자.

onCompleteOnly와 onFailureOnly 속성은 false로 지정하는 것이 의미상 모호하기
때문에 true로 지정될 때만 일상적인 onCompletion 행위에 영향을 준다. 그 속성들
은 onCompletion 기능을 제한하는 표시로 간주되어야 한다.

이는 자바 DSL의 동일한 문장을 통해 훨씬 더 명확하게 표현된다.

```
.onCompletion().onCompleteOnly() // ...
.onCompletion().onFailureOnly() // ...
```

onCompletion 영역을 전역적으로, 즉 루트 바깥에서 정의할 수도 있다.

XML DSL에서는 카멜 컨텍스트 내의 모든 루트에 적용한다.

```
<camelContext>
  <onCompletion>
    <log message="global onCompletion thread: ${threadName}"/>
    <to uri="mock:global"/>
  </onCompletion>
  <!-- 여기에 루트 정의가 온다 -->
</camelContext>
```

자바 DSL에서는 '전역global'이라는 용어의 뜻이 다르다. onCompletion은 동일한
RouteBuilder 구현체에서 정의한 루트에만 적용될 것이다.

```
onCompletion()
  .log("global onCompletion thread: ${threadName}")
  .to("mock:global");
```

onCompletion를 사용하는 데 다음 규칙이 적용된다.

- onCompletion가 루트 레벨에서 정의되지 않고 전역적으로는 정의되어 있다면,
  전역적으로 정의된 것이 사용된다. onCompleteOnly/onFailureOnly 조건의 조

합은 무시된다.

- onCompletion이 루트 레벨에 정의되었다면 전역에서 정의된 onCompletion 영역은 익스체인지 처리의 결과로서 절대 실행되지 않는다.
- 단일 범위single scope 내에 정의된 단 하나의 onCompletion 영역은 항상 실행 대상으로 고려된다. 이것은 하나는 실패 시 행위를 정의하고 다른 하나는 성공 완료를 정의하더라도 그렇다.
  - □ 만약 두 개의 onCompletion 영역이 전역적으로 정의되었다면 첫 번째 정의된 것만 사용된다.
  - □ 만약 두 개의 onCompletion 영역이 루트 내에 정의되었다면, 마지막에 정의된 것만 사용된다.
- 하나의 루트가 onCompletion 영역을 정의하고, onCompletion를 정의한 다른 루트로 익스체인지를 전달한다면 두 개 다 실행된다.

부연 설명

onCompletion 영역을 onWhen 문을 추가해 조건적으로 만들 수 있다.

XML DSL에서는 다음과 같이 작성한다.

```
<onCompletion onFailureOnly="true">
  <onWhen>
    <simple>
      ${exception.class} ==
        'java.lang.IllegalArgumentException'
    </simple>
  </onWhen>
  <!-- ... -->
</onCompletion>
```

자바 DSL에서는 동일한 것을 다음과 같이 작성한다.

```
.onCompletion().onFailureOnly()
  .onWhen(
    simple(
      "${exception.class} ==
```

```
          'java.lang.IllegalArgumentException'"
    ))
    //…
```

카멜 런타임에 의해 단일 onCompletion 영역만이 루트에 적용되기 때문에 다음 자바 DSL은 onCompleteOnly 문만 실행된다.

```
.onCompletion().onFailureOnly()
  // 실패를 처리한다
.end()
.onCompletion().onCompleteOnly()
  // 성공을 처리한다
.end()
```

이는 조금 불편한 점이지만 모든 경우에 실행되는 onCompletion 문과 함께 choice 영역(2장, '메시지 라우팅'의 '내용 기반 라우팅'을 보라)을 사용해 피해갈 수 있다.

XML DSL에서는 다음과 같이 작성한다.

```xml
<onCompletion>
  <choice>
    <when>
      <simple>${exception} == null</simple>
      <to uri="mock:completed"/>
    </when>
    <otherwise>
      <to uri="mock:failed"/>
    </otherwise>
  </choice>
</onCompletion>
```

자바 DSL에서는 DSL의 내부 제약 때문에 다음 코드를 사용해 동일한 효과를 이루기 위해 choice 영역을 다른 루트로 분리해야 한다.

```
onCompletion()
  .to("direct:processCompletion")
.end();

from("direct:processCompletion")
```

```
      .choice()
        .when(simple("${exception} == null"))
          .to("mock:completed")
        .otherwise()
          .to("mock:failed")
      .endChoice();
```

onCompletion 영역에서 익스체인지 처리를 위해 커스텀 스레드 풀을 정의하는 것이
가능하다.

XML DSL에서는 다음과 같이 작성한다.

```
<onCompletion executorServiceRef="customThreadPool">
  <!-- ... -->
</onCompletion>
```

자바 DSL에서는 다음과 같이 표현한다.

```
onCompletion().executorServiceRef("customThreadPool")
```

더 자세한 사항은 6장, '병렬 처리'의 '커스텀 스레드 풀 사용하기' 예제를 보라.

참고 사항

- 카멜 onCompletion: http://camel.apache.org/oncompletion.html

액션 완료를 동적으로 정의하기

이전의 예제에서 루트 또는 전역에서 완료나 취소 알림을 정의해 익스체인지의 처리
가 완료되면 실행하는 법을 살펴보았다. 이는 로직이 단일 루트에 묶여 있을 때 유용
하다. 하지만 루트 완료 시에 클린업^{cleanup} 작업 등을 위해 여러 루트로부터 불리는
코드는 어떻게 다룰 것인가.

이 예제는 Synchronization 클래스를 사용해 동적으로 완료 단계를 익스체인지의
처리에 적용하는 법을 보여준다.

이 메커니즘은 동일한 방법으로 처리한 후에 필요한 자원 클래스를 변경할 때 유용하

다. 예를 들면 카멜은 이 메커니즘을 파일을 사용한 처리를 끝낸 후에 파일을 옮기거나 지우기 위해 사용한다. 이렇게 사후 처리에 일어나는 일들은 해당 리소스를 사용하는 개발자에게 투명하게 일어난다.

이 예제의 자바 코드는 `org.camelcookbook.error.synchronizations` 패키지에 있다.

동적으로 완료 행동을 정의하기 위해 다음 단계를 수행한다.

1. Processor 구현 시 `org.apache.camel.spi.Synchronization` 인터페이스를 구현한다. 이 클래스는 익스체인지 처리가 성공적으로 완료되거나 실패했을 때 카멜 런타임에 의해 콜백으로 사용된다. 이 인터페이스는 두 개의 메소드를 정의한다.

```
public interface Synchronization {
  void onComplete(Exchange exchange);
  void onFailure(Exchange exchange);
}
```

이 인터페이스를 구현할 수도 있지만 또한 `org.apache.camel.support.SynchronizationAdapter` 클래스를 확장할 수도 있는데, 이는 하나 또는 다른 메소드들을 오버라이드할 수 있게 허용할 뿐 아니라 `onDone(Exchange exchange)`의 완료 상태에 상관 없이 익스체인지를 처리할 수 있게 한다.

2. 일단 인스턴스화된 후, `Exchange.addOnComplete(Synchronization s)`를 통해 `Synchronization` 클래스를 현재 처리되고 있는 익스체인지에 묶는다.

다음 Processor 구현은 확인 또는 취소를 요구하는 동작을 시작하고, 그리고 나서 트랜잭션을 마무리하기 위해 적절한 동작을 수행한다.

```
public class ConfirmCancelProcessor implements Processor {
  @Override
```

```java
public void process(Exchange exchange) throws Exception {
    final ProducerTemplate producerTemplate =
        exchange.getContext().createProducerTemplate();
    producerTemplate.send("mock:start", exchange);

    exchange.addOnCompletion(
        new Synchronization() {
            @Override
            public void onComplete(Exchange exchange) {
                producerTemplate.send("mock:confirm",
                                        exchange);
            }

            @Override
            public void onFailure(Exchange exchange) {;
                producerTemplate.send("mock:cancel", exchange);
            }
        }
    );
}
```

 이 예제는 완료 작업을 흉내내기 위해 mock: 엔드포인트 호출을 사용한다. 이와 같이 콜백에 감싸인 라우팅 로직을 사용하는 것은 가급적 피해야 한다. 대부분의 경우 그 라우팅 로직을 별도 루트로 표현하는 편이 더 좋다. 이런 식으로 엔드포인트를 호출하는 것은 그 루트를 보고있는 모두로부터 백엔드의 작업을 숨긴다. 이는 그 루트 자체를 테스트하기 힘들게 만들고 특히 엔드포인트가 무거운 컴포넌트를 참조할 때 그렇다.

이 기능을 사용하기 위해 평소와 같이 루트 내에 그 프로세서를 사용하는 것 이외에 다른 작업은 필요 없다.

```java
from("direct:in")
  .process(new ConfirmCancelProcessor())
  .choice()
    .when(simple("${body} contains 'explode'"))
      .throwException(
```

```
        new IllegalArgumentException(
            "Exchange caused explosion"))
  .endChoice()
  .log("Processed message");
```

각 Exchange는 UnitOfWork 속성을 가지고 있는데, 그 속성은 익스체인지 인스턴스의
트랜잭션 작업을 위한 개념적인 소유자다. 그 속성은 익스체인지 처리의 최종 상태
(완료 또는 실패)에 따라 적절하게 수행될 몇 개의 Synchronization 인스턴스를 가지
고 있다.

루트의 마지막 단계에서 익스체인지를 처리하는 스레드가 Synchronization 객체를
시작할 것이다.

'액션 완료 정의하기' 예제에서 다뤘던 루트마다 하나의 콜백으로 제한되었던 onCom
pletion 영역과는 달리, 익스체인지에 원하는 만큼 많은 Synchronization 인스턴스
를 연결할 수 있다. 이는 성공과 실패를 다루는 개별 인스턴스를 가지게 하고, 메시지
내용과 조건들에 기반해 조건부로 사용된 자원들이 있다면 클린업^{cleanup} 작업을 동적
으로 추가할 수 있게 한다.

Sychronization를 사용한 코드를 명확하게 문서화하고 그 의도를 설명해서 처리 단계
가 갑작스레 발생한 것처럼 보이지 않게 해야 한다.

Synchronization 인스턴스는 threads 영역으로 들어가거나 seda: 엔드포인트로 넘
어갈 때처럼, 스레드 영역 간에 익스체인지와 함께 따라간다. 그래서 ThreadLocals
을 사용하는 스레드와 연결된 리소스를 다룰 때 의도하지 않은 행위를 낳기도 한
다. Synchronization 인스턴스가 일단 익스체인지가 완료된 자원에 접근하려 할 때,
ThreadLocal 리소스가 여전히 거기에 있는지 찾아보라.

이 문제를 회피하기 위해 Synchronization 인터페이스를 확장한 Synchronization Vetoable 인터페이스를 구현해야 한다. 이 인터페이스는 메소드 하나를 더 정의한다.

```
boolean allowHandover();
```

이 메소드를 구현하고 true를 리턴함으로써 Synchronization 객체가 익스체인지 간에 복제되지 않게 지시 가능하다. 이것은 첫 번째 익스체인지가 처리를 완료할 때 완료 로직을 수행한다.

참고 사항

- 동기화: http://camel.apache.org/maven/current/camel-core/apidocs/org/apache/camel/spi/Synchronization.html
- SynchronizationVetoable: http://camel.apache.org/maven/current/camel-core/apidocs/org/apache/camel/spi/SynchronizationVetoable.html

8

트랜잭션과 멱등성

8장에서는 다음과 같은 예제를 다룬다.

- 라우팅 로직의 중복 실행 방지하기
- 트랜잭션을 사용한 파일 소비
- 데이터베이스에 트랜잭션 사용하기
- 트랜잭션 범위 제한하기
- 트랜잭션 롤백하기
- 메시징에 트랜잭션 사용하기
- 트랜잭션 내의 멱등성
- 복수 트랙잭션 자원에 XA 트랜잭션 설정하기

소개

시스템 통합은 여러 시스템 간 상호작용을 조정해 그들이 하나의 큰 전체로서 작동하게 하는 것이 전부다. 이런 상호작용은 분산 시스템을 형성하게 된다. 하지만 통합과 관련해 일하는 사람들은 만들고 있는 것들을 그런 용어들로 생각하지 않는 경향이 있다. 분산 시스템의 복잡도는 부분적으로 보통 다른 시점에, 다른 사람들, 다른 기술들을 사용해 동시에 작성되었다. 그리고 공유된 과제는 조정이 필요하다. 조정이 무너

졌을 때 예측 가능한 방법으로 에러를 처리할 필요도 있다. 이런 모든 요인이 통합에 관한 작업을 매우 힘들게, 그리고 동시에 흥미롭게도 한다.

트랜잭션은 데이터베이스나 메시지 브로커 같은 하나의 시스템 내의 분산된 상태를 가진 노드가 그 상태에 대한 변경을 조절할 수 있게 하는 구현 개념이다. 상태에 대한 변경은 한 단위의 일이 성공적으로 완료될 때 수행^{commit}되거나 에러가 일어났을 때 복구^{roll back}된다. 이 개념은 네트워크 케이블이 발에 걸리거나 서버에 커피를 쏟거나 하는, 어떤 일들이 잘못될 수 있는 경우 코너 케이스^{corner cases}에 관해 생각할 때 특히 도움이 된다.

통합은 항상 시스템에 흐르는 데이터의 무결성을 유지할 필요가 있다. 이는 사용자 애플리케이션 처리가 예기치 않게 끝날 때에 흐르고 있는 모든 메시지에도 적용된다.

통합 프로젝트 시, 언급되는 다음 두 가지 중요한 이슈를 생각해볼 필요가 있다.

- 파트너 시스템이 내려간다. 고객이 온라인 주문을 할 경우, 청구서가 나오지 않고, 창고 시스템이 사용 중이지 않기 때문에 물건이 배송되지 않는다.
- 사용자 통합 로직을 실행하는 프로세스 또한 내려간다. 만약 클라이언트가 주문에 대한 청구서를 받고, 창고로 그 주문을 보내기 전에 통합 시스템이 중단된다면, 복구가 가능해야 할 것이다. 복구는 청구가 두 번 되지 않으면서 결국 주문을 받거나, 지불이 되지 않는 방법으로 일어나야 한다.

8장에서 우리는 다음 메커니즘을 사용해 라우팅 로직 내의 실패를 처리하기 위해 카멜이 지원하는 것을 살펴본다.

- 트랜잭션
- 멱등성: 동작을 한 번, 단 한 번만 실행한다.

카멜은 트랜잭션 수행을 목적으로 스프링 프레임워크의 `PlatformTransaction Manager`를 이용한다. 이 추상화는 트랜잭션 자원을 다루는 API를 통합한다. 스프링 트랜잭션 추상을 사용하는 것은 애플리케이션 코드가 직접 스프링을 사용하는 것과 상관 없이 일어난다.

사용자 프로젝트 내에서 JDBC 트랜잭션을 사용하기 위해 `JdbcTransactionManager` 커넥션이 필요하다. 이것은 메이븐 POM 내에서 `spring-jdbc` 라이브러리에 대한 의존성으로 얻어질 수 있다.

```
<dependency>
  <groupId>org.springframework</groupId>
  <artifactId>spring-jdbc</artifactId>
  <version>${spring-version}</version>
</dependency>
```

프로젝트에서 JMS 트랜잭션을 사용하기 위해 `JmsTransactionManager` 커넥션이 필요하다. 이것은 메이븐 POM 내에서 `spring-jms` 라이브러리에 대한 의존성으로 얻는다.

```
<dependency>
  <groupId>org.springframework</groupId>
  <artifactId>spring-jms</artifactId>
  <version>${spring-version}</version>
</dependency>
```

두 가지 경우에서 `${spring-version}`은 POM의 `properties` 영역에서 정의한 현재 사용하고 있는 스프링 버전을 나타내는 속성이다.

이런 예제 내에 데이터베이스 접근이 요구되는 곳에서 카멜 SQL 컴포넌트가 사용된다. 이 컴포넌트는 카멜 내에 트랜잭션 데이터베이스 접근을 보여주는 가장 간단한 메소드를 제공한다. 카멜 JPA^Java Persistence Architecture^, 카멜 하이버네이트^Hibernate^, 또는 카멜 마이바티스^Mybatis^ 같은 관계형 데이터베이스 접근을 추상화하는 다른 컴포넌트는 조금 다른 설정을 요구한다. 하지만 여기서 보여지는 일반적인 접근법은 여전히 유효할 것이다.

카멜의 아키텍처에 관한 몇 가지 개념이 8장에 걸쳐 사용된다. '들어가며'에 카멜 개념에 관한 개괄이 있다. 자세한 사항은 아파치 카멜 웹사이트(http://camel.apache.org)에서 찾을 수 있다.

8장의 코드는 예제의 camel-cookbook-transactions 모듈 내에 포함되어 있다.

라우팅 로직의 중복 실행 방지하기

외부 시스템을 다룰 때, 때때로 동일한 요청을 여러 번 보내지 않도록 보장할 필요가 있다.

카멜은 먹등성 컨슈머 EIP를 구현해 루트의 한 부분이 각각 고유한 메시지에 대해 단 한 번만 불릴 수 있도록 표시한다. 이는 만약 루트가 업스트림 시스템으로부터 또는 기저의 인프라스트럭처로부터 (예를 들면, 실패 시 재전송하게 설정된 메시지 큐) 중복 메시지를 받는 것이 가능할 때, 그리고 중복을 허용하지 않는 라우팅 로직을 보호하고 싶을 때 유용하다.

이 예제는 카멜 내에서 루트의 부분을 먹등성있게 만드는 법을 설명한다.

준비

이 예제의 자바 코드는 `org.camelcookbook.transactions.idempotentconsumer` 패키지에 있다. 스프링 XML 파일은 src/main/resources/META-INF/spring 아래에 idempotentConsumer라는 접두어를 가지고 있다.

예제 구현

XML DSL에서는 먹등 컨슈머를 사용하기 위해 다음 단계를 수행한다.

1. `org.apache.camel.spi.IdempotentRepository`의 구현에 클래스를 일반 스프링/블루프린트 빈으로 인스턴스화한다. 이 클래스 구현체는 이전에 살펴본 메시지를 표시하는 스트링 키를 저장하고 있다. 여기서는 다음 코드를 사용해서 메모리 기반의 `IdempotentRepository`을 사용한다.

```
<bean id="wsIdempotentRepository"
      class="org.apache.camel.processor.idempotent
             .MemoryIdempotentRepository"/>
```

2. `idempotentConsumer` 영역 내에서 한 번만 실행하길 원하는 라우팅 로직을 감싼다. `idempotentConsumer` 영역은 `IdempotentRepository` 내에서 이전에 보여

진 메시지들에 대한 표현식의 결과를 확인해 메시지의 고유성을 판단한다. 다음 XML DSL이 그 수행 방법을 보여준다.

```xml
<from uri="direct:in"/>
<idempotentConsumer
    messageIdRepositoryRef="wsIdempotentRepository">
  <header>messageId</header> <!-- 고유한 키 -->
  <to uri="mock:ws"/>
</idempotentConsumer>
<to uri="mock:out"/>
```

자바 DSL에서는 다음과 같이 위의 설정을 하나의 단계로 표현할 수 있다.

```java
from("direct:in")
  .idempotentConsumer(
      header("messageId"), // 고유한 키
      new MemoryIdempotentRepository())
    .to("mock:ws")
  .end()
  .to("mock:out");
```

이런 루트 하나에 동일한 `messageId` 헤더를 가진 두 개의 메시지가 전송되어, 첫 번째는 `mock:ws`와 `mock:out` 엔드포인트를 실행하고 두 번째 메시지는 `mock:out`만을 실행하게 된다.

예제 분석

익스체인지가 `idempotentConsumer` 문에 도달할 때, 그 메시지의 고유 키를 결정하는 표현식을 따져본다. 앞의 예제에서 이 표현식은 헤더 값을 찾는다. 그리고 자바 메소드나 XPath 질의의 결과를 포함한 카멜 표현 언어의 어떤 결과 값도 사용 가능하다.

키는 `IdempotentRepository` 인스턴스 내에서 이전에 보였던 모든 키들에 대해 확인된다. 만약 이 값이 이전에 보여진 적이 있다면, 그 영역의 라우팅 로직은 건너뛴다. 그렇지 않으면 해당 키는 리파지토리에 삽입되고 그 영역의 라우팅 로직이 실행된다. 이 행위의 원인은 7장, '에러 처리와 보상'의 '액션 완료를 동적으로 정의하기' 예제에서 설명한 대로 내부적으로 패턴이 익스체인지와 같이 `Synchronization` 인스턴스를 등록하는 것이다. 이 콜백은 익스체인지가 처리를 완료했을 때 `IdempotentRepository`로 변경을 커밋한다. 만약 실패한다면 롤백한다.

저장소에 대한 변경을 독립적으로 하여, 결과적으로 라우팅 로직이 예외가 발생할 때에도 키를 지우지 않게 하기 위해, `idempotentConsumer` 로직의 자체 `UnitOfWork`에 별도의 익스체인지 인스턴스를 사용해야 한다. 이는 생각보다 쉽다.

> 만약 idempotentConsumer 영역에 들어간 후 그 영역 뒤에 정의된 라우팅 로직을 포함한 루트의 어떤 지점에서 예외가 발생한다면, 키는 저장소로부터 삭제된다. 나중에 동일한 메시지가 그 영역에서 다시 한 번 처리된다.
>
> 앞의 예제에서, mock:out 엔드포인트가 예외를 발생한다면 동일한 messageId 헤더를 가진 다음 요청은 mock:ws과 mock:out 엔드포인트 둘 다 실행할 것이다.
>
> 이는 일반적으로 바라는 상황은 아닐텐데, 사용자는 idempotentConsumer 영역 내에서 예외가 발생할 때만 재처리될 것이라 생각하기 쉽다.

`idempotentConsumer` 영역 이후에 즉시 `IdempotentRepository`에 대한 변경을 커밋하기 위해 멱등 로직을 별도의 루트에 분리하고 4장, '전환'의 '다른 엔드포인트의 도움을 받아 내용 변경하기' 예제에서와 같이 `enrich` 문으로 루트를 실행한다.

XML DSL에서는 그 변경 로직을 다음과 같이 표현한다.

```
<route>
  <from uri="direct:in"/>
  <enrich uri="direct:invokeWs"/>
  <to uri="mock:out"/>
</route>

<route>
  <from uri="direct:invokeWs"/>
  <idempotentConsumer
      messageIdRepositoryRef="wsIdempotentRepository">
    <header>messageId</header>
    <to uri="mock:ws"/>
```

```
    </idempotentConsumer>
</route>
```

자바 DSL에서는 동일한 로직을 다음과 같이 작성한다.

```
from("direct:in")
  .enrich("direct:invokeWs")
  .to("mock:out");

from("direct:invokeWs")
  .idempotentConsumer(
      header("messageId"),
      new MemoryIdempotentRepository())
  .to("mock:ws");
```

이 설정은 원래 익스체인지의 복제본을 생성해 두 번째 루트로 전달한다. 이 두 번째 익스체인지 인스턴스는 루트 내에서 독자적으로 동작하고 완료되는 별개의 UnitOfWork를 가진다. 이는 idempotentConsumer 영역을 통해 메시지의 이동이 IdempotentRepository 인스턴스로 커밋되는 지점이다. 그 향상[enricher] 패턴으로부터 돌아올 때 익스체인지의 내용은 호출했던 루트에서 사용 가능하게 된다.

단지 enrich 대신에 일반적인 to 문을 사용해 루트를 호출했다면 메인 루트 내의 idempotentConsumer 영역 이후에 발생한 예외는 IdempotentRepository 인스턴스로부터 메시지 키를 지우게 했을 것이다. 그러면 잘못된 결과를 낳게 되는데, 그 메시지가 재실행된다면 그 영역에 의해 보호되는 라우팅 로직이 다시 실행되기 때문이다.

부연 설명

idemponentConsumer 인스턴스가 익스체인지를 '처리하지 않고 통과'하는 대신 '이미 확인됨'으로 표시하는 것이 가능하다. 이것은 이전에 처리된 메시지를 새로운 것과 다르게 라우팅하게 한다.

그렇게 하기 위해 idempotentConsumer 영역의 skipDuplicate를 false로 정한다. 복제된 메시지가 보이면 CamelDuplicateMessage(Exchange.DUPLICATE_MESSAGE) 속성이 익스체인지에 지정된다. 이후에 라우팅을 결정할 때 그 속성을 사용한다.

XML DSL에서는 다음과 같이 표현한다.

```
<from uri="direct:in"/>
<idempotentConsumer
    messageIdRepositoryRef="wsIdempotentRepository"
    skipDuplicate="false">
  <header>messageId</header>
  <choice>
    <when>
      <property>CamelDuplicateMessage</property>
      <to uri="mock:duplicate"/>
    </when>
    <otherwise>
      <to uri="mock:ws"/>
    </otherwise>
  </choice>
</idempotentConsumer>
```

자바 DSL에서는 동일한 라우팅 로직을 다음과 같이 작성한다.

```
from("direct:in")
  .idempotentConsumer(header("messageId"),
                      new MemoryIdempotentRepository())
      .skipDuplicate(false)
  .choice()
    .when(property(Exchange.DUPLICATE_MESSAGE))
      .to("mock:duplicate")
    .otherwise()
      .to("mock:ws")
  .endChoice()
.end();
```

사용자 루트가 제공할 서비스 레벨(QoS)에 따라서 선택할 수 있는 몇 가지의 IdempotentRepository 구현체가 존재한다. 만약 요구되는 QoS가 제공되지 않는다면 직접 작성하는 것도 가능하다.

다음 표에 일반적으로 사용되는 `IdempotentRepository` 구현체와 사용팁이 설명되어 있다.

`MemoryIdempotentRepository`	키를 저장하기 위해 맵을 사용하는 빠르고 비영속적인 저장소이다. 저장된 모든 데이터는 JVM이 종료될 때 유실된다. 클러스터링을 지원하지 않는다. 이 클래스는 카멜 코어에서 사용 가능하므로 부가적인 의존성이 필요하지 않다.
`FileIdempotentRepository`	맵을 키를 찾기위한 캐시로 사용하고 파일을 그 맵의 현재 뷰를 저장하기 위해 사용하는 기본 영속 저장소이다. 그 파일에 접근하는 모든 동작은 동기화된다. 이것은 대용량 처리 시나리오에서는 병목이 될 수 있다는 것을 의미한다. 부가정보가 파일에 더해지고, 삭제는 전체 파일을 다시 쓰여지게 한다. JVM이 내려갈 때 다시 쓰기가 일어난다면 캐시가 손상될 가능성이 있다. 단 하나의 JVM만 파일을 써야하기 때문에 Active/Active 클러스터에는 적합하지 않다. Active/Active 배치는 두 개 또는 그 이상의 처리 중인 노드가 동시에 같은 데이터 셋을 가지고 동작하면서 바깥으로는 단일 인스턴스가 동작하는 것처럼 보이게 한다. 하나의 노드에 문제가 생기면 남은 다른 노드들이 요청 부하를 처리한다. 이 저장소는 Active/Passive 구성에서 사용하는 것은 괜찮다. 이는 두 개 또는 그 이상 중에서 단지 하나의 노드만 동작하는 것이고, 동작 중인 노드가 문제가 생겼을 때 준비하고 있던 다른 노드가 시작된다. 이 클래스는 카멜 코어에서 사용 가능하며 다른 추가적인 의존성을 요구하지 않는다.
`JdbcMessageIdRepository`	저장된 메시지를 영속화하기 위해 표준 SQL 데이터를 사용한다. 각 컨슈머는 자신의 저장소를 요구하며, 키를 저장하기 위해서는 모두 동일한 데이터베이스 테이블을 사용한다. 읽고, 쓰고, 지우는 각 행위가 SQL 질의를 발생시키기 때문에 데이터베이스 대용량 처리는 성능 문제가 될 수 있다. Active/Active 클러스터링에 적합하다.
`HazelcastIdempotentRepository`	여러 개의 JVM 인스턴스 간에 키의 맵을 공유하기 위해 오픈 소스 인메모리 데이터그리드이자 분산 캐시인 헤이즐캐스트(Hazelcast)를 사용한다. 헤이즐캐스트는 키가 캐시에 쓰여질 때 동기적으로(write-through, 늦다) 또는 백그라운드에서 비동기적으로(write-behind, 빠르지만 쓰기가 일어나기 전에 JVM이 종료하면 메시지를 잃어버릴 수 있어 신뢰성이 덜하다) 공유된 데이터베이스로 캐시를 영속화하도록 설정할 수 있다. 키를 찾기 위해 저장소가 아닌 캐시를 사용하기 때문에 JdbcMessageIdRepository보다 훨씬 빠르다. Active/Active 클러스터에 적합하다.카멜 HBase와 카멜 Redis 컴포넌트는 또 다른 IdempotentRepository 구현체를 제공하고 있다.

IdempotentRepository 구현체에 따라 다양한 캐시 제거 정책을 사용한다. MemoryIdempotentRepository와 FileIdempotentRepository 둘 다 고정 크기의 LRU(Least Recently Used) 맵을 사용하고 JdbcMessageIdRepository 클래스는 주기적으로 원하지 않는 것들을 지우는 외부 스크립트를 설정하도록 요구한다. 자세한 내용은 API 문서를 참고하라.

기본적으로 익스체인지가 idempotent 영역에 들어가자마자 IdempotentRepository 인스턴스에 메시지 키가 쓰이지만[write] 커밋되지는 않는다. 이는 꼬리를 물고 그 영역에 도착하는 두 개의 복제된 메시지가 같은 로직을 실행하는 것을 방지한다. idempotentConsumer 영역의 eager 속성을 false로 정함으로써, 익스체인지 처리가 완료될 때까지 메시지 키가 쓰이는 것을 지연할 수 있다.

XML DSL에서는 다음과 같이 작성한다.

```
<idempotentConsumer
    messageIdRepositoryRef="wsIdempotentRepository"
    eager="false">
  <!-- ... -->
</idempotentConsumer>
```

자바 DSL에서는 동일한 것을 다음과 같이 표현한다.

```
.idempotentConsumer(header("messageId"),
                  new MemoryIdempotentRepository())
  .eager(false)
```

removeOnFailure 속성도 사용 가능하며 false로 지정할 수 있다(기본값은 true다). 이것이 유용할 때가 있는데, 예를 들어 특정 타입의 예외가 발생할 경우에만 onException 영역에서 직접 IdempotentRepository 인스턴스의 키를 삭제하길 원할 때이다.

참고 사항

- 카멜 멱등 컨슈머: http://camel.apache.org/idempotent-consumer.html
- 카멜 SQL 컴포넌트(JdbcMessageIdRepository): http://camel.apache.org/sql-component.html

- 카멜 헤이즐캐스트 컴포넌트(HazelcastIdempotentRepository): http://camel.apache.org/hazelcast-component.html
- 카멜 HBase 컴포넌트: http://camel.apache.org/hbase.html
- 카멜 Redis 컴포넌트: http://camel.apache.org/redis.html

트랜잭션을 사용한 파일 소비

파일 사용은 트랜잭션을 이야기할 때 바로 머리에 떠오르는 것은 아닐 것이다. 카멜은 파일 컴포넌트를 사용할 때 트랜잭션을 수행하는 방법을 제공한다.

이 예제는 파일을 사용하는 방법을 보여주고 어떻게 카멜이 다른 스레드나 선택적인 처리로부터 분리되어, 전부 처리되거나 또는 하나도 처리되지 않는 것을 보증하고, 전반적인 수행에 걸쳐 처리된 파일을 일관적인 상태로 만드는지 설명한다.

준비

이 예제의 자바 코드는 org.camelcookbook.transactions.fileconsumption 패키지에 있다. 스프링 XML 파일은 src/main/resources/META-INF/spring 아래에 fileConsumption이라는 접두어를 가지고 있다.

예제 구현

카멜의 파일 컴포넌트는 camel-core 라이브러리에 포함된다. 특정 디렉토리의 파일을 처리하기 위해 file:을 from 내의 컨슈밍 엔드포인트에 다음과 같은 패턴으로 정의한다.

```
file:///path/to/source
```

기본적으로는 파일이 성공적으로 처리되면 그 소스 디렉토리 아래의 .camel 서브 디렉토리로 옮겨진다. 이는 move 속성으로 변경 가능하며 상대적, 또는 절대적 경로를 지정할 수 있다.

```
file:///path/to/source?move=///path/to/completed
```

처리 완료된 파일을 옮기는 대신 지우라고 할 수도 있다.

```
file:///path/to/source?delete=true
```

예제 분석

이 컴포넌트는 URI에 참조된 디렉토리를 스캔하고 각각의 파일을 각각의 익스체인지로 처리한다. 파일을 처리하는 동안 일어나는 예외는 전체 파일의 소비를 재시도하며 조용히 처리된다.

moveFailed 속성에 위치를 제공해서 처리에 실패한 파일을 특정 디렉토리로 옮기는 것이 가능하다. 예를 들어 다음 루트에서 처리에 실패한 파일은 에러 디렉토리로 옮겨져서 수동으로 검사되게 되며, 성공한 것은 output 디렉토리로 보내진다.

```
from("file:" + inputDirectory + "?moveFailed=" + errorDirectory)
  .log("Consumed file ${header[CamelFileName]}: ${body}")
  .convertBodyTo(String.class)
  .choice()
    .when(simple("${body} contains 'explode'"))
      .throwException(
          new IllegalArgumentException("File caused explosion"))
    .otherwise()
      .to("file:" + outputDirectory)
  .endChoice();
```

 이 예제에서 디렉토리는 루트가 초기화될 때 변수로써 제공된다. 이런 접근에 대한 개요를 위해서 1장, '루트 구성'의 '루트 템플릿으로 라우팅 로직 재사용하기' 예제를 보라.

파일 처리는 최선형best-effort 트랜잭션의 한 종류로 수행된다. 7장, '에러 처리와 보상'의 '액션 완료를 동적으로 정의하기' 예제에서 설명한 것과 같이 파일 컴포넌트는 org.apache.camel.spi.Synchronization 인스턴스와 익스체인지를 함께 묶는다. 이 콜백은 익스체인지가 처리를 완료할 때 카멜 런타임에 의해 불려지게 된다.

파일 컴포넌트는 처리가 성공적일 경우 파일을 옮기거나 삭제하는 로직을 제공한다. 그리고 실패할 경우 파일을 원래 있던 곳에 두거나 다른 디렉토리로 옮긴다. 이 행위는 엔드포인트 URI에서 설정 가능하다.

부연 설명

파일 컴포넌트는 '라우팅 로직의 중복 실행 방지하기' 예제에서 다룬 테크닉을 사용해 동일한 파일이 다시 처리되지 않도록 보증한다. 멱등 소비는 기본적으로 비활성화되어 있지만 컨슈밍 URI 내의 `idempotentRepository` 속성에서 `Idempotent Repository` 인스턴스를 참조함으로써 활성화 가능하다. 이는 다음과 같은 상황에서 유용하다.

- 파일 컨슈머가 처리 이후에 파일을 옮기지 않도록 설정되었을 때, 즉 `noop` 속성이 `true`일 때 `idempotentRepository` 속성을 재설정하지 않는 한 인메모리 멱등성 리포지토리^{in-memory idempotent repository}가 기본적으로 사용된다.
- 동일한 파일을 주기적으로, 예를 들면 지난 7일분의 트랜잭션을 소스 디렉토리로 업로드 할 때 유용하다.
- 동일한 디렉토리를 스캔하는 한 개 이상의 카멜 런타임이 있을 때, 즉 Active/Active 설정에서 실행되는 서버 클러스터에 종종 보이는데 모든 서버가 활동하고 있고 동일한 카멜 루트를 실행하고 있을 때이다. 이런 경우를 구현하려면 상태가 양쪽 런타임에 보이는 `IdempotentRepository` 구현체의 인스턴스를 제공한다. 이는 보통 공유 데이터베이스를 참조하는 `JDBCIdempotentRepository`를 제공하는 것을 의미한다.

소비 대상 파일 이름 패턴을 정의하거나 순서, 읽기 잠금, 리커시브한 디렉토리 수행 등을 포함해 파일을 소비하는 것에 대해 여러 가지 옵션이 있다. 파일 컴포넌트를 메시지를 디렉토리에 쓰기 위해 프로듀서 엔드포인트로 사용하는 것도 가능하다. 자세한 사항은 카멜 파일 컴포넌트 문서를 참고하라.

- 카멜 파일 컴포넌트: http://camel.apache.org/file2.html

데이터베이스에 트랜잭션 사용하기

이 예제는 카멜 루트가 사용하는 데이터베이스에 트랜잭션 관리를 설정하는 방법을 보여준다. 또한 트랜잭션을 사용하는 것과 사용하지 않는 데이터베이스 통신 둘 다 조합해 사용하는 트랜잭션 전달^{propagation} 행위에 대해 자세히 본다.

준비

이 예제의 자바 코드는 `org.camelcookbook.transactions.databasetransaction` 패키지에 있다. 스프링 XML 파일은 src/main/resources/META-INF/spring 아래에 databaseTransaction라는 접두어를 가지고 있다.

소개 부분에서 다루었듯이 카멜의 트랜잭션 처리는 스프링의 `PlatformTransaction Manager` 추상에 의존한다. 따라서 스프링을 사용하던지 아닌지에 상관없이 적절한 의존성을 포함할 필요가 있다. 이는 일반 자바와 OSGi 블루프린트 애플리케이션도 마찬가지다.

스프링이 관리하는 JDBC 트랜잭션을 사용하기 위해서 다음의 메이븐 의존성이 필요하다.

```
<dependency>
  <groupId>org.apache.camel</groupId>
  <artifactId>camel-spring</artifactId>
  <version>${camel-version}</version>
</dependency>
<dependency>
  <groupId>org.springframework</groupId>
  <artifactId>spring-jdbc</artifactId>
  <version>${spring-version}</version>
</dependency>
```

데이터베이스 트랜잭션을 사용하기 위해 첫째로 다음과 같이 몇 개의 클래스들을 연결한다.

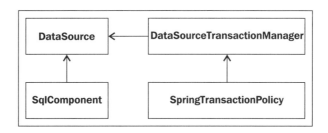

`javax.sql.DataSource` 인터페이스는 데이터베이스로의 주요 연결점이다. 여기서 사용된 실제 구현 클래스는 데이터베이스 벤더가 제공한 것이거나 c3po(http://www.mchange.com/projects/c3p0/) 같은 데이터베이스 커넥션 풀이 될 수 있다.

이 예제에서 `DataSource`는 레코드들을 감사[audit]하기 위해 사용된 데이터베이스를 가리키기 위해 인스턴스화된다. 이 인스턴스는 `auditDataSource`로 참조된다.

다음은 데이터베이스로 트랜잭션 접근을 설정하기 위해 필요한 단계다.

1. 스프링 내에서 클래스들을 연결한다.

```
<bean id="sql"
      class="org.apache.camel.component.sql.SqlComponent">
  <property name="dataSource" ref="auditDataSource"/>
</bean>

<bean id="transactionManager"
      class="org.springframework.jdbc.datasource
            .DataSourceTransactionManager">
  <property name="dataSource"
          ref="auditDataSource"/>
</bean>

<bean id="PROPAGATION_REQUIRED"
      class="org.apache.camel.spring.spi
```

```
                    .SpringTransactionPolicy">
    <property name="transactionManager"
            ref="transactionManager"/>
    <property name="propagationBehaviorName"
            value="PROPAGATION_REQUIRED"/>
</bean>
```

SpringTransactionPolicy 인스턴스는 스프링 프레임워크에 의해 해석되는 트랜잭션 전파 행위를 정의한다. PROPAGATION_REQUIRED라는 propagation BehaviorName 값은 트랜잭션이 이미 진행 중이 아니라면 하나를 시작하고, 진행 중이라면 진행 중인 트랜잭션을 사용한다는 것을 표시한다.

 트랙잭션 정책은 일반적으로 propagationBehaviorName의 값과 동일한 ID를 가진다. 카멜이 사용하는 이 관례는 빈(bean)들이 명시적으로 같이 묶이지 않았을 때 트랜잭션을 위해 적절한 기본 설정을 제공한다.

자바에서는 동일한 객체들이 스탠드얼론 카멜 컨텍스트 내에 묶여진다.

```
SimpleRegistry registry = new SimpleRegistry();
DataSource auditDataSource = ...; // 사용자가 정의한다

DataSourceTransactionManager transactionManager =
    new DataSourceTransactionManager(auditDataSource);
registry.put("transactionManager", transactionManager);

SpringTransactionPolicy propagationRequired =
    new SpringTransactionPolicy();
propagationRequired.setTransactionManager(
    transactionManager);
propagationRequired.setPropagationBehaviorName(
    "PROPAGATION_REQUIRED");
registry.put("PROPAGATION_REQUIRED", propagationRequired);

CamelContext camelContext =
    new DefaultCamelContext(registry);
```

```
SqlComponent sqlComponent = new SqlComponent();
sqlComponent.setDataSource(auditDataSource);
camelContext.addComponent("sql", sqlComponent);
```

 자바에서 PlatformTransactionManager와 SpringTransactionPolicy 둘 다 카멜의
객체 저장소에 명시적으로 등록되어야만 한다. 트랜잭션 메커니즘이 그것들의 참조를
얻을 필요가 있다. 스프링을 사용할 때는 ApplicationContext에 정의된 모든 빈들은
카멜에 노출된다.

2. 카멜에서 트랜잭션을 사용해 데이터베이스에 접근하려면, SQL 컴포넌트에 접근
   하기 전에 transacted 영역을 정의한다.

```
<from uri="direct:transacted"/>
<transacted/>
<setHeader headerName="message">
  <simple>${body}</simple>
</setHeader>
<to uri="sql:insert into audit_log (message) values
        (:#message)"/>
<to uri="mock:out"/>
```

   transacted 영역은 루트의 마지막에서 커밋될 트랜잭션을 시작하게 된다.

   자바 DSL에서는 동일한 루트가 다음과 같이 표현된다.

```
from("direct:transacted")
  .transacted()
  .setHeader("message", body())
  .to("sql:insert into audit_log (message) values
      (:#message)")
  .to("mock:out");
```

앞의 루트 둘 다 메시지 바디를 audit_log 테이블로 삽입하게 된다. 만약 mock:out
엔드포인트가 예외를 발생한다면 데이터베이스 삽입은 롤백된다.

transacted 문은 적절한 트랜잭션 행위를 제공하기 위해 여러 관례를 사용한다. 그 프로세서는 카멜의 저장소로부터 PROPAGATION_REQUIRED라는 이름의 SpringTransactionPolicy를 가져온다. 만약 아무것도 정의되어있지 않으면 PlatformTransactionManager 객체를 가지고 오고 암시적으로 PROGAGATION_REQUIRED 행위를 사용한다.

앞의 코드에서 transacted 문은 DataSourceTransactionManager 인스턴스를 사용해 트랜잭션을 시작하게 된다. 이는 DataSource로부터 데이터베이스 커넥션을 가져와서 수동 커밋으로 설정한다는 것을 의미한다. 이 스레드에 의해 루트의 나머지 부분에서 DataSource 객체와의 통신은 이 트랜잭션을 통하게 된다.

그리고 나서 프로세서에 예외가 발생하고 다른 에러 핸들러에 의해 처리되지 않을 때 트랜잭션을 롤백하도록 카멜의 TransactionErrorHandler를 설정하게 된다.

익스체인지가 문제 없이 완료한다면 트랜잭션은 루트의 끝에서 커밋될 것이다. 예외가 발생한다면 모든 데이터베이스 변경은 롤백된다.

복수 개의 PlatformTransactionManager 또는 SpringTransactionPolicy 객체를 정의했거나 또는 사용자 설정이 명시적이길 원한다면, 저장소의 어떤 Spring TransactionPolicy 객체가 transacted 문에 의해 사용되는지 명확하게 정의한다.

XML DSL에서는 다음과 같이 작성한다.

```
<transacted ref="PROPAGATION_REQUIRED"/>
```

자바 DSL에서는 다음과 같이 표현한다.

```
.transacted("PROPAGATION_REQUIRED")
```

다음 테이블은 transacted DSL 문과 함께 사용 가능한 다양한 스프링 지원 트랜잭션 전파 행위를 설명한다.

PROPAGATION_REQUIRED	진행 중인 트랜잭션이 없다면 하나를 시작한다. 그렇지 않을 경우에는 이미 존재하는 트랜잭션에 참여한다. 이는 가장 흔하게 사용되는 옵션이다.
PROPAGATION_REQUIRES_NEW	다른 트랜잭션이 이미 진행 중인 것에 상관없이 트랜잭션을 시작한다. 만약 트랜잭션 하나가 진행 중이라면 그것은 잠시 중단되었다가 새로운 트랜잭션이 완료되면 재개된다.
PROPAGATION_MANDATORY	이 영역에 다다르기 전까지 트랜잭션 하나는 반드시 진행 중이어야 한다. 그렇지 않으면 예외가 발생한다.
PROPAGATION_SUPPORTS	트랜잭션이 진행 중이라면 그 트랜잭션이 사용될 것이다. 그렇지 않으면 그 로직은 트랜잭션을 사용하지 않는다.
PROPAGATION_NOT_SUPPORTED	이 영역에 도달했을 때 트랜잭션이 진행 중이라면 그 트랜잭션은 중단된다. 내부의 로직은 트랜잭션 바깥에서 실행된다.
PROPAGATION_NEVER	이 영역에 다다르기 전까지 반드시 진행되는 트랜잭션이 없어야 한다. 그렇지 않으면 예외가 발생한다.
PROPAGATION_NESTED	이미 진행 중인 어떤 트랜잭션에 연결되는 결과를 내는 새로운 트랜잭션을 시작한다.

참고 사항

- 카멜 트랜잭션 클라이언트: http://camel.apache.org/transactional-client.html

트랜잭션 범위 제한하기

'데이터베이스에 트랜잭션 사용하기' 예제에서 설명한 기법은 트랜잭션을 초기화하기 위해 transacted DSL 문을 사용하고 트랜잭션은 익스체인지의 처리가 완료될 때 커밋된다. 이 예제는 policy 문을 사용해 좀 더 세부적인 방법으로 트랜잭션 범위를 조정하는 방법을 보여준다.

이 예제의 자바 코드는 `org.camelcookbook.transactions.transactionpolicies`
패키지에 위치한다. 스프링 XML 파일은 src/main/resources/META-INF/spring 아
래에 transactionPolicies라는 접두어를 가지고 있다.

'데이터베이스에 트랜잭션 사용하기' 예제에서 본 것과 같이 트랜잭션 매니저와 연관
된 `SpringTransactionPolicy`를 설정한다.

 트랜잭션 매니저의 타입은 관계 없다. 이 방법은 JDBC, JMS, XA 트랜잭션에 적용
된다.

`policy` DSL 문을 사용해 단일 트랜잭션 내에 포함하려는 처리 단계들을 감싼다.
이름으로 `SpringTransactionPolicy`를 참조한다(이 예제에서는 id가 `"PROPAGATION_`
`REQUIRED"`인 빈을 참조한다).

XML DSL에서는 다음과 같이 표현한다.

```
<from uri="direct:policies"/>
<setHeader headerName="message">
  <simple>${body}</simple>
</setHeader>
<policy ref="PROPAGATION_REQUIRED">
  <!-- 트랜잭션 1 -->
  <to uri="sql:insert into audit_log (message) values
          (:#message)"/>
  <to uri="mock:out1"/>
</policy>
<policy ref="PROPAGATION_REQUIRED">
  <!-- 트랜잭션 2 -->
  <to uri="sql:insert into messages (message) values
          (:#message)"/>
```

```
  <to uri="mock:out2"/>
</policy>
```

자바 DSL에서는 다음과 같이 표현한다.

```
from("direct:policies")
  .setHeader("message", body())
  .policy("PROPAGATION_REQUIRED") // 트랜잭션 1
    .to("sql:insert into audit_log (message) values (:#message)")
    .to("mock:out1")
  .end()
  .policy("PROPAGATION_REQUIRED") // 트랜잭션 2
    .to("sql:insert into messages (message) values (:#message)")
    .to("mock:out2")
  .end();
```

예제 분석

앞의 예제에서 루트는 두 개의 별도 트랜잭션을 정의한다. 첫 번째 policy 영역에 다다르면 트랜잭션 1이 커밋될 것이다. 익스체인지가 두 번째 policy 영역에 도달하면 새로운 트랜잭션이 시작된다. 만약 예외가 mock:out2 엔드포인트에 의해 발생하면 트랜잭션 2만 롤백된다.

policy 영역은 일련의 처리 단계를 org.apache.camel.spi.Policy 인터페이스의 구현체에 의해 수행되는 '이전'과 '이후' 단계로 구분하는 경계를 정의한다. SpringTransactionPolicy는 이 인터페이스를 구현한다.

SpringTransactionPolicy 인스턴스를 참조할 때, 트랜잭션은 지정한 전달 행위에 따라 초기화된다(가능한 옵션에 대해서 '데이터베이스에 트랜잭션 사용하기' 예제를 보라). policy 영역이 완료되면, 트랜잭션은 전파 행위propagation behavior에 의해 정의된 로직에 따라 완료될 것이다.

policy 영역은 '이전'과 '이후' 행위의 범위를 지정하기 위한 일반적인 메커니즘이다. 트랜잭션 이외에도 카멜 시로^{Shiro}와 카멜 스프링 시큐리티 컴포넌트에 의해 사용되어 처리 단계에서 보안 조건을 정의할 수도 있게 한다(11장, '보안'의 '스프링 시큐리티를 사용한 인증과 권한부여하기' 예제를 보라).

다른 SpringTransactionPolicy 객체를 참조해서 이 메커니즘을 사용해 트랜잭션을 내부에 포함할 수 있다. 트랜잭션은 내부에 포함될 수 있다. 다음 예제에서 트랜잭션을 사용하지 않는 audit_log 테이블로의 삽입을 더 큰 트랜잭션 내에 포함한다. mock:out1 엔드포인트에 의해 발생된 예외는 메시지 테이블에서 엔트리를 삭제하지만 audit_log에서는 삭제하지 않는다.

XML DSL에서는 다음과 같이 작성한다.

```xml
<route>
  <from uri="direct:policies"/>
  <setHeader headerName="message">
    <simple>${body}</simple>
  </setHeader>
  <policy ref="PROPAGATION_REQUIRED">
    <to uri="sql:insert into messages (message) values
           (:#message)"/>
    <to uri="direct:nestedPolicy"/>
    <to uri="mock:out1"/>
  </policy>
</route>


<route>
  <from uri="direct:nestedPolicy"/>
  <policy ref="PROPAGATION_NOT_SUPPORTED">
    <to uri="sql:insert into audit_log (message) values
           (:#message)"/>
    <to uri="mock:out2"/>
  </policy>
</route>
```

자바 DSL에서는 동일한 라우팅 로직을 다음과 같이 표현한다.

```
from("direct:policies")
  .setHeader("message", simple("${body}"))
  .policy("PROPAGATION_REQUIRED")
    .to("sql:insert into messages (message) values (:#message)")
    .to("direct:nestedPolicy")
    .to("mock:out1")
  .end();


from("direct:nestedPolicy")
  .policy("PROPAGATION_NOT_SUPPORTED")
    .to("sql:insert into audit_log (message) values (:#message)")
    .to("mock:out2")
  .end();
```

두 개의 PROPAGATION_REQUIRES_NEW 행위를 하는 트랜잭션을 포함한다면 양쪽의
policy 영역은 동일한 행위를 하는 다른 SpringTransactionPolicy 객체를 참조해
야 한다. 그렇지 않으면 두 번째 policy는 아무 영향을 주지 않는다.

```
<bean id="PROPAGATION_REQUIRES_NEW"
      class="org.apache.camel.spring.spi.SpringTransactionPolicy">
  <property name="transactionManager"
            ref="transactionManager"/>
  <property name="propagationBehaviorName"
            value="PROPAGATION_REQUIRES_NEW"/>
</bean>


<bean id="PROPAGATION_REQUIRES_NEW-2"
      class="org.apache.camel.spring.spi.SpringTransactionPolicy">
  <property name="transactionManager"
            ref="transactionManager"/>
  <property name="propagationBehaviorName"
            value="PROPAGATION_REQUIRES_NEW"/>
</bean>
```

앞의 두 policy 영역은 id 속성을 제외하면 동일하다. 다음 예제 코드는 선행하는
policy 정의를 참조하는 방법을 보여준다.

```
<route>
  <from uri="direct:policies"/>
  <setHeader headerName="message">
    <simple>${body}</simple>
  </setHeader>
  <policy ref="PROPAGATION_REQUIRES_NEW">
    <to uri="sql:insert into messages (message) values
           (:#message)"/>
    <to uri="direct:nestedPolicy"/>
    <to uri="mock:out1"/>
  </policy>
</route>

<route>
  <from uri="direct:nestedPolicy"/>
  <policy ref="PROPAGATION_REQUIRES_NEW-2">
    <to uri="sql:insert into audit_log (message) values
           (:#message)"/>
    <to uri="mock:out2"/>
  </policy>
</route>
```

 만약 루트 내의 모든 DSL 문을 단일 policy 영역으로 감싸길 원한다면 transacted 문
을 대신 사용하는 것이 훨씬 깔끔하다.

트랜잭션 롤백하기

이제까지 자연스럽게 성공이나 실패가 결정되는 트랜잭션을 살펴보았다. 즉 익스체
인지가 성공적으로 처리되는지 또는 처리하는 동안 예외가 발생하는지에 따라서 성
공과 실패가 결정된다. 이 예제는 트랜잭션 롤백을 조정하기 위한 여러 가지 추가적
인 옵션을 제공한다.

이 예제를 위한 자바 코드는 `org.camelcookbook.transactions.rollback` 패키지
에 위치한다. 스프링 XMl파일은 src/main/resources/META-INF/spring 아래에
rollback이라는 접두어를 가지고 있다.

rollback DSL 문을 사용해 선택적인 메시지와 함께 예외를 발생시킨다.

XML DSL에서는 다음 코드를 사용한다.

```xml
<from uri="direct:transacted"/>
<transacted/>
<setHeader headerName="message">
  <simple>${body}</simple>
</setHeader>
<to uri="sql:insert into audit_log (message) values (:#message)"/>
<choice>
  <when>
    <simple>${body} contains 'explode'</simple>
    <rollback message="Message contained word 'explode'"/>
  </when>
</choice>
```

자바 DSL에서는 다음과 같이 표현한다.

```java
from("direct:transacted")
  .transacted()
  .setHeader("message", body())
  .to("sql:insert into audit_log (message) values (:#message)")
  .choice()
    .when(simple("${body} contains 'explode'"))
    .rollback("Message contained word 'explode'")
  .endChoice();
```

익스체인지가 롤백을 일으킬 때 `org.apache.camel.RollbackExchangeException` 객체가 특정 메시지와 함께 발생한다. 이는 트랜잭션 에러 핸들러가 익스체인지를 위해 처리 중인 현재 트랜잭션을 롤백하게 한다. 이 예외 자체는 `org.apache.camel.CamelExecutionException` 인스턴스 내에 감싸져서 컨슈밍 엔드포인트로 리턴된다.

일반적인 예외에서 롤백은 다음과 같은 `onException` 영역에 의해 잡히게 된다.

```
.onException(RollbackExchangeException.class)
  .log("Caught rollback signal")
.end()
```

`markRollbackOnly` 문을 사용해 예외가 발생하지 않아도 롤백을 할 수 있다. 이는 익스체인지의 처리를 즉시 중단하고 현재 진행 중인 트랜잭션을 롤백하게 한다. 카멜은 익스체인지의 처리를 성공적으로 완료되었다고 생각할 것이다.

XML DSL에서 `markRollbackOnly`는 rollback 엘리먼트의 속성이다.

```
<choice>
  <when>
    <simple>${body} contains 'explode'</simple>
    <rollback markRollbackOnly="true"/>
  </when>
</choice>
```

자바 DSL에서는 자체적인 DSL 문장으로 사용할 수 있다.

```
.choice()
  .when(simple("${body} contains 'explode'"))
    .markRollbackOnly()
.endChoice()
```

만약 중첩 트랜잭션을 사용한다면 `markRollbackOnlyLast`를 사용해 현재 또는 최하단 트랜잭션의 롤백이 가능하다. 다음 예제에서 'explode'라는 단어를 포함하는 메시지는 내부 트랜잭션인 tx2가 롤백되게 한다. route2에서 더 이상의 처리가 일어나지 않게 되고, 따라서 익스체인지는 mock:out2 엔드포인트로 넘어가지 않는다. 하지만 그 익스체인지는 route1에 의해 계속 처리되고 mock:out1 엔드포인트로 보내진다. 트랜잭션 tx1은 성공적으로 커밋하게 된다.

```xml
<route id="route1">
  <from uri="direct:route1"/>
  <setHeader headerName="message">
    <simple>${body}</simple>
  </setHeader>
  <policy ref="PROPAGATION_REQUIRES_NEW" id="tx1">
    <to uri="sql:insert into messages (message) values
            (:#message)"/>
    <to uri="direct:route2"/>
    <to uri="mock:out1"/>
  </policy>
</route>

<route id="route2">
  <from uri="direct:route2"/>
  <policy ref="PROPAGATION_REQUIRES_NEW-2" id="tx2">
    <to uri="sql:insert into audit_log (message) values
            (:#message)"/>
    <choice>
      <when>
        <simple>${body} contains 'explode'</simple>
        <rollback markRollbackOnlyLast="true"/>
      </when>
    </choice>
    <to uri="mock:out2"/>
  </policy>
</route>
```

자바 DSL에서는 다음과 같이 표현한다.

```java
from("direct:route1").id("route1")
  .setHeader("message", simple("${body}"))
  .policy("PROPAGATION_REQUIRES_NEW").id("tx1")
```

```
    .to("sql:insert into messages (message) values (:#message)")
    .to("direct:route2")
    .to("mock:out1")
  .end();

from("direct:route2").id("route2")
  .policy("PROPAGATION_REQUIRES_NEW-2").id("tx2")
    .to("sql:insert into audit_log (message) values (:#message)")
    .choice()
      .when(simple("${body} contains 'explode'"))
        .markRollbackOnlyLast()
    .endChoice()
    .to("mock:out2")
  .end();
```

메시징에 트랜잭션 사용하기

이 예제는 카멜 루트에서 사용하기 위해 JMS의 트랜잭션 관리를 설정하는 방법을 보여준다. 이 예제는 또한 JMS 트랜잭션을 다룰 때 카멜로부터 예상할 수 있는 코너 케이스 행위에 대해 자세히 살펴본다.

준비

이 예제의 자바 코드는 `org.camelcookbook.transactions.jmstransaction` 패키지에 있다. 스프링 XML 파일은 src/main/resources/META-INF/spring 아래에 jmsTransaction이라는 접두어를 가지고 있다.

소개 부분에서 다뤘듯이 카멜의 트랜잭션 처리는 스프링의 `PlatformTransaction Manager` 추상에 의존한다. 따라서 스프링을 사용하든지 아닌지에 상관없이 적절한 의존성을 포함할 필요가 있다. 이는 일반 자바와 OSGi 블루프린트 애플리케이션도 마찬가지다.

스프링이 관리하는 JSM 트랜잭션을 사용하기 위해 다음 메이븐 의존성이 필요하다.

```
<dependency>
  <groupId>org.apache.camel</groupId>
  <artifactId>camel-spring</artifactId>
  <version>${camel-version}</version>
</dependency>
<dependency>
  <groupId>org.springframework</groupId>
  <artifactId>spring-jms</artifactId>
  <version>${spring-version}</version>
</dependency>
```

예제 구현

JMS 컴포넌트를 사용해 트랜잭션을 하는 두 가지 방법이 있다. JMS 컴포넌트에 transacted 옵션을 설정하거나, 또는 JMS 클라이언트 라이브러리의 커넥션 팩토리를 설정하고 카멜의 transacted DSL 문을 사용하는 것이다.

JMS로부터 소비consume할 때 엔드포인트에 transacted=true 속성을 추가한다. 메시지를 소비하는 것과 이 루트의 나머지 부분을 위해 JMS 컴포넌트 인스턴스를 사용해 뒤에 보내지는 것들은 모두 트랜잭션을 사용한다.

```
<from uri="jms:inbound?transacted=true"/>
<to uri="jms:outbound"/>
<to uri="mock:out"/>
```

JMS 메시지는 mock:out 엔드포인트가 불려지고 익스체인지 처리가 완료될 때까지 outbound 큐로 보내어지지 않을 것이다.

자바 DSL을 사용해 동일한 루트를 다음과 같이 표현한다.

```
from("jms:inbound?transacted=true")
  .to("jms:outbound")
  .to("mock:out");
```

이는 빠르지만 제약이 있는 메카니즘이어서 '트랜잭션 범위 제한하기' 예제에서 살펴본 루트 내의 다양한 트랜잭션 행위를 허용하지 않는다.

더 유연한 트랜잭션 행위를 얻기 위해 다음 그림처럼 클래스를 더 엮을 필요가 있다.

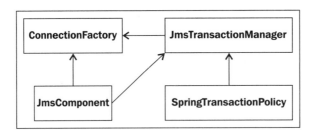

`javax.jms.ConnectionFactory` 클래스는 메시지 브로커와 통신하는 주요 부분이다. 브로커 벤더는 사용자가 여기서 사용할 실제 클래스를 제공한다.

 ActiveMQ 컴포넌트는 이 예제에서 내장된 메시지 브로커에 접근하기 위해 사용된다. 그 컴포넌트는 ActiveMQ를 다루기 위해 최적화된 JMS 컴포넌트의 구현체다. ActiveMQ 브로커를 사용할 때 JMS 컴포넌트의 위치에서 사용되어야 한다. 일반적인 JMS 컴포넌트도 동일하게 설정한다. 단 그때 사용되는 클래스는 org.apache.camel. component.jms.JmsComponent다.

JMS 메시징에 트랜잭션을 사용할 때 수행되는 단계는 다음과 같다.

1. 다음과 같이 스프링에서 빈[bean]들을 설정한다.

```
<bean id="connectionFactory" class="...">
    <!-- 사용하는 브로커에 따라 다르게 명세한다 -->
</bean>

<bean id="jmsTransactionManager"
      class="org.springframework.jms.connection
            .JmsTransactionManager">
  <property name="connectionFactory"
            ref="connectionFactory"/>
</bean>

<bean id="jms"
      class="org.apache.activemq.camel.component
            .ActiveMQComponent">
```

```xml
  <property name="connectionFactory"
            ref="connectionFactory"/>
  <property name="transactionManager"
            ref="jmsTransactionManager"/>
</bean>

<bean id="PROPAGATION_REQUIRED"
      class="org.apache.camel.spring.spi
            .SpringTransactionPolicy">
  <property name="transactionManager"
            ref="jmsTransactionManager"/>
  <property name="propagationBehaviorName"
            value="PROPAGATION_REQUIRED"/>
</bean>
```

SpringTransactionPolicy 인스턴스는 트랜잭션 전파 행위를 포함하고 그것은 스프링 프레임워크에 의해 해석된다. PROPAGATION_REQUIRED 값은 트랜잭션이 이미 진행 중이 아니라면 시작되야만 하고, 그렇지 않다면 진행 중인 트랜잭션이 사용되어야 함을 나타낸다.

 관례적으로 트랜잭션 정책은 그것의 전파 행위를 따서 이름지어진다. 이 관례는 카멜에 의해서 사용되어서 트랜잭션에 대한 적절한 기본 설정을 제공한다.

자바에서 동일한 객체들이 다음과 같이 카멜 컨텍스트에 사용될 수 있다.

```java
SimpleRegistry registry = new SimpleRegistry();
ConnectionFactory connectionFactory = ...;
registry.put("connectionFactory", connectionFactory);

JmsTransactionManager jmsTransactionManager =
    new JmsTransactionManager();
jmsTransactionManager.setConnectionFactory(
    connectionFactory);
registry.put("jmsTransactionManager",
            jmsTransactionManager);
```

```
SpringTransactionPolicy policy = new SpringTransactionPolicy();
policy.setTransactionManager(jmsTransactionManager);
policy.setPropagationBehaviorName("PROPAGATION_REQUIRED");
registry.put("PROPAGATION_REQUIRED", policy);

CamelContext camelContext = new DefaultCamelContext(registry);
ActiveMQComponent activeMQComponent =
    new ActiveMQComponent();
activeMQComponent.setConnectionFactory(connectionFactory);
activeMQComponent.setTransactionManager(
    jmsTransactionManager);
camelContext.addComponent("jms", activeMQComponent);
```

2. 위에서 설정한 트랜잭션 매니저를 사용하기 위해 transacted=true URI 속성 대신 루트 내에 transacted DSL 문을 사용한다.

XML DSL에서는 다음과 같이 정의한다.

```
<from uri="jms:inbound"/>
<transacted/>
<to uri="jms:outbound"/>
<to uri="mock:out"/>
```

자바 DSL에서는 동일한 라우팅 로직을 다음과 같이 표현한다.

```
from("jms:inbound")
  .transacted()
  .to("jms:outbound")
  .to("mock:out");
```

예제 분석

transacted 문은 적절한 트랜잭션 행위를 제공하기 위한 관례를 사용한다. 그 프로세서는 카멜 저장소로부터 PROPAGATION_REQUIRED라고 이름지어진 SpringTransactionPolicy를 가져온다. 만약 아무것도 정의되어 있지 않으면, PlatformTransactionManager 객체를 가져오고 암시적으로 PROGAGATION_REQUIRED 행위를 사용한다.

314

앞의 코드에서, 트랜잭션 프로세서는 `JmsTransactionManager`를 사용하는 트랜잭션을 시작한다. 내부적으로는 `ConnectionFactory`으로부터 `JMS Session`을 가져오고 그 세션의 JMS 확인^{acknowledgement} 모드를 `SESSION_TRANSACTED`로 설정한다. 루트의 남은 부분에 있는 엔드포인트들과의 모든 동작은 같은 스레드에 의해 같은 트랜잭션을 통하게 된다.

그리고 나서 예외가 발생하고 다른 에러 핸들러에 의해 처리되지 않을 때 프로세서는 트랜잭션을 롤백하기 위해 카멜의 `TransactionErrorHandler`를 설정한다.

만약 익스체인지의 처리가 문제 없이 완료된다면 트랜잭션은 루트 종료 시 커밋한다.

만약 루트 내의 어느 시점에 예외가 발생하게 되면, 트랜잭션에 관여하는 JMS 컨슈밍 엔드포인트는 부정적 확인^{negative acknowledgement} 또는 NACK를 메시지 브로커로 보내게 된다. 그러면 브로커의 설정에 따라 메시지를 발송 불가 큐^{DLQ}로 보내거나 동일한 또는 다른 메시지 컨슈머로 재전송하도록 표시하게 된다.

 기본적으로 JMS 코드 예제에서 사용된 ActiveMQ 브로커는 메시지를 여섯 차례 재전송 시도를 한 후에 DLQ로 보내게 된다.

메시지를 트랜잭션에 관여하는 JMS 프로듀서 엔드포인트로 보낸다면 트랜잭션 모드에서 `JMS Session`을 열고 JMS `MessageProducer` 인터페이스로 send 동작을 실행한다. 익스체인지가 처리를 완료하기 전까지 이 `Session`은 커밋되지 않고, 따라서 메시지는 실제로 보내지지 않을 것이다.

또한 루트의 일정 부분만 걸치도록 트랜잭션을 정의하거나, 또는 policy DSL 문을 사용해 트랜잭션 정책을 바꿀 수도 있다. 더 자세한 내용은 '트랜잭션 범위 제한하기' 예제를 보라.

대체로 JMS 엔드포인트가 트랜잭션에 관여하는 것은 너무나 쉽다. 이는 트랜잭션 행위의 가능한 조합의 수 덕분이다. 트랜잭션 행위가 되는 조합들을 간단히 설명하겠다.

다음과 같은 경우에 JMS 엔드포인트에서 컨슈머가 트랜잭션을 사용한다.

- 엔드포인트가 `transacted=true` 속성을 포함한다.
- 루트가 `SpringTransactionPolicy` 인스턴스를 참조하는 `policy` DSL 영역을 정의하고 있고, 그 인스턴스가 엔드포인트에 의해 사용되는 `ConnectionFactory` 인스턴스를 감싸는 `JmsTransactionManager` 객체를 사용하고 있다.
- 루트가 `transacted` DSL 문을 사용하고 있으며,
  - □ 카멜 컨텍스트 내에 트랜잭션 매니저가 정의되지 않았다.
  - □ 또는, 카멜 컨텍스트에 `JmsTransactionManager`가 정의되어 있고 그것이 엔드포인트에 의해 사용되는 `ConnectionFactory`를 감싸고 있다.

다음과 같은 경우에 JMS 프로듀서 엔드포인트를 통한 송신이 트랜잭션을 사용한다.

- 루트가 동일한 JMS 엔드포인트를 사용하는 메시지를 소비하고 그 엔드포인트가 `transacted=true` 속성을 사용한다.
- `JmsTransactionManager`가 그 엔드포인트에 의해 사용되는 `ConnectionFactory`을 감싸고 있으며,
  - □ `JmsTransactionManager` 카멜 컨텍스트 내에 정의된 유일한 트랜잭션 매니저이고 루트가 `transacted` 문을 포함한다.
  - □ 또는, `JmsTransactionManager`를 감싸는 `SpringTransactionPolicy`가 정의되고 그 송신을 감싸는 `policy` 영역 또는 송신을 진행하는 `transacted` DSL 문에 의해 참조되고 있다.

 트랜잭션 행위가 기대한 대로 동작하는지 확인하려면, 철저하게 단위 테스트를 수행해야 한다.

부연 설명

익스체인지를 InOut MEP를 사용해 JMS 엔드포인트로 보내는 것은 메시징의 응답 요청을 유발한다. 이는 JMS 전송을 사용해 원격 서비스 실행을 구현하는 메커니즘이다. 이 메커니즘은 다음과 같다.

1. JMS 엔드포인트에 의해 임시 큐가 생성되고 그 위에서 현재 스레드는 응답을 기다린다. 메시지 브로커는 자동적으로 이 큐의 이름을 할당한다. 엔드포인트는 요청들 사이에 이 큐들을 캐시해 괄목할만한 성능 향상을 얻는다(캐시 레벨은 replyToCacheLevelName 엔드포인트 속성에 의해 정해진다).

2. 익스체인지의 내용은 (아웃바운드) 엔드포인트의 큐 위에서 JMS 메시지 바디로 전송된다. (메시지 브로커에 의해 할당된) 임시 큐의 이름은 JMSReplyTo 헤더에 넣어진다.

3. 외부 서비스가 (아웃바운드) 요청 큐로부터 메시지를 골라내고 처리한다. 요청-응답을 다루도록 작성되었다면 요청의 JMSReplyTo 헤더에 있는 이름의 임시 큐로 새로운 메시지를 보낼 것이다.

4. 메시지 리스너는 임시 큐로부터 응답을 받게 되고 그 내용을 익스체인지에 넣는데, 이 시점에도 원래 스레드에 의해 계속 처리된다.

 JMS 엔드포인트 너머로 InOut MEP를 사용해 보내어진 모든 메시지가 그 컴포넌트 인스턴스와 함께 실행되는 트랜잭션에 참여하는 것은 아니다.

참고 사항

- 카멜 JMS 컴포넌트: http://camel.apache.org/jms.html
- ActiveMQ 카멜 컴포넌트: http://camel.apache.org/activemq.html
- 응답 요청: http://camel.apache.org/request-reply.html

트랜잭션 내의 멱등성

이 예제는 데이터베이스와 트랜잭션 관리를 사용하는 루트에서 이전에 봤던 메시지들에 대한 저장소로 동일한 데이터베이스를 사용하는 멱등 컨슈머를 엮는 법을 보여준다.

이 설정은 메시지 멱등 컨슈머에 의한 메시지 ID의 영속성이 동일 루트 내에서 처리되고 있는 어떤 데이터베이스 트랜잭션의 결과에 의해 영향받지 않도록 하기 위한 것이다.

최종 결과는 '데이터베이스에 트랜잭션 사용하기' 예제와 '라우팅 로직의 중복 실행 방지하기' 예제에서 봤던 행위들의 조합이다.

준비

이 예제의 자바 코드는 `org.camelcookbook.transactions.idempotentconsumer intransaction` 패키지에 위치하고 있다. 스프링 XML 파일은 src/main/resources/META-INF/ spring 아래에 idempotentConsumerInTransaction이라는 접두어를 가지고 있다.

예제 구현

동작하고 있는 트랜잭션 내의 멱등성을 얻기 위해, 다음의 단계들을 수행할 필요가 있다.

1. '데이터베이스에 트랜잭션 사용하기' 예제에 설명한 대로 `DataSource`에 대한 트랜잭션 접근을 설정한다.

2. 사용되고 있는 다른 트랜잭션의 상호작용을 독립적으로 관리하게 될 `TransactionTemplate`과 함께 동일한 `DataSource`를 참조하는 `JDBCIdempotent Repository`를 설정한다.

3. 멱등 컨슈머 로직을 독립적인 루트로 분리해 로직이 수행되면 트랜잭션이 커밋되도록 한다.

이 전략을 사용하기 위해 다음과 같이 몇 개의 클래스들을 같이 묶을 필요가 있다.

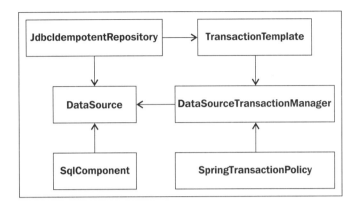

자세하게 설명하자면, 다음과 같이 수행하면 된다.

1. 트랜잭션을 사용하기 위해 `DataSource` 인스턴스를 설정한다. `javax.sql.DataSource` 클래스가 사용자 데이터베이스의 주요 연결점이다. 실제 여기서 사용되는 클래스는 데이터베이스 벤더로부터 직접 온 것이거나 c3p0(http://www.mchange.com/projects/c3p0/) 같은 데이터베이스 커넥션 풀일 것이다.

   이 예제에서 `DataSource` 객체는 인스턴스화되어 감사 기록을 위해 사용되는 데이터베이스를 참조한다. 이는 `auditDataSource`로 참조될 것이다.

   다음 설정은 스프링에서 필요한 객체들을 엮는다.

```xml
<bean id="sql"
      class="org.apache.camel.component.sql.SqlComponent">
  <property name="dataSource"
            ref="auditDataSource"/>
</bean>

<bean id="transactionManager"
      class="org.springframework.jdbc.datasource
            .DataSourceTransactionManager">
  <property name="dataSource"
            ref="auditDataSource"/>
</bean>

<bean id="PROPAGATION_REQUIRED"
      class="org.apache.camel.spring.spi
```

```
                .SpringTransactionPolicy">
   <property name="transactionManager"
            ref="transactionManager"/>
   <property name="propagationBehaviorName"
            value="PROPAGATION_REQUIRED"/>
</bean>
```

만약 자바 환경에서 스프링 없이 수행한다면, 다음처럼 한다.

```
SimpleRegistry registry =
    new SimpleRegistry(); // 레지스트리를 인스턴스화한다
DataSource auditDataSource = ...; // 사용자가 정의한다

DataSourceTransactionManager transactionManager =
    new DataSourceTransactionManager(auditDataSource);
registry.put("transactionManager", transactionManager);

SpringTransactionPolicy propagationRequired =
    new SpringTransactionPolicy();
propagationRequired.setTransactionManager(transactionManager);
propagationRequired.setPropagationBehaviorName(
    "PROPAGATION_REQUIRED");
registry.put("PROPAGATION_REQUIRED", propagationRequired);
```

자바에서 DataSourceTransactionManager와 SpringTransactionPolicy 인
스턴스 둘 다 반드시 카멜의 객체 저장소에 명시적으로 등록되어야만 한다.
트랜잭션 메커니즘이 거기서 참조를 얻기 때문이다. 스프링을 사용할 때는,
ApplicationContext 내에 정의된 모든 빈^{bean}들이 카멜에게 보인다.

 전파 행위(propagation behaviors)에 대한 설명은 '데이터베이스에 트랜잭션 사용하
기' 예제를 보라.

---

2. 동일한 DataSource 객체를 사용해 JDBC기반 IdempotentRepository 인스턴스
   를 초기화한다. 이미 진행 중인 다른 트랜잭션으로부터 데이터베이스와의 상호
   작용을 격리하기 위해 SpringTransactionTemplate을 제공한다. 이 템플릿은 거

기에 적힌 전파 행위를 적용해 DataSource 인스턴스로의 트랜잭션 접근을 관리
한다.

```xml
<bean id="transactionTemplate"
      class="org.springframework.transaction.support
              .TransactionTemplate">
  <property name="transactionManager"
          ref="transactionManager"/>
  <property name="propagationBehaviorName"
          value="PROPAGATION_REQUIRES_NEW"/>
</bean>
```

PROPAGATION_REQUIRES_NEW로 정의되는 행위는 새로운 트랜잭션을 시작한다.
실제로는 DataSource에 대해서 새로운 JDBC 커넥션을 사용한다. 이는 그 템플
릿이 분리된 JDBC 커넥션을 사용하고, 따라서 트랜잭션들이 이 스레드에 의해
사용되는 다른 것들로부터 격리된다.

```xml
<bean id="jdbcIdempotentRepository"
      class="org.apache.camel.processor.idempotent.jdbc
              .JdbcMessageIdRepository">
  <constructor-arg ref="auditDataSource"/>
  <constructor-arg ref="transactionTemplate"/>
  <constructor-arg value="ws"/> <!-- 프로세서 이름 -->
</bean>
```

 백엔드의 저장소로 데이터베이스를 사용하는 모든 idempotentConsumer는 다른 프로세서 이름으로 자신만의 JdbcMessageIdRepository 인스턴스를 필요로 한다. 이 값은 공유 테이블 내에서 다른 저장소의 기록으로부터 그 저장소의 기록을 구별하기 위해 사용된다.

자바에서는 동일한 객체가 다음과 같이 카멜 컨텍스트에 묶이게 된다.

```java
TransactionTemplate transactionTemplate =
    new TransactionTemplate();
transactionTemplate.setTransactionManager(transactionManager);
transactionTemplate.setPropagationBehaviorName(
```

```
      "PROPAGATION_REQUIRES_NEW");

  IdempotentRepository idempotentRepository =
      new JdbcMessageIdRepository(auditDataSource,
                                   transactionTemplate,
                                   "ws");

  CamelContext camelContext = new DefaultCamelContext(registry);
  SqlComponent sqlComponent = new SqlComponent();
  sqlComponent.setDataSource(auditDataSource);
  camelContext.addComponent("sql", sqlComponent);
```

idempotentRepository는 레지스트리로 들어가지 않고 자바 DSL 내의 루트 정
의로 직접 들어간다.

3. idempotentConsumer 영역 이후에 발생되는 예외가 메시지 키를 데이터베이스로
삽입하는 것을 롤백하지 않게 보장하기 위해서 반드시 그 로직을 별도 루트로 분
리해야만 하고, enrich 문을 통해서 실행한다. 이 행위는 '라우딩 로직의 중복 실
행 방지하기' 예제에 설명되어 있다.

```xml
<route id="main">
  <from uri="direct:transacted"/>
  <transacted ref="PROPAGATION_REQUIRED"/>
  <setHeader headerName="message">
    <simple>${body}</simple>
  </setHeader>
  <to uri="sql:insert into audit_log (message) values
          (:#message)"/>
  <enrich uri="direct:invokeWs"/>
  <to uri="mock:out"/>
</route>
```

그리고 나서 jdbcIdempotentRepository의 참조를 가지고 idempotentConsumer
영역을 정의한다. 그 레지스트리 인스턴스는 바깥의 트랜잭션으로부터 그 행위
들을 분리하는 트랜잭션 템플릿과 함께 설정되어있다.

```xml
<route id="idempotentWs">
  <from uri="direct:invokeWs"/>
```

```
<idempotentConsumer
    messageIdRepositoryRef=
        "jdbcIdempotentRepository">
  <header>messageId</header>
  <to uri="mock:ws"/>
</idempotentConsumer>
</route>
```

 idempotentConsumer에 의해 감싸진 데이터베이스 접근이 아닌 idempotent
Consumer 자체 작업만이 (즉 이전에 보였던 메시지 키의 삽입과 삭제) 독립 트랜잭
션 내에서 동작한다.

자바 DSL에서는 다음과 같이 작성한다.

```
from("direct:transacted").id("main")
  .transacted("PROPAGATION_REQUIRED")
  .setHeader("message", body())
  .to("sql:insert into audit_log (message) "
    + "values (:#message)")
  .enrich("direct:invokeWs")
  .to("mock:out");

from("direct:invokeWs").id("idempotentWs")
  .idempotentConsumer(header("messageId"),
                      idempotentRepository)
    .to("mock:ws")
  .end();
```

앞의 두 가지 라우팅 로직 모두 메시지 바디를 감사 로그 테이블로 삽입하고 가상 웹
서비스를 호출한다.

* 만약 mock:out 엔드포인트가 예외를 발생하면, 데이터베이스 삽입은 롤백된다.
  한편 멱등 저장소는 그 웹 서비스가 실행되었다는 레코드를 유지하게 된다.
* 만약 그 웹 서비스 자신이 실패한다면, 데이터베이스 삽입과 멱등 저장소로의 삽
  입 둘다 롤백된다.

앞의 코드에서 `transacted` 문은 참조된 `DataSourceTransactionManager` 인스턴스를 사용해 `DataSource`의 새로운 JDBC 커넥션(C1)에서 트랜잭션을 시작한다. 이 스레드에 의한 메인 라우팅의 나머지 부분에서 `DataSource`와의 상호작용은 이 커넥션의 트랜잭션을 통한다.

프로세서는 예외가 발생했지만 다른 에러 핸들러에 의해 처리되지 않을 때 트랜잭션을 롤백하기 위해 카멜의 `TransactionErrorHandler`를 설정한다. 이는 커밋과 롤백이 익스체인지의 처리 결과에 따라 수행될 것이라는 의미다.

메시지가 `idempotentConsumer` 영역으로 넘어갈 때, 내장된 카멜 프로세서가 새로운 데이터베이스 커넥션(C2)을 가져오고 `jdbcIdempotentRepository` 위에서 제공된 스프링 `TransactionTemplate`을 사용해 새로운 트랜잭션을 시작한다. 멱등 저장소와 상호작용은 이 커넥션을 통해 일어난다.

만약 `mock:ws` 엔드포인트로 보내는 것 대신에 `idempotentConsumer` 영역에 의해 감싸진 라우팅 로직 내에서 부가적인 데이터베이스 동작이 있다면, 그 동작들은 C1 위의 원래 트랜잭션 부분으로 실행된다.

멱등 저장소를 다루는 데 사용되는 트랜잭션은 익스체인지가 `idempotentWs` 루트로부터 `enrich` 프로세서로 리턴되면 커밋될 것이다.

만약 익스체인지의 처리가 문제 없이 완료된다면 원래 트랜잭션은 메인 루트의 종료시 커밋된다.

만약 자체 트랜잭션 내의 `idempotentConsumer` 영역 내에 포함된 데이터베이스 로직을 감싸려고 한다면, 사용자는 '트랜잭션 범위 제한하기' 예제에 설명된 대로 그 영역 내에 새로운 트랜잭션을 초기화해야 한다.

- 카멜 트랜잭션 클라이언트: http://camel.apache.org/transactional-client.html
- '데이터베이스에 트랜잭션 사용하기' 예제
- '라우팅 로직의 중복 실행 방지하기' 예제
- '트랜잭션 범위 제한하기' 예제

복수 트랙잭션 자원에 XA 트랜잭션 설정하기

8장 이전에 다루었던 예제를 사용하면 단일 루트에 다른 트랜잭션 리소스를 관리하는 트랜잭션 매니저를 각각 참조하는 여러 개의 transacted/policy 영역을 가지고 여러 트랜잭션을 설정하는 것이 가능하다. 익스체인지의 처리가 완료될 때, 여러 트랜잭션 매니저가 하나하나씩 커밋하도록 지시를 받는다. 만약 그중 하나가 커밋에 실패하면, 그 오류는 다른 백엔드를 전반적으로 일관되지 않은 상태로 만들다. 일부는 벌써 커밋되었고 이젠 롤백이 불가능하다.

이 문제를 피하기 위해, 사용자는 단일의 최우선 트랜잭션 매니저를 사용해 XA 트랜잭션으로 알려진 표준을 통해 다수의 백엔드와 협력한다. 확장 아키텍처eXtended Architecture, XA 트랜잭션은 자바 내에서 자바 트랜잭션 API^JTA를 통해 지원된다. 이것을 사용하려면 관리되는 메시지, 데이터베이스 또는 메시지 브로커가 XA의 2단계 커밋 (2PC) 프로토콜을 통해 관리되어야 한다.

이 예제는 두 개의 리소스(데이터베이스와 JMS 메시지 브로커) 간에 단일 트랜잭션을 관리하기 위해 XA 트랜잭션 매니저를 설정하는 방법을 보여준다. 여기서 다루는 개념들은 브로커들과 데이터베이스 간 협력하는 트랜잭션을 사용하기 위해 만들어졌다.

준비

이 예제의 자바 코드는 org.camelcookbook.transactions.xatransaction 패키지에 위치한다. 스프링 XML 파일들은 src/main/resources/META-INF/spring 아래에 xaTransaction이라는 접두어를 가지고 있다.

여기에서 보는 모든 예제는 스프링과 카멜 XML DSL에 기반한다. 여기에 설명되는 동일한 단계의 자바 버전은 XATransactionTest 클래스의 예제 코드안에서 제공된다.

 이 예제는 대중적이고 문서가 풍부한 Atomikos TransactionsEssentials®의 오픈소스 XA 트랜잭션 매니저를 사용한다. JOTM 같은 XA 트랜잭션 매니저를 설정하는 방법은 매우 다를 것이다. 하지만 사용자의 카멜 루트 내 최종 행위는 동일해야 한다.

JMS와 JDBC 지원과 함께 Atomikos 트랜잭션 매니저를 사용하기 위해, 다음 메이븐 의존성을 필요로 한다.

```
<dependency>
  <groupId>com.atomikos</groupId>
  <artifactId>transactions</artifactId>
  <version>${atomikos-version}</version>
</dependency>
<dependency>
  <groupId>com.atomikos</groupId>
  <artifactId>transactions-jdbc</artifactId>
  <version>${atomikos-version}</version>
</dependency>
<dependency>
  <groupId>com.atomikos</groupId>
  <artifactId>transactions-jms</artifactId>
  <version>${atomikos-version}</version>
</dependency>
```

여기에서 사용되는 ${atomikos-version}는 3.9.1이다.

카멜 애플리케이션에서 Atomikos 클래스를 사용하기 위해 다음 메이븐 의존성을 추가적으로 요구한다.

```
<dependency>
  <groupId>org.apache.camel</groupId>
  <artifactId>camel-spring</artifactId>
  <version>${camel-version}</version>
```

```
</dependency>
<dependency>
  <groupId>org.springframework</groupId>
  <artifactId>spring-tx</artifactId>
  <version>${spring-version}</version>
</dependency>
```

예제 구현

데이터베이스와 JMS 제공자 간에 동작하는 Atomikos에 의해 관리되는 XA 트랜잭션
을 얻기 위해 다음과 같은 상위 수준의 단계를 수행할 필요가 있다.

1. XA가 가능한 DataSource를 설정하고 그것을 XA 트랜잭션으로 묶는 Atomikos
   빈bean과 그 데이터 소스를 감싼다.

2. XA가 가능한 ConnectionFactory을 설정하고 그것을 XA 트랜잭션으로 묶는
   Atomikos 빈bean과 그 데이터 소스를 감싼다.

3. Atomikos 트랜잭션 클래스를 초기화하고 트랜잭션 정책을 통해서 카멜이 사용
   할 스프링 PlatformTransactionManager과 그 클래스를 감싼다.

4. 카멜 루트에서 그 트랜잭션 정책을 사용한다.

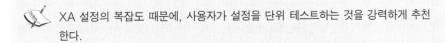 XA 설정의 복잡도 때문에, 사용자가 설정을 단위 테스트하는 것을 강력하게 추천
한다.

데이터베이스와 메시지 브로커를 포괄하는 XA 트랜잭션을 사용하기 위해 다음과 같
은 여러 개의 클래스들을 같이 묶을 필요가 있다.

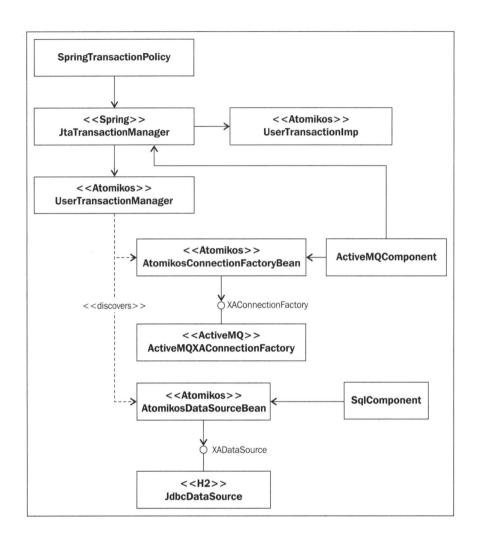

자세하게 설명하자면 묶는 작업은 다음과 같이 수행된다.

1. `javax.sql.DataSource` 클래스는 데이터베이스로의 주요 접근점이다. 데이터베이스 벤더가 실제 여기서 사용하는 클래스를 제공한다. 데이터베이스가 XA 트랜잭션에 참여하기 위해서 `DataSource` 구현체는 또한 `javax.sql.XADataSource` 인터페이스를 구현해야 한다.

   여기서는 인메모리 데이터베이스인 H2를 이용한다.

   ```
   <bean id="xa.h2DataSource"
   ```

```
            class="org.h2.jdbcx.JdbcDataSource">
    <property name="URL"
              value="jdbc:h2:mem:db1;DB_CLOSE_DELAY=-1"/>
    <property name="user"
              value="sa"/>
    <property name="password"
              value=""/>
</bean>
```

 데이터베이스 커넥션풀을 사용한다면 풀의 크기가 적어도 지원해야 할 동시 XA 트랜잭션 수가 되는지 확인하라. 실행 중인 각각의 데이터베이스 트랜잭션은 분리된 커넥션을 사용하기 때문이다.

2. XA 트랜잭션 내에 연관시키고 싶은 각각의 XADataSource 리소스들은 Atomikos DataSourceBean 객체에 의해 감싸져야 한다. 이 빈bean은 auditDataSource의 위임자이고 자동으로 자신을 XA 트랜잭션 매니저에 등록한다.

```
<bean id="atomikos.dataSource"
      class="com.atomikos.jdbc.AtomikosDataSourceBean">
    <property name="uniqueResourceName"
              value="xa.h2"/>
    <property name="xaDataSource"
              ref="xa.h2DataSource"/>
</bean>
```

 XA 트랜잭션에서 루트 내의 여러 데이터베이스를 사용하고 싶다면, 각각의 데이터베이스의 DataSource에 대해 설정을 반복하고 그 DataSource들을 각각 감싸는 AtomikosDataSource에 고유한 식별자를 할당한다.

이 빈bean은 SQL 컴포넌트로부터 사용할 DataSource 인스턴스가 된다.

```
<bean id="sql"
      class="org.apache.camel.component.sql.SqlComponent">
    <property name="dataSource" ref="atomikos.dataSource"/>
</bean>
```

3. `javax.jms.ConnectionFactory` 클래스는 JMS 메시지 브로커를 사용하기 위한 주요 시작점이다. 브로커가 XA 트랜잭션에 참여하게 하기 위해 Connection Factory 구현 클래스는 `javax.jms.XAConnectionFactory` 인터페이스 또한 구현해야 한다. 여기서는 내장된 ActiveMQ 브로커를 사용한다.

 ActiveMQ와 XA 트랜잭션의 목적을 위해 일반적인 ActiveMQConnectionFactory 대신에 전혀 다른 ConnectionFactory 구현체를 사용해야 한다.

```xml
<bean id="xa.amqConnectionFactory"
    class="org.apache.activemq.ActiveMQXAConnectionFactory">
  <property name="brokerURL"
            value="vm://myEmbeddedBroker">
</bean>
```

4. `ActiveMQXAConnectionFactory` 객체를 `ConnectionFactory` 인터페이스도 지원하는 Atomikos에 특화된 빈[bean]으로 감싼다. 이 단계는 그 팩토리를 트랜잭션 매니저에 노출하게 만들기 위해 필요하다.

```xml
<bean id="atomikos.connectionFactory"
    class="com.atomikos.jms.AtomikosConnectionFactoryBean"
    init-method="init"
    destroy-method="close">
  <property name="uniqueResourceName"
            value="xa.activemq"/>
  <property name="xaConnectionFactory"
            ref="xa.amqConnectionFactory"/>
  <property name="maxPoolSize"
            value="10"/>
  <property name="ignoreSessionTransactedFlag"
            value="false"/>
</bean>
```

만약 XA 트랜잭션에서 사용자 루트 내의 복수 개의 메시지 브로커를 사용하기 원한다면, 각각의 브로커의 ConnectionFactory에 대해 이 설정을 반복하고 그 ActiveMQXAConnectionFactory들과 각각의 감싸는 AtomikosConnection Factory에 고유한 식별자를 할당한다.

이 빈은 JMS/ActiveMQ 컴포넌트에서 사용할 ConnectionFactory 인스턴스다.

```
<bean id="jms"
      class="org.apache.activemq.camel.component
               .ActiveMQComponent">
  <property name="connectionFactory"
            ref="atomikos.connectionFactory"/>
  <property name="transactionManager"
            ref="jta.transactionManager"/>
</bean>
```

jta.transactionManager 빈은 바로 정의될 것이다.

5. 다음과 같이 Atomikos JTA 트랜잭션 클래스를 정한다.

```
<!-- javax.transaction.UserTransaction -->
<bean id="atomikos.userTransaction"
      class="com.atomikos.icatch.jta.UserTransactionImp">
  <property name="transactionTimeout"
            value="300" />
</bean>

<!-- javax.transaction.TransactionManager -->
<bean id="atomikos.transactionManager"
      class="com.atomikos.icatch.jta.UserTransactionManager"
      init-method="init"
      destroy-method="close"
      depends-on="atomikos.connectionFactory,
                  atomikos.dataSource">
  <property name="forceShutdown" value="false"/>
</bean>
```

트랜잭션 리소스인 atomikos.dataSource와 atomikos.connectionFactory 는 atomikos.transactionManager 빈에 명시적으로 등록되지 않지만, 트랜잭 션 매니저의 스프링 빈 태그의 depends-on 속성에는 추가되어야 한다. 이는 ApplicationContext가 종료할 때 스프링이 내부 리소스를 비우려고 시도하기 전에 현 재 진행 중인 XA 트랜잭션이 완료할 수 있도록 보장한다.

6. 스프링의 JTA `PlatformTransactionManager` 내에 5번에서 정의한 클래스들을 감싼다. 카멜은 소개 부분에서 말한 대로 스프링 트랜잭션 관리 추상화를 사용 한다.

```
<bean id="spring.transactionManager"
      class="org.springframework.transaction.jta
             .JtaTransactionManager">
  <property name="transactionManager"
            ref="atomikos.transactionManager"/>
  <property name="userTransaction"
            ref="atomikos.userTransaction"/>
</bean>
```

7. 루트에서 사용하기 위해 트랜잭션 매니저를 스프링의 `SpringTransactionPolicy` 엘리먼트에 감싼다.

```
<bean id="PROPAGATION_REQUIRED"
      class="org.apache.camel.spring.spi
             .SpringTransactionPolicy">
  <property name="transactionManager"
            ref="spring.transactionManager"/>
  <property name="propagationBehaviorName"
            value="PROPAGATION_REQUIRED"/>
</bean>
```

8. JMS 큐^{inbound}로부터 소비하고 데이터베이스와 다른 JMS 큐로 삽입하는 ^{outbound} 루트 내에서 이 정책(7단계의 `PROPAGATION_REQUIRED` 빈 id)을 사용한다. 컨슈머가 트랜잭션을 사용하기 위해 `from` 엔드포인트 URI 내에서 `transacted=true` 속성 을 사용할 필요가 있다.

```
<from uri="jms:inbound?transacted=true"/>
<transacted ref="PROPAGATION_REQUIRED"/>
<log message="Processing message: ${body}"/>
<setHeader headerName="message">
  <simple>${body}</simple>
</setHeader>
<to uri="sql:insert into audit_log (message) values
          (:#message)"/>
<to uri="jms:outbound"/>
<to uri="mock:out"/>
```

mock:out 엔드포인트에서 예외가 발생한다면 나가는 큐로 보낸 것과 데이터베이스로의 삽입은 롤백된다. 들어오는 큐로부터 소비되는 메시지는 ActiveMQ로 리턴되고, 기본적으로 여섯 번 재전송 시도를 한 후 발송 불가 큐로 보내진다.

예제 분석

Atomikos XA 트랜잭션 매니저는 롤백을 위해 디스크에 트랜잭션 동작의 로컬 로그를 유지한다 (이것은 모든 XA 트랜잭션 매니저에 의해 엄격히 요구되는 것은 아니다). 그 트랜잭션 매니저는 외부와 협력하는 트랜잭션 내에서 동작을 수행하기 위해 필요한 XA 리소스들(데이터베이스와 메시지 브로커)에게 명령을 내린다. 브로커와 데이터베이스 둘 다 자기 자신의 트랜잭션 상태를 디스크에 쓴다.

데이터베이스 삽입과 메시지 보내기는 수행되었지만 아직 커밋되지는 않았다.

모든 처리 단계가 완료되었을 때, 트랜잭션 매니저는 각각의 리소스에 앞으로 진행이 가능한지, 즉 트랜잭션을 성공적으로 커밋할 수 있는 지 묻는다. 이를 준비 단계prepare phase라고 한다. 이 단계 동안 리소스로부터 받은 응답은 Atomikos 트랜잭션 매니저에 의해 디스크에 쓰여진다.

모든 리소스가 커밋이 준비되었다고 동의하면, 트랜잭션 매니저는 커밋 단계 동안 이 지시를 내리게 되고 그렇게 했다는 사실뿐만 아니라 이후에 받은 성공 또는 실패 응답도 저장하게 된다.

리소스가 작동하지 않는 등의 이유로 트랜잭션이 처리하는 동안 실패한다면, 트랜잭션 매니저가 모든 리소스에게 그 전의 상태로 롤백하라고 명령한다. 만약 트랜잭션 매니저의 처리가 중단된다면 XA 표준에 의해 정의된 복구 프로세스가 Atomikos 트랜잭션 매니저에 의해 디스크에 저장된 상태에 기반해 실행된다. 이 복구 과정은 실패한 트랜잭션을 다시 수행하려고 시도하거나 리소스에 롤백하라고 명령한다.

XA 표준은 이런 다양한 실패 시나리오의 예상되는 결과를 제공하려 한다.

다수의 리소스와 협력에 관련된 통신과 디스크 위의 저널로 로깅하는 각 단계들은 실제 라우팅 로직에 부가적인 시간을 더하게 된다. 대부분의 경우에 이는 일관성을 보장하기 위해 받아들일 만한 트레이드 오프다. 튜닝에 관한 사항들은 Atomikos 문서에서 찾을 수 있다.

부연 설명

JTA/XA 트랜잭션에 관한 깊은 논의와 다양한 실패 시나리오는 이 책의 범위를 넘어선다. 만약 더 많은 내용을 찾으려면 참고 사항에 있는 XA Exposed 링크를 참고하라.

참고 사항

- Atomikos TransactionsEssentials®: http://www.atomikos.com/Main/TransactionsEssentials
- 자바 오픈 트랜잭션 매니저JOTM, 기타 JTA 트랜잭션 매니저 구현체: http://jotm.ow2.org
- XA Exposed: http://jroller.com/pyrasun/category/XA

9

테스팅

9장에서는 다음과 같은 예제를 다룬다.

- 자바로 정의한 루트 테스트하기
- 라우팅 로직 검증을 위한 목^{mock} 엔드포인트 사용하기
- 목^{mock} 엔드포인트로부터 응답하기
- 스프링에 정의한 루트 테스트하기
- OSGi 블루프린트에서 정의한 루트 테스트하기
- 엔드포인트 자동 모형화^{mocking}하기
- 부하 시 루트 행위 유효성 검사하기
- 단위 테스트 프로세서와 빈^{bean} 바인딩
- AOP를 사용해 고정된 엔드포인트로 루트 테스트하기
- 조건 이벤트를 사용해 고정된 엔드포인트로 루트 테스트하기

소개

일반적으로 시스템 통합은 테스트하기가 매우 어렵다. 상용 제품뿐만 아니라 자체 개발로 통합된 것들 대부분이 자동화된 테스트를 지원하지 않는다. 보통은 이벤트, 메시지, 요청을 하나의 화면에서 수동적으로 실행하고, 영향받는 시스템에서 그 결과를

보면서 통합 행위를 검증하게 된다. 이런 식의 접근은 다음과 같은 단점이 있다.

- 시간이 많이 걸리고 테스트 커버리지가 좋지 않다.
- 통합 흐름의 잘못된 부분에서 시스템 정전 같은 오류 조건들을 테스트하기가 매우 어렵다.
- 격리된 상태의 통합 코드의 성능 검증뿐만 아니라 한계 테스트 같은 비기능 테스트의 수행이 복잡하다.
- 회귀regression를 감지하기 위해 사용할 수 있는 산출물을 남기지 않는다.

동작 중인 백엔드 시스템을 사용해 통합을 테스트하는 데 또 다른 근본적인 문제는 시스템들의 가용성에 의존한다는 것이다. 이는 개발 흐름을 환경의 불안정성에 많이 노출시킨다.

대부분의 회사에서 개발할 때 통합하는 시스템은 종종 다른 개발팀의 테스트 시스템이다. 이는 유지보수나 코드 업그레이드 때문에 정기적으로 사용 불가할 수 있다는 것을 의미한다. 통합되는 시스템의 수가 많을수록 그중에서 사용 불가능한 것이 있을 가능성이 높아져 테스트를 방해한다. 이런 흔한 시나리오에서는 프로젝트 막바지에 모든 백엔드 서버가 동작하는 순간을 차지하기 위해 팀들이 서로 다투게 된다.

만약 개발자가 다른 시스템들을 인터페이스로 여기고, 물리적인 구현체에 대해 신경 쓰지 않고서 해당 인터페이스에 대해 테스트할 수 있다면 더 좋지 않겠는가?

개발자는 카멜의 내장 테스트킷 덕분에 통합하는 외부 시스템을 코드들의 집합으로 간주할 수 있다. 즉 백엔드 시스템들은 테스트를 위해 바꿔서 사용 가능한 컴포넌트의 테스트 버전이다.

9장은 테스팅에 관한 카멜의 핵심 요소를 다룬다. 또한 주어진 여러 상황에 적용하는 팁과 테크닉도 제공한다.

이 책의 예제 코드를 봤다면, 코드의 대부분이 단위 테스트로부터 실행되고 어떤 메소드가 무엇을 수행하는지 알았을 것이다. 9장의 내용과 예제들은 JUnit 프레임워크에 전적으로 의존하고 있는데, 이는 JUnit이 자바 개발자들 사이에서 매우 대중적이며 단위 테스팅의 사실상 표준이기 때문이다. 카멜의 JUnit 지원에 대해 깊이 파고들어서 좀 더 알게 된 후에, 카멜이 명시적으로 JUnit을 지원하는지에 상관 없이 테스트 프레임워크를 선택할 때 적용할 수 있다.

9장의 코드는 예제의 camel-cookbook-testing 모듈 내에 포함되어 있다.

자바로 정의한 루트 테스트하기

이 예제는 `RouteBuilder` 구현체에서 정의한 루트를 단위 테스트하는 법을 보여주고 카멜의 테스트 지원의 주요 사항을 소개한다. 동작을 검증하기 위해 외부 시스템에 의존하지 않고 테스트를 한다.

다음 내용을 살펴보자.

- 카멜 프레임워크를 셋업하고 내리는 방법
- 예측-실행-검증 순환 작업을 통해 메시지 흐름을 검증하기 위해 목[mock] 엔드포인트를 사용하는 방법으로, 과거에 이지목[Easy Mock](http://www.easymock.org) 같은 테스트 프레임워크를 사용해본 사람에게는 익숙할 것이다.
- 엣지 케이스를 검증하기 위해 다양한 페이로드와 함께 루트를 실행하면서, 카멜 바깥에서 엔드포인트로 메시지를 보내는 방법

준비

카멜의 코어 테스트 지원을 사용하기 위해 `camel-test` 라이브러리를 추가한다. 이 라이브러리는 JUnit 테스트 지원 클래스뿐만 아니라 JUnit 자체에 대한 의존성도 제공한다.

다음 코드를 메이븐 POM의 의존성 부분에 추가한다.

```
<dependency>
  <groupId>org.apache.camel</groupId>
  <artifactId>camel-test</artifactId>
  <version>${camel-version}</version>
  <scope>test</scope>
</dependency>
```

이 예제의 자바 코드는 `org.camelcookbook.examples.testing.java` 패키지에 위치한다.

예제 구현

다음과 같이 정의된 간단한 루트를 테스트해보자.

```
public class SimpleTransformRouteBuilder extends RouteBuilder {
  @Override
  public void configure() throws Exception {
    from("direct:in")
      .transform(simple("Modified: ${body}"))
      .to("mock:out");
  }
}
```

루트는 인메모리 `direct:` 엔드포인트로부터 메시지를 받아서[consume], `Modified:`라는 문자열을 앞에 붙이고 그 결과를 `mock:` 엔드포인트로 보낸다.

이 클래스를 테스트하기 위해 다음 단계를 수행한다.

1. `org.apache.camel.test.junit4.CamelTestSupport`를 확장한 테스트 클래스를 생성한다.

   ```
   public class SimpleTransformRouteBuilderTest
       extends CamelTestSupport {
     //…
   }
   ```

   `CamelTestSupport` 클래스는 테스트 대상 루트를 위해 카멜 컨텍스트를 인스턴스화하는 유틸리티 객체를 생성하고 필요한 속성들을 그 테스트로 주입하는 추상 클래스다.

2. `createRouteBuilder()` 메소드를 오버라이드하고 테스트 하려는 `RouteBuilder` 구현체를 인스턴스화한다.

   ```
   @Override
   protected RouteBuilder createRouteBuilder()
   ```

```
      throws Exception {
    return new SimpleTransformRouteBuilder();
  }
```

3. 테스트 내용을 정의한다. 여기서 `MockEndpoint` 테스팅 DSL은 엔드포인트가 받기를 기대하는 메시지를 나타내는 데 사용된다. `CamelTestSupport` 클래스에 의해 제공된 `ProducerTemplate` 인스턴스를 통해 테스트 메시지가 루트로 보내진다. 마지막으로 카멜 컨텍스트의 목^{mock} 엔드포인트에 넣은 예상 결과가 만족스러운지 확인^{assert}한다.

```
@Test
public void testPayloadIsTransformed()
    throws InterruptedException {
  MockEndpoint mockOut = getMockEndpoint("mock:out");
  mockOut.setExpectedMessageCount(1);
  mockOut.message(0).body().isEqualTo("Modified: Cheese");

  template.sendBody("direct:in", "Cheese");

  assertMockEndpointsSatisfied();
}
```

`assertMockEndpointsSatisfied()` 메소드는 모든 용도의 헬퍼 메소드로 루트 내의 모든 목^{mock} 엔드포인트를 확인한다. `mockOut.assertIsSatisfied()`를 가지고 각각의 목 엔드포인트의 기대치에 부합했는지 검증하며 이때 `mockOut`은 사용자 목^{mock} 엔드포인트를 참조하는 변수로 대치된다.

 만약에 MockEndpoint에 대한 확인(assertion)이 실패한다면, 테스트가 만족되었는지 체크할 때 테스트 코드 내에서 java.lang.AssertionError를 발생시킨다.

목^{mock}을 명시적으로 가져오고 각 단위 테스트 내에서 엔드포인트를 참조하는 것 말고도 `MockEndpoint`과 `ProducerTemplate`을 빈^{bean} 속성으로 다음과 같이 애노테이션에 포함시켜 자동으로 주입 가능하다.

```
@EndpointInject(uri = "mock:out")
private MockEndpoint mockOut;

@Produce(uri = "direct:in")
private ProducerTemplate in;
```

예제 분석

`CamelTestSupport` 클래스는 JUnit 테스트를 위해 카멜 환경을 준비해주는 편리한 기본 클래스며 루트를 테스트하길 원할 때마다 반복적인 단계를 여러 번 수행하게 하지 않는다.

앞의 예제에서 봤듯이 테스트를 준비하기 위해 필요한 모든 것은 기본 메소드인 `createRouteBuilder()`를 오버라이드하고 주입하려는 속성을 지정하는 것이다. 근본적으로, 기본 클래스는 다음을 수행한다.

- 각 테스트 전에 카멜 컨텍스트를 시작한다. 이때 `createRouteBuilder()`에 또는 (단일 테스트에서 여러 개의 `RouteBuilder` 구현체을 테스트할 때에는) `createRouteBuilders()`에 명시한 루트를 추가한다.
- `@Produce`와 `@EndpointInject` 애노테이션을 붙인 속성들을 주입한다.
- 각 테스트 후에 카멜 컨텍스트를 종료한다.

만약 `CamelTestSupport` 지원 클래스 없이 테스트하고 싶다면, 우선 테스트의 `private` 멤버로 `CamelContext` 변수를 정의한다.

`private CamelContext camelContext;`

각 테스트 전에 컨텍스트를 인스턴스화하고 테스트할 `RouteBuilder` 클래스와 함께 초기화한다.

```
@Before
public void setUpContext() throws Exception {
  this.camelContext = new DefaultCamelContext();
  camelContext.addRoutes(new SimpleTransformRouteBuilder());
  camelContext.start();
}
```

각 테스트 메소드 후에 카멜 컨텍스트를 종료한다.

```
@After
public void cleanUpContext() throws Exception {
    camelContext.stop();
}
```

그리고 나서 private 변수를 통해 카멜 컨텍스트를 직접 접근해 목mock 엔드포인트와 프로듀서 템플릿의 핸들을 얻는다.

```
MockEndpoint out =
    camelContext.getEndpoint("mock:out", MockEndpoint.class);
ProducerTemplate producerTemplate =
    camelContext.createProducerTemplate();
```

이런 접근 방법은 (카멜이 지원하는) JUnit이나 TestNG 이외의 프레임워크에서 테스트를 진행할 때나 어떤 이유로 CamelTestSupport가 아닌 다른 기본 클래스를 확장할 필요가 있을 때 유용하다. 이것은 자주 사용되지는 않는데, 카멜의 테스트 지원 클래스를 확장하는 것이 확실히 더 쉽고 최선의 방법이기 때문이다.

부연 설명

direct: 엔드포인트로부터 소비consume하고 메시지를 mock: 엔드포인트로 보내는 produce 루트를 테스트하는 것은 쉽다. 하지만 실환경에서 사용자 루트는 SOAP 서비스를 위한 CXF(12장, '웹서비스' 참조)와 메시징을 위한 ActiveMQ 같은 엔드포인트로부터 소비하거나 보내게 될 것이다. 그렇다면 어떻게 그런 종류의 루트를 테스트할 것인가?

1장, '루트 구성'의 '루트 템플릿으로 라우팅 로직 재사용하기' 예제는 외부 엔드포인트를 사용하는 테크닉을 설명한다. 이는 루트를 준비할 때 실제 엔드포인트가 주입되고 createRouteBuilder() 메소드 내에서 사용자 RouteBuilder를 인스턴스화할 때 테스팅을 위해 direct:와 mock:을 사용하게 한다.

이를 위해, 이전의 RouteBuilder 구현체는 다음과 같이 수정되어야 한다.

```java
public class SimpleTransformDIRouteBuilder extends RouteBuilder {
  private String sourceUri;
  private String targetUri;

  // 세터는 생략함

  @Override
  public void configure() throws Exception {
    from(sourceUri)
      .transform(simple("Modified: ${body}"))
      .to(targetUri);
  }
}
```

이제 루트를 테스트하기 위해 필요한 것은 테스트 클래스에 dircet:와 mock: 엔드포 인트를 주입하는 것이다.

```java
@Override
protected RouteBuilder createRouteBuilder() throws Exception {
  SimpleTransformDIRouteBuilder routeBuilder =
    new SimpleTransformDIRouteBuilder();
  routeBuilder.setSourceUri("direct:in");
  routeBuilder.setTargetUri("mock:out");
  return routeBuilder;
}
```

 이런 방법으로 엔드포인트를 대체할 때는 조심해야 한다. 컴포넌트는 익스체인지 내에 객체 타입을 보낼 수 있는데 그것은 루트가 기대하는 것이 아닐 수 있다. 통합에서 단위 테스트는 실제 백엔드 시스템과 그에 대응하는 카멜 컴포넌트를 사용하는 테스트를 항상 수행해야 한다.

CamelTestSupport 내에는 사용자가 카멜 컨텍스트를 세밀하게 정의하기 위해 오버라이드하는 기본 메소드가 더 있다. 이것들은 모두 create..()로 시작한다.

카멜의 코어 라이브러리가 내장하고 있지 않은 컴포넌트(activemq:, cxf:, twitter:,

`leveldb:` 등)를 테스트할 수 있도록 카멜 컨텍스트를 준비하기 위해 `createCamel`
`Context()` 메소드를 오버라이드한다. 다음 예제는 ActiveMQ 컴포넌트를 테스트에서
사용하도록 설정한다.

```
@Override
public CamelContext createCamelContext() {
  CamelContext context = new DefaultCamelContext();

  ActiveMQComponent activeMQComponent = new ActiveMQComponent();
  activeMQComponent.setBrokerURL("vm:embeddedBroker");

  context.addComponent("activemq", activeMQComponent);

  return context;
}
```

참고 사항

- 카멜 테스트: http://camel.apache.org/camel-test.html
- 카멜 목^{mock} 컴포넌트: http://camel.apache.org/mock.html
- JUnit: http://junit.org/

라우팅 로직 검증을 위한 목 엔드포인트 사용하기

목^{mock} 엔드포인트를 사용해 메시지 흐름을 검증하는 기능은 카멜 프레임워크에 처
음부터 내장되어 있었다. 카멜 코어 라이브러리의 목 컴포넌트는 테스팅 DSL을 제공
하는데, 어떤 메시지가 사용자 루트에 정의한 다양한 이름의 `mock:` 엔드포인트에 도
달했는지 검증한다. 이 예제는 목 DSL을 사용하는 방법을 설명한다.

준비

이 예제를 사용하기 위해 우선 '자바로 정의한 루트 테스트하기' 예제에 설명되어 있
는 대로 테스트를 준비해야 한다.

이 예제를 위한 자바 코드는 `org.camelcookbook.examples.testing.mockreply` 패키지에 위치한다.

예제 구현

목^{mock} 엔드포인트를 사용하기 위해 다음 단계를 수행한다.

1. 루트 내에서 `to(..)` 또는 `wireTap(..)` 같은 엔드포인트로 메시지를 보내는 카멜 DSL에서 `mock:` 엔드포인트 URI를 사용한다.

```
from("direct:start")
  .choice()
    .when().simple("${body} contains 'Camel'")
        .setHeader("verified").constant(true)
        .to("mock:camel")
    .otherwise()
        .to("mock:other")
  .end();
```

2. `CamelTestSupport` 클래스의 `createRouteBuilder()` 메소드를 오버라이딩해 카멜 컨텍스트에 루트를 로드한다. 그리고 '자바로 정의한 루트 테스트하기' 예제에 설명한 대로 시작한다.

3. 검증하고 싶은 `mock:` 엔드포인트 URI에 대응하는 `MockEndpoint`를 카멜 컨텍스트로부터 얻는다.

   만약 `CamelTestSupport`를 확장한다면, 다음과 같이 그 엔드포인트를 얻을 수 있다.

```
MockEndpoint mockCamel = getMockEndpoint("mock:camel");
```

   만약 `CamelTestSupport` 지원 클래스 없이 작업 중이라면 다음을 수행한다.

```
MockEndpoint mockCamel =
    camelContext.getEndpoint(
        "mock:camel", MockEndpoint.class);
```

4. 일단 루트를 시험한다면 그 엔드포인트에 도달하길 기대하는 메시지의 개수와

내용을 정의하기 위해 MockEndpoint를 사용한다.

```
mockCamel.expectedMessageCount(1);
mockCamel.message(0).body().isEqualTo("Camel Rocks");
mockCamel.message(0).header("verified").isEqualTo(true);
```

5. ProducerTemplate를 통해 메시지를 루트로 보낸다.

```
template.sendBody("direct:start", "Camel Rocks");
```

6. 목mock에 지정한 기대값에 부합하는지 확인한다.

```
mockCamel.assertIsSatisfied();
```

 주입된 목 객체(이 경우에는 엔드포인트)에 기대값을 넣고, 코드를 테스트한 후 결과를 확인하는 일반적인 패턴을 예측-실행-검증(expect-run-verify) 사이클이라고 한다.

예제 분석

일단 카멜 컨텍스트가 시작되면 MockEndpoint를 인스턴스화하고 그 목mock이 없어지기 전까지 그쪽으로 보내지는 모든 익스체인지를 수집한다. 정의된 모든 기대값들은 그 상태에 대해 검증된다.

 MockEndpoint 인스턴스는 상태를 가지기 때문에 테스트마다 카멜 컨텍스트가 생성되어야만 한다. 만약 카멜 컨텍스트가 재생성되지 않으면 그 목(mock) 엔드포인트에 대한 확인은 그 전의 테스트 실행 상태가 계속 포함되어 있을 수도 있으므로 실패할 수도 있다. 예를 들어 예측 메시지 개수를 확인하려는 것은 목(mock)이 지난번의 테스트 실행과 현재 실행에서의 메시지 모두를 계산하기 때문에 실패하게 될 것이다.

MockEndpoint의 메소드는 크게 기대하는 것과 확인하는 것으로 구분된다.

• 기대값expectations은 목mock이 사용되기 전에 정의되고(즉 메시지가 그 목mock들을 포함하는 루트에 보내지기 전에) 그리고 테스트의 마지막까지 그 목이 누적해야 하는 예상되는 상태를 서술한다.

- 확인^{assertions}은 목^{mock}이 사용된 이후에 검증되며 기대값이 부합했는지 평가하는 데 사용된다. 목이 누적한 상태의 총합에 대한 조건들을 평가하는 데에도 사용된다.

기대 메소드 이름은 expect..()로 시작한다. 이미 봤던 예제를 제외하고 다음과 같은 메소드를 포함한다.

```
expectedBodiesReceived(Object...)
expectedBodiesReceivedInAnyOrder(Object...)
expectedFileExists(String)
expectedMessageMatches(Predicate)
expectedMinimumMessageCount(int)
```

message(int) 문은 개개의 메시지에 기대값을 정의하며, 익스체인지 내의 표현식을 평가하는 것뿐만 아니라 타이밍에 관한 질문에도 응답한다.

```
mock.message(0).simple("${header[verified]} == true");
mock.message(0).arrives().noLaterThan(50).millis().beforeNext();
```

확인^{assertions}은 기대값이 맞는지 검증하게 하고 테스트 동안 엔드포인트로 전송된 메시지 전체를 검사하게 한다. 이 메소드들은 assert..()로 시작하고 다음을 포함한다.

```
assertIsSatisfied()
assertIsSatisfied(int timeoutForEmptyEndpoints)
assertIsNotSafisfied()
assertMessagesAscending(Expression)
assertMessagesDescending(Expression)
assertNoDuplicates(Expression)
```

 여기서 다룬 것보다 더 많은 assert와 expect 메소드를 사용할 수 있다. 더 많은 정보는 MockEndpoint 자바독(JavaDoc)을 보라.

`MockEndpoint` 인스턴스는 테스트 실행 동안 받은 익스체인지에 사용자 접근을 부여한다. 이는 엔드포인트로부터 받은 익스체인지 객체를 비교하거나 개개의 익스체인지의 내부 상태를 점검해 루트의 기계적인 행위를 검증할 때 유용하다.

다음 코드는 두 개의 익스체인지 객체에서 특정 헤더가 같은지 테스트한다.

```
List<Exchange> receivedExchanges = mock.getReceivedExchanges();
Exchange exchange0 = receivedExchanges.get(0);
Exchange exchange1 = receivedExchanges.get(1);
// JUnit 확인
assertEquals(exchange0.getIn().getHeader("verified"),
            exchange1.getIn().getHeader("verified"));
```

이 메커니즘은 익스체인지가 동일한지 등을 테스트하거나 메시지와 관련 있는 객체들의 그래프들을 점검할 때 유용하다.

 `endpoint.assertIsSatisfied()`를 호출한 후에는 수신한 익스체인지만 접근해야 한다.

각 인스체인지를 가져오는 것과 `assertExchangeReceived(int)` 헬퍼 메소드를 사용해 수신한 확인[assertion]을 조합할 수도 있다. 앞의 코드는 다음과 같이 정리할 수 있다.

```
Exchange exchange0 = mock.assertExchangeReceived(0);
Exchange exchange1 = mock.assertExchangeReceived(1);
assertEquals(exchange0.getIn().getHeader("verified"),
            exchange1.getIn().getHeader("verified"));
```

• 카멜 목[mock] 컴포넌트: http://camel.apache.org/mock.html
• `ProducerTemplate` 인터페이스: http://camel.apache.org/producertemplate.html

- `MockEndpoint` 인터페이스: http://camel.apache.org/maven/current/camel-core/apidocs/org/apache/camel/component/mock/ MockEndpoint.html

목 엔드포인트로부터 응답하기

웹 서비스를 실행할 때처럼 많은 통합들이 응답을 기대하는 엔드포인트를 호출하는 것은 흔하다. '라우팅 로직 검증을 위한 목 엔드포인트 사용하기' 예제의 테스트에서 메시지 내용 조사를 위해 목 엔드포인트를 사용하는 법을 보았다. 지금은 동일한 엔드포인트를 테스트 응답을 정의하기 위해 사용한다.

준비

이 예제를 사용하기 위해 '자바로 정의한 루트 테스트하기' 예제에 설명된 대로 루트 테스트를 준비한다.

이 예제의 자바 코드는 `org.camelcookbook.examples.testing.mockreply` 패키지에 위치한다.

예제 구현

다음 루트에서, 응답을 원하는 곳에서 목 엔드포인트를 얻는다.

```
from("direct:in")
  .inOut("mock:replying")
  .to("mock:out");
```

이것을 테스트하기 위해 '자바로 정의한 루트 테스트하기' 예제에서 설명한 대로 응답을 시뮬레이션하기 원하는 목 엔드포인트에 대한 핸들을 얻는다. 메시지가 루트로 보내지기 전에 그 엔드포인트가 `whenAnyExchangeReceived(Processor)` 메소드를 통해 어떻게 응답할 건지 정의한다.

```
mockReplying.whenAnyExchangeReceived(new Processor() {
  @Override
  public void process(Exchange exchange) throws Exception {
```

```
    Message in = exchange.getIn();
    in.setBody("Hey " + in.getBody());
  }
});
```

예제 분석

목^{mock} 엔드포인트에 제공된 Processor 인스턴스는 그 엔드포인트에 이르는 모든 익스체인지에 대해 호출된다. 이것은 기본 응답으로 간주될 수 있다. 추가적으로 특정 메시지에 대해서는 다른 프로세서가 처리하라고 명시할 수 있다. 다음 예제에서, 첫 번째로 수신한 메시지에 사용될 다른 프로세서를 명시한다. 이외의 모든 수신 메시지는 whenExchangeReceived의 이전 호출에서 제공된 프로세서를 사용한다.

```
mockReplying.whenExchangeReceived(1, new Processor() {
  @Override
  public void process(Exchange exchange) throws Exception {
    Message in = exchange.getIn();
    in.setBody("Czesc " + in.getBody());
  }
});
```

 여기서 숫자가 1로 되어 있는데, 1은 첫 번째 메시지가 이 루트를 통해 흐른다는 것을 나타낸다. 실수하기 쉬운 것인데, 대부분의 사람들이 습관적으로 0부터 시작한다고 생각하기 때문이다.

프로세서를 사용하는 것은 응답을 조작할 때 최고의 유연함을 준다. 하지만 사용자가 하고자 하는 것이 카멜 표현식으로 서술될 수도 있다. 이런 경우엔 다음 접근 방법이 좀 더 간단하다.

```
mockReplying.returnReplyBody(
    SimpleBuilder.simple("Hello ${body}"));
```

엔드포인트로부터의 응답이라고 헤더에 표시할 수도 있다.

```
mockReplying.returnReplyHeader("someHeader",
    ConstantLanguage.constant("Hello"));
```

동일한 테스트의 동일한 엔드포인트 위에서 두 개의 `returnReply..()` 메소드를 사용하는 것은 불가능하다. 두 번째 것이 첫 번째 것을 덮어쓰기 때문이다. 만약 헤더와 바디를 넣길 원한다면 프로세서 접근 방법을 대신 사용하라.

 RouteBuilder 구현체를 작성할 때 보이는 곳에 표현 언어식이 있는 것이 익숙할 수 있다. 테스트 클래스들은 보통은 이 기본 클래스를 확장하지 않기 때문에 개개의 표현 언어 클래스들에 정의되어 있는 전역(static) 메소드들을 직접 사용해야만 한다. 다음 예를 보라.
```
import static org.apache.camel.language.simple.SimpleLanguage.
simple;
```

참고 사항

- 프로세서: http://camel.apache.org/processor.html
- 카멜 목Mock 컴포넌트: http://camel.apache.org/mock.html

스프링에 정의한 루트 테스트하기

이 예제는 스프링 애플리케이션에서 XML DSL을 사용해 정의한 카멜 루트를 테스트하기 위해 필요한 단계를 상세히 설명함으로써 이제까지 설명한 핵심 테스트 기능에서 한발짝 더 나아간다. 스프링의 ${..} 자리표시자를 테스트에 필요한 값으로 대체해, 실행 환경 밖에서 루트를 테스트하기 위해 애플리케이션의 일부를 대신하는 테스트 하네스harness를 조립하는 법을 배울 것이다.

이 예제의 자바 코드는 `org.camelcookbook.examples.testing.spring` 패키지에 위치한다. 스프링 XML 파일은 src/main/resources/META-INF/spring 아래에 위치한다.

카멜의 스프링 테스트 지원을 사용하기 위해 스프링의 JUnit 테스트를 위한 지원 클래스뿐만 아니라 JUnit 자신이 필요로 하는 의존성을 제공하는 `camel-test-spring` 라이브러리를 의존성에 추가한다.

메이븐 폼의 의존성 정의 부분에 다음을 추가한다.

```
<dependency>
  <groupId>org.apache.camel</groupId>
  <artifactId>camel-test-spring</artifactId>
  <version>${camel-version}</version>
  <scope>test</scope>
</dependency>
```

/META-INF/spring/simpleTransform-context.xml에서 정의된 다음 루트를 생각해보자.

```
<route>
  <from uri="direct:in"/>
  <transform>
    <simple>Modified: ${body}</simple>
  </transform>
  <log message="Set message to ${body}"/>
  <to uri="mock:out"/>
</route>
```

이 루트를 테스트하기 위해 다음 단계를 수행한다.

1. `org.apache.camel.test.spring.CamelSpringTestSupport`를 상속하는 테스트 클래스를 생성한다.

```
public class SimpleTransformSpringTest
    extends CamelSpringTestSupport {
  //…
}
```

CamelSpringTestSupport 클래스는 추상클래스로 테스트를 위한 루트에 카멜 컨텍스트를 인스턴스화하고, 유틸리티 객체를 생성해 애노테이션이 달린 속성들을 테스트로 주입시킨다.

2. CamelSpringTestSupport의 createApplicationContext() 메소드를 오버라이드하고 스프링 애플리케이션 컨텍스트를 인스턴스화해서 테스트 대상 카멜 루트를 포함하는 파일들을 로드한다.

```
@Override
protected AbstractApplicationContext
    createApplicationContext() {
  return new ClassPathXmlApplicationContext(
      "/META-INF/spring/simpleTransform-context.xml");
}
```

3. 테스트의 내용을 정의한다. 테스트 시 수신할 메시지에 대한 기대값을 정하기 위해 MockEndpoint 테스팅 DSL을 사용한다. 메시지는 CamelTestSupport 클래스에 의해 제공된 ProducerTemplate 인스턴스를 통해 루트로 보내진다. 최종적으로 목mock 엔드포인트에 설정된 기대값들이 만족되었는지 확인assert한다.

```
@Test
public void testPayloadIsTransformed()
    throws InterruptedException {
  MockEndpoint mockOut = getMockEndpoint("mock:out");
  mockOut.setExpectedMessageCount(1);
  mockOut.message(0).body().isEqualTo("Modified: Cheese");

  template.sendBody("direct:in", "Cheese");

  assertMockEndpointsSatisfied();
}
```

목^{mock}을 명시적으로 가져오기 위한 대안으로서 그리고 각 단위 테스트 내의 엔드포인트를 참조하기 위해, 사용자는 자동으로 주입되는 MockEndpoint와 ProducerTemplate가 필요할 수도 있다. 다음과 같이 애노테이션을 추가해 빈^{bean} 속성으로 추가한다.

```
@EndpointInject(uri = "mock:out")
 private MockEndpoint mockOut;

@Produce(uri = "direct:in")
 private ProducerTemplate in;
```

예제 분석

CamelSpringTestSupport 클래스는 '자바로 정의한 루트 테스트하기' 예제에 설명된 CamelTestSupport 클래스에 기능 일관성^{feature-parity}을 제공하는 편리한 클래스다. 스프링 설정 파일에서 정의된 카멜 루트를 테스트하기 위해 필요한 반복 작업들을 수행한다. 이 클래스는 가장 기본적으로 다음을 수행한다.

- 각 테스트 이전에 createApplicationContext()로부터 리턴되는 컨텍스트에 의해 정의된 스프링 애플리케이션을 시작한다.
- @Produce, @EndpointInject 또는 스프링의 @Autowired 애노테이션을 가진 속성을 주입한다. @Autowired는 테스트 코드가 스프링 애플리케이션에서 정의된 객체에 대한 참조를 얻게 한다.
- 각 테스트 끝에서 스프링 애플리케이션을 종료한다.

CamelTestSupport의 기능 일관성^{Feature-parity}이 뜻하는 것은 자바 테스트 예제에 대한 기본 메소드들(createApplicationContext() 대 createRouteBuilder() 또는 createRouteBuilders())의 구현에 상관없이, CamelSpringTestSupport는 테스트 메소드가 정확히 자바 DSL과 동일한 방법으로 직접 쓰여질 수 있게 한다. 두 가지 클래스 다 동일한 protected 변수(context와 template)에 접근을 제공하고 동일한 테스트 생명주기를 가진다.

설명한 테스트 메소드에는 문제가 하나 있는데 카멜 기본 클래스의 확장을 요구한다는 것이다. 사용자가 테스트를 위한 기본 클래스로 다른 클래스를 사용할 수도 있기 때문에 이는 좋은 방법이 아닐 것이다. 이것을 해결하기 위해 카멜은 스프링 테스트 확장^{Enhanced Spring Test} 옵션을 제공한다.

이 옵션을 사용하기 위해 사용자 테스트는 커스텀 클래스가 테스트의 생명주기를 관리하게 하는 JUnit 4 Runner 기능을 사용한다. 재작성된 테스트 클래스는 다음처럼 보일 것이다.

```
@RunWith(CamelSpringJUnit4ClassRunner.class)
@ContextConfiguration({
    "/META-INF/spring/simpleTransform-context.xml"})
public class SimpleTransformSpringRunnerTest {
  //...
}
```

아무런 기본 클래스를 확장하지 않았기 때문에 사용자 테스트는 protected 변수 또는 CamelSpringTestSupport에 의해 제공되는 assertMockEndpointsSatisfied() 같은 유틸리티 메소드에 대한 접근을 갖지 않는다. 이 문제를 해결하는 것은 간단하다. 다른 스프링 객체들처럼, 카멜 컨텍스트를 @Autowired 애노테이션을 통해서 주입하면 된다.

```
@Autowired
private CamelContext camelContext;
```

스프링 테스트 확장을 사용할 때 MockEndpoint.assertIsSatisfied() 전역 메소드를 호출해 카멜 컨텍스트 인터페이스 내의 모든 목^{mock} 엔드포인트의 조건이 만족되는지 확인^{assert}한다.

```
@Test
public void testPayloadIsTransformed()
    throws InterruptedException {
  mockOut.setExpectedMessageCount(1);
  mockOut.message(0).body().isEqualTo("Modified: Cheese");

  producerTemplate.sendBody("Cheese");
```

```
MockEndpoint.assertIsSatisfied(camelContext);

}
```

 주의할 점 하나는 스프링 테스트 확장이 CamelSpringTestSupport를 확장하는 것과
는 다른 테스트 생명주기를 갖는다는 것이다. 테스트마다 스프링 애플리케이션 전체가
올라갔다 내려가는 대신에 기본적으로 테스트 클래스를 시작할 때만 스프링 애플리케
이션이 한 번 올라간다. 이는 여러 개의 테스트 메소드가 있는 클래스의 목(mock) 엔
드포인트에 영향을 주는데 테스트마다 상태가 초기화되지 않기 때문이다.

이 문제를 해결하기 위해 테스트에 다음 클래스 애노테이션을 추가한다.

```
@DirtiesContext(
    classMode=ClassMode.AFTER_EACH_TEST_METHOD)
```

부연 설명

스프링 애플리케이션은 일반적으로 애플리케이션의 특정 부분 각각을 설명하는 복수
개의 컨텍스트 파일로 구성된다. 보통 기능적으로 수평적인 애플리케이션 티어^{tier}마
다 또는 수직적인 스택마다 하나씩 있다. 이 접근 방법을 이용하면, 사용자 테스트들
을 애플리케이션의 각 부분 대신 특정 스프링 설정 파일을 선택해 사용할 수 있다.

사용자 루트에서 PropertyPlaceholderConfigurer 설정을 여러 스프링 XML 파일에
유지하는 것은 좋은 생각이다. 이는 필요한 속성들의 테스트 버전을 바꿔 넣을 수 있
게 한다.

루트의 엔드포인트를 전부 바깥으로 내보내기 위해 이 특별한 메커니즘을 사용하고,
테스트를 좀 더 쉽게 하기 위해 의존성 주입을 사용한다. 다음 예제를 살펴보자.

```
<camelContext xmlns="http://camel.apache.org/schema/spring">
  <propertyPlaceholder id="properties"
                       location="ref:ctx.properties"/>
  <route>
    <from uri="{{start.endpoint}}"/>
    <transform>
      <simple>Modified: ${body}</simple>
```

```
    </transform>
    <log message="Set message to ${body}"/>
    <to uri="{{end.endpoint}}"/>
  </route>
</camelContext>
```

테스트 파일에서 `ctx.properties` 아이디를 가진 빈^{bean}으로 정의된 Property PlaceholderConfigurer 인스턴스를 제공해 `direct:`와 `mock:` 엔드포인트를 사용해 루트를 시험할 수 있다. 운영을 위한 설정에서는 실제 엔드포인트를 사용한다.

 테스트 엔드포인트를 대체하는 이런 접근을 사용하면, 실제 컴포넌트를 사용하는 루트의 행위가 아닌 루트의 로직을 검증하게 된다. 실제 엔드포인트를 사용할 때 라우팅 로직이 동일한 방법으로 작동하지 않을 수 있기 때문에 보안에 대한 잘못된 느낌을 받을 수 있다. 예를 들면, 컨슈머 엔드포인트는 사용자가 대체한 테스트 엔드포인트가 제공하는 것과 다른 객체 타입을 익스체인지 바디에 사용할 수 있고 이는 미묘하게 로직을 변경한다.

이런 종류의 테스트는 항상 실제 엔드포인트를 시험하는 통합 테스트와 함께 사용되야 한다.

다음 예제는 테스트 엔드포인트를 이전의 루트로 대체하는 것을 간결하게 표현하기 위해 스프링의 util과 context 네임스페이스를 사용한다.

```
<util:properties id="ctx.properties"
                 location="classpath:spring/test.properties"/>
<context:property-placeholder properties-ref="ctx.properties" />
```

test.properties 파일은 테스트를 위한 속성을 포함한다.

```
start.endpoint=direct:in
end.endpoint=mock:out
```

PropertyPlaceholderConfigurer 설정을 다른 파일로 분리하는 것은 카멜 컨텍스트 정의를 포함하는 파일이 속성을 주입할 필요가 있는 다른 빈들도 포함할 때 특히 유용하다.

사용자 루트로부터 분리된 설정 파일에서 복잡한 의존성을 가진 빈이나 서비스 빈들을 정의하는 것은 좋은 실천 방법이다. 테스트 시 파일의 다른 버전들을 제공해 테스트를 위한 빈(bean)의 버전을 쉽게 제공할 수 있다.

CamelTestSupport으로부터 다음 메소드를 오버라이딩함으로써 Properties 컴포넌트를 통해 속성을 직접 컨텍스트로 공급하는 것도 가능하다.

```
@Override
protected Properties
    useOverridePropertiesWithPropertiesComponent() {
  Properties properties = new Properties();
  properties.setProperty("start.endpoint", "direct:in");
  properties.setProperty("end.endpoint", "mock:out");
  return properties;
}
```

만약 사용자 propertyPlaceholder가 테스트 시점에 발견되지 않는 속성 파일을 참조한다면, 카멜 컨텍스트의 시작을 막을 수 있는 예외를 던지는 대신 그 에러를 무시하라고 할 수 있다. 이를 위해 사용자 테스트에서 다음 메소드를 오버라이딩한다.

```
@Override
protected Boolean ignoreMissingLocationWithPropertiesComponent() {
  return true;
}
```

참고 사항

- 스프링 테스트: http://camel.apache.org/spring-testing.html
- 속성^{Properties} 컴포넌트: http://camel.apache.org/properties.html
- JUnit: http://junit.org/
- '엔드포인트 자동 모형화하기' 예제
- 'AOP를 사용해 고정된 엔드포인트로 루트 테스트하기' 예제
- '조건 이벤트를 사용해 고정된 엔드포인트로 루트 테스트하기' 예제

OSGi 블루프린트에서 정의한 루트 테스트하기

이 예제는 OSGi 블루프린트 애플리케이션에서 XML DSL을 사용해 정의한 카멜 루트를 테스트하기 위해 필요한 단계를 상세히 설명함으로써 이제까지 설명한 핵심 테스트 기능에서 한발짝 더 나아간다. OSGi 설정 관리자 서비스의 ${..} 자리표시자를 테스트에 필요한 값으로 대입해 OSGi 배포 환경 밖에서 사용자 테스트를 하기 위해 애플리케이션을 부분적으로 대체할 수 있는 테스트 하네스^{harness}를 조합하는 법을 배우게 될 것이다. 카멜은 배포 이전에 코드를 테스트할 수 있게 하는 PojoSR이라는 프로젝트를 사용해 블루프린트 기반 루트를 OSGi 컨테이너 바깥에서 테스트한다.

준비

카멜의 블루프린트 테스트 지원을 사용하기 위해 JUnit 자신이 필요한 의존성과 블루프린트 JUnit 테스트 지원 클래스를 제공하는 `camel-test-blueprint` 라이브러리를 의존성에 포함시킨다.

메이븐 POM의 의존성 부분에 다음을 추가한다.

```
<dependency>
  <groupId>org.apache.camel</groupId>
  <artifactId>camel-test-blueprint</artifactId>
  <version>${camel-version}</version>
  <scope>test</scope>
</dependency>
```

이 예제를 위한 자바 코드는 `org.camelcookbook.examples.testing.blueprint` 패키지 아래에 위치한다. 블루프린트 XML 파일은 `src/main/resources/OSGI-INF/blueprint` 아래에 있다.

예제 구현

simpleTransform-context.xml에 정의된 다음 루트를 살펴보자

```
<blueprint
  xmlns="http://www.osgi.org/xmlns/blueprint/v1.0.0"
  xmlns:xsi="http://www.w3.org/2001/XMLSchema-instance"
  xsi:schemaLocation="
    http://www.osgi.org/xmlns/blueprint/v1.0.0
        http://www.osgi.org/xmlns/blueprint/v1.0.0/blueprint.xsd
    http://camel.apache.org/schema/blueprint
        http://camel.apache.org/schema/blueprint/
        camel-blueprint.xsd">
  <camelContext xmlns="http://camel.apache.org/schema/blueprint">
    <route>
        <from uri="direct:in"/>
        <transform>
            <simple>{{transform.message}}: ${body}</simple>
        </transform>
        <to uri="mock:out"/>
    </route>
  </camelContext>
</blueprint>
```

여기서, 전환 메시지를 가져오기 위해 자리표시자[placeholder]를 사용한다. OSGi 설정 관리 속성 자리표시자를 simpleTransform-properties-context.xml 파일에 정의한다.

```
<blueprint ...
    xmlns:cm="http://aries.apache.org/blueprint/xmlns/
                blueprint-cm/v1.0.0"
    xsi:schemaLocation="...
        http://aries.apache.org/blueprint/xmlns/blueprint-cm/v1.0.0
            http://aries.apache.org/schemas/blueprint-cm/
            blueprint-cm-1.0.0.xsd">
  <cm:property-placeholder
        persistent-id="org.camelcookbook.testing">
    <cm:default-properties>
        <cm:property name="transform.message"
                            value="Modified"/>
    </cm:default-properties>
  </cm:property-placeholder>
</blueprint>
```

복잡한 의존성을 가지거나 서비스 빈(bean)들을 루트에서 별도의 설정 파일로 분리하는 것은 좋은 습관이다. 이는 테스트 시에 다른 버전의 파일을 사용해 테스트를 위한 빈(bean)들을 쉽게 제공하게 한다.

이 루트를 테스트하기 위해 다음 단계를 수행한다.

1. org.apache.camel.test.blueprint.CamelBlueprintTestSupport를 확장한 테스트 클래스를 생성한다.

```
public class SimpleTransformBlueprintTest
    extends CamelBlueprintTestSupport {
  //…
}
```

CamelBlueprintTestSupport 클래스는 테스트를 위한 루트와 카멜 컨텍스트를 인스턴스화하고 유틸리티 객체를 생성해 가상의 OSGi 환경을 시작하는 추상 클래스다. 루트를 테스트하기 위해 getBlueprintDescriptor() 메소드를 오버라이드하고 테스트 대상 루트뿐만 아니라 필요한 빈들을 포함하는 블루프린트 설정 파일들을 콤마로 구분된 스트링 값으로 리턴한다.

```
@Override
protected String getBlueprintDescriptor() {
  return "/OSGI-INF/blueprint/simpleTransform-context.xml,"
      + "/OSGI-INF/blueprint/simpleTransform-props-context.xml";
}
```

2. 테스트 내용을 정의한다. 여기에서 MockEndpoint 테스트 DSL이 엔드포인트가 수신할 것으로 기대하는 메시지를 만들기 위해 사용된다. 메시지는 CamelTestSupport 기본 클래스가 제공하는 ProducerTemplate 인스턴스를 통해 루트에 보내진다. 마지막으로 목mock 엔드포인트에서 지정된 기대값을 만족하는지 확인assert한다.

```
@Test
public void testPayloadIsTransformed()
    throws InterruptedException {
```

```
MockEndpoint mockOut = getMockEndpoint("mock:out");
mockOut.setExpectedMessageCount(1);
mockOut.message(0).body().isEqualTo("Modified: Cheese");

template.sendBody("Cheese");

assertMockEndpointsSatisfied();
}
```

목mock을 명시적으로 가져오는 것과 각 단위 테스트 내의 엔드포인트를 참조하는 것 말고도, 다음과 같이 애노테이션을 사용해 MockEndpoint와 ProducerTemplate를 필드로 주입하게 할 수도 있다.

```
@EndpointInject(uri = "mock:out")
private MockEndpoint mockOut;

@Produce(uri = "direct:in")
private ProducerTemplate in;
```

예제 분석

카멜의 블루프린트 테스트 지원은 PojoSR 라이브러리를 사용해 블루프린트 컨텍스트 파일을 초기화하기 때문에 OSGi 런타임을 필요로 하지 않는다. 이 라이브러리는 모든 특성을 가진 OSGi 프레임워크 없이 OSGi 스타일 서비스 저장소를 지원하는 컨테이너를 제공한다. 이는 컨테이너 시작과 종료를 더 빠르게 하므로 단위 테스트에 더 적합하다.

CamelBlueprintTestSupport 클래스는 '자바로 정의한 루트 테스트하기' 예제에서 설명한 CamelTestSupport와 같은 기능을 제공하는 편리한 클래스다. 블루프린트 설정 파일에서 정의된 카멜 루트를 테스트하기 위해 요구되는 반복 코드를 수행한다. 이 클래스는 가장 기본적으로 다음을 수행한다.

- 각각의 테스트 전에 getBlueprintDescriptor()가 리턴한 블루프린트 디스크립터descriptor가 정의한 블루프린트 애플리케이션을 시작한다.
- @Produce와 @EndpointInject 애노테이션을 달은 속성들을 주입한다.

- 각 테스트 후에 블루프린트 애플리케이션을 종료한다.

`CamelTestSupport`와 같은 기능 일관성feature-parity을 제공한다는 의미는 자바 테스트 예제에서 다른 기본 메소드의 구현체라는 것 말고도 `CamelBlueprintTestSupport`가 자바 DSL과 정확히 같은 방법으로 쓰여진 테스트 메소드를 허용한다는 뜻이다. 두 가지 클래스 다 동일한 `protected` 변수(`context`와 `template`)에 대한 접근을 제공하고 동일한 테스트 생명주기를 가진다.

 이 책이 쓰여질 때 camel-test-blueprint 라이브러리의 기능은 camel-test-spring 만큼 성숙되지 못했다. 지원하는 유일한 테스트 프레임워크는 JUnit 4다. '스프링에 정의한 루트 테스트하기' 예제에서 설명한 확장된 스프링 테스트 메커니즘에 따라 다른 테스트 프레임워크와 동작 가능하게 하는 방법도 없다.

부연 설명

블루프린트 설정 관리Blueprint Configuration Admin 지원은 속성에 기본값들을 정의하게 한다. 이 값들은 이름을 갖는 맵map에 대응하는 영속적인Persistent ID(pid)와 연관되고, OSGi 환경 내에서 보통 덮어쓰인다. 테스트 시에는 보통 이 값들을 테스트 목적에 더 적합한 것으로 덮어쓴다.

`<cm:property-placeholder/>` 블럭이 루트와 다른 파일에 정의되었다면 그 파일의 테스트 버전을 정의하고 `getBlueprintDescriptor()`에서 그것을 리턴해 간단히 해결할 수 있다.

더 좋은 접근 방법은 테스트 클래스 내에서 다음 메소드를 오버라이딩해 속성들을 각각 덮어쓰는 것이다.

```
@Override
protected String useOverridePropertiesWithConfigAdmin(
    Dictionary props) throws Exception {
  props.put("transform.message", "Overridden");
  return "org.camelcookbook.testing"; // 퍼시스턴트 ID
}
```

만약 덮어써야 할 속성이 많거나 이런 코드를 반복해야할 테스트가 많다면, 다음과 같이 속성 파일(.properties이나 .cfg로 끝나는)과 영속적인 ID의 위치를 제공해 덮어 쓴다.

```
@Override
protected String[] loadConfigAdminConfigurationFile() {
  return new String[] {
    "src/test/resources/blueprint/testProperties.cfg",
    "org.camelcookbook.testing" // 퍼시스턴트 ID
  };
}
```

 블루프린트 테스트 메커니즘은 메이븐을 기반으로 쓰여졌다. 그리고 프로젝트 루트로 부터 상대적인 위치에서 속성 파일을 로드한다. 이전에 설명한 테스트는 PojoSR 컨테이너가 다른 절대 디렉토리에서 실행되기 때문에 사용자 IDE에서는 대부분 실행되지 않을 것이다.

이 메커니즘이 useOverridePropertiesWithConfigAdmin()와 조합되면, 속성 파일은 <cm:property- placeholder/> 영역에서 제공된 기본 속성을 덮어쓰고, 직접 지정한 속성들은 이번엔 그 파일의 값들을 덮어쓰게 된다.

이 메커니즘을 사용해 테스트를 쉽게 할 수 있다. 다음 예제를 살펴보자.

```
<camelContext xmlns="http://camel.apache.org/schema/blueprint">
  <route>
    <from uri="{{in.endpoint}}"/>
    <transform>
      <simple>{{transform.message}}: ${body}</simple>
    </transform>
    <to uri="{{out.endpoint}}"/>
  </route>
</camelContext>
```

엔드포인트를 외부에 두어 운영환경 설정에서 실제 기술 엔드포인트에 대한 참조 를 하는 한편, direct:와 mock:을 사용한 테스트에서 루트를 시험할 수 있다.

- 블루프린트 테스트: http://camel.apache.org/blueprint-testing.html
- 속성 컴포넌트^{Properties Component}: http://camel.apache.org/properties.html
- PojoSR: http://code.google.com/p/pojosr/
- '엔드포인트 자동 모형화하기' 예제
- 'AOP를 사용해 고정된 엔드포인트로 루트 테스트하기' 예제
- '조건 이벤트를 사용해 고정된 엔드포인트로 루트 테스트하기' 예제

엔드포인트 자동 모형화하기

이제까지 목^{mock} 테스팅에 관련된 예제에서는 명시적이든 의존성 주입을 통해서든 루트 내로 mock: 엔드포인트 URI를 직접 제공할 필요가 있었다. 카멜의 테스트 지원 클래스는 내장된 URI와 루트를 더 쉽게 테스트할 수 있게 엔드포인트를 자동적으로 모형화^{mocking}하는 메커니즘을 제공한다. 이 예제는 이 기능을 사용하는 방법을 보여준다.

준비

이 예제를 위한 자바 코드는 org.camelcookbook.examples.testing.automocking 패키지에 위치한다. 여기서 사용되는 스프링 루트는 src/main/resources/META-INF/spring/fixedEndpoints-context.xml에 위치한다.

예제 구현

고정된 엔드포인트를 가진 다음 루트를 생각해보자.

```
<from uri="activemq:in"/>
<transform>
  <simple>Modified: ${body}</simple>
</transform>
```

```
<log message="Set message to ${body}"/>
<to uri="activemq:out"/>
```

루트 변경 없이 to(..) 노드에 대한 목^{mock} 엔드포인트를 지정하기 위해 다음 단계를
수행한다.

1. '스프링에 정의한 루트 테스트하기' 예제에서 설명된 대로 앞의 XML 설정을 로
드하는 CamelSpringTestSupport를 확장한 테스트를 생성한다. 그리고 나서
isMockEndpoints() 메소드를 오버라이드하고 바꾸고 싶은 엔드포인트의 이름
(엔드포인트 URI)을 리턴한다.

```
@Override
public String isMockEndpoints() {
    return "activemq:out";
}
```

확장 스프링 테스트를 사용한다면, 테스트 클래스는 다음 애노테이션을 가져야
한다.

```
@MockEndpoints("activemq:out")
```

2. 목^{mock} 엔드포인트는 이제 mock 접두어를 가진 엔드포인트 URI를 통해 카멜 컨
텍스트로부터 얻어진다.

```
@EndpointInject(uri="mock:activemq:out")
MockEndpoint mockOut;
```

이제 시작 엔드포인트로 메시지를 보내고 MockEndpoint 인터페이스에서 기대값
을 확인^{assert}하는 일반적인 루트 테스트가 가능하다.

예제 분석

카멜은 사용자가 지정한 URI를 위한 목^{mock} 엔드포인트를 생성하고 스키마^{scheme}(앞
의 예제에서는 activemq)을 포함한 원래 URI의 완전한 이름을 mock: 엔드포인트 URI
이름의 한 부분으로 사용할 것이다.

그래서 activemq:out은 mock:activemq:out이 된다.

자동 모형화는 존재하는 엔드포인트를 대체하지는 않는다. 메시지는 `mock:activemq:out`뿐만 아니라 이전 예제에서의 `activemq:out`으로도 보내진다. 원래 엔드포인트로 보내는 것을 생략하기 위해 `isMockEndpoints()` 메소드 대신 `isMockEndpointsAndSkip()`를 오버라이드해야 한다.

모형화하기 위한 엔드포인트를 설명하는 스트링은 완전한 엔드포인트 URI, 와일드카드(*), 또는 정규 표현식이 가능하다. 다른 표현식이 처리되기 전에 제일 먼저 분석할 `{{..}}` 속성 자리표시자를 포함하기도 한다.

주의할 한 가지는 만약 모형화될 엔드포인트 URI가 속성[attributes]을 포함한다면 `isMockEndpoints()` 또는 `@MockEndpoints` 내에서 사용되는 매칭 스트링은 프레임워크가 URI에 대해 맞는 것을 식별하기 위해 와일드카드를 사용할 필요가 있다.

다음 엔드포인트 URI를 살펴보자.

```
activemq:out?timeToLive=10000
```

다음 와일드카드는 엔드포인트가 모형화될 때 확인한다.

```
activemq:out?*
```

그 다음에 카멜 컨텍스트로부터 목[mock] 엔드포인트를 가져가기 위해 사용되는 URI는 원래 엔드포인트 URI 속성의 어떤 것도 포함하지 않는다.

```
mock:activemq:out
```

부연 설명

만약 사용자 루트 내에 여러 개의 엔드포인트를 모형화하기를 원한다면, 정규 표현식 리스트를 서술한다.

```
(activemq:first|activemq:second)
```

그러고 나서 평소와 같이 이것들을 접근할 수 있다.

```
@EndpointInject(uri="mock:activemq:first")
@EndpointInject(uri="mock:activemq:second")
```

isMockEndpoints()을 오버라이딩하는 방법은 스프링 기반 루트를 테스팅하는 것뿐만 아니라 OSGi 블루프린트와 자바 RouteBuilder 구현체에 정의된 루트를 테스트하는 데 적용된다. 이 메소드는 CamelTestSupport에 정의되고, CamelSpringTestSupport와 CamelBlueprintTestSupport는 그것을 확장한다.

부하 시 루트 행위 유효성 검사하기

때때로 부하 아래에서의 성능이나 전반적인 정확성을 검증할 필요가 있는 루트를 개발하게 될 것이다. 여태까지 다뤄본 모형화[mock] 기법은 테스트 메시지가 루트를 정확하게 테스트했는지 결정하는 데 도움을 줄 것이다.

이 예제는 데이터셋[DataSet] 컴포넌트를 사용해 테스트 데이터를 생성하고 사용자 루트를 통해 실행하는 법을 보여준다. 그러면 부하가 있을 때 이 동일한 컴포넌트가 루트 로직을 검증하기 위해 대량 모형화[bulk mocking] 메커니즘처럼 사용될 수 있는지 보여준다. 이 기법은 제대로된 시스템 통합 부하 테스팅을 대체하는 것은 아니다. 이는 대량의 메시지와 관련한 시나리오에서 더 쉽게 단위 테스트를 수행하기 위한 수단을 제공한다.

다음의 루트 로직을 생각해보자. 이 로직은 시작과 종료 URI를 주입하기 위한 속성 세터를 포함하는 RouteBuilder 구현체 내에 정의된다.

```
public class SlowlyTransformingRouteBuilder
    extends RouteBuilder {
  private String sourceUri; // 세터 생략
  private String targetUri;

  @Override
  public void configure() throws Exception {
    from(sourceUri)
      .to("seda:transformBody");

    from("seda:transformBody?concurrentConsumers=15")
      .transform(simple("Modified: ${body}"))
      .delay(100)  // 느린 전환이 일어난다
```

```
        .to("seda:sendTransformed");

    from("seda:sendTransformed")  // 하나의 스레드가 사용된다
        .resequence().simple("${header.mySequenceId}").stream()
        .to(targetUri);
    }
}
```

이 RouteBuilder 구현체는 복수개의 스레드가 병렬적으로 들어오는 여러 개의 메시지에 느린 전환을 수행할 수 있도록 SEDA 컴포넌트를 사용한다. 메시지가 성공적으로 전환되면 Resequencer EIP를 사용하는 다른 루트로 전달된다. Resequencer는 루트를 통해 흐르는 익스체인지를 정렬하는 카멜에 내장된 패턴이다. 예를 들어 익스체인지들은 송신되었을 때의 원래 순서를 식별하는 헤더(mySequenceId)에 따라서 정렬된다. 이 헤더는 메시지가 첫 번째 루트로 들어오기 전에 메시지에 들어간다.

들어올 때의 순서대로 메시지가 나가고, 또한 초당 100개의 메시지를 처리할 수 있도록 두 번째 루트에 충분한 concurrentConsumers가 설정되었는지 검증하려고 한다.

준비

이 예제의 자바 코드는 org.camelcookbook.examples.testing.dataset 패키지에 위치한다.

예제 구현

대량 테스트를 위해 데이터셋 컴포넌트를 적용하려면 다음 단계를 수행한다.

1. 입력 테스트 메시지들을 생성하기 위해 DataSetSupport를 확장하고 create MessageBody() 추상 메소드와 applyHeaders() 템플릿 메소드를 오버라이딩한다.

```
public class InputDataSet extends DataSetSupport {
    @Override
    protected Object createMessageBody(long messageIndex) {
```

```
    return "message " + messageIndex;
  }

  protected void applyHeaders(Exchange exchange,
                              long messageIndex) {
    exchange.getIn()
        .setHeader("mySequenceId", messageIndex);
  }
}
```

DataSetSupport 클래스는 DataSet 인터페이스의 추상 구현체고 메시지를 생성하기 위해 데이터셋 컴포넌트에 의해 사용된다.

2. 루트의 끝에서 예상되는 메시지를 생성하기 위해 다시 DataSetSupport 확장을 반복하고 이번엔 헤더 설정을 생략한다.

```
public class ExpectedOutputDataSet extends DataSetSupport {
  @Override
  protected Object createMessageBody(long messageIndex) {
    return "Modified: message " + messageIndex;
  }
}
```

3. CamelTestSupport 테스트 클래스에 카멜 컨텍스트와 함께 두 개의 빈[bean]을 등록한다.

```
@Override
protected CamelContext createCamelContext()
    throws Exception {
  final int testBatchSize = 1000;
  InputDataSet inputDataSet = new InputDataSet();
  inputDataSet.setSize(testBatchSize);

  ExpectedOutputDataSet expectedOutputDataSet =
      new ExpectedOutputDataSet();
  expectedOutputDataSet.setSize(testBatchSize);

  SimpleRegistry registry = new SimpleRegistry();
```

```
registry.put("input", inputDataSet);
registry.put("expectedOutput", expectedOutputDataSet);

return new DefaultCamelContext(registry);
}
```

스프링으로 이런 종류의 테스팅을 한다면, 두 개의 DataSet 구현체가 스프링 컨텍스트 내에 빈으로 등록되어야 한다.

4. 사용자 RouteBuilder를 인스턴스화하고 두 개의 dataset: 엔드포인트를 준비한다. startURI 엔드포인트는 InputDataSet 빈^{bean}을 가리키고 targetUri 엔드포인트는 ExpectedOutputDataSet를 가리킨다.

```
@Override
protected RouteBuilder createRouteBuilder()
    throws Exception {
  SlowlyTransformingRouteBuilder routeBuilder =
      new SlowlyTransformingRouteBuilder();
  routeBuilder.setSourceUri(
      "dataset:input?produceDelay=-1");
  routeBuilder.setTargetUri("dataset:expectedOutput");
  return routeBuilder;
}
```

 소스 URI에서 produceDelay 옵션을 -1로 해 즉시 메시지 송신을 시작한다.

테스트 메소드 내에서 dataset:expectedOutput 목^{mock} 엔드포인트를 가져와 예상되는 1000개의 메시지를 수신하기 위해 기다려야 하는 최대 시간을 정하고 그것이 만족되는지 확인^{assert}한다.

```
@Test
public void testPayloadsTransformedInExpectedTime()
    throws InterruptedException {
  MockEndpoint expectedOutput =
      getMockEndpoint("dataset:expectedOutput");
```

```
expectedOutput.setResultWaitTime(10000); // 10초
expectedOutput.assertIsSatisfied();
}
```

여기서 데이터셋 컴포넌트는 테스트 메시지를 생성하기 위한 컨슈머 엔드포인트, 그리고 대량 모형화 테스팅 메커니즘을 행하는 프로듀서 엔드포인트 두 가지로 다 사용된다.

카멜 컨텍스트가 루트를 시작할 때, 하나의 스레드가 dataset:input 엔드포인트에 의해 생성될 것이다. 이 스레드는 루프 내에서 다음 단계들을 수행한다.

- input 빈bean에서 createMessageBody()를 호출해 메시지 바디 생성하기
- applyHeaders()를 통해 메시지 헤더 정하기
- 루트를 통해서 결과 익스체인지 처리하기

매번 메시지가 만들어질 때마다, messageIndex 파라미터가 전달되어 코드에서 메시지를 변화시킬 수 있게 한다.

URI의 produceDelay 속성은 메시지 라우팅을 끝내는 것과 다음 메시지를 생성하는 것 사이에 얼마나 오랫동안 스레드가 지연되어야 하는지 지정한다. -1은 지연이 없는 것을 나타낸다.

to(..)에서 프로듀서로 사용될 때 DataSetEndpoint 인터페이스는 자신의 기대값들을 자동적으로 정하는 대용량 목mock 엔드포인트로 동작한다.

루트의 다른쪽 끝에서는 dataset:expectedOutput이 1000개의 메시지를 받기 위해 기다리고 있다. 만약 테스트에 setResultWaitTime()로 지정된 시간이 만료되면, 확인assertion은 실패한다. 메시지를 받는다면 엔드포인트는 그 자체의 구현 클래스를 통해 동일한 개수의 익스체인지를 생성한다. 기대되는 결과에 대해 수신된 메시지들을 비교하기 위해 이것이 수행된다.

익스체인지 객체 두 벌이 순차적으로 서로 비교된다. 순서는 컨슈머와 프로듀서의 dataset: 엔드포인트에 의해 정해진 CamelDataSetIndex 속성을 매칭해 결정된다.

그러고 나서 두 개의 메시지 내용이 동일한지 비교한다. 다른 헤더와 속성들은 고려하지 않는다. 인덱스 속성 또는 내용에서의 불일치는 확인 실패로 결론지어진다.

`DataSetSupport.populateDefaultHeaders(Map<String, Object>)`를 오버라이딩해 기본 메시지 헤더를 생성할 수 있다. 이는 `applyHeaders()` 내에 메시지 별로 덮어쓰게 된다.

느린 컨슈머를 흉내내기 위해 프로듀서 URI에서 사용 가능한 `consumeDelay` 속성도 있다.

- 데이터셋 컴포넌트: http://camel.apache.org/dataset.html
- 리시퀀서Resequencer: http://camel.apache.org/resequencer.html

단위 테스트 프로세서와 빈(bean) 바인딩

복잡한 `Processor` 구현체를 개발할 때 완전하게 테스트했는지 보증하기 위해 격리상태에서 테스트하는 것이 좋다(운영 환경에서는 테스트가 필요 이상으로 간단하지 않을 수 있다). 비슷하게 빈bean 바인딩을 위한 카멜 애노테이션을 표시한 자바 클래스를 개발할 때 바인딩 로직뿐만 아니라 클래스 내에 포함된 로직도 확인하고 싶어한다. 이 예제는 이런 시나리오를 테스트하기 위한 접근 방법을 보여준다.

이 예제의 자바 코드는 `org.camelcookbook.examples.testing.exchange` 패키지에 위치한다.

프로세서는 일반적으로 익스체인지의 바디뿐만 아니라 헤더 개수를 변경하는 것과 관련된 액션들을 조합하기 위해 사용된다. 우리가 테스트하려는 Processor 구현체의 process() 메소드는 다음과 같다.

```
@Override
public void process(Exchange exchange) throws Exception {
  final String something = "SOMETHING";
  Message in = exchange.getIn();
  String action = in.getHeader("action", String.class);
  if ((action == null) || (action.isEmpty())) {
    in.setHeader("actionTaken", false);
  } else {
    in.setHeader("actionTaken", true);
    String body = in.getBody(String.class);
    if (action.equals("append")) {
    in.setBody(body + " " + something);
    } else if (action.equals("prepend")) {
      in.setBody(something + " " + body);
    } else {
        throw new IllegalArgumentException(
            "Unrecognized action requested: [" + action + "]");
    }
  }
}
```

익스체인지 인스턴스와 함께 프로세서를 테스트하기 위해 다음 단계를 수행한다.

1. CamelTestSupport를 확장하고 이 프로세서만을 포함한 RouteBuilder 구현체를 통해 인라인 루트를 정의한다.

```
@Override
protected RouteBuilder createRouteBuilder()
    throws Exception {
  return new RouteBuilder() {
    @Override
    public void configure() throws Exception {
```

```
        from("direct:in")
          .process(new ComplicatedProcessor())
          .to("mock:out");
      }
    };
  }
```

2. 일반적인 방법으로 루트를 테스트한다.

```
@Test
public void testPrepend() throws Exception {
  MockEndpoint mockOut = getMockEndpoint("mock:out");
  mockOut.message(0).body().isEqualTo("SOMETHING text");
  mockOut.message(0).header("actionTaken").isEqualTo(true);

  Map<String, Object> headers =
      new HashMap<String, Object>();
  headers.put("action", "prepend");

  template.sendBodyAndHeaders("direct:in", "text", headers);

  assertMockEndpointsSatisfied();
}
```

예제 분석

임시 루트를 개발해, 테스트하려는 프로세서가 실제 카멜 컨텍스트 내에서 실행될 수
있게 했다. 이는 메시지들을 ProducerTemplate 인스턴스를 사용한 루트 내의 프로세
서로 공급하게 하고 목mock 엔드포인트를 사용한 결과를 확인하게 한다. 이 접근 방
법은 익스체인지 객체를 세세하게 손으로 만드는 대신 카멜을 사용해 만들수 있게
한다.

부연 설명

카멜은 메소드 내에서 카멜 API를 참조할 필요 없이 bean(..) 문장을 통해 사용자 루트로부터 직접 빈 메소드를 실행하게 한다. 빈 바인딩Bean Binding이라는 메커니즘이 익스체인지의 내용과 메소드 파라미터를 매핑하는 데 사용된다(3장, '사용자 코드로 라우팅'의 '메시지를 직접 자바 메소드로 라우팅하기' 예제를 보라). 이 메커니즘을 사용하면, 메소드 인자에서 카멜 런타임 애노테이션을 사용해 카멜 API에 의지하지 않고 직접 익스체인지의 어떤 부분이든 접근 가능하다. 결과로 나오는 POJO도 다른 객체처럼 테스트 가능한 한편 바인딩을 테스트하기 위해 루트 내에서 빈bean을 인스턴스화해 예전에 했던 대로 테스트할 필요가 있다.

참고 사항

- 프로세서: http://camel.apache.org/processor.html
- 빈 바인딩: http://camel.apache.org/bean-binding.html
- 3장, '사용자 코드로 라우팅'의 '메시지를 직접 자바 메소드로 라우팅하기' 예제

AOP를 사용해 고정된 엔드포인트로 루트 테스트하기

카멜을 사용할 때 엔드포인트 URI가 하드코딩된 루트를 테스트해야 할 필요가 있을 때가 있다. 이는 스프링이나 블루프린트 루트를 테스트할 때 좀 더 일반적이다.

/META-INF/spring/fixedEndpoints-context.xml에 정의된 다음 루트를 생각해 보자.

```
<route id="modifyPayloadBetweenQueues">
  <from uri="activemq:in"/>
  <transform>
    <simple>Modified: ${body}</simple>
  </transform>
  <to uri="activemq:out"/>
</route>
```

여기서 루트 엔드포인트는 액티브MQ 컴포넌트를 사용해 큐로부터 소비하고 다른 큐로 보낸다. 우리는 '스프링에 정의한 루트 테스트하기' 예제에서 설명한 대로 루트에 어떠한 변경 없이 단순한 단위 테스트 내에서 이 로직을 테스트하고자 한다.

카멜은 내장된 관점지향 프로그래밍^{Aspect-Oriented Programming, AOP} 유형을 advice With(..) 자바 DSL의 유형으로 제공한다. 이 기능은 라우팅 로직을 변경하는데, 일단 카멜 컨텍스트에 올라오면, direct:와 mock:을 사용한 루트 엔드포인트로 대체해 테스트를 용이하게 한다. 이 예제는 고정 엔드포인트를 가지고 있는 이미 존재하는 루트를 변경하기 위한 접근법을 보여준다.

준비

이 예제의 자바 코드는 org.camelcookbook.examples.testing.advicewith 패키지에 위치한다.

예제 구현

AOP를 사용자 테스트에 적용하려면 다음 단계를 수행한다.

1. CamelSpringTestSupport을 확장한 테스트 클래스에 다음 메소드를 오버라이드한다.

```
@Override
public boolean isUseAdviceWith() {
    return true;
}
```

이것은 기본 클래스가 각각의 테스트 메소드를 실행하기 전에 카멜 컨텍스트를 시작하지 말라고 한다.

2. 테스트 메소드 내에서 그 아이디(modifyPayloadBetweenQueues)로 루트를 가져온다. 그리고 adviceWith(..) 영역에서 AdviceWithRouteBuilder를 사용해 새로운 라우팅 설정을 적용한다.

```
context.getRouteDefinition("modifyPayloadBetweenQueues")
```

```
        .adviceWith(context, new AdviceWithRouteBuilder() () {
    @Override
    public void configure() throws Exception {
        replaceFromWith("direct:in");

        interceptSendToEndpoint("activemq:out")
            .skipSendToOriginalEndpoint()
            .to("mock:out");
    }
});
```

3. 원래라면 `direct:`와 `mock:` 엔드포인트로 테스트할 루트를 직접 카멜 컨텍스트
   를 시작해 테스트한다.

```
context.start();

MockEndpoint out = getMockEndpoint("mock:out");
out.setExpectedMessageCount(1);
out.message(0).body().isEqualTo("Modified: Cheese");

template.sendBody("direct:in", "Cheese");

assertMockEndpointsSatisfied();
```

예제 분석

`adviceWith(..)` 문장은 루트 행위를 변경하기 위해 루트를 덮어 씌울 절차를 제공하
는 것을 허용한다. 사용자는 `AdviceWithRouteBuilder` 추상 클래스를 오버라이딩하
여 제공된 특수한 DSL로 이 절차들을 정의한다.

`CamelSpringTestSupport`와 `CamelBlueprintTestSupport` 둘 다 확장하고 있는
`CamelTestSupport` 내에는 `isUseAdviceWith()`가 정의되어 있다. 이는 자바, 스프링,
또는 OSGi 블루프린트 루트를 테스트하는 것과 상관없이 사용 가능함을 뜻한다. 확
장 스프링 테스트에서 동일한 행위를 하기 위해 `org.apache.camel.test.spring.`
`UseAdviceWith` 애노테이션을 테스트 클래스에 적용해 같은 행위를 한다는 것을 표
시한다.

adviceWith(..) 메커니즘은 루트에서 컨슈머와 프로듀서 엔드포인트를 대체하는 것 이상의 더 많은 용도로 사용할 수 있다. 위빙^{weaving}이라는 테크닉을 사용해 루트가 개개의 노드를 지우거나 대체하도록 조정할 수 있다. 이는 루트의 한 단계가 테스트 목적으로 생략하고 싶은 하위 처리를 가지고 있을 때 유용하다.

```
from("direct:in").id("slowRoute")
  .process(new ReallySlowProcessor()).id("reallySlowProcessor")
  .to("mock:out");
```

테스트를 위해 처리 시간이 긴 프로세스를 생략하려면 다음을 사용해 훨씬 빠른 대용물로 대체한다.

```
context.getRouteDefinition("slowRoute")
  .adviceWith(context, new AdviceWithRouteBuilder() {
    @Override
    public void configure() throws Exception {
      weaveById("reallySlowProcessor").replace()
        .transform().simple("Fast reply to: ${body}");
    }
  });
```

앞의 예제에서 노드는 weaveById(String)를 통해 얻어지고 그때 id 속성은 process DSL 문에 지정된 것이다. 사용자는 또한 weaveByToString(String)로 노드의 toString()값을 정규 표현식으로 비교해 노드를 가져오거나, 또는 weaveByType(class)를 통한 노드의 내부 카멜 타입(예를 들면, ToDefinition.class)으로 노드를 가져올 수 있다.

weave..() 메소드를 통해 일단 노드가 선택되면 DSL은 다음의 부가적인 변경 옵션을 준다.

- before(): 선택한 노드 바로 앞에 붙을 노드를 추가한다.
- after(): 선택한 노드 뒤에, 하지만 원래 루트의 다음 노드 이전에 오는 노드를 추가한다.
- replace(): 선택된 노드를 다음 노드로 대치한다.

- remove(): 선택된 노드를 루트에서 제거한다.
- weaveAddFirst()와 weaveAddLast() 메소드가 루트의 시작과 끝에 노드를 추가 하는 데 사용될 수 있고, 특별히 다른 루트로부터 사용된 루트 내에서, 입력과 출 력을 검증할 때 유용하다.

참고 사항

- AdviceWith: http://camel.apache.org/advicewith.html

조건 이벤트를 사용해 고정된 엔드포인트로 루트 테스트하기

카멜을 사용할 때 엔드포인트 URI가 하드코딩된 루트를 테스트해야 할 수도 있다. 이 는 스프링이나 블루프린트 루트를 테스트할 때 좀 더 일반적이다.

/META-INF/spring/fixedEndpoints-context.xml에서 정의된 다음 루트를 생각해 보자.

```
<route id="modifyPayloadBetweenQueues">
  <from uri="activemq:in"/>
  <transform>
    <simple>Modified: ${body}</simple>
  </transform>
  <to uri="activemq:out"/>
</route>
```

여기서 루트 엔드포인트는 ActiveMQ 컴포넌트를 사용해 큐에서 소비하고 다른 큐로 보낸다. 우리는 '스프링에 정의한 루트 테스트하기' 예제에서 설명한 대로 루트에 어 떠한 변경 없이 단순한 단위 테스트 내에서 이 로직을 테스트하고자 한다.

카멜은 NotifyBuilder를 통해 이런 루트를 테스트하기 위해 알림기반[notification-based] DSL을 제공한다. 'AOP를 사용해 고정된 엔드포인트로 루트 테스트하기' 예제에서 설명한 adviceWith(..)와 달리 이 접근 방법은 어떤 식으로든 실행하는 루트를 변경 하려 하지 않는다. 이는 테스트에서 실제 엔드포인트 기술이 연관되길 원할 때 유용 하다. 예를 들면 라우팅 로직을 검증하고 있는 동안 성능을 검증할 때 유용하다.

따라서 NotifyBuilder는 루트 내부에 대해서 아무것도 알 필요 없이 주어진 입력에 부합하는 결과를 검증하는 블랙박스 테스트 유형으로 생각할 수 있다. 이는 테스트 개발자에게 내부의 라우팅 로직이 암시적으로 보여지는 화이트박스 접근을 채택한 이전의 테스트 방법과 대조적이다.

준비

이 예제를 위한 자바 코드는 `org.camelcookbook.examples.testing.notifybuilder` 패키지에 있다.

예제 구현

카멜에서 이벤트기반 테스트를 수행하기 위해 다음 단계를 수행한다.

1. 테스트 메소드에서 테스트하길 원하는 카멜 컨텍스트와 연관된 NotifyBuilder 인스턴스를 인스턴스화한다.

```
NotifyBuilder notify = new NotifyBuilder(camelContext)
  .from("activemq:in")
  .whenDone(1)
  .whenBodiesDone("Modified: testMessage")
  .create();
```

2. 엔드포인트를 통해 루트로 메시지를 보낸다. 이는 카멜 Producer Template 인스턴스를 사용했던 이제까지의 접근 방법과는 매우 다르다. 지금은 ProducerTemplate 접근이 생략했던 엔드포인트 소비 기능들을 시험하려고 한다. 이 테스트에서 루트가 사용하는 동일한 ActiveMQ 브로커에 연결하는 스프링 JmsTemplate를 사용한다.

```
jmsTemplate.send("in", new MessageCreator() {
  @Override
  public Message createMessage(Session session)
        throws JMSException {
    TextMessage textMessage =
          session.createTextMessage("testMessage");
```

```
        return textMessage;
    }
});
```

3. 표준 JUnit 확인^{assert} 문을 사용해 NotifyBuilder 인스턴스가 지정된 시간 범위 내에 이벤트를 발생시키는지 확인한다.

```
assertTrue(notify.matches(10, TimeUnit.SECONDS));
```

예제 분석

NotifyBuilder DSL의 from() 문은 시작 엔드포인트로 하나의 루트에 위치한다. when..() 문장은 그 빌더에게 서술한 조건이 만족하면 이벤트를 보내라고 지시한다. create() 메소드는 빌더의 생성을 완료하고 그것을 이벤트를 보내기 위해 준비된 상태로 만든다.

빌더의 matches() 메소드는 서술된 조건이 지정된 시간 내에 루트를 흐르는 익스체인지와 만족하는지 아닌지를 표시하는 불린 값을 리턴한다. 어떠한 조건도 만족하지 않은 채 지정된 시간이 만료된다면 matches()는 false를 리턴하고 그렇지 않으면 조건이 만족하자마자 true가 리턴된다.

from(startingEndpoint) 문은 코드 유지보수를 혼란스럽게 할 수 있다. 그래서 fromRoute(id) 메소드 또한 제공되어 빌더의 의도를 어느 정도 명확히 한다.

whenDone(number) 메소드는 루트를 통해 최소로 지정된 개수의 익스체인지가 성공적으로 처리되었을 때 발생한다. 다른 대안들로는 최소한의 지정된 개수의 예외 발생을 기대하는 whenFailed(int), 성공한 익스체인지와 실패한 익스체인지 모두 처리된 것을 포함하는 whenFailed(int)이 있다. 이들 모두 루트를 통해 메시지가 완전히 처리되고 나서의 결과 조건에 적용된다. whenComplete(int) 메소드는 루트의 시작시에 메시지를 비교한다.

Done/Failed/Complete/Received 용어가 다른 조건 메소드 내에서 사용된다. 다음은 처리된 메시지의 정확한 개수를 확인하는 메소드다.

```
whenExactlyComplete(int)
whenExactlyDone(int)
whenExactlyFailed(int)
```

루트를 흐르는 특정 메시지가 성공했는지 확인할 수도 있다. 인덱스는 시작 엔드포인트에서 처리되는 동안 부여된 메시지의 순서를 참조한다.

```
whenDoneByIndex(int)
```

부연 설명

NotifyBuilder는 특정 메시지가 루트 내의 엔드포인트에 도달했는지 확인하는 것 등의 좀 더 복잡한 시나리오를 테스트할 수 있다.

```
new NotifyBuilder(camelContext)
  .from("activemq:in")
  .whenDone(1)
  .wereSentTo("activemq:out")
  .create();
```

여기서 whenDone()과 wereSentTo() 조건은 누적된다. 불린 and(), or(), not() 연산을 DSL 내에서 사용해 더 복잡한 조건을 확인할 수 있다. 예를 들어, 다음은 메시지 하나가 실패하고 다른 것이 성공하는 것을 확인한다.

```
new NotifyBuilder(camelContext)
  .from("activemq:in")
  .whenDone(1) .wereSentTo("activemq:out")
  .and().whenFailed(1)
  .create();
```

단순한 XPath 카멜 표현 언어를 사용하는 조건서술도 표현식에서 사용할 수 있다.

```
whenAllDoneMatches(predicate)
whenAnyDoneMatches(predicate)
whenAllReceivedMatches(predicate)
whenAnyReceivedMatches(predicate)
```

특정 메시지만을 대상으로 확인을 수행하기 위해 filter() 메소드를 사용한다.

```
new NotifyBuilder(camelContext)
  .from("activemq:in")
  .whenExactlyDone(1).filter().simple("${body} contains 'test'")
  .create();
```

NotifyBuilder를 MockEndpoint DSL과 같이 사용해 메시지 내용을 더 세밀하게 확인assertion할 수도 있다.

```
MockEndpoint mock = camelContext.getEndpoint(
    "mock:nameDoesNotMatter", MockEndpoint.class);
mock.message(0).inMessage().contains(messageText);
mock.message(0).header("count").isNull();

NotifyBuilder notify = new NotifyBuilder(camelContext)
  .from("activemq:in")
  .whenDone(1).wereSentTo("activemq:out")
  .whenDoneSatisfied(mock)
  .create();
```

여기서 목mock 엔드포인트에 넣은 기대값들은 루트 끝의 익스체인지 상태에 대해 테스트될 것이다.

 목(mock) 엔드포인트 인터페이스의 이름은 루트에서의 실제 엔드포인트와 일치하지 않는다는 것에 주의하라. 단지 NotifyBuilder를 위한 DSL에서 핸들을 얻기 위해 쓰일 뿐이다.

참고 사항

- NotifyBuilder: http://camel.apache.org/notifybuilder.html

10 모니터링과 디버깅

10장에서는 다음과 같은 예제를 다룬다.

- 루트 내에서 단계별로 로깅하기
- 로그를 사용해 디버깅하기
- 사용량 로깅
- 코드에서 단계별 추적 가능하게 하기
- JMX 비활성화하기
- JMX 설정하기
- 루트를 모니터링하기 쉽게 이름짓기
- JXM 속성과 동작 추가하기
- 카멜 JMX 컴포넌트를 사용해 다른 시스템 모니터링하기
- 루트 내에 브레이크포인트 지정하기

소개

10장에서는 루트의 모니터링과 디버깅을 쉽게 하는 카멜의 몇 가지 기능에 대해 살펴본다. 몇 개의 로깅 예제는 루트를 디버깅하고 루트 내에 이벤트나 데이터를 추적하는 데 사용될 수 있을 것이다. 10장에서는 카멜의 JMX 통합도 살펴볼 것이다.

JMX$^{Java\ Management\ Extensions}$는 자바 표준 기술로, 기본 자바 런타임에 포함되어 애플리케이션과 시스템을 관리하고 모니터링한다. JMX는 자바 런타임 환경이 메트릭 (읽기/쓰기 속성들)과 동작들을 가지는 리소스(MBeans)들을 외부에 노출시키게 한다. 이는 원격 콘솔에서 다음과 같은 작업을 수행하게 한다.

- MBean 속성을 읽어서 시스템에 관한 실행 통계를 모은다.
- 스레드 풀의 스레스 수를 갱신하는 것같이 MBean 속성을 변경시켜 실행 중인 시스템을 갱신한다.
- 큐 MBean의 비우기 동작을 호출해 메시지 큐를 비우는 것같이 MBean 동작을 사용한 액션을 수행한다.

JMX의 자세한 설명은 이 책의 범위를 넘어선다. 자세한 것은 자바 SE 문서 사이트 (http://docs.oracle.com/javase/7/docs/technotes/guides/jmx/index.html)를 참고하라.

카멜은 아주 세세한 메트릭과 동작을 제공하는 깊은 수준의 JMX 통합을 비롯해, 통합 결과물이 운영환경에서 잘 동작하도록 유지하는 데 도움을 준다. 이 통합은 카멜의 런타임 행위에 영향을 주는 설정을 활성화, 비활성화, 변경하는 기능을 제공한다. 디버깅 정보를 켜고 끄는 것과 메시지 라우팅과 처리에 직접 영향을 주는 설정을 변경하는 것을 포함한다. 항상 그렇듯이 카멜은 최소한의 설정으로 이런 기능들을 사용할수 있게 의미있는 기본 설정들을 포함하고 있고, 필요시에는 세세한 조정, 덮어쓰기, 확장도 가능하다.

10장은 아파치 카멜 창시자인 제임스 스트라찬$^{James\ Strachan}$에 의해 시작된 hawtio(http://hawt.io(호트아이오라고 발음함))라는 오픈소스 웹 콘솔의 스크린 샷을 포함한다. 이 콘솔은 루트를 보여주고 수정하고, 디버깅과 메시지 추적 화면, JMX 작업 수행, 로그 검색 등의 카멜 기반 통합과 함께 사용 가능한 여러 가지 기능을 포함하고 있다. 10장에서 이 콘솔의 멋진 기능 모두를 제대로 다룰 수는 없다. 하지만 카멜에서 디버깅과 모니터링이 어떻게 동작하는지 더 잘 이해하도록 도움을 줄만한 다음 스크린샷을 참고하기 바란다.

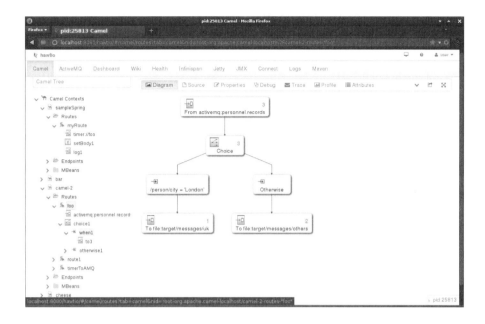

카멜의 아키텍처에 관한 몇 가지 개념이 10장에 걸쳐 사용된다. '들어가며'에 카멜 개념에 관한 광의적인 개괄이 있다. 자세한 사항은 아파치 카멜 웹사이트(http://camel.apache.org)에서 찾을 수 있다.

10장의 코드는 예제의 camel-cookbook-monitoring 모듈에 포함되어 있다.

루트 내에서 단계별로 로깅하기

카멜은 루트 내 관심있는 지점에서의 로깅을 위한 로그 패턴Log EIP을 포함한다. 이는 에러 로깅(7장, '에러처리와 보상'의 '에러 로깅하기' 예제 참조) 또는 익스체인지의 내용 로깅('로그를 사용해 디버깅하기' 예제 참조)과는 다르다. 이 로그 패턴은 사람이 루트 내에 뭔가 의미있는 것이 일어난다는 것을 표시하도록 의도하는 메시지를 로깅하는 기능이다. 이는 특별한 방법으로 라우팅된 메시지를 포함하거나 메시지가 관심있는 특정값을 포함한다.

이 예제는 통합에서 의미있는 지점과 데이터를 외부로 로깅하기 위해 루트 내에 명시적인 단계를 포함하는 법을 보여준다.

이 예제의 자바 코드는 `org.camelcookbook.monitoring.logeip` 패키지에 있다. 스프링 XML 파일은 src/main/resources/META-INF/spring 아래에 logeip라는 접두어를 가지고 있다.

XML DSL에서는 `message` 속성에 최종적으로 로그에 남길 메시지를 단순 표현식을 사용해 넣는다.

```
<route>
  <from uri="direct:start"/>
  <log message="Something happened - ${body}"/>
  <to uri="mock:result"/>
</route>
```

자바 DSL에서는 단일 파라미터로 최종적으로 로그에 남길 메시지를 단순 표현식을 사용해 전달한다.

```
from("direct:start")
  .log("Something happened - ${body}")
  .to("mock:result");
```

내용이 "Hello Camel"인 메시지가 들어오면, 결과 로그는 다음과 비슷하게 보여야 한다.

```
INFO   route3               - Something happened - Hello Camel
```

기본적으로 로그 패턴은 제공된 단순 표현식을 평가^{evaluate}하고, 로그 이름을 루트 아이디로, 또 INFO 로그 레벨을 사용해 그 결과를 로그에 남긴다. 원한다면 이 값들을 바꿀 수도 있다.

XML DSL에서는 다음과 같이 작성한다.

```
<route>
  <from uri="direct:start"/>
  <log loggingLevel="INFO"
      logName="MyLogName"
        message="Something happened - ${body}"/>
  <to uri="mock:result"/>
</route>
```

자바 DSL에서는 동일한 로직을 다음과 같이 표현한다.

```
from("direct:start")
  .log(LoggingLevel.INFO,
        "MyLogName",
        "Something happened - ${body}")
  .to("mock:result");
```

이러면 다음과 같은 로그를 남긴다.

```
INFO   MyLogName                 - Something happened - Hello Camel
```

hawtio에서는 다음 그림과 같이 로그가 보인다. 로그 이름으로 필터링이 가능함을 기억하라.

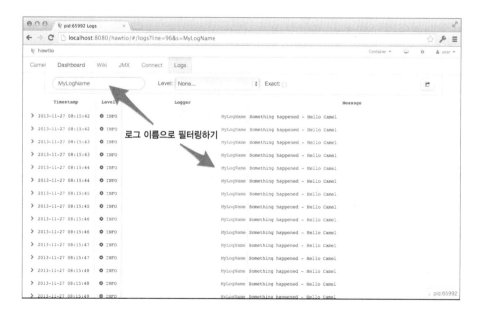

만약 메시지를 스트리밍으로 보내고 이 스트리밍을 사용해 메시지 내용을 로그로 남기려고 한다면, 그 이후 단계에서는 빈 메시지를 보게 될 것이다. 스트림 메시지 내용을 여러 차례 접근해야 한다면 스트림 캐시를 활성화하는 것을 생각해보라.

참고 사항

* 로그 패턴: http://camel.apache.org/logeip.html
* FAQ: http://camel.apache.org/why-is-my-message-body-empty.html
* 스트림 캐시하기: http://camel.apache.org/stream-caching.html

로그를 사용해 디버깅하기

카멜은 디버그 로그에 유용한 로그 컴포넌트를 포함해, 루트를 흐르는 메시지의 일부 또는 모든 내용을 쉽게 로그로 남길 수 있다. 일반적으로 이 컴포넌트는 디버그를 돕기 위해 루트 내에서 임시적으로만 사용되고 배포 전에는 제거되어야 한다. '코드에서 단계별 추적 가능하게 하기' 예제는 비슷한 레벨의 로깅을 활성화하는 방법을 설명한다. 루트 내에서 의미있는 이벤트를 로그로 남기기 위해서는 로그 패턴을 보라 ('루트 내에서 단계별로 로깅하기' 예제 참조).

이 예제는 로그 컴포넌트를 사용해 통합을 디버그하는 데 도움을 얻는 법을 보여준다.

준비

이 예제의 자바 코드는 `org.camelcookbook.monitoring.log` 패키지에 위치한다. 스프링 XML은 src/main/resources/META-INF/spring 아래에 log라는 접두어를 가지고 있다.

로그 컴포넌트 URI의 형식은 다음과 같다.

```
log:<log name>[?<query options>]
```

XML DSL에서 다음을 작성한다.

```
<route>
  <from uri="direct:start"/>
  <to uri="log:myLog"/>
  <to uri="mock:result"/>
</route>
```

자바 DSL에서는 동일한 루트를 다음과 같이 표현한다.

```
from("direct:start")
  .to("log:myLog")
  .to("mock:result");
```

메시지 내용으로 "Hello Camel"이 전달되었다고 가정할 때, 결과 로그는 다음과 같이 보여야 한다.

```
INFO  myLog   - Exchange[ExchangePattern:InOnly, BodyType:String,
Body:Hello Camel]
```

예제 분석

기본적으로 로그 컴포넌트는 INFO 로깅 레벨로 로그를 남기고 로그 시스템으로 MEP[Message Exchange Pattern], 메시지 바디 데이터 타입, 메시지 바디 내용을 출력한다.

부연 설명

로그 컴포넌트가 더 많은 정보를 출력하게 하는 몇 가지 형식에 관한 옵션이 있다. 예를 들어, 메시지 내용 전부를 보여주기 위해서, 그리고 하나의 아주 긴 행보다는 여러 개의 로그 행에 걸쳐서 정리된 형식으로 보여주기 위해, XML DSL에 다음처럼 엔드포인트를 설정한다.

```xml
<route>
  <from uri="direct:start"/>
  <to uri="log:myLog?showAll=true&amp;multiline=true"/>
  <to uri="mock:result"/>
</route>
```

자바 DSL에서는 동일한 설정을 다음처럼 적용한다.

```java
from("direct:start")
  .to("log:myLog?showAll=true&multiline=true")
  .to("mock:result");
```

이 설정으로 보게 될 출력 형식의 예가 있다. 로그가 카테고리(속성, 헤더, 바디 등)에 따라 어떻게 여러 개의 행에 걸쳐 나뉘었는지 보라.

```
INFO  myLog                        - Exchange[
, Id:ID-grelber-local-65355-1374412338126-1-2
, ExchangePattern:InOnly
, Properties:{CamelToEndpoint=log://myLog?multiline=true&showAll=true,
  CamelCreatedTimestamp=Sun Jul 21 09:12:18 EDT 2013}
, Headers:{breadcrumbId=ID-grelber-local-65355-1374412338126-1-1}
, BodyType:String
, Body:Hello Camel
, Out: null
]
```

 만약 메시지를 스트리밍으로 보내고 이 스트리밍을 사용해 메시지 내용을 로그로 남기려고 한다면, 그 이후 단계에서는 빈 메시지를 보게 될 것이다. 스트림 메시지 내용을 여러 차례 접근해야 한다면 스트림 캐시를 활성화하는 것을 생각해보라.

참고 사항

- 로그 컴포넌트: http://camel.apache.org/log.html
- FAQ: http://camel.apache.org/why-is-my-message-body-empty.html
- 스트림 캐시하기: http://camel.apache.org/stream-caching.html

사용량 로깅

카멜의 로그 컴포넌트는 루트를 지나는 메시지의 평균 처리량을 볼 수 있는 기능을 포함하고 있다. 완벽하게 측정하는 것은 아니지만 루트가 바라는 정도의 처리량에 도달했는지 튜닝하는 데는 도움이 될 것이다. 또한 조절기^{Throttle} 패턴(2장, '메시지 라우팅'의 '조절기: 엔드포인트로 흐르는 메시지 개수 제한하기')을 사용할 때 제대로 동작하고 있는지 검증하는 데에도 도움이 된다.

이 예제는 로그 컴포넌트가 루트의 평균 메시지 처리량을 보고하는 법을 보여준다.

준비

이 예제의 자바 코드는 `org.camelcookbook.monitoring.logthroughput` 패키지에 위치한다. 스프링 XML 파일은 src/main/resources/META-INF/spring 아래에 logthroughput이라는 접두어를 가지고 있다.

예제 구현

`groupSize` 속성을 `log:` 엔드포인트 URI 부분에 사용한다. XML DSL에서는 다음처럼 작성한다.

```
<route>
  <from uri="direct:start"/>
  <to uri="log:throughput?groupSize=10"/>
  <to uri="mock:result"/>
</route>
```

자바 DSL에서는 다음과 같이 표현한다.

```
from("direct:start")
  .to("log:throughput?groupSize=10")
  .to("mock:result");
```

결과로 나오는 로그는 다음과 비슷하게 보여야 한다.

```
INFO  throughput  - Received: 10 messages so far. Last group took: 913
millis which is: 10.953 messages per second. average: 10.953
```

예제 분석

로그 컴포넌트는 정해진 개수^{groupSize}의 메시지가 지나간 것을 볼 때마다 메시지를 로그로 남긴다. 지난번 메시지 그룹으로부터의 시간뿐만 아니라 평균 처리량(초당 메시지 수)도 보고한다.

로그 컴포넌트의 처리량 보고 같은 도구를 사용해 시스템의 성능과 처리량을 분석하는 것은 좀 예술적이다. 어떻게 루트가 시작했는지, 어떻게 그리고 언제 첫 번째 메시지가 루트로 보내졌는지, 테스트에 영향을 줄 수 있는 다른 무엇인가가 테스트 시스템에서 실행되고 있는지 같은 양상들을 머리속에 가지고 있으면서 보고된 숫자의 요인에 포함시켜야 한다. 이 도구는 시스템을 더 잘 이해하기 위해 도움을 주는 측정치를 하나 더 제공한다.

부연 설명

로그 컴포넌트가 밀리초 단위로 지정된 groupInterval 옵션을 사용해 정기적인 시간 간격 동안의 평균 처리량을 보고하게 할 수도 있다. groupDelay 옵션은 첫 번째 그룹 추적을 시작하기 전까지 기다리는 시간을 밀리초 단위로 지정하게 해 루트가 '워밍업'할 시간을 준다.

XML DSL에서 다음과 같이 작성한다.

```xml
<route>
  <from uri="direct:start"/>
  <to uri="log:a?groupInterval=1000&amp;groupDelay=500"/>
  <to uri="mock:result"/>
</route>
```

자바 DSL에서는 동일한 루트를 다음과 같이 표현한다.

```java
from("direct:start")
```

```
.to("log:a?groupInterval=1000&groupDelay=500")
.to("mock:result");
```

다음은 이 설정으로 보게되는 출력 형식의 한 가지 예다.

```
INFO  a  - Received: 10 new messages, with total 15 so far. Last group
took: 1000 millis which is: 10 messages per second. average: 10.128
```

이 로그는 몇 가지 정보를 보고한다.

- 지난번 로그에서 보고한 이후에 이 엔드포인트가 얼마나 많은 새로운 메시지를 수신했는지와 로그 엔드포인트가 시작된 이후에 보인 총 메시지 개수
- 지난번 로그 이후에 지나간 시간(밀리초 단위)과 지난번 보고 이후 단위 시간 평균 처리량(시간단위로 받은 새로운 메시지 개수)
- 로그 엔드포인트가 시작된 이후, 즉 루트가 시작한 이후로부터 모든 메시지의 평균 처리량

참고 사항

- 로그 컴포넌트: http://camel.apache.org/log.html

코드에서 단계별 추적 가능하게 하기

카멜은 추적자^Tracer 인터셉터를 포함해 단계별로 메시지를 로그로 남기는 것을 매우 쉽게 할 수 있다. 이 인터셉터는 메시지의 현재 상태, 그리고 메시지가 위치하는 루트 내에 처리 단계에 관한 정보를 로그로 남긴다.

이 예제는 카멜의 추적자^Tracer를 활성화하고 설정하는 법을 보여준다.

준비

이 예제의 자바 코드는 org.camelcookbook.monitoring.trace 패키지에 위치한다. 스프링 XML파일은 src/main/resources/META-INF/spring 아래에 trace 접두어를 가지고 있다.

XML DSL에서는 camelContext 엘리먼트의 trace 속성을 true로 한다.

```
<camelContext trace="true" xmlns="http://camel.apache.org/schema/spring">
```

자바 DSL에서는 연관된 카멜 컨텍스트를 가지고 와서 tracing 속성을 true로 한다.

```
public class TraceRouteBuilder extends RouteBuilder {
  @Override
  public void configure() throws Exception {
    getContext().setTracing(true);

    // 여기에 루트가 온다
  }
}
```

결과 로그는 다음과 비슷하게 보여야 한다.

```
INFO  Tracer  - ID-grelber-local-52891-1374579218343-0-2 >>>
(route1) from(direct://start) --> setBody[Simple: Tracing
${body}] <<< Pattern:InOnly, Headers:{breadcrumbId=ID-grelber-
local-52891-1374579218343-0-1}, BodyType:String, Body:Hello Camel
INFO  Tracer  - ID-grelber-local-52891-1374579218343-0-2 >>> (route1)
setBody[Simple: Tracing ${body}] --> mock://result <<< Pattern:InOnly,
Headers:{breadcrumbId=ID-grelber-local-52891-1374579218343-0-1},
BodyType:String, Body:Tracing Hello Camel
```

기본적으로 로그 출력은 이 메시지의 breadcrumbId 헤더, 그 메시지가 있는 루트 내의 단계 그리고 그 메시지에 대한 상세 내역을 보여준다.

 breadcrumb은 로그 파일에서 메시지의 진행을 추적하기 위한 유일한 ID다.

추적자^{Tracer}는 인터셉터 정책으로 구현되었다. 카멜 컨텍스트 내 모든 루트의 각 단계 사이에 주입된다. 추적자는 각 단계에서 메시지 내용을 로그로 남긴다.

카멜 컨텍스트의 MBean에서 JMX 속성을 줌으로써 실행중에 추적을 활성화시킬 수 있다. 카멜 통합에서 JMX를 활성화 하는 방법은 'JMX 설정하기' 예제를 보라.

로그 이름과 레벨뿐만 아니라 메시지의 자세한 형식을 포함해서, 추적자가 사용하는 기본 설정을 바꿀 수 있다.

XML DSL에서 `org.apache.camel.processor.interceptor.Tracer` 타입의 빈^{bean}을 하나 정의한다(id는 상관없다). 그리고 바꾸고 싶은 속성들을 넣는다. `org.apache.`

`camel.processor.interceptor.DefaultTraceFormatter` 타입의 빈도 정의할 수 있는데(id는 중요하지 않다), 원하는 형식 관련 속성을 넣는다. 카멜은 스프링 저장소를 사용해 타입에 기반한 빈^{bean}들을 찾는다. 따라서 카멜 컨텍스트와 위의 빈^{bean}들을 명시적으로 연결하는 코드는 필요하지 않다.

여전히 `camelContext` 엘리먼트에 `trace` 속성을 `true`로 넣을 필요가 있다.

```xml
<beans xmlns="http://www.springframework.org/schema/beans"
       xmlns:camel="http://camel.apache.org/schema/spring"
       xmlns:xsi="http://www.w3.org/2001/XMLSchema-instance"
       xsi:schemaLocation="...">
  <bean id="camelTracer"
        class="org.apache.camel.processor.interceptor.Tracer">
    <property name="logName"
              value="MyTracerLog"/>
  </bean>

  <bean id="traceFormatter"
        class="org.apache.camel.processor.interceptor
               .DefaultTraceFormatter">
    <property name="showHeaders"
              value="false"/>
    <property name="showProperties"
              value="true"/>
  </bean>

  <camelContext trace="true"
                xmlns="http://camel.apache.org/schema/spring">
    <!-- ... -->
  </camelContext>
</beans>
```

자바 DSL에서는 `org.apache.camel.processor.interceptor.Tracer` 인스턴스를 생성하고, 원하는 대로 그 속성을 커스터마이징하고, 그 인스턴스를 카멜 컨텍스트의 인터셉트 정책으로 추가한다.

```java
public void configure() throws Exception {
  getContext().setTracing(true);
```

398

```
Tracer tracer = new Tracer();
tracer.setLogName("MyTracerLog");

tracer.getDefaultTraceFormatter().setShowProperties(true);
tracer.getDefaultTraceFormatter().setShowHeaders(false);

getContext().addInterceptStrategy(tracer);
    // 여기에 루트를 정의한다
}
```

다음은 이 설정으로 출력된 로그의 예다.

```
INFO  MyTracerLog  - ID-grelber-local-52917-1374580245804-0-2 >>>
(route1) from(direct://start) --> setBody[Simple: Tracing ${body}]
<<< Pattern:InOnly, Properties:{CamelToEndpoint=direct://start,
CamelCreatedTimestamp=Tue Jul 23 07:50:46 EDT 2013}, BodyType:String,
Body:Hello Camel
INFO  MyTracerLog  - ID-grelber-local-52917-1374580245804-0-2
>>> (route1) setBody[Simple: Tracing ${body}] --> mock://result
<<< Pattern:InOnly, Properties:{CamelToEndpoint=direct://start,
CamelCreatedTimestamp=Tue Jul 23 07:50:46 EDT 2013}, BodyType:String,
Body:Tracing Hello Camel
```

참고 사항

- 추적자[Tracer]: http://camel.apache.org/tracer.html

JMX 비활성화하기

기본적으로 카멜은 모든 루트와 엔드포인트를 위해 JMX를 활성화시킨다. 때때로 카멜의 성능 테스트를 할 때와 같이 추가적인 오버헤드를 발생시키지 않도록 JMX 메트릭 수집을 원하지 않을 때에는 JMX를 비활성화하고 싶을 것이다. 일반적으로는 런타임 이슈를 진단할 때 도움이 되므로 JMX를 활성화해놓는 것이 좋다.

이 예제는 JMX를 비활성화하는 법을 보여준다.

이 예제의 자바 코드는 `org.camelcookbook.monitoring.jmxdisable` 패키지에 위치한다. 스프링 XML 파일은 src/main/resources/META-INF/spring 아래에 jmx-disable이라는 접두어를 가지고 있다.

예제 구현

XML DSL에서 `camelContext` 엘리먼트에 `jmxAgent` 엘리먼트를 생성하고 `disabled`를 `true`로 한다.

```
<camelContext xmlns="http://camel.apache.org/schema/spring">
  <jmxAgent id="agent" disabled="true"/>
  <!-- 여기에 루트 정의를 한다 -->
</camelContext>
```

 jmxAgent 엘리먼트에는 반드시 id 속성을 넣어야 한다. 그렇지 않으면 시작할 때 검증 에러가 발생할 것이다. 어떤 값을 넣는지는 중요하지 않다.

만약 스프링, 블루프린트 또는 다른 의존성 주입 프레임워크를 사용하지 않고 카멜 컨텍스트를 설정한다면, 컨텍스트를 시작하기 전에 `disableJMX()`를 호출할 필요가 있다. 자바 애플리케이션에서 카멜을 시작하는 절차에 대한 자세한 사항은 1장, '루트 구성'의 '자바 애플리케이션에서 카멜 사용하기' 예제를 보라.

```
public static void main(String[] args) throws Exception {
  final CamelContext context = new DefaultCamelContext();

  // JMX를 비활성화 하고 context.start() 전에 호출한다
  context.disableJMX();

  // 여기에 루트를 더한다
```

```
// 컨텍스트를 시작한다
context.start();

// 필요한 작업을 한다
}
```

 카멜은 내부적으로 JMX 생명주기를 정하고 기본적으로 다른 설정도 하기 때문에, 카멜 컨텍스트를 생성한 후 가능한 빨리 disableJMX를 호출하는 것이 중요하다.

예제 분석

엔드포인트, 루트 등을 생성할 때 기본적으로 카멜은 JMX MBean을 생성하는 생명주기 리스너를 내부적으로 준비한다. JMX를 비활성화하는 것은 이 리스너를 지우고 카멜 특정 MBean들의 생성을 비활성화한다.

카멜에 내장시킨 사용자 애플리케이션은 여전히 JMX를 사용할 수 있다. 앞의 단계는 카멜이 JMX MBean을 초기화하는 것만 막는다.

부연 설명

다음과 같이 시작 시에 시스템 속성을 넣어서 카멜의 JMX 사용을 비활성화할 수도 있다.

```
# java -jar -Dorg.apache.camel.jmx.disabled=true MyCamelApp.jar
```

참고 사항

• 카멜 JMX: http://camel.apache.org/camel-jmx

JMX 설정하기

기본적으로 카멜은 처음에 생성하는 모든 루트와 엔드포인트에 JMX를 활성화한다. 이 예제는 카멜이 JMX와 동작하는 것을 설정하는 법을 보여준다.

준비

이 예제의 자바 코드는 `org.camelcookbook.monitoring.jmx` 패키지에 위치한다. 스프링 XML 파일은 src/main/resources/META-INF/spring 아래에 jmx라는 접두어를 가지고 있다.

예제 구현

XML DSL에서 `camelContext` 엘리먼트 내에 `jmxAgent`를 생성하고 카멜의 JMX 옵션을 설정한다.

```
<camelContext xmlns="http://camel.apache.org/schema/spring">
  <jmxAgent id="agent"
            connectorPort="1099"
            createConnector="false"
            usePlatformMBeanServer="true"
            serviceUrlPath="/jmxrmi/camel"
            loadStatisticsEnabled="true"
            statisticsLevel="All"/>
  <!-- 여기에 루트를 정의한다 -->
</camelContext>
```

 jmxAgent 엘리먼트에는 반드시 id 속성을 넣어야 한다. 그렇지 않으면 시작할 때 검증 에러가 발생할 것이다. 어떤 값을 할당할지는 중요하지 않다.

만약에 스프링, 블루프린트 또는 다른 의존성 주입 프레임워크를 사용하지 않고 카멜 컨텍스트를 설정한다면, 컨텍스트를 시작하기 전에 생성된 컨텍스트에서 JMX를 설

정해야 한다. 자바 애플리케이션에서 카멜을 시작하는 절차에 대한 자세한 사항은
1장, '루트 구성'의 '자바 애플리케이션에서 카멜 사용하기' 예제를 보라.

```java
public static void main(String[] args) throws Exception {
  final CamelContext context = new DefaultCamelContext();

  // JMX를 설정한다
  final ManagementStrategy managementStrategy =
    context.getManagementStrategy();
  managementStrategy.setStatisticsLevel(
    ManagementStatisticsLevel.All);
  managementStrategy.setLoadStatisticsEnabled(true);

  final ManagementAgent managementAgent =
    managementStrategy.getManagementAgent();
  managementAgent.setConnectorPort(1099);
  managementAgent.setServiceUrlPath("/jmxrmi/camel");
  managementAgent.setCreateConnector(false);
  managementAgent.setUsePlatformMBeanServer(true);

  // 여기에 루트를 추가한다

  // 컨텍스트를 시작한다
  context.start();

  // 필요한 작업을 한다
}
```

루트와 엔드포인트를 생성하기 전에 카멜의 JMX 동작을 설정해서 JMX 설정 전부가
모든 카멜 MBean들에 일관적으로 적용되게 해야 한다.

RouteBuilder 구현체에서 JMX 설정을 하지 말라. 그 코드가 호출될 순서와 시점을
보장할 수 없기 때문에 애플리케이션에서 예상치 못한 행위를 야기할 수 있다.

엔드포인트, 루트 등을 생성할 때 기본적으로 카멜은 JMX MBean을 생성하는 생명주기 리스너를 내부적으로 준비한다. 카멜 JMX 설정은 카멜이 생성하는 루트와 엔드포인트에 대해 내부적으로 JMX MBean을 생성하고 설정하는 데에 영향을 준다.

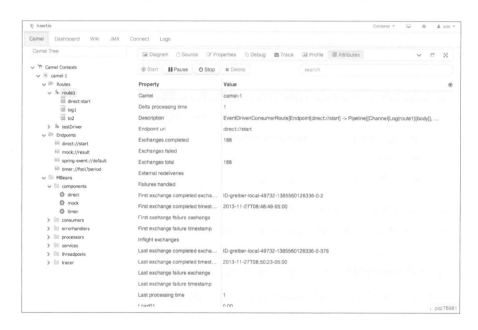

부연 설명

카멜 JMX 설정의 대부분은 애플리케이션이 시작할 때 명령행에서 제공하는 시스템 속성에 의해 설정된다. 이 카멜 JMX 시스템 속성들은 앞에 `org.apache.camel.jmx.`가 붙어있다. 시스템 속성 이름과 그 값에 대한 자세한 사항은 카멜 JMX 문서에서 확인하라.

참고 사항

- 카멜 JMX: http://camel.apache.org/camel-jmx

루트를 모니터링하기 쉽게 이름짓기

기본적으로 카멜은 사용자 카멜 통합 루트의 상세한 사항을 모니터링하기 위해 JMX 를 활성화한다. 카멜 컨텍스트와 개개의 루트에 의미있는 이름을 정하면 모니터링 환경에서 각 엘리먼트를 쉽게 식별할 수 있다. 이 예제는 각 엘리먼트에 대해 특정 이름을 정하는 방법을 보여준다.

준비

이 예제의 자바 코드는 org.camelcookbook.monitoring.naming 패키지에 위치한다. 스프링 XML 파일은 under src/main/resources/META-INF/spring 아래에 naming 이라는 접두어를 가지고 있다.

예제 구현

XML DSL에서 camelContext와 route 엘리먼트에 id 속성을 명시한다. 이 값들은 JMX 이름으로 사용될 것이다. 카멜의 JMX 설정을 커스터마이징할 필요가 있다면 선택적으로 jmxAgent 엘리먼트를 추가할 수 있다. 더 자세한 설명은 'JMX 설정하기' 예제를 참조하라.

```xml
<camelContext id="myCamelContextName"
              xmlns="http://camel.apache.org/schema/spring">
  <jmxAgent id="agent"/>

  <route id="first-route">
    <from uri="direct:start"/>
    <log message="${body}"/>
    <to uri="mock:result"/>
  </route>
</camelContext>
```

만약에 스프링, 블루프린트 또는 다른 의존성 주입 프레임워크를 사용하지 않고 카멜 컨텍스트를 설정한다면, 컨텍스트를 시작하기 전에 생성된 컨텍스트에서 JMX를 설정해야 한다. 자바 애플리케이션에서 카멜을 시작하는 절차에 대한 자세한 사항은 1장, '루트 구성'의 '자바 애플리케이션에서 카멜 사용하기' 예제를 보라.

자바 DSL에서는 `CamelContext` 인스턴스의 이름을 지정하기 위해 `NameStrategy`를 `ExplicitCamelContextNameStrategy`의 인스턴스로 넣는다. `DefaultCamelContext` 인터페이스는 동일한 행위를 하는 `setName(...)`이라는 헬퍼 메소드를 포함한다.

```java
public static void main(String[] args) throws Exception {
  final CamelContext context = new DefaultCamelContext();

  context.setNameStrategy(
      new ExplicitCamelContextNameStrategy("myName"));

  // 여기에 루트를 추가한다

  // 컨텍스트를 시작한다
  context.start();

  // 필요한 작업을 한다.
}
```

 루트와 엔드포인트를 생성하기 전에 카멜의 JMX 동작을 설정해서 JMX 설정 전부가 모든 카멜 MBean들에 일관적으로 적용되게 해야 한다.

RouteBuilder 구현체에서 JMX 설정을 하지 말라. 그 코드가 호출될 순서와 시점을 보장할 수 없기 때문에 애플리케이션에서 예상치 못한 행위를 야기할 수 있다.

자바 DSL에서는 루트 이름을 정하기 위해 루트 정의에서 `.routeId("<name>")`을 사용한다.

```java
from("direct:start")
    .routeId("first-route")
  .log("${body}")
  .to("mock:result");
```

카멜 컨텍스트를 위한 기본 이름 정책은 그 이름, 즉 context.getName()을 JMX 이름으로 사용하는 것이다. 이는 contextName이 카멜 컨텍스트 이름인 곳이 다음과 같을 때 JMX 내에 ObjectName로서 보인다.

org.apache.camel:context=localhost/**contextName**,type=context,
name=**contextName**

카멜 루트는 route.getId()이 리턴하는 루트의 id가 JMX 이름으로 사용되는 곳에서 비슷하게 동작한다.

org.apache.camel:context=localhost/contextName,type=routes,name=**routeId**

루트는 카멜 컨텍스트 이름 아래에 포함되거나 중첩된다는 것을 기억하라. 이름지어진 카멜 컨텍스트 내에 관계있는 통합 루트를 그룹화하면 JMX를 통해 모니터링하는 것이 훨씬 쉽다. 모든 MBean들은 그 카멜 컨텍스트 이름을 접두어로 가질 것이다.

명시적인 이름을 달지 않았다면 카멜 컨텍스트 이름으로 'camel'을, 루트 이름으로 'route'를 기본으로 한다. 그리고 개개의 추가적인 루트에 숫자를 붙인다. 예를 들면 route-2와 같다.

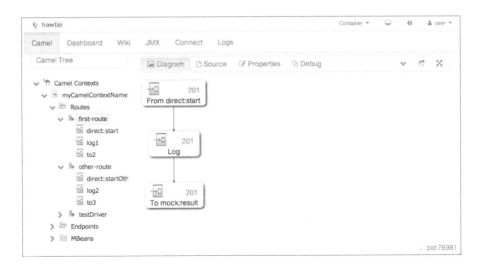

카멜 컨텍스트는 어떻게 엘리먼트 이름이 JMX에 매핑될지 결정하는 Management NamingStrategy를 가진다. 기본 행위는 앞에서 설명되었듯이 이름을 JMX MBean 이름으로 매핑하는 것이다.

카멜 루트가 OSGi 컨테이너 내에 배포되고 동시에 여러 버전의 루트가 있다면, 카멜은 기본적으로 그 배포된 버전을 구별하기 위해 OSGi 번들 ID를 카멜 컨텍스트 이름 앞에 붙일 것이다.

카멜이 카멜 컨텍스트에서 사용할 이름을 짓는 패턴을 바꾸기 위해, XML DSL에서 camelContext 엘리먼트의 managementNamePattern 속성을 지정할 것이다. 가능한 모든 토큰의 목록을 보기 위해 카멜 JMX 문서(http://camel.apache.org/camel-jmx)를 보라.

```
<camelContext id="myCamelContextName"
              managementNamePattern="CustomName-#name#"
              xmlns="http://camel.apache.org/schema/spring">
```

자바에서는 setNamePattern 메소드를 사용한다.

```
context.getManagementNameStrategy()
    .setNamePattern("CustomName-#name#");
```

이는 카멜 컨텍스트가 다음과 같이 JMX 내에 보이게 할 것이다.

```
org.apache.camel:context=localhost/CustomName-myCamelContextName,
type=context,name=MyCamelContextName
```

초기 컨텍스트 이름이 사용자가 지정한 이름짓기 패턴(CustomName-MyCamelContextName)을 어떻게 포함하는지 확인하라. 그리고 MBean의 이름이 바로 카멜 컨텍스트의 이름(MyCamelContextName)임을 보라.

CamelContext 인터페이스에는 getManagementName()이라는 헬퍼 메소드가 있는데, 그 카멜 컨텍스트의 모든 MBean들의 접두어 내에 있는 JMX 컨텍스트 값을 리턴한다.

- 카멜 JMX: http://camel.apache.org/camel-jmx

JXM 속성과 동작 추가하기

카멜은 내부 구성요소(루트, 엔드포인트 등)뿐만 아니라 카멜에 의해 호출되는 자바 클래스에 많은 JMX 정보를 제공한다. 예를 들어 루트의 한 부분에서 커스텀 자바 메소드로의 호출이 포함되었을 때, 카멜은 카멜 프로세서로 JMX를 통해 그것을 노출하고 많은 JMX 속성을 연관시킨다. 속성에는 얼마나 많은 메시지가 그 프로세서로 보내졌는지와 재전송 시도의 횟수, 처음과 마지막에 처리된 메시지의 타임스탬프 등을 포함한다.

코드별 메트릭같이 커스텀 또는 부가적인 JMX 속성과 동작들을 제공하고, 운영 모니터링 도구로부터 그것들을 모니터링하고 동작시키기 원할 때가 많다. 이 예제는 커스텀 JMX 속성과 동작을 노출시키기 위해 애노테이션을 자바 코드에 붙이는 법을 보여준다. 이는 카멜에 의해 제공되는 관리 정보와 자연스럽게 통합하고, 강화한다.

준비

이 예제의 자바 코드는 org.camelcookbook.monitoring.managed 패키지에 위치한다. 스프링 XML 파일은 src/main/resources/META-INF/spring 아래에 managed라는 접두어를 가지고 있다.

이 예제는 카멜 루트로부터 호출한, 이미 존재하는 자바 클래스가 있다고 가정한다. 다음은 JMX를 추가하기 위해 시작한 기본 자바 코드다.

```
public class MyManagedBean {
  private int camelsSeenCount;

  public String doSomething(String body) {
    if (body.contains("Camel")) {
      camelsSeenCount++;
```

```
    }
    return "Managed " + body;
  }

  public int getCamelsSeenCount() {
    return camelsSeenCount;
  }

  public void resetCamelsSeenCount() {
    camelsSeenCount = 0;
  }
}
```

이 예제는 카멜 루트에서 JMX를 활성화시키고 설정했다는 것을 가정한다. 자세한 설명은 'JMX 설정하기' 예제를 보라.

카멜의 매니지먼트 애노테이션(@ManagedResource, @ManagedAttribute, @ManagedOperation)을 카멜의 MBean들과 함께 JMX를 통해서 노출시키기 원하는 자바 클래스에 붙인다.

1. @ManagedResource를 자바 클래스에 붙인다. 사용자 코드의 JMX MBean과 연관 있는 코드에 대한 설명을 포함한다.

   import org.apache.camel.api.management.ManagedResource;

   @ManagedResource(description="My Bean within Camel")
   public class MyManagedBean {

2. 코드에서 JMX 속성으로 노출시키고 싶은 각 속성(예를 들면 getPropertyName())에 대해 @ManagedAttribute를 붙인다. 선택적으로 설명을 포함한다.

   import org.apache.camel.api.management.ManagedAttribute;

   @ManagedAttribute(description = "Number of Camels Seen")
   public int getCamelsSeenCount() {

```
      return camelsSeenCount;
   }
```

3. 코드에서 JMX 동작으로 노출시키고 싶은 각 메소드에 대해 @ManagedOperation 애노테이션을 붙인다. 선택적으로 설명을 포함한다.

```
import org.apache.camel.api.management.ManagedOperation;

@ManagedOperation(description = "Set count to Zero")
public void resetCamelsSeenCount() {
   camelsSeenCount = 0;
}
```

예제 분석

카멜이 @ManagedResouce가 붙은 코드를 참조하는 것을 보게 되면, 카멜이 제공하는 기본 JMX 정보 외에 사용자가 지정한 속성과 동작을 포함하게 된다. 이는 다음과 같이 ObjectName으로서 JMX에 나타난다.

```
org.apache.camel:context=localhost/camel-1,type=processors,
name="bean1"
```

사용자 JMX 속성와 동작은 카멜이 제공하는 것들과 통합될 것이다.

 카멜은 스프링 관리 프레임워크에 의존하는 대신 자기 자신의 관리 애노테이션을 제공한다. 모든 사람이 스프링 라이브러리의 의존성을 포함하기를 원하지는 않기 때문이다. 만약 스프링 관리 애노테이션을 사용하길 원한다면 그것도 역시 동작한다.

카멜은 루트 내에 코드가 참조되는 곳에 기반해 어떻게 사용자 코드가 MBean으로 노출될지 자동적으로 카테고리를 나눈다. 카멜은 사용자 코드가 프로세서, 엔드포인트 등으로 참조되는지에 따라서 JMX 이름 내에 타입 키를 넣는다.

기본적으로 카멜은 JMX 내의 사용자 코드에 이름과 숫자를 부여한다. 예를 들어 카멜 루트에서 bean() 호출은 JMX MBean bean1로 나타날 것이다. 직접 고유한 아이디를 명명하길 원한다면 커스텀 객체 뒤에 id DSL을 사용한다.

 id 문을 사용해서 루트와 엔드포인트를 이름짓는 것은 미래의 자기 자신을 포함한 사람들이 런타임 시 루트에서 무엇이 일어나는지 이해하는 데 도움을 주는 훌륭한 방법이다. 이 이름들은, 밤 늦은 시간, 뭔가가 잘 동작하지 않아 고쳐야 한다는 압박 때문에 스트레스를 받고 있을 때 가장 유용하다. JMX 콘솔에 의미있게 이름지어진 객체들을 보면 많은 스트레스를 떨쳐낼 수 있다.

XML DSL에서는 bean 엘리먼트의 id 속성을 정한다.

```
<bean id="myManagedBean" ref="myBean"/>
```

자바 DSL에서는 id 문을 사용한다.

```
.bean(MyManagedBean.class, "doSomething").id("myManagedBean")
```

이는 사용자 코드를 JMX 내에 사용자가 제공한 아이디를 사용해 보여지게 한다.

```
org.apache.camel:context=localhost/camel-1,type=processors,
name="myManagedBean"
```

- 카멜 JMX: http://camel.apache.org/camel-jmx

카멜 JMX 컴포넌트를 사용해 다른 시스템 모니터링하기

카멜은 다른 시스템을 위한 JMX 컨슈머가 되는 JMX 컴포넌트를 포함할 수 있다. 즉 로컬 또는 원격의 JMX MBean 서버를 연결해 지정한 카멜 루트를 통해 흐르는 JMX 알림을 리스닝할 수 있다. 이 컴포넌트는 또한 다른 JMX MBean 내의 변경에 기반해

JMX 알림을 생성하는 로컬 JMX 모니터 빈^{bean}을 생성하고 등록할 수 있는 기능을 포함하고 있다.

이 JMX 알림을 소비하고, 생성할 수 있는 로컬 모니터 빈을 생성하는 기능들의 조합은 사용자 통합 루트를 모니터링한다는 면에서 추가 옵션을 준다. 예를 들어, 네트워크 너머 원격에 배포된 시스템을 가지고 있다면 이 메커니즘을 사용해 원격 시스템의 JMX 메트릭을 수집하고 JMX 큐 같은 채널에 보고할 수 있다. 그렇게 데이터센터 내의 정보를 모으는 데 사용할 수도 있다.

이 예제는 카멜 JMX 컴포넌트를 사용해 MBean 속성의 변화를 관찰하는 모니터를 생성하고 등록하는 것과 처리 중인 카멜 루트 내에서 그 알림을 잡는 방법을 보여준다.

준비

이 예제의 자바 코드는 org.camelcookbook.monitoring.monitor 패키지에 위치한다. 스프링 XML 파일은 src/main/resources/META-INF/spring 아래에 monitor라는 접두어를 가지고 있다.

이 예제는 "monitorRoute"라는 id로 이미 존재하는 카멜 루트를 모니터링하고 있다는 것을 가정한다. 어떤 DSL, XML 또는 자바로 이 루트가 쓰여졌는지 상관없다. 또는 그 루트에 의해 처리된 몇 개의 익스체인지를 모니터링하고 있기 때문에 심지어 그 루트가 무엇을 하는지도 상관이 없다. 이는 모니터링할 다음 이름으로 MBean을 생성한다.

```
org.apache.camel:context=localhost/camel-1,type=routes,
name="monitorRoute"
```

다음은 제공된 예제 코드에서 사용된 루트의 자바 DSL 버전이다.

```
from("direct:start")
    .routeId("monitorRoute")
  .transform(simple("Monitoring ${body}"))
  .log("${body}")
  .to("mock:result");
```

이 예제는 JMX가 활성화되어있고 카멜 루트 내에 설정되어있다는 것을 가정한다. 자세한 설명은 'JMX 설정하기' 예제를 보라.

예제 구현

데이터를 모으기 원하는 JMX MBean의 좌표로 설정된 카멜 JMX 엔드포인트로부터 소비하는 카멜 루트를 생성하라.

 자바 DSL에서는 엔드포인트 URI를 쉽게 생성하기 위해 카멜 JMX 컴포넌트가 제공하는 JMXUriBuilder를 사용한다.

1. 모니터하기 원하는 JMX MBean의 `ObjectName` 부분을 포함하는 `HashMap<String, String>`를 생성한다.

```
Map<String, String> map = new HashMap<String, String>();
map.put("context", "localhost/camel-1");
map.put("type", "routes");
map.put("name", "\"monitorRoute\"");
```

 〈호스트이름〉/〈카멜 컨텍스트 관리 이름〉의 조합이 카멜이 실행하고 있는 서버의 호스트이름과 카멜 컨텍스트의 이름에 의존해 바뀌는 값이기 때문에 "context" 부분을 작성할 때 주의해야 한다. 카멜 버전 2.13에서, JMX MBean 이름에서의 호스트이름을 사용하는 것을 선택할 수 있게 되었고, 기본적으로는 비활성화되어 있다.

2. 카멜 JMX 컴포넌트가 제공하는 JMXUriBuilder 클래스를 사용해 쉽게 카멜 루트의 from에서 URI를 생성할 수 있다. JMX 서버 ObjectDomain과 ObjectName 속성을 처음에 명세한다. platform은 로컬/in-process MBean 서버를 나타낸다. 카멜 JMX 컴포넌트가 동적으로 Monitor 빈bean을 생성하고 흥미로운 무엇인가가 일어날 때 JMX 알림을 보내게 하는 속성들이 뒤따른다.

```
JMXUriBuilder jmxUriBuilder = new JMXUriBuilder("platform")
  .withObjectDomain("org.apache.camel")
```

```
.withObjectProperties(map)
.withMonitorType("counter")
.withObservedAttribute("ExchangesCompleted")
.withInitThreshold(0)
.withGranularityPeriod(500)
.withOffset(1)
.withDifferenceMode(false);
```

3. JMX 알림을 처리하기 위해 카멜 루트를 생성한다.

```
// Resulting URI should be something like
//   jmx:platform?objectDomain=org.apache.camel
//   &key.context=localhost/camel-1&key.type=routes
//   &key.name="monitorRoute"&monitorType=counter
//   &observedAttribute=ExchangesCompleted&initThreshold=0
//   &granularityPeriod=500&offset=1&differenceMode=false
from(jmxUriBuilder.toString())
    .routeId("jmxMonitor")
  .log("${body}")
  .to("mock:monitor");
```

 XML DSL은 올바른 URI를 직접 생성하거나 앞의 1, 2 단계와 동일한 것을 수행하는 몇몇의 자바 메소드를 호출한다는 것만 제외하고는 비슷하다.

예제 분석

이 예제에서 사용한 카멜 JMX 컴포넌트는 두 가지 일을 한다. JMX 알림 컨슈머를 생성하고, JMX 알림을 보내기 위해 모니터 빈[bean]을 생성한다.

다음 URI는 in-process 플랫폼 MBean 서버로부터 JMX 알림을 소비하고 카멜 JMX 컴포넌트를 설정한다.

`jmx://platform?options`

원격 MBean 서버를 연결하기 위해 URI를 다음과 같이 명세한다.

`jmx:service:jmx:rmi:///jndi/rmi://localhost:1099/jmxrmi?options`

여러 개의 속성으로 구성된 `ObjectName`을 명세하기 위해 `ObjectName` 속성 이름이 'key.'라는 접두어를 가진 곳에서 다음 문법을 사용한다. 예를 들어 다음의 `ObjectName` 속성으로 MBean을 모니터하려면,

```
org.apache.camel:name=simpleBean
```

다음 URI를 명세한다.

```
jmx:platform?objectDomain=org.apache.camel&key.name=simpleBean
```

카멜 JMX 컴포넌트가 할 수 있는 두 번째 일은 명세한 규칙을 변경할 때 JMX 알림을 생성하는 로컬 모니터 빈을 만드는 것이다.

예를 들어, 매번 `MonitorNumber` JMX 속성값이 변경될 때마다 알림을 만들기 위해 아래 URI를 사용할 수 있다.

```
jmx:platform?objectDomain=org.apache.camel&key.name=simpleBean
&monitorType=counter&observedAttribute=MonitorNumber
&initThreshold=1&granularityPeriod=500
```

보이지 않는 곳에서, 카멜 JMX 컴포넌트는 다음 예제와 비슷한 JMX API를 접근할 것이다.

```
CounterMonitor monitor =
    new CounterMonitor(); // javax.management.monitor
monitor.addObservedObject(makeObjectName("simpleBean"));
monitor.setObservedAttribute("MonitorNumber");
monitor.setNotify(true);
monitor.setInitThreshold(1);
monitor.setGranularityPeriod(500);
registerBean(monitor, makeObjectName("counter"));
monitor.start();
```

부연 설명

일반적으로 카멜 루트를 관리하고 모니터하기 위해 이미 존재하는 JMX 도구를 사용할 것이다. 모니터링 시스템이 제약된 네트워크 연결 너머 원격에 있을 때나 직접 만

들어야 하는 커스텀 접근이 필요할 때와 같이 편리한 모니터링 도구를 사용할 수 없는 경우에 카멜 JMX 컴포넌트가 유용하다.

카멜 JMX 컴포넌트는 나머지 루트 단계에서 처리할 XML 또는 자바 객체를 만든다. 이는 알림에 기반해 로컬 액션을 하게 한다. 일종의 경량 모니터링 알림 시스템같이 행동한다. 또한 사용자가 이 데이터를 수집하고 요약해 모니터링된 여러 속성을 요약하거나 주기적으로 JMX나 HTTP로 원격의 비 JMX 리스너로 퍼블리싱하는 것같이, 다른 채널로 다시 브로드캐스팅하게 한다. 이렇게 카멜은 사용자 코드를 모니터링하고 조건 변화에 반응할 수 있는 스마트 에이전트를 생성하기 위한 추가적인 도구를 제공한다.

참고 사항

- 카멜 JMX 컴포넌트: http://camel.apache.org/jmx
- 카멜 JMX: http://camel.apache.org/camel-jmx

루트 내에 브레이크포인트 지정하기

루트 '예제(정의)'를 생성하게 하는 카멜의 기능은 매우 강력하다. 하지만 일반적인 디버깅은 어렵다. 스프링 XML 행 위에 브레이크포인트를 찍는 것은 쉽지 않다. 비슷하게 RouteBuilder.configure() 메소드 내에 브레이크 포인트를 넣는 것도 사용자 루트 정의가 실행 시 루트로 해석될 때인 시작할 때 한 번만 불리기 때문에 원하는 결과를 얻지 못하게 될 것이다.

이 예제는 사용자 단위 테스트에서 모든 프로세서 단계의 전후에 불리는 메소드를 정의하는 방법을 보여준다. 이는 자바 코드에 브레이크 포인트를 넣을 수 있게 해 디버그를 더 쉽게 한다.

이 예제의 자바 코드는 `org.camelcookbook.monitoring.debug` 패키지에 위치한다. 스프링 XML 파일은 src/main/resources/META-INF/spring 아래에 debug 접두어를 가지고 있다.

이 예제는 디버그를 시도하려는 이미 존재하는 루트 정의를 가지고 있다고 가정한다. 이 예제 내에서 다음을 디버그할 것이다.

```java
public class DebugRouteBuilder extends RouteBuilder {
  @Override
  public void configure() throws Exception {
    from("direct:start")
      .transform(simple("Debug ${body}"))
      .log("${body}")
      .to("mock:result");
  }
}
```

이 예제에 설명된 단계들은 사용자가 루트를 자바 또는 XML DSL을 사용해 정의한 것에 상관없이 동일하다. 카멜 테스트 지원을 사용하고 있다고 가정하고 단위 테스트는 `CamelTestSupport`를 확장한다. 스프링 테스팅을 위해서 `CamelSpringTestSupport`는 `CamelTestSupport`를 확장한다.

메시지들이 루트를 흐르고 있기 때문에 디버그하기 위해 다음 단계를 수행한다.

1. `CamelTestSupport`를 확장한 단위 테스트에서 `isUseDebugger()` 메소드를 오버라이드하고 `true`를 리턴한다.

```java
public class DebugTest extends CamelTestSupport {
  @Override
  public boolean isUseDebugger() {
    return true;
  }
}
```

2. 각 처리 단계 이전에 브레이크포인트를 지정하는 것을 활성화하기 위해 기본
CamelTestSupport 클래스로부터 debugBefore 메소드를 오버라이드한다.

```
@Override
protected void debugBefore(Exchange exchange,
    Processor processor, ProcessorDefinition<?> definition,
    String id, String label) {
  // 이 메소드는 각 프로세서 단계 전에 호출된다
  // 여기에 브레이크 포인트를 지정하라
  log.info("Before {} with body {}", definition,
      exchange.getIn().getBody());
}
```

3. 각 처리 단계 이후에 브레이크포인트를 지정하는 것을 활성화하기 위해 기본
CamelTestSupport 클래스로부터 debugAfter 메소드를 오버라이드한다.

```
@Override
protected void debugAfter(Exchange exchange,
    Processor processor, ProcessorDefinition<?> definition,
    String id, String label, long timeTaken) {
  // 이 메소드는 각 프로세서 단계 이후에 호출된다
  // 여기에 브레이크 포인트를 지정하라
  log.info("After {} with body {}", definition,
      exchange.getIn().getBody());
}
```

예제 분석

카멜 디버거의 인스턴스는 카멜 컨텍스트와 연관될 수 있다. 이것은 카멜의
InterceptStrategy가 루트의 각 처리 단계 이전과 이후, 이전 또는 이후에 카멜 브
레이크포인트 인스턴스를 호출하게 한다. 만약 isUseDebugger() 메소드가 true를
리턴한다면, CamelTestSupport 클래스는 두 개의 단순 콜백 메소드를 활성화시키는
데, debugBefore와 debugAfter를 오버라이드할 수 있다. 이는 전체의 Debugger API
를 배울 필요 없이 루트 정의 내에 브레이크포인트를 지정하는 쉬운 방법을 제공
한다.

카멜 Debugger는 하나 또는 이상의 Breakpoint 인스턴스를 카멜 컨텍스트와 관련시킨다. 각 Breakpoint는 루트 처리 단계의 앞과 뒤에서, 그리고 익스체인지의 이벤트가 있을 때 코드를 호출하게 한다. 또한 Breakpoint 인스턴스는 멈추기도 하고 다시 진행하기도 한다. 조건적인 Breakpoint 인스턴스를 생성해 Condition이 맞을 때만 호출되게 할 수도 있다. 이는 어떤 처리 단계에 멈춰야 하는지 정의하기 위한 규칙을 가지고 있다는 것을 의미한다. 이 모든 것들을 위해 모든 디버깅 기능을 활성화시키길 원할 것이다.

hawtio 콘솔에서는 카멜 디버거를 사용해 루트의 그림 위에 브레이크포인트를 지정할 수 있다.

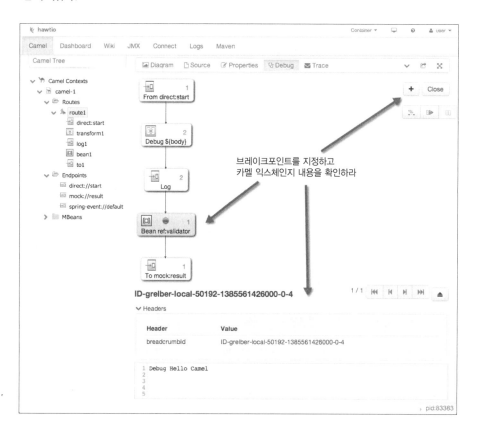

또한, hawtio 콘솔은 **Logs** 탭을 포함해 다음 스크린샷에서 보이듯이 스택 트레이스를 보여주기도 한다.

이때 카멜 메이븐 프로젝트에 소스 jar를 생성해 놓았다면, 코드의 그 행으로 직접 넘어갈 수 있다.

참고 사항

- 카멜 디버거: http://camel.apache.org/debugger.html

11

보안

11장에서는 다음과 같은 예제를 다룬다.

* 설정 속성 암호화하기
* 디지털 사인하기와 메시지 검증하기
* 메시지 암복호화하기
* XML 메시지 전부 혹은 부분 암호화하기
* 스프링 시큐리티를 사용한 인증과 권한부여하기

소개

11장에서는 몇 개의 카멜 보안 관련 컴포넌트를 가지고 라우팅 로직에 보안 계층을 추가하는 것을 자세히 살펴본다. 메시지가 실행 중일 때, 허가받지 않는 쪽에서 민감한 정보에 접근을 하거나, 민감한 정보를 변경 또는 허가되지 않은 부분으로 동작 명령을 보내지 못하게 하는 것에 초점을 맞춘다.

11장에서 논의되는 주제들을 넘어 통합을 보안하기 위해 다음과 같은 것들을 고려할 필요도 있다.

- 애플리케이션이 실행하는 운영체제에 대한 접근을 제한한다.
- JMX 접근을 패스워드로 보호해 권한 없는 자가 메시지 내용을 가로채거나 로깅하기 위해 실행 중에 루트를 바꾸지 못하게 한다.
- 파일시스템에 일반 텍스트 파일로 패스워드나 키를 저장하지 않도록 한다.
- 전송 메커니즘을 차단한다. 예를 들어 SSL을 메시지 브로커 연결에 적용하거나 SOAP 기반 웹 서비스에 WS-Security와 WS-SecurityPolicy를 적용한다.

결국 보안은 단일 애플리케이션이 자기 자신을 어떻게 보호할 것인가보다 더 큰 범위에 있는 프로세스다.

카멜의 아키텍처에 관한 몇 가지 개념이 11장에 걸쳐 사용된다. '들어가며'에 카멜 개념에 관한 광의적인 개괄이 있다. 자세한 사항은 아파치 카멜 웹사이트(http://camel.apache.org)에서 찾을 수 있다.

11장의 코드는 예제의 camel-cookbook-security 모듈에 포함되어 있다.

설정 속성 암호화하기

실제 애플리케이션에서 보통 환경에 특유한 설정들은 애플리케이션의 바깥에 저장한다. 그리고 1장, '루트 구성'의 '카멜 루트에서 외부 속성 사용하기' 예제에 설명된 속성 메커니즘을 가지고 설정에 접근한다. 이는 데이터베이스, 메시지 브로커 등을 다시 설정하도록 코드를 바꿀 필요 없이 개발, 테스트, 운영 환경 간에 애플리케이션을 옮길 수 있게 한다.

이런 리소스에 접근하기 위해 때때로 패스워드 값은 민감한 정보를 저장할 필요가 있다. 이런 것들을 일반 텍스트로 저장하는 것은 그 리소스에 자유롭게 접근을 허용하는 것이기 때문에 좋지 않은 습관이다. 이를 해결하기 위해 암호화를 해 패스워드를 숨기는 다른 메커니즘을 대신 사용해야 한다.

이 예제는 카멜 Jasypt 컴포넌트를 사용해 카멜 내에서 암호화된 설정 값들을 관리하는 법을 보여준다.

이 예제의 자바 코드는 `org.camelcookbook.security.encryptedproperties` 패키지에 위치한다. 스프링 XML 파일은 src/main/resources/META-INF/spring 아래에 encryptedProperties 접두어를 가지고 있다.

카멜 Jasypt 컴포넌트를 사용하기 위해 메이븐 POM의 의존성 부분에 다음을 추가한다.

```
<dependency>
  <groupId>org.apache.camel</groupId>
  <artifactId>camel-jasypt</artifactId>
  <version>${camel-version}</version>
</dependency>
```

패스워드를 암호화하기 위해 `camel-jasypt` 라이브러리 파일에 접근해야 한다. 이 파일은 lib 디렉토리에 있는 카멜 배포 바이너리 다운로드에서 찾을 수 있다.

예제 구현

설정 속성을 암호화하기 위해 다음 단계를 수행한다.

1. 아파치 카멜 웹사이트(http://camel.apache.org/download.html)에서 카멜 바이너리 배포판을 다운로드한다. 그리고 작업 디렉토리로 푼다.

2. 카멜 압축을 푼 위치의 lib 디렉토리에서 다음 명령을 실행한다.

```
# java -jar camel-jasypt-2.12.2.jar -c encrypt
-p encryptionPassword -i myDatabasePassword
```

 .jar 파일의 이름에 있는 버전은 다운로드했던 카멜 버전과 일치한다.

-c 플래그는 수행할 (암호화/복호화) 작업을 표시한다. -p 인자는 숨기고 싶은 속성을 암호화하기 위해 사용하는 패스워드다. -i 인자는 암호화될 입력 값이다. 암호화된 데이터베이스 패스워드를 출력했다.

```
Encrypted text: hRR5B31qPMJpxk078rXmwllpzQNPpR5kXdnNQrOmIfs=
```

3. 이 패스워드를 복사하고 속성 파일에 추가해 카멜 루트에 자리표시자를 제공
한다(1장, '루트 구성'의 '카멜 루트에서 외부 속성 사용하기' 예제를 보라). 암호화된 텍
스트는 암호화를 표시하기 위해 반드시 ENC(..) 스트링으로 감싸져야만 한다.

```
start.endpoint=direct:in
log.message=The database password is {{database.password}}
database.password=
ENC(hRR5B31qPMJpxk078rXmwllpzQNPpR5kXdnNQrOmIfs=)
end.endpoint=mock:out
```

 속성들은 서로에게 내장될 수 있다. 그리고 암호화된 것과 일반적인 내용들을 섞어서
사용할 수도 있다.

4. 속성 컴포넌트 내에 Jasypt 속성 파서parser를 활성화한다. 스프링이나 OSGi 블
루프린트를 사용 중이라면 파서를 일반 빈bean으로 초기화한다.

```
<bean id="jasypt"
      class="org.apache.camel.component.jasypt
             .JasyptPropertiesParser">
  <property name="password" value="encryptionPassword"/>
</bean>
```

여기서 사용된 패스워드는 명령행에서 암호화 단계 동안 -p 인자로 제공되었던
것과 같은 것이다.

camelContext 엘리먼트 내에서, propertyPlaceholder 엘리먼트를 정의해 사용
될 속성 파일과 파서 빈을 참조한다.

```
<propertyPlaceholder id="properties"
                     location=
                       "classpath:placeholder.properties"
                     propertiesParserRef="jasypt"/>
```

자바만 사용하고 있다면, 파서와 PropertiesComponent를 초기화한다. 그리고 카
멜 컨텍스트를 시작하기 전에 컴포넌트를 넣는다.

426

```
JasyptPropertiesParser propParser =
    new JasyptPropertiesParser();
propParser.setPassword("encryptionPassword");

PropertiesComponent propComponent =
    new PropertiesComponent();
propComponent.setLocation(
    "classpath:placeholder.properties");
propComponent.setPropertiesParser(propParser);

CamelContext camelContext = new DefaultCamelContext();
camelContext.addComponent("properties", propComponent);
```

5. 루트 내에서 이제 평소와 같이 암호화된 속성들을 사용한다. 암호화된 속성들은
   실행 시에 복호화될 것이다.

   다음은 XML DSL에서 사용하는 법을 보여준다.

```
<from uri="{{start.endpoint}}"/>
<setHeader headerName="dbPassword">
  <constant>{{database.password}}</constant>
</setHeader>
<log message="{{log.message}}"/>
<to uri="{{end.endpoint}}"/>
```

   자바 DSL에서는 다음과 같이 표현한다.

```
from("{{start.endpoint}}")
  .setHeader("dbPassword",
            simple("{{database.password}}"))
  .log("{{log.message}}")
  .to("{{end.endpoint}}");
```

 자바 DSL에서는 constant(..) 표현식을 속성들로 변환하지 않는다. 그래서 대신에
simple(..)을 사용한다.

두 경우 모두 메시지가 지나갈 때 복호화된 스트링을 출력할 것이다.

```
The database password is myDatabasePassword
```

예제 분석

Jasypt 컴포넌트는 PBEWithMD5AndDES라는 기본 알고리즘을 사용해 ENC(..) 패턴의 스트링을 포함한 속성들을 복호화하기 위해 제공된 패스워드를 사용한다.

다른 알고리즘을 사용하길 원한다면 명령행으로부터 암호화 명령을 실행한다. 그리고 -a 인자로 알고리즘 이름을 전달한다. 동일한 알고리즘 이름이 algorithm 속성을 통해서 JasyptPropertiesParser로 전달되어야 한다.

 알고리즘 이름은 JCE 표준 알고리즘 이름 문서에 정의되어 있다. 사용된 알고리즘은 패스워드를 암호화하는 시스템과 복호화하는 양쪽 시스템에서 JCE 프로바이더에 의해 지원되어야만 한다. 내보내기 제한 때문에 모든 알고리즘이 모든 JVM에서 사용 가능하지는 않다. 대부분의 목적에는 기본 알고리즘이 적합하다.

부연 설명

마스터 패스워드를 암호화하지 않은 채 코드에 놔두는 것은 좋은 생각이 아니다. JasyptPropertiesParser는 자바 시스템 변수 이름, 또는 환경 변수를 전달하게 하고 복호화를 위해 시스템 변수나 환경 변수로부터 패스워드를 가져온다.

- **sys:** jasyptMasterPassword는 자바 시스템 속성을 사용한다. 루트를 실행하는 JVM을 시작할 때 java-DjasyptMasterPassword=...를 지정한다.
- **sysenv:** JASYPT_MASTER_PASSWORD는 시스템 변수를 사용한다. 프로세스가 시작하기 전에 쉘shell을 통해 지정한다.

변수 이름의 선택은 개발자에 달려있다. 중요한 것은 접두어다(sys: 또는 sysenv:).

카멜에 의해 사용되는 것 이외의 속성들을 암호화하길 원할 것이다(예를 들면 스프링에서 초기화되는 `DataSource` 객체의 패스워드). 이것을 하기 위한 절차는 Jasypt 문서를 참조하라.

참고 사항

- 카멜 Jasypt 컴포넌트: http://camel.apache.org/jasypt.html
- Jasypt^{Java Simplified Encryption, 자바 단순 암호화}: http://jasypt.org/
- 표준 알고리즘 이름 문서: http://docs.oracle.com/javase/7/docs/technotes/ guides/security/StandardNames.html

디지털 사인하기와 메시지 검증하기

디지털 사인은 공개키를 사용해 메시지 페이로드를 사인하는 메커니즘이고, 메시지 신뢰성을 증명하는 비대칭 암호문으로 알려져 있다. 이 비대칭 암호화는 메시지 익스체인지에 대한 부인방지[non-repudiation]를 부가적으로 제공한다. 미래의 어느 시점에서 송신인은 그 메시지가 당사자에 의해서 보내졌다는 것을 부인하지 못할 것이다.

이 메커니즘을 사용하기 위해 시스템은 자신만이 알고 있는 비밀키와 다른 사람들에게 주어지는 공개키로 만들어진 암호키 쌍을 사용한다.

메시지를 보내기 전에 시스템은 비밀키를 사용해 메시지 내용에 기반한 메시지 사인(일종의 체크섬)을 생성한다. 그리고 그것을 메시지 뒤에 붙인다.

받는 시스템은 송신인의 공개키를 사용해 메시지 내용에 대한 사인을 검증한다. 검증 단계는 사인된 후에 메시지가 바뀌지 않았다는 것과 보낸 시스템은 원래 그 메시지를 사인한 시스템이라는 것을 증명한다.

 메시지의 디지털 사인은 그 내용을 암호화하지는 않는다.

이 예제는 카멜 암호화[Crypto] 컴포넌트를 사용해 메시지를 사인하고 검증하는 법을 보여준다.

이 예제의 자바 코드는 `org.camelcookbook.security.signatures` 패키지에 위치한다. 스프링 XML 파일은 src/main/resources/META-INF/spring 아래에 signatures라는 접두어를 가지고 있다.

카멜의 암호화 컴포넌트를 사용하기 위해 `camel-crypto` 라이브러리에 대한 의존성을 추가할 필요가 있다.

메이븐 POM의 의존성 부분에 다음을 추가한다.

```
<dependency>
  <groupId>org.apache.camel</groupId>
  <artifactId>camel-crypto</artifactId>
  <version>${camel-version}</version>
</dependency>
<dependency>
  <groupId>commons codec</groupId>
  <artifactId>commons-codec</artifactId>
  <version>1.8</version> <!-- Java 6 이상 -->
</dependency>
```

스프링 XML DSL에서 키스토어 접근을 쉽게 하기 위해 `spring-crypto-utils` 라이브러리를 사용한다. 이는 엄격하게 필요하지는 않지만 없다면 스프링이 `KeyStore` 객체를 초기화하는 목적으로 호출할 수 있는 자바 팩토리 메소드를 작성해야 할 것이다.

```
<dependency>
  <groupId>com.google.code.spring-crypto-utils</groupId>
  <artifactId>spring-crypto-utils</artifactId>
  <version>1.3.0</version>
</dependency>
```

카멜에서 암호화 기능을 사용하기 전에 다음이 필요하다.

- 키스토어^{keystore}: 공개키와 비밀키의 저장소
- 트러스트스토어^{truststore}: 사용자 시스템이 통신할 때 신뢰하는 상대방들의 공개키들을 가지고 있는 키스토어

운영 환경에서는 키스토어와 트러스트스토어 파일에 대한 접근이 적절한 파일 접근 권한에 의해 제한되어서 권한 없는자가 변경할 수 없는 것을 보증해야 한다.

이 예제의 목적을 위해 JDK에 포함되어있는 `keytool` 유틸리티를 사용한다.

1. 다음과 같은 송신 코드/시스템을 위한 공개키와 비밀키 쌍을 생성한다(이 예제에서는 `system_a`라는 별칭을 가지고 있다). 이는 자동적으로 키스토어를 생성한다.

```
# keytool -genkeypair -v -alias system_a
-keystore keystore.jks -validity 3650
-dname 'CN=Scott,O=camelbookbook.org'
-storepass keystorePassword -keypass keyPasswordA
```

2. 공개키 인증서를 내보내기 한다.

```
# keytool -export -alias system_a -keystore keystore.jks
-storepass keystorePassword -rfc -file selfsignedcert_a.cer
```

3. 공개키를 수신 코드/시스템이 사용하도록 트러스트스토어에 가져온다.

```
# keytool -import -noprompt -alias system_a
-file selfsignedcert_a.cer -keystore truststore.jks
-storepass truststorePassword
```

4. `system_b` 별칭과 selfsignedcert_b.cer 인증서 파일을 위해 1~3단계를 반복한다.

앞의 리스트에 언급된 단계는 DSA 알고리즘을 사용해 키를 생성하고 SHA1를 사용해 해싱한다. 따라서 전체 사인 알고리즘은 `SHA1withDSA`이다. `camel-crypto`에 사용되는 기본 알고리즘과 같다.

 키를 얻고 인증서를 준비하고 자바 암호화 확장을 제대로 사용하는 것은 여러 가지 옵션 때문에 복잡하다. 특히 암호화 알고리즘을 잘못 설정하는 경우가 많다. 기본값에 대한 상세한 내용을 위해 이 예제의 참고 사항에 있는 키툴 문서를 보라. 그리고 다른 설정을 사용하기 위한 스트링 값에 대해서는 표준 알고리즘 이름 문서를 보라.

메시지 사인과 검증을 수행하기 위해 다음이 필요하다.

1. 키스토어를 설정한다. 스프링을 사용한다면 crypt 네임스토어를 빈[bean] 정의에
   추가한다.

```
<beans ...
  xmlns:crypt="http://springcryptoutils.com/schema/crypt"
  xsi:schemaLocation="…
    http://springcryptoutils.com/schema/crypt
      http://springcryptoutils.com/schema/crypt.xsd">
```

그리고 나서 키스토어와 트러스트스토어를 스프링 빈으로 로드한다(위치는 대부
분 다르다).

```
<crypt:keystore id="keyStore"
                location="classpath:keystore.jks"
                password="keystorePassword"/>
<crypt:keystore id="trustStore"
                location="classpath:truststore.jks"
                password="truststorePassword"/>
```

자바를 사용한다면 다음과 같이 카멜 컨텍스트 내에서 java.security.KeyStore
를 로드하고 등록한다.

```
SimpleRegistry registry = new SimpleRegistry();

// JAR 내에 저장된 키스토어를 여기에서 로딩한다
ClassLoader classLoader = getClass().getClassLoader();

KeyStore keyStore = KeyStore.getInstance("JKS");
keyStore.load(
    classLoader.getResourceAsStream("keystore.jks"),
    "keystorePassword".toCharArray());
registry.put("keyStore", keyStore);

KeyStore trustStore = KeyStore.getInstance("JKS");
trustStore.load(
```

```
        classLoader.getResourceAsStream("truststore.jks"),
        "truststorePassword".toCharArray());
registry.put("trustStore", trustStore);

CamelContext camelContext =
        new DefaultCamelContext(registry);
```

 JKS는 키 쌍을 가지고 있기 위해 사용하는 기본 키스토어 타입이다.

2. 루트에서 메시지를 사인하기 위해 해당 메시지를 메시지 사인을 위한 키의 상세
   정보를 포함하는 crypto: 엔드포인트로 보낸다.

   XML DSL에서는 다음 문장을 사용한다.

   ```
   <to uri="crypto:sign://usingKeystore?keystore=#keyStore
           &amp;alias=system_a&amp;password=keyPasswordA"/>
   ```

   자바 DSL에서는 다음과 같이 표현한다.

   ```
   .to("crypto:sign://usingKeystore?keystore=#keyStore
       &alias=system_a&password=keyPasswordA")
   ```

   여기서 키 쌍의 비밀키를 포함하는 키스토어를 참조한다. 키스토어에 있는 여러
   개의 키를 구별하기 위해서 별칭[alias]이 사용된다. 메시지에 사인을 하기 위해 키
   쌍의 패스워드가 필요하다.

    키 패스워드는 예제를 복잡하지 않게 하기 위해 일반 텍스트로 나타낸다. 실제 사용 시
   에는 패스워드는 암호화된 속성으로 주입되어야 한다. '설정 속성 암호화하기' 예제에
   서 이것을 하는 방법에 대한 설명을 보라.

3. 메시지를 검증하기 위해 해당 메시지를 트러스트스토어로부터 사용할 공개키를
   정의한 crypto: 엔드포인트로 보낸다.

   XML DSL에서는 다음과 같이 수행한다.

   ```
   <to uri="crypto:verify//usingKeystore?keystore=#trustStore
   ```

```
&amp;alias=system_a"/>
```

자바 DSL에서는 다음과 같이 표현한다.

```
.to("crypto:verify//usingKeystore?keystore=#trustStore
    &alias=system_a")
```

사인한 메시지를 검증하기 위해 트러스트스토어 내의 어떤 공개키를 사용할지 알아
야 한다. 별칭^{alias} 속성을 사용하면 된다.

 crypto: URI를 사용할 때 CryptoComponent 클래스를 명시적으로 초기화하고 등록
할 필요는 없다. 카멜이 자동적으로 특정 컴포넌트를 발견하고 등록하므로 직접 설정할
필요는 없다. 이것을 위해, 특별히 메타데이터를 포함하는 컴포넌트 JAR 내의 파일을
위해 클래스패스를 뒤진다. 이 파일은 어떤 컴포넌트 클래스가 초기화되고 거기에 대응
하는 URI 스키마를 설명한다.

예제 분석

사인하는 단계에서 카멜의 암호화 컴포넌트는 지정한 패스워드와 키를 사용해 사인
을 계산하고, 익스체인지의 CamelDigitalSignature 헤더로 넣기 전에 Base64로 인
코딩한다.

이 디지털 서명 헤더 이름은 org.apache.camel.component.crypto.Digital
SignatureConstants 클래스에 상수로 정의되어있다. 예를 들어 위의 Camel
DigitalSignature 헤더는 DigitalSignatureConstants.SIGNATURE로 정의된다.

그 헤더 값을 가져오고 통신하려는 시스템에 원하는 전송방법으로 적절하게 보내는
것은 사용자의 라우팅 코드에 따른다. 비슷하게 전송받는 중이라면, 해당 전송 방법
으로부터 서명을 가져와서 검증을 위해 CamelDigitalSignature 헤더로 넣어야
한다.

검증 단계는 메시지를 보내는 시스템(위에서는 system_a)의 공개키를 트러스트스토어
에서 찾는다. 그리고 그 공개키에 대해 서명을 확인한다. 만약 서명된 이후에 메시지
가 변경되었거나 서명을 확인할 키가 없거나 올바른 공개키가 아니라면, 검증 단계는

`java.security.SignatureException`를 발생시킨다.

이 검증 기능은 수신한 페이로드의 무결성을 확인한다. 송신자의 비밀키로 서명한 메시지만 그의 공개키를 사용해 검증 가능하기 때문에 이는 부인방지^{non-repudiation} 메커니즘도 제공한다.

부연 설명

서명할 때 쓰여지거나 `signatureHeader` URI 속성을 다른 값으로 정해서 검증할 때 사용되는 메시지 서명 헤더를 바꿀 수 있다.

```
crypto:sign://usingKeystore?keystore=#keyStore
&alias=system_a&password=keyPasswordA
&signatureHeader=mySignature
```

여러 시스템으로부터 메시지를 수신하는 중이라면 메시지들은 각각 자신의 키 쌍을 가지고 있고 다르게 메시지를 서명한다. 트러스트스토어로부터 사용할 별칭을 동적으로 결정하는 것도 가능하다. 그러기 위해서 `crypto:` 엔드포인트를 수행하기 전에 `CamelSignatureKeyStoreAlias`(`DigitalSignatureConstants.KEYSTORE_ALIAS`) 헤더를 정한다.

예를 들어 다음 자바 DSL에서 호출하는 루트는 검증 루트에 어떤 시스템이 메시지에 서명했는지 표시를 해서 스토어에서 맞는 키가 사용되게 한다. 세 번째 루트(`direct:verify`)는 `CamelSignatureKeyStoreAlias` 헤더를 넣고, 트러스트스토어로부터 해당 이름의 키를 사용해 서명을 검증하는 데 사용되게 한다.

```
from("direct:sign_a")
  .to("crypto:sign://usingKeystore?keystore=#keyStore
      &alias=system_a&password=keyPasswordA")
  .setHeader("sendingSystem", constant("a"))
  .to("direct:verify");

from("direct:sign_b")
  .to("crypto:sign://usingKeystore?keystore=#keyStore
      &alias=system_b&password=keyPasswordB")
  .setHeader("sendingSystem", constant("b"))
```

```
    .to("direct:verify");

from("direct:verify")
    .setHeader(DigitalSignatureConstants.KEYSTORE_ALIAS,
        simple("system_${header[sendingSystem]}"))
    .to("crypto:verify//usingKeystore?keystore=#trustStore")
    .to("mock:verified");
```

CamelSignatureKeyStorePassword(DigitalSignatureConstants.KEYSTORE_PASS
WORD) 헤더는 서명 단계에서 키스토어의 암호를 동적으로 제공하고자 할 때에도 사
용한다.

카멜 암호화 컴포넌트는 키스토어를 사용하지 않고 직접 공개키와 비밀키를 사용하
도록 지원한다. 자세한 사항은 디지털 사인을 위한 카멜 암호화 문서를 참조하라.

참고 사항

- 디지털 사인을 위한 카멜 암호화: http://camel.apache.org/crypto-digital-signatures.html
- 스프링 암호화Crypto 유틸리티: http://springcryptoutils.com/index.html
- 키와 인증서 관리툴keytool: http://docs.oracle.com/javase/7/docs/technotes/tools/solaris/keytool.html
- 표준 알고리즘 이름 문서: http://docs.oracle.com/javase/7/docs/technotes/guides/security/StandardNames.html

메시지 암복호화하기

카멜 암호화 컴포넌트는 전체 메시지를 암복호화하고자 할 때 사용한다. 암호화 컴포
넌트는 데이터를 마샬marshal(암호화) 또는 언마샬unmarshal(복호화)할 수 있는 카멜 데
이터 형식Cemel Data Format을 제공한다.

암호화 컴포넌트는 대칭(공유된 패스워드를 사용)과 비대칭(수신자가 공개키 사용) 암호
화 둘 다 지원한다. 후자는 PGP를 통해 지원한다.

이 예제는 기본 대칭 암호화를 설정하는 법을 보여준다. 마샬링(암호화)과 언마샬링(복호화) 둘 다 보여준다. 이 동작은 보통 각 시스템의 별도 카멜 루트에서 실행된다.

이 예제를 위한 자바 코드는 `org.camelcookbook.security.encryption` 패키지에 위치한다. 스프링 XML 파일은 src/main/resources/META-INF/spring 아래에 encryption이라는 접두어를 가지고 있다.

카멜 암호화^{Crypto} 컴포넌트를 사용하기 위해 메이븐 POM 파일의 의존성 부분에 다음을 추가한다.

```
<dependency>
  <groupId>org.apache.camel</groupId>
  <artifactId>camel-crypto</artifactId>
  <version>${camel-version}</version>
</dependency>
```

스프링에서 키스토어 접근을 쉽게 하기 위해 다음 의존성을 추가해 스프링 암호화^{Crypto} 유틸리티 라이브러리를 사용해야 한다.

```
<dependency>
  <groupId>com.google.code.spring-crypto-utils</groupId>
  <artifactId>spring-crypto-utils</artifactId>
  <version>1.3.0</version>
</dependency>
```

메시지를 암복호화하기 위해 카멜에서 가능한 암호화 기능들을 사용하기 전에 키의 저장소라 할 수 있는 키스토어가 요구된다.

이 예제의 목적을 위해 키스토어를 생성하려면 자바개발키트^{JDK}에 포함되어 있는 `keytool` 유틸리티를 사용해야 한다.

다음과 같이 키 하나를 생성해 암호화하는 시스템과 복호화하는 시스템에서 공유할 새로운 스토어에 저장한다.

```
# keytool -genseckey -alias shared -keypass sharedKeyPassword
-keystore shared.jceks -storepass sharedKeystorePassword
-v -storetype JCEKS
```

이 프로세스는 DES 알고리즘을 사용해 키를 생성할 것이다.

 JCEKS 키스토어 타입은 비밀 키를 저장하기 위해 사용하는 스토어의 특정 타입이다. '디지털 사인하기와 메시지 검증하기' 예제에서 사용된 키 쌍만을 저장하는 기본 JKS 스토어와는 다르다.

이 키스토어를 암복호화 처리를 하는 상대편의 시스템 관리자에게 준다. 암복호화 처리를 하는 양쪽 시스템은 동일한 키에 접근할 필요가 있다.

예제 구현

전체 메시지를 대칭적으로 암복호화하기 위해 다음 단계를 수행한다.

1. 스프링을 사용하고 있다면 스프링 암호화 유틸리티^{Spring Crypto Utils}로부터의 crypt 네임스페이스를 빈^{bean} 정의에 추가한다.

```
<beans ...
  xmlns:crypt="http://springcryptoutils.com/schema/crypt"
  xsi:schemaLocation="...
    http://springcryptoutils.com/schema/crypt
      http://springcryptoutils.com/schema/crypt.xsd">
```

다음에 지정된 위치에서 키스토어를 로드하고, 공유된 키를 얻어온다.

```
<crypt:keystore id="keyStore"
             location="classpath:shared.jceks"
             password="sharedKeystorePassword"
             type="JCEKS"/>

<crypt:secretKey id="secretKey"
             keystore-ref="keyStore"
             alias="shared"
             password="sharedKeyPassword"/>
```

438

자바만 사용하고 있다면, 다음과 같이 `java.security.Keystore` 인스턴스를 사용해 공유된 키를 로드한다.

```
KeyStore keyStore = KeyStore.getInstance("JCEKS");

// 여기서 JAR 내에 저장된 키스토어를 로드한다
ClassLoader classLoader = getClass().getClassLoader();
keyStore.load(
    classLoader.getResourceAsStream("shared.jceks"),
    "sharedKeystorePassword".toCharArray());

Key sharedKey = keyStore.getKey("shared",
    "sharedKeyPassword".toCharArray());
```

2. XML DSL을 사용한다면 이전 단계에서 지정한 `id`를 가지고 사용 중인 공용 키를 참조해 카멜 컨텍스트 내에서 암호화 데이터 형식^{Crypto Data Format}을 정의한다.

```xml
<camelContext
    xmlns="http://camel.apache.org/schema/spring">
  <dataFormats>
    <crypto id="sharedKeyCrypto"
            algorithm="DES"
            keyRef="secretKey"/>
  </dataFormats>
  <!-- ... -->
</camelContext>
```

자바를 사용한다면 사용자 `RouteBuilder` 구현체 내에서 `CryptoDataFormat`을 초기화한다.

```
CryptoDataFormat sharedKeyCrypto =
    new CryptoDataFormat("DES", sharedKey);
```

3. 메시지 내용을 암호화하기 위해 사용자 루트에 `marshal` 단계를 추가한다. XML DSL에서 `id`로 데이터 형식을 참조하면 된다.

```xml
<marshal ref="sharedKeyCrypto"/>
```

자바 DSL에서는 데이터 형식을 직접 전달한다.

```
        .marshal(sharedKeyCrypto)
```

4. 메시지의 암호화된 내용을 복호화하기 위해 데이터 형식을 참조하는 사용자 루트에 unmarshal 단계를 추가한다.

XML DSL에서는 다음과 같이 한다.

```
<unmarshal ref="sharedKeyCrypto"/>
```

자바 DSL에서는 다음과 같이 표현한다.

```
        .unmarshal(sharedKeyCrypto)
```

예제 분석

camel-crypto 라이브러리는 암호화되지 않은 데이터를 가지고 마샬링하는 카멜 데이터 형식data format 메커니즘을 사용한다. 이는 표준 java.security API를 사용하는데 그 API에 대해 잘 몰라도 데이터를 암호화하게 한다.

동일한 키로 초기화된 CryptoDataFormat을 사용하는 언마샬링은 원래 메시지를 돌려준다.

부연 설명

CryptoDataFormat 클래스의 많은 속성들을 사용해 사용 알고리즘, 버퍼 크기, 초기화 벡터, 메시지 인증 알고리즘(메시지 인증코드 또는 MAC) 그리고 디지털 서명HMAC이 암호화된 데이터 뒤에 붙을지, 붙지 말아야 할지를 지정할 수 있다. 그래서 JCE의 유연함을 필요할 때 그대로 사용할 수 있다.

 알고리즘 이름은 JCE 표준 알고리즘 이름 문서에 정의되어 있다. 사용되는 알고리즘은 메시지를 암호화하는 시스템과 복호화하는 시스템 양쪽에서 JCE 프로바이더에 의해 지원되어야 한다. 내보내기 제한 때문에 모든 JVM에서 모든 알고리즘을 사용 가능하지는 않다. 대부분의 경우에는 기본 알고리즘으로 충분하다.

여러 시스템으로 메시지를 보내거나 수신하는 중이라면, 각 시스템들은 다르게 메시지를 암호화하는데, 데이터 형식에 의해 사용되는 키를 동적으로 결정할 수 있다. 그러기 위해 java.security.Key를 참조하지 않는 CryptoDataFormat을 초기화한다.

```
CryptoDataFormat crypto = new CryptoDataFormat("DES", null);
```

XML DSL에서는 다음처럼 데이터 형식 초기화를 수행한다.

```
<crypto id="sharedKeyCrypto" algorithm="DES"/>
```

루트 내에서 marshal 또는 unmarshal 단계를 수행하기 전에 CamelCryptoKey (CryptoDataFormat.KEY) 헤더를 데이터 형식이 사용할 Key 인스턴스로 지정한다.

다음의 자바 DSL 예제에서 encrypt 루트는 카멜 저장소에서 Key를 가져와 헤더에 넣는다. Key는 메시지에 있는 system 헤더의 값에 따라 이름으로 가져오게 된다.

```
from("direct:encrypt").id("encrypt")
  .process(new Processor() {
    @Override
    public void process(Exchange exchange) throws Exception {
      Registry registry = exchange.getContext().getRegistry();
      Message in = exchange.getIn();
      Key key = registry.lookupByNameAndType(
          "shared_" + in.getHeader("system"),
          Key.class);
      in.setHeader(CryptoDataFormat.KEY, key);
    }
  })
  .marshal(crypto)
  .log("Message encrypted: ${body}")
  .to("direct:decrypt");

from("direct:decrypt").id("decrypt")
  .unmarshal(crypto)
  .log("Message decrypted: ${body}")
  .to("mock:decrypted");
```

camel-crypto 라이브러리는 또한 비대칭(공개키) 암호화를 위해 PGPDataFormat 를 제공한다. 이는 Bouncy Castle 자바 암호화 API를 사용해 구현하며 PGP(Pretty Good Privacy) 형식을 사용한다.

참고 사항

- 카멜 암호화: http://camel.apache.org/crypto.html
- 카멜 데이터 형식: http://camel.apache.org/data-format.html
- 스프링 암호화 유틸리티: http://springcryptoutils.com/index.html
- 키와 인증서 관리툴keytool: http://docs.oracle.com/javase/7/docs/technotes/tools/solaris/keytool.html
- 표준 알고리즘 이름 문서: http://docs.oracle.com/javase/7/docs/technotes/guides/security/StandardNames.html
- Bouncy Castle 자바 암호화 API: http://www.bouncycastle.org/java.html

XML 메시지 전부 혹은 부분 암호화하기

카멜의 XML 보안 컴포넌트는 XML 메시지의 전부 또는 일부를 암복호화할 필요가 있을 때 사용한다. 이 컴포넌트가 제공하는 데이터 형식Data Format은 암호화된 메시지 와 복호화된 메시지 간의 전환을 다룬다.

XML 보안 컴포넌트는 W3C 추천 XML 암호화 문법과 처리에 따라서 XML 메시지에 대한 대칭, 비대칭 암호화 둘 다 지원한다. 대칭 암호화에서는 송신자와 수신자 간에 공유하는 암호가 메시지를 암복호화하는 데 사용된다. 비대칭 암호화를 사용하면 메시지 수신자의 공개키가 메시지를 암호화하는 데 사용되고, 따라서 지정된 수신자만 복호화하게 허용한다.

이 카멜 컴포넌트는 사용자가 암호화될 문서 내에서 노드나 노드의 집합을 가리키는 XPath를 제공하게 한다. 아무것도 제공되지 않으면 전체 문서가 암호화된다.

이 예제는 XML 메시지 내용의 전체 비대칭 암호화를 설정하는 법을 보여준다. 암호화 대상 노드를 가리키는 XPath를 제공해 XML 메시지의 일부를 암복호화하는 법을 보여준다.

준비

이 예제의 자바 코드는 `org.camelcookbook.transformation.xmlsecurity` 패키지에 위치한다. 스프링 XML 파일은 src/main/resources/META-INF/spring 아래에 xmlsecurity라는 접두어를 가지고 있다.

카멜의 XML 보안 컴포넌트를 사용하기 위해 아파치 XML 보안^{Santuario} 라이브러리를 사용한 XML 보안 데이터 형식을 위한 구현체를 제공하는 카멜 XML 보안 컴포넌트를 의존성에 추가해야 한다.

메이븐 POM의 의존성 부분에 다음을 추가한다.

```
<dependency>
  <groupId>org.apache.camel</groupId>
  <artifactId>camel-xmlsecurity</artifactId>
  <version>${camel-version}</version>
</dependency>
```

XML 메시지를 부분적으로 암복호화하려면 카멜의 암호화 기능을 사용하기 전에 다음이 필요하다.

- 복호화하는 쪽에서 사용하는 키스토어 내에 저장된 (공개-비밀) 키 쌍
- 암호화하는 쪽에서 접근할 트러스트스토어에 저장된 복호화하는 쪽의 공개키 복제본

이 예제의 목적을 위해 JDK에 포함되어있는 `keytool` 유틸리티를 사용해 키를 생성하고 적절한 스토어에 저장한다.

1. 수신 시스템을 위해 공개키와 비밀키 인증서 양쪽을 포함하는 키스토어를 생성한다.

```
# keytool -genkeypair -v -keyalg RSA -alias system_a
```

```
-keystore xml_keystore.jks -dname 'CN=Scott,O=camelcookbook.org'
-storepass keystorePassword -validity 3650 -keypass keyPasswordA
```

 -keyalg 인자는 RSA 알고리즘의 사용을 나타낸다. 이 옵션은 비대칭 암호화를 위해
지정될 필요가 있다.

2. 공개키 인증서를 내보내기^{export} 한다.

```
# keytool -export -alias system_a -keystore xml_keystore.jks
-rfc -file selfsignedcert_xml_a.cer -storepass keystorePassword
```

3. 송신 시스템의 트러스트스토어에 위의 공개키를 가져온다^{import}.

```
# keytool -import -noprompt -alias system_a
-file selfsignedcert_xml_a.cer -keystore xml_truststore.jks
-storepass truststorePassword
```

예제 구현

익스체인지에서 XML 문서의 일부를 암호화하고 복호화하기 위해 다음 단계를 수행
한다.

1. XML 암호화를 수행하기 위해 메시지 수신자의 공개키를 포함한 트러스트스토어
   에 대한 참조를 먼저 정의한다.

   스프링을 사용한다면 camelContext 엘리먼트 바깥에 keyStoreParameters 태그
   를 정의한다.

```
<beans ...
    xmlns:camel="http://camel.apache.org/schema/spring"
    xsi:schemaLocation="...
      http://camel.apache.org/schema/spring
        http://camel.apache.org/schema/spring/camel-spring.xsd">

  <camel:keyStoreParameters
      id="trustStoreParams"
```

444

```
        resource="xml_truststore.jks"
        password="truststorePassword"/>

    <camelContext ...>
</beans>
```

resource 설정의 카멜 리소스 경로다. 그래서 이 예제에서는 xml_truststore.jks를
위해 클래스패스^{classpath}를 찾는다. 파일시스템이나 HTTP 서버에 있는 트러스트스토
어를 찾기 위해서는 위치의 접두어로 각각 file: 또는 http:를 적는다.

 키 패스워드는 예제를 복잡하지 않게 하기 위해 일반 텍스트로 나타낸다. 실제 사용 시
에는 패스워드는 암호화된 속성으로 주입되어야만 한다. '설정 속성 암호화하기' 예제
에서 자세한 설명을 확인하라.

자바를 사용한다면 사용자 RouteBuilder 구현체의 configure() 메소드 내에서 다음
코드를 추가한다.

```
KeyStoreParameters trustStoreParameters =
    new KeyStoreParameters();
trustStoreParameters.setResource("xml_truststore.jks");
trustStoreParameters.setPassword("truststorePassword");
```

2. 루트 내에서 익스체인지의 암호화되지 않은 XML 내용을 마샬링하기 위해
secureXML 데이터 형식을 사용한다. 이는 암호화 단계를 수행한다.

XML DSL을 사용하면 다음과 같이 한다.

```
<from uri="direct:encrypt"/>
<marshal>
  <secureXML
      secureTag="/booksignings/store/address"
      secureTagContents="true"
      recipientKeyAlias="system_a"
      xmlCipherAlgorithm=
          "http://www.w3.org/2001/04/xmlenc#tripledes-cbc"
      keyCipherAlgorithm=
```

```
            "http://www.w3.org/2001/04/xmlenc#rsa-1_5"
        keyOrTrustStoreParametersId="trustStoreParams"/>
</marshal>
<to uri="direct:decrypt"/>
```

secureTag 속성은 암호화할 메시지 부분의 XPath를 포함하고 있다(전체 문서를
위해서는 빈empty 스트링을 사용하라).

xmlCipherAlgorithm은 XML을 암호화하기 위해 사용되는 알고리즘이다.

keyCipherAlgorithm은 이 예제의 '준비' 부분에서 키들을 생성할 때 사용되었던
알고리즘(RSA)이다.

자바 DSL에서는 동일한 루트를 다음과 같이 표현한다.

```
from("direct:encrypt")
  .marshal()
    .secureXML(
        "/booksignings/store/address",   // 암호화 대상 태그
        true,                    // 암호화 대상 태그 내용
        "system_a",              // 수신자 별칭
        XMLCipher.TRIPLEDES,     // XML 암호화 알고리즘
        XMLCipher.RSA_v1dot5,    // 비대칭키 생성 알고리즘
        trustStoreParameters)
  .to("mock:marshalResult");
```

 keyOrTrustStoreParametersId 속성을 통해 keyStoreParameters 태그의 id를 참
조하는 XML DSL에서와는 달리 자바에서는 KeyStoreParameters 객체를 직접 전달
한다.

3. 암호화된 XML 문서를 복호화하기 위해 메시지 수신자의 공개키와 비밀키를 포
   함하는 키스토어에 대한 참조를 정의한다.

   스프링에서는 camelContext 엘리먼트 바깥에 다시 keyStoreParameters 태그를
   정의한다.

```
<beans ...
    xmlns:camel="http://camel.apache.org/schema/spring"
    xsi:schemaLocation="…
      http://camel.apache.org/schema/spring
        http://camel.apache.org/schema/spring/camel-spring.xsd">

  <camel:keyStoreParameters
      id="keyStoreParams"
      resource="xml_keystore.jks"
      password="keystorePassword"/>

  <camelContext ...>
</beans>
```

자바 사용 시에는 사용자 RouteBuilder 구현체의 configure() 메소드 내에 다음
코드를 추가한다.

```
KeyStoreParameters keyStoreParameters =
    new KeyStoreParameters();
keyStoreParameters.setResource("xml_keystore.jks");
keyStoreParameters.setPassword("keystorePassword");
```

4. 사용자 루트 내에서 secureXML 데이터 형식을 사용해 익스체인지의 암호화된
   XML 내용을 언마샬한다. 이것은 복호화 단계를 수행한다.

   XML DSL을 사용해 다음과 같이 한다.

```
<from uri="direct:decrypt"/>
<unmarshal>
  <secureXML
      secureTag="/booksignings/store/address"
      secureTagContents="true"
      recipientKeyAlias="system_a"
      xmlCipherAlgorithm=
          "http://www.w3.org/2001/04/xmlenc#tripledes-cbc"
      keyCipherAlgorithm=
          "http://www.w3.org/2001/04/xmlenc#rsa-1_5"
      keyOrTrustStoreParametersId="keyStoreParams"
      keyPassword="keyPasswordA"/>
```

```
</unmarshal>
<to uri="mock:out"/>
```

자바 DSL에서는 동일한 루트를 다음과 같이 표현한다.

```
from("direct:decrypt")
  .unmarshal()
    .secureXML(
        "/booksignings/store/address",   // 암호화 대상 태그
        true,                            // 암호화 대상 태그 내용
        "system_a",                      // 수신자 별칭
        XMLCipher.TRIPLEDES,             // XML 암호화 알고리즘
        XMLCipher.RSA_v1dot5,            // 비대칭키 생성 알고리즘
        keyStoreParameters,
        "keyPasswordA")                  // 키 패스워드
    .to("mock:out");
```

예제 분석

XML 보안 컴포넌트는 아파치 Santuario 라이브러리를 사용해 XML 암호화 동작을 수행한다.

다음과 같은 내용이 주어졌다고 하자.

```
<booksignings>
  <store>
    <address>
      <street>123 Main St</street>
      <city>Boston</city>
    </address>
    <authors>
      <author>Scott Cranton</author>
    </authors>
  </store>
  <!-- ... -->
</booksignings>
```

암호화된 버전은 다음과 같이 보일 것이다.

```
<booksignings>
  <store>
    <address>
      <xenc:EncryptedData
          xmlns:xenc="http://www.w3.org/2001/04/xmlenc#"
          Type="http://www.w3.org/2001/04/xmlenc#Content">
        <xenc:EncryptionMethod
            Algorithm=
              "http://www.w3.org/2001/04/xmlenc#tripledes-cbc"/>
        <ds:KeyInfo xmlns:ds="http://www.w3.org/2000/09/xmldsig#">
          <xenc:EncryptedKey>
            <xenc:EncryptionMethod
                Algorithm=
                  "http://www.w3.org/2001/04/xmlenc#kw-tripledes"/>
            <xenc:CipherData>
              <xenc:CipherValue>
i19aQxl9a5QV7cVym/5gV9Ih67Jklt6oc3Aph2ec6/zpui+0MC8YJw==
              </xenc:CipherValue>
            </xenc:CipherData>
          </xenc:EncryptedKey>
        </ds:KeyInfo>
        <xenc:CipherData>
          <xenc:CipherValue>
RvUlpr8CN51DcUx+Y3C7msQoprtoqc5vx9CplhmBqstZGHj5ThVuvJArFMaVXloXZs6cd7
w4N1bF/9E1Xa85CAB7uYwKwSFjzRgigndEXV4=
          </xenc:CipherValue>
        </xenc:CipherData>
      </xenc:EncryptedData>
    </address>
    <authors>
      <author>Scott Cranton</author>
    </authors>
  </store>
  <!-- ... -->
</booksignings>
```

이런 메시지 암호화를 사용하는 것은 메시지를 처리할 때 민감한 데이터를 미리 암호화할 수 있는 루트를 만들게 한다. 이후에 흐르는 모든 메시지 처리 단계는 암호화된 내용에만 접근하게 된다. 메시지의 민감하지 않은 부분에 기반해 내용 기반 라우팅이나 다른 메시지 처리를 허용하는 한편, 부분 메시지 암호화를 사용함으로써 메시지의 가장 민감한 부분을 숨기는 것을 보장할 수 있다.

부연 설명

XML 보안 컴포넌트는 또한 XML 네임스페이스를 포함하는 문서들도 쉽게 다룬다.

다음 내용을 살펴보자.

```xml
<?xml version="1.0" encoding="UTF-8"?>
<booksignings
    xmlns="http://camelcookbook.org/schema/booksignings">
  <store>
    <address>
      <street>123 Main St</street>
      <city>Boston</city>
    </address>
    <authors>
      <author>Scott Cranton</author>
    </authors>
  </store>
  <!-- ... -->
</booksignings>
```

XML DSL을 사용해 이 메시지를 암호화하기 위해 `camelContext` 엘리먼트에 XML 네임스페이스를 정의한다.

```xml
<camelContext
    xmlns="http://camel.apache.org/schema/spring"
    xmlns:c="http://camelcookbook.org/schema/booksignings">
```

그런 후에 사용자 XPath 표현식에 `c:` 네임스페이스를 사용한다.

```xml
<secureXML
    secureTag="/c:booksignings/c:store/c:address"
```

```
secureTagContents="true"
recipientKeyAlias="system_a"
xmlCipherAlgorithm=
   "http://www.w3.org/2001/04/xmlenc#tripledes-cbc"
keyCipherAlgorithm="http://www.w3.org/2001/04/xmlenc#rsa-1_5"
keyOrTrustStoreParametersId="trustStoreParams"/>
```

자바 DSL을 사용해 메시지를 암호화하기 위해 RouteBuilder 구현체 내에 네임스페이스 URI에 대한 접두어의 Map을 정의한다.

```
Map<String, String> namespaces = new HashMap<String, String>();
namespaces.put("c",
   "http://camelcookbook.org/schema/booksignings");
```

그리고 나서 secureXML DSL 문에 부가적인 인자로 Map을 제공한다. 이는 암호화될 노드를 구별하기 위해 XPath 표현식 내에 c: 네임스페이스 접두어를 사용하게 한다.

```
.secureXML(
   "/c:booksignings/c:store/c:address", // 접두어를 포함한 XPath
   namespaces,
   true,                                 // 암호화 대상 태그 내용
   "system_a",                           // 수신자 별칭
   XMLCipher.TRIPLEDES,                  // XML 암호화 알고리즘
   XMLCipher.RSA_v1dot5,                 // 비대칭키 생성 알고리즘
   trustStoreParameters)
```

참고 사항

- 카멜 XML 보안: http://camel.apache.org/xmlsecurity-dataformat.html
- W3C XML 암호화 문법과 처리: http://www.w3.org/TR/2002/REC-xmlenc-core-20021210/Overview.html
- 아파치 Santuario: https://santuario.apache.org
- 사용 가능한 데이터 형식: http://camel.apache.org/data-format.html

스프링 시큐리티를 사용한 인증과 권한부여하기

이 예제는 스프링 시큐리티를 사용해 익스체인지에서 루트로 전달된 사용자 정보를 인증하는 방법과 사용자/시스템(보안 용어로는 Principal)이 그 역할에 기반한 루트에 접근할 수 있는지 아닌지를 결정하는 법을 보여준다.

준비

이 예제의 자바 코드는 `org.camelcookbook.security.springsecurity` 패키지에 위치한다. 스프링 XML 파일은 src/main/resources/META-INF/spring 아래에 springSecurity라는 접두어를 가지고 있다.

카멜의 스프링 시큐리티 컴포넌트를 사용하기 위해 메이븐 POM의 의존성 부분에 다음을 추가한다.

```
<dependency>
  <groupId>org.apache.camel</groupId>
  <artifactId>camel-spring-security</artifactId>
  <version>${camel-version}</version>
</dependency>
```

사용자 설정이 제대로 해석되기 위해서는, 버전 충돌을 피하기 위해 코어 스프링 의존성이 전혀 없이 스프링 시큐리티 JAR을 필요로 할 것이다.

```
<dependency>
  <groupId>org.springframework.security</groupId>
  <artifactId>spring-security-core</artifactId>
  <version>${spring-security-version}</version>
  <exclusions>
    <exclusion>
      <groupId>org.springframework</groupId>
      <artifactId>spring-core</artifactId>
    </exclusion>
    <exclusion>
      <groupId>org.springframework</groupId>
      <artifactId>spring-expression</artifactId>
```

```xml
    </exclusion>
    <exclusion>
      <groupId>org.springframework</groupId>
      <artifactId>spring-beans</artifactId>
    </exclusion>
  </exclusions>
</dependency>
<dependency>
  <groupId>org.springframework.security</groupId>
  <artifactId>spring-security-config</artifactId>
  <version>${spring-security-version}</version>
  <exclusions>
    <exclusion>
      <groupId>org.springframework</groupId>
      <artifactId>spring-core</artifactId>
    </exclusion>
    <exclusion>
      <groupId>org.springframework</groupId>
      <artifactId>spring-beans</artifactId>
    </exclusion>
  </exclusions>
</dependency>
```

여기서 사용된 `${spring-security-version}`은 3.1.4.RELEASE다. 이것은 `camel-spring-security` 라이브러리가 사용하는 것과 동일한 버전이어야 한다.

 이책이 쓰여질 시기에 카멜은 주로 스프링 3.2를 사용한다. 하지만 스프링 시큐리티는 예전 버전(3.1.4)이다. 일관성있는 버전을 참조하고 있는지 검증하기 위해 카멜 문서와 소스 둘 다 확인해보라.

예제 구현

루트의 익스체인지에 인증과 권한부여를 수행하기 위해 필요한 단계는 다음과 같다.

1. 익스체인지로부터 사용자정보를 꺼내고 스프링 시큐리티 또는 카멜 래퍼가 접근하는 위치에 둔다.

2. 사용자정보를 확인하고 그 정보에 대한 역할^{role}을 가져오기 위해 스프링 시큐리티가 사용하는 인증 메커니즘을 정의한다.

3. 익스체인지가 처리될지 아닐지를 따져보기 위해 그 역할들을 확인하도록 스프링 시큐리티가 사용할 권한부여 메커니즘을 정의한다.

4. `Policy`를 통해 이 메커니즘을 카멜로 연결하고 루트에서 사용한다.

설명한 단계들을 수행하기 위해 다음 연속 작업들을 수행한다.

1. 스프링 설정에 두 개의 XML 네임스페이스를 추가적으로 등록한다. 하나는 스프링 시큐리티를 위해 다른 하나는 카멜 스프링 시큐리티 바인딩을 위해 한다.

```
<beans xmlns="http://www.springframework.org/schema/beans"
  xmlns:xsi="http://www.w3.org/2001/XMLSchema-instance"
  xmlns:sec="http://www.springframework.org/schema/security"
  xmlns:camel-sec="http://camel.apache.org/schema/spring-security"
  xsi:schemaLocation="
    http://www.springframework.org/schema/beans
      http://www.springframework.org/schema/beans/spring-beans.xsd
    http://www.springframework.org/schema/security
      http://www.springframework.org/schema/security/
      spring-security-3.1.xsd
    http://camel.apache.org/schema/spring
      http://camel.apache.org/schema/spring/camel-spring.xsd
    http://camel.apache.org/schema/spring-security
      http://camel.apache.org/schema/spring-
      security/camel-spring-security.xsd">
```

2. 사용자정보^{credential}를 얻는 메커니즘은 컨슈머의 통신 방법에 의존한다. 따라서 이 부분은 자주 직접 작성해야 할 것이다. `Processor`를 사용하면 된다.

```java
public class SecurityContextLoader implements Processor {
  @Override
  public void process(Exchange exchange) throws Exception {
    Message in = exchange.getIn();
```

```
        String username = in.getHeader("username", String.class);
        String password = in.getHeader("password", String.class);

        Authentication authenticationToken =
          new UsernamePasswordAuthenticationToken(username,
              password);
        SecurityContextHolder.getContext()
            .setAuthentication(authenticationToken);
    }
  }
```

이 코드에서는 사용자정보가 메시지 헤더 내에서 루트로 들어오기를 기대한다. 사용
자 정보는 org.springframework.security.core.Authentication 구현체 내에 저
장된다.

 org.springframework.security.core.context.SecurityContextHolder는 인증과
권한부여를 위해 스프링 시큐리티가 접근하는 스레드로컬 기반의 메커니즘이다.

3. 일반적인 스프링 빈^{bean}으로 프로세서를 등록한다.

```
<bean id="securityContextLoader"
    class="org.camelcookbook.security.springsecurity
              .SecurityContextLoader"/>
```

4. 역할에 사용자정보를 매핑하는 사용자 서비스를 정의한다. 여기서는 스프링 설
   정에 이런 정보를 저장하는 아주 간단한 예제를 사용한다.

```
<sec:user-service id="userServicev">
  <sec:user name="jakub"
            password="supersecretpassword1"
            authorities="ROLE_USER, ROLE_ADMIN"/>
  <sec:user name="scott"
            password="supersecretpassword2"
            authorities="ROLE_USER"/>
</sec:user-service>
```

사용자 서비스는 주어진 사용자 이름에 대응되는 상세 내역을 가져온다. 실제로 인증을 하지는 않는다. 스프링 시큐리티는 데이터베이스와 LDAP 서버를 접근하는 구현체를 기본으로 제공한다. 사용자가 직접 만들 수도 있다.

5. 다음은 사용자 서비스를 사용해 사용자정보를 인증하는 AuthenticationManager 를 정의한다.

```
<sec:authentication-manager alias="authenticationManager">
  <sec:authentication-provider user-service-ref="userService"/>
</sec:authentication-manager>
```

6. 주어진 사용자 정보로 리소스에 대한 접근을 허용할지에 대한 결정을 하는 접근 결정 매니저^{access decision manager}를 정의한다.

스프링 시큐리티의 접근 권한 처리는 투표자^{voter}(org.springframework.security. access.AccessDecisionVoter의 구현체)의 의견에 기반해 동작하는데 각 해당 Authentication 객체가 리소스에 접근을 가지는지 차례대로 결정하게 된다. 각 투표자는 접근을 부여하거나 거부하는 데 투표하거나 기권한다.

접근 결정 매니저는 투표를 한데 모아서 최종 결정을 내린다. 세 가지 결정 매니저가 사용 가능한데, 하나의 투표자가 찬성하거나(AffirmativeBased), 모든 투표자가 찬성하거나(AffirmativeBased), 다수가 찬성하는 경우(AffirmativeBased) 셋 중 하나가 요구된다.

```
<bean id="accessDecisionManager"
      class="org.springframework.security.access.vote
             .AffirmativeBased">
  <constructor-arg>
    <list>
      <bean class="org.springframework.security.access.vote
                   .RoleVoter"/>
    </list>
  </constructor-arg>
</bean>
```

여기서 사용된 단독 투표자는 역할^{role}에 기반한 결정을 내린다.

7. 카멜 정책^{Camel Policy}내에 스프링 시큐리티 메커니즘을 감싸서 카멜 루트로 연결고리를 제공한다. 여기서는 익스체인지로부터 받은 인증은 반드시 ROLE_ADMIN이어야 한다는 것을 설명하고 있다.

```
<camel-sec:authorizationPolicy
    id="adminAuthPolicy"
    access="ROLE_ADMIN"
    authenticationManager="authenticationManager"
    accessDecisionManager="accessDecisionManager"
    useThreadSecurityContext="true"/>
```

8. 사용자 루트 내에 익스체인지로부터 인증^{authentication}을 가져오기 위해 정의한 프로세서를 시작한다. 그리고 접근이 보호되어야만 하는 민감한 코드에 그 정책을 사용한다.

```
<from uri="direct:in"/>
<process ref="securityContextLoader"/>
<policy ref="adminAuthPolicy">
  <to uri="mock:secure"/>
</policy>
```

예제 분석

접근을 허가하기 위한 절차는 다음과 같다.

1. 메시지로부터 사용자 정보를 얻음

2. 사용자 서비스로부터의 데이터를 사용해 사용자정보를 인증

3. 사용자 또는 시스템^{Principal}이 특정 리소스에 접근을 가지는지 결정

2단계 또는 3단계 둘 중 하나가 실패할 경우 org.apache.camel.Camel Authorization Exception이 문제의 상세한 정보와 함께 발생한다. 이 예외는 7장, '에러 처리와 보상'의 'doTry...doCatch를 사용해 에러를 세밀하게 처리하기' 예제에서 설명한 메커니즘을 사용해 처리된다.

사용자정보를 달고 다니기 위해 사용되는 SecurityContextHolder는 내부적으로 스레드 로컬에 의존한다. 이는 웹 애플리케이션 내에서 스프링 시큐리티의 사용으로부터 유래된 설계다. 카멜과의 통합 컨텍스트 내에서는 이것이 때때로 골치거리다. 익스체인지가 1장, '루트 구성'의 '비동기적으로 루트 연결하기' 예제에서 설명한 seda: 엔드포인트 너머로 전달될 때와 같이 익스체인지가 하나의 스레드 범위를 넘어갈 때 Authentication 객체를 잃어버리기 때문이다. 일반적으로는 전송 방법transport으로부터 사용자정보를 분리하고 동일한 스레드 내에서 수행되는 동작에 대해 접근을 가지고 있는지 검증해야 한다.

이것이 가능하지 않다면 javax.security.auth.Subject 내에 Authentication을 감싸고 해당 익스체인지의 CamelAuthentication 헤더(Exchange.AUTHENTICATION 상수로 정의되어 있는)에 넣어서 이 제약을 비켜갈 수 있다. 카멜의 스프링 시큐리티 정책이 헤더로부터 그 정보를 꺼내 인증과 접근 결정 매니저에게 전달할 것이다.

이것을 하기 위해, SecurityContextHolder를 초기화하는 대신 다음 단계를 수행하기 위해 사용자 SecurityContextLoader 구현체를 바꾸기만 하면 된다.

```
Subject subject = new Subject();
subject.getPrincipals().add(authenticationToken);
in.setHeader(Exchange.AUTHENTICATION, subject);
```

스프링 시큐리티는 인증과 권한부여를 별도의 처리로 나눠서 각각 독립적으로 설정하게 하며, 사용할 수 있는 옵션이 매우 많다. 자세한 내용은 스프링 시큐리티 문서를 참고하라.

스프링 시큐리티 메커니즘은 스프링 애플리케이션 내에서 사용하기 쉽다. 스프링 생명주기 인터페이스와 커스텀 스프링 네임스페이스 핸들러에서 숨기는 상당한 양의 코드 때문에 OSGi 블루프린트와 일반 자바 애플리케이션 내에서 사용하기는 많이 어렵다.

만약 그런 환경에서 사용자가 인증과 권한을 필요로 한다면 아파치 Shiro 시큐리티 프로젝트를 대안으로 고려해야 한다. 이는 카멜 Shiro 컴포넌트를 통해 접근할 수 있다.

참고 사항

- 카멜 스프링 시큐리티: http://camel.apache.org/spring-security.html
- 스프링 시큐리티: http://docs.spring.io/spring-security/site/
- 카멜 Shiro 시큐리티: http://camel.apache.org/shiro-security.html

12
웹 서비스

12장에서는 다음과 같은 예제를 다룬다.

- WSDL로 서비스 스텁 생성하기
- 카멜에서 원격 웹 서비스 호출하기
- 카멜 루트로 웹 서비스 구현하기
- 단일 루트 내에서 여러 개의 웹 서비스 동작 제공하기
- 웹 서비스 오류 다루기
- 웹 서비스 대리하기

소개

12장에서는 통합 기술에서 흔하게 사용되는 SOAP 웹 서비스를 다루기 위한 카멜의 기능을 살펴본다. 카멜은 웹 서비스 프레임워크로 아파치 CXF 프로젝트(http://cxf. apache.org)를 강력하게 지원한다. 그래서 외부의 웹 서비스를 호출하는 것과 웹 서비스 리스너로 행동하는 것 둘 다 가능한 카멜 루트를 생성하기 위해 CXF를 사용하는 것은 매우 쉽다. 12장의 예제들은 웹 서비스 통합의 공통 시나리오의 일부를 보여주어 이 기술들을 계속 탐험하기 위한 시작점을 제공한다.

CXF 라이브러리는 XML 웹 서비스(JAX-WS) 자바 API를 통한 SOAP과 레스트풀(RESTful) 웹 서비스(JAX-RS) 자바 API를 통한 REST 둘 다 지원한다. 12장은 WSDL(Web Service Definition Language)를 사용해 정의한 서비스 규약에 기반한 SOAP 웹 서비스에 집중한다.

CXF는 WS-로 시작하는 표준을 위한 확장성있는 지원을 하는 매우 풍부한 라이브러리다. 이것을 사용하는 법에 관한 자세한 사항은 CXF 웹사이트를 참조하라.

일반적으로 SOAP 웹 서비스를 만드는 데 두 가지 접근 방법이 있다.

1. WSDL 파일에 서비스 규약을 정의하고 그 WSDL로부터 JAX-WS와 JAXB^{Java} Architecture for XML Binding 애노테이션이 붙은 자바 클래스와 인터페이스를 생성한다. 이는 어떤 서비스 구현체를 만들 것인지에 대한 기반을 제공한다. 이를 계약 우선^{contract-first} 개발이라고 한다. 시스템 통합에서 이런 개발 스타일이 서비스를 개발하기 위한 가장 흔한 방법이다. 서비스 제공자와 클라이언트가 프론트엔드의 서비스 인터페이스에 합의를 하기 때문이다.

2. 일반적인 자바 서비스를 만들고 나서 애노테이션을 붙이고 그 서비스를 위한 JAX-WS와 JAXB 애노테이션을 붙인 데이터 전송 객체를 만든다. 이를 서비스 우선^{service-first} 개발이라고 한다. 사실, 서비스 우선 개발은 좀 더 전략적인 경향이 있다. SOAP를 염두에 둔 다른 인터페이스로 개발된 클래스들을 노출하게 한다.

12장은 계약 우선 웹 서비스 개발에 집중한다.

카멜의 아키텍처에 관한 몇 가지 개념이 12장에 걸쳐 사용된다. '들어가며'에 카멜 개념에 관한 광의적인 개괄이 있다. 자세한 사항은 아파치 카멜 웹사이트(http://camel.apache.org)에서 찾을 수 있다.

12장을 위한 코드는 예제의 camel-cookbook-web-services 모듈 내에 포함되어 있다.

WSDL로 서비스 스텁 생성하기

SOAP 웹 서비스 연결을 위해 카멜 CXF 컴포넌트를 사용하려면 첫째로 이미 정의된 서비스 규약, 즉 WSDL에 기반해 웹 서비스를 정의하는 인터페이스들을 생성할 필요가 있다. 이것을 하기 위해 아파치 CXF 프로젝트가 제공하는 메이븐 플러그인을 사용할 것이다.

이렇게 생성된 인터페이스들은 일반 자바 클래스와 인터페이스에 JAX-WS 애노테이션이 붙은 모양이 된다. 이 클래스들은 WSDL 내에 포함된 XML 스키마로부터 생성되는데, 모델이라고 불려지며 웹 서비스 메소드의 인자와 리턴 값으로 사용된다. 이 클래스들은 자바 객체와 그 XML 표현 사이의 변환을 자동화하기 위해 JAXB 바인딩 애노테이션을 달고 있다.

전체적으로 JAX-WS 라이브러리들은 카멜이 웹 서비스를 호출하거나 웹 서비스 프로바이더로 행동하는 것을 가능케 한다.

이 예제는 빌드할 때 사용자 프로젝트의 WSDL 문서로부터 JAX-WS 산출물을 생성하는 것을 자동화하기 위해 `cxf-codegen-plugin`를 설정하는 것에 대한 방법을 보여준다.

준비

`cxf-codegen-plugin`는 메이븐 프로젝트의 pom.xml 파일 내에서 참조된다. 이 예제는 웹 서비스 규약을 정의하는 WSDL 파일로부터 JAX-WS 산출물들을 생성하는 목적만을 위해 camel-cookbook-web-services 모듈 내에 ws-payments-api라는 자식 프로젝트를 정의한다. 이 프로젝트의 JAR 파일은 ws-camel-routes 프로젝트의 의존성으로 사용되어 카멜 루트에 포함된다.

웹서비스의 클래스를 생성하기 위해 WSDL 파일이 필요하다. 12장에서는 src/main/resources/wsdl 디렉토리 내에 포함된 예제 파일들을 이용한다.

메이븐 프로젝트의 pom.xml 파일에서 다음과 같이 플러그인 정의를 추가한다.

```xml
<build>
  <plugins>
    <plugin>
      <groupId>org.apache.cxf</groupId>
      <artifactId>cxf-codegen-plugin</artifactId>
      <version>${cxf-version}</version>
      <executions>
        <execution>
          <phase>generate-sources</phase>
          <goals>
            <goal>wsdl2java</goal>
          </goals>
          <configuration>
            <sourceRoot>
              ${project.build.directory}/generated-sources/cxf
            </sourceRoot>
            <wsdlRoot>
              ${project.basedir}/src/main/resources/wsdl
            </wsdlRoot>
            <includes>
              <include>*.wsdl</include>
            </includes>
          </configuration>
        </execution>
      </executions>
    </plugin>
    <!-- 그 밖의 플러그인 -->
  </plugins>
  <!-- 그 밖의 빌드 설정 -->
</build>
```

이 예제에서 사용한 ${cxf-version}은 2.7.7이다.

앞의 예제 구현 절에서 설정된 대로 `cxf-codegen-plugin`의 기본 행위는 WSDL 파일을 파싱해 (wsdlRoot 옵션에서 지정한) 사용자 프로젝트의 src/main/resources/wsdl 디렉토리에 넣는다. 그리고 JAX-WS와 JAXB 산출물들을 (sourceRoot 옵션에서 지정한) target/generated-sources/cxf 디렉토리에 생성한다.

코드 생성은 빌드의 generate-sources 단계에서 일어난다. (빌드 라이프사이클에 대한 설명은 메이븐 문서를 보라). 메이븐은 자동적으로 자바 소스 파일을 컴파일하고 결과로 나온 클래스들을 빌드되는 모듈에 포함시킨다. 그러면 사용자의 카멜 루트나 코드에서 이 클래스들을 참조할 수 있다.

WSDL 파일로부터 JAX-WS 애노테이션을 붙일 웹 서비스 API를 생성하는 단일 목적으로 분리된 메이븐 프로젝트를 만드는 것은 아주 좋은 방법이다. 이 프로젝트는 사용자 카멜 루트를 정의하는 모듈의 의존성으로 사용된다. 모듈 간에 해당 API를 재사용하는 것을 가능하게 하는 한편, 생성된 클래스들을 IDE 내에서 사용하기 쉽게 한다. 즉, 이 API 프로젝트를 먼저 빌드한 이후에 IDE에서 어떤 특별한 것을 할 필요 없이 의존 모듈 내에 생성된 클래스만으로 코드의 완전성을 갖게 된다. 모든 것을 동일한 프로젝트 내에서 하게 되면 IDE는 메이븐 빌드 동안에만 보이는 소스 디렉토리에 의존하게 되기 때문에 위의 방법이 더 선호된다.

WSDL로부터 JAX-WS 소스 코드를 생성하고 카멜 루트 내에서 사용하는 것의 주요 이점은 SOAP 메시지의 바디와 헤더가 사용자의 라우팅 로직에서 일반 자바 오브젝트(POJOs, Plain Old Java Objects)로 접근 가능한 것이다. 이는 웹 서비스를 포함한 여러 프론트엔드 기술로부터 오는 메시지와 동작하고 일정한 방법으로 그 메시지에 대한 처리를 하는 루트를 매우 쉽게 생성할 수 있다.

코드는 해당 네임스페이스 URI의 역순으로 이름지어진 패키지로 생성된다. 특별히 흥미를 가질만한 두 개의 네임스페이스는 서비스 정의를 위한 `targetNamespace`와 `payload` 엘리먼트의 스키마 네임스페이스다. src/main/resources/wsdl/에 위치한 paymentService.wsdl라는 WSDL 파일로부터 발췌한 내용을 살펴보자.

```
<wsdl:definitions name="wsdl-first"
    xmlns:wsdl="http://schemas.xmlsoap.org/wsdl/"
    xmlns:soap="http://schemas.xmlsoap.org/wsdl/soap/"
    xmlns:xsd="http://www.w3.org/2001/XMLSchema"
    xmlns:tns="http://ws.camelcookbook.org/payment-service"
    xmlns:typens="http://ws.camelcookbook.org/payment-service/types"
    targetNamespace="http://ws.camelcookbook.org/payment-service">

  <wsdl:types>
    <xsd:schema
        targetNamespace=
          "http://ws.camelcookbook.org/payment-service/types"
        elementFormDefault="qualified">
      <!-- ... -->
    </xsd:schema>
  </wsdl:types>

  <!-- ...   >

  <wsdl:service name="PaymentService">
    <wsdl:port binding="tns:PaymentSOAPBinding"
               name="PaymentPort">
      <soap:address
          location="http://localhost:9090/paymentService"/>
    </wsdl:port>
  </wsdl:service>
</wsdl:definitions>
```

서비스 인터페이스는 다음 네임스페이스로부터 생성된다.

```
http://ws.camelcookbook.org/payment-service
```

생성될 자바 패키지는 다음과 같다.

```
org.camelcookbook.ws.payment-service
```

비슷하게 스키마의 객체 표현은 다음 네임스페이스로부터 생성된다.

```
http://ws.camelcookbook.org/payment-service/types
```

생성될 자바 패키지는 다음과 같다.

```
org.camelcookbook.ws.payment-service.types
```

JAX-WS 애노테이션 오브젝트를 생성하기 위해 꼭 `cxf-codegen-plugin`을 사용해야
만 하는 것은 아니다. 대신 사용하길 원하는 애노테이션으로 직접 JAX-WS 클래스를
만들 수 있다. 대안으로 아파치 CXF 프로젝트는 관련된 래퍼 메이븐 플러그인과 함
께 java2ws 툴을 포함하고 있는데, 이는 서비스 우선[service-first] 접근 방법으로 이미 존
재하는 자바 인터페이스로부터 JAX-WS 산출물들을 생성한다.

참고 사항

- 아파치 CXF: http://cxf.apache.org
- `cxf-codegen-plugin` 문서: http://cxf.apache.org/docs/maven-cxf-codegen-
  plugin-wsdl-to-java.html
- 메이븐 빌드 수행주기: http://maven.apache.org/guides/introduction/
  introduction-to-the-lifecycle.html
- 웹서비스 서술 언어[WSDL, Web Service Description Language]: http://www.w3.org/TR/
  wsdl

카멜에서 원격 웹 서비스 호출하기

카멜의 CXF 컴포넌트는 기본적으로 요청과 응답 객체를 위해 POJO를 사용하고 필
요할 것을 대비해 다른 SOAP 세부사항들을 모두 익스체인지의 헤더에 저장해 웹 서
비스 호출을 쉽게 한다.

카멜의 내장된 데이터 타입 전환과 빈[bean] 파라미터 바인딩 기능을 사용해 SOAP 메
시지의 바디를 인자나 리턴 타입으로 하는 자바 메소드를 쉽게 호출한다. 카멜은 자
바와 XML 간의 변환을 자동적으로 처리할 것이다. 웹 서비스를 호출할 때 수행해야

할 동작 이름 같은 부가적인 사항은 메시지 바디와 별도로 익스체인지에 넣는다.

이 예제는 카멜 루트에서 웹 서비스를 호출하는 기본 구조를 보여준다.

준비

이 예제는 사용자가 'WSDL로 서비스 스텁 생성하기' 예제에서 본 대로 만들어진 JAX-WS 산출물을 가진 프로젝트가 있다고 가정한다. 사용자 빌드에 그 프로젝트를 의존성으로 포함한다.

```
<dependency>
  <groupId>org.camelcookbook.examples</groupId>
  <artifactId>ws-payments-api</artifactId>
  <version>1.0-SNAPSHOT</version>
</dependency>
```

이 예제의 모든 소스 파일은 camel-cookbook-web-services 모듈의 ws-camel-routes 프로젝트 내에 위치한다. 이 예제의 자바 코드는 `org.camelcookbook.ws.client` 패키지에 위치한다. 스프링 XML 파일은 src/main/resources/META-INF/spring 아래에 withclient라는 접두어를 가지고 있다.

예제 구현

카멜 CXF 컴포넌트를 사용해 카멜에서 웹 서비스를 호출하기 위해 다음 단계를 수행한다.

1. `camelContext` 엘리먼트 바깥에 `cxfEndpoint` 엘리먼트를 정의해 호출될 웹서비스 엔드포인트를 설정한다. 이 엘리먼트는 카멜 CXF 네임스페이스(http://camel.apache.org/schema/cxf)에서 찾아지며 원격 서비스의 주소(address)와 WSDL로부터 생성된 인터페이스 클래스(serviceClass)를 정의한다.

```
<beans ...
    xmlns:cxf="http://camel.apache.org/schema/cxf"
    xsi:schemaLocation="...
      http://camel.apache.org/schema/cxf
```

```
            http://camel.apache.org/schema/cxf/camel-cxf.xsd">

  <cxf:cxfEndpoint
      id="paymentServiceEndpoint"
      address="http://localhost:1234/paymentService"
      serviceClass=
        "org.camelcookbook.ws.payment_service.Payment"/>
  <!-- ...-->
</beans>
```

serviceClass는 WSDL로부터 생성된 인터페이스다. address는 CXF가 호출할
원격 서비스의 URL을 표시한다. 스프링의 네임스페이스 핸들러(cxfEndpoing)를
사용할 수 없기 때문에 엔드포인트 URI 스트링을 간단히 만든다.

```
final String cxfUri =
  "cxf:http://localhost:1234/paymentService?" +
  "serviceClass=" + Payment.class.getName();
```

2. 웹 서비스를 호출한다. XML DSL에서 호출하길 원하는 동작 이름과 이 특정 루트
   단계를 위한 부가적인 옵션을 cxf:bean: 접두어를 사용해 사용자가 1단계에서
   설정한 엔드포인트를 참조한다.

```
<camelContext
    xmlns="http://camel.apache.org/schema/spring">
  <route id="wsClient">
    <from uri="direct:start"/>
    <log message="${body}"/>
    <to uri="cxf:bean:paymentServiceEndpoint
            ?defaultOperationName=transferFunds"
    />
  </route>
</camelContext>
```

자바 DSL에서는 부가 옵션을 엔드포인트 URI에 붙인다.

```
from("direct:start")
    .id("wsClient")
  .log("${body}")
  .to(cxfUri + "&defaultOperationName=transferFunds");
```

이 예제 코드는 카멜 익스체인지의 바디가 `TransferRequest` 타입이며 그것이 `transferFunds` 동작을 위해 WSDL에 지정되어 있는 예정된 요청 파라미터 타입이라고 가정한다. 카멜 CXF 컴포넌트는 보안을 위한 엔드포인트에 의해 설정된 SOAP 헤더 정보를 포함한 적절한 SOAP 엔빌로프^{envelope}로 메시지 바디를 자동적으로 감쌀 것이다.

요청-응답 웹 서비스 동작의 경우에, 카멜 CXF 컴포넌트는 응답의 SOAP 바디를 뽑아내어 POJO로 변환하고 루트에 의한 추가 처리를 위해 익스체인지의 바디로 넣는다.

POJO 메시지를 웹 서비스 호출로 올바르게 감싸거나 풀기 위해 카멜과 CXF 프레임워크 사이의 동작에는 보이지 않는 많은 것들이 일어난다. 이 예제는 카멜이 웹 서비스를 호출하기 위한 가장 기본적인 구조만을 보여준다. SOAP 웹 서비스를 다룰 때 사용 가능한 옵션을 전부 보려면 이 예제의 참고 사항 절에 있는 카멜과 CXF 문서를 보라.

이 예제에서 해당 동작을 호출할 카멜 CXF 컴포넌트를 가진 `defaultOperationName`으로 엔드포인트를 설정했다. 또 익스체인지에 `operationName` 헤더를 넣어 호출할 웹 서비스 동작을 지정할 수도 있다. 그 헤더 값은 엔드포인트에 설정된 기본 동작 이름을 덮어쓸 것이다.

카멜 CXF 컴포넌트는 기본 POJO 모드가 아닌 다른 형식에서 데이터를 원한다고 명세하기 위한 `dataFormat`을 가지고 있다. 예를 들어 SOAP XML 메시지를 그대로 처리하기 위해 `dataFormat=MESSAGE`라고 지정한다. 자세한 사항은 카멜 CXF 컴포넌트 문서를 보라.

- 카멜 CXF 컴포넌트: http://camel.apache.org/cxf
- 아파치 CXF: http://cxf.apache.org
- 'WSDL로 서비스 스텁 생성하기' 예제

카멜 루트로 웹 서비스 구현하기

카멜 CXF 컴포넌트는 카멜 루트가 SOAP(또는 REST) 웹 서비스 리스너로 동작하게 한다. 이는 ('웹 서비스 대리하기' 예제에서 자세히 논의할) 웹 서비스 프락시로서의 행위를 포함해, 다른 시스템을 위한 웹 서비스 프론트엔드를 생성한다.

이 예제는 웹 서비스 컨슈머/리스너로서 카멜 루트를 노출하는 기본 단계를 보여줄 것이다.

준비

이 예제는 사용자가 'WSDL로 서비스 스텁 생성하기' 예제에서 본 대로 만들어진 JAX-WS 산출물을 가진 프로젝트가 있다고 가정한다. 생성된 API를 사용하기 위해 사용자 빌드에 그 프로젝트가를 의존성으로 포함한다.

```
<dependency>
  <groupId>org.camelcookbook.examples</groupId>
  <artifactId>ws-payments-api</artifactId>
  <version>1.0-SNAPSHOT</version>
</dependency>
```

이 예제는 paymentService.wsdl에 기반하며, 그것은 transferFunds라는 하나의 동작을 가지고 있다.

```
<wsdl:portType name="Payment">
  <wsdl:operation name="transferFunds">
    <wsdl:input message="tns:TransferRequest"/>
    <wsdl:output message="tns:TransferResponse"/>
```

```
    <wsdl:fault name="fault" message="tns:FaultMessage"/>
  </wsdl:operation>
</wsdl:portType>
```

이 예제의 모든 소스 파일은 camel-cookbook-web-services 모듈의 ws-camel-routes 프로젝트에 위치한다. 이 예제를 위한 자바 코드는 `org.camelcookbook.ws.service` 패키지에 있다. 스프링 XML 파일은 src/main/resources/META-INF/spring 아래에 withservice라는 접두어를 가지고 있다.

예제 구현

카멜을 사용해 웹 서비스 리스너(컨슈머)를 노출시키기 위한 주요 세 단계가 있다.

1. 카멜 CXF 엔드포인트 설정하기

2. 메시지를 다루는 코드 작성하기

3. 적용 가능하다면, 요청을 업무 로직으로 전달하고 응답을 리턴하는 엔드포인트 로부터 메시지를 소비하는 루트 작성하기

이 단계들은 다음과 같이 수행된다.

1. 카멜 CXF 엔드포인트를 설정한다.

   XML DSL에서는 카멜 CXF 스키마 내에 정의된 `cxfEndpoint`를 사용한다. 이는 사용자 IDE가 엔드포인트의 파라미터를 자동완성하고 검증하게 한다.

```
<beans xmlns="http://www.springframework.org/schema/beans"
       xmlns:camel="http://camel.apache.org/schema/spring"
       xmlns:cxf="http://camel.apache.org/schema/cxf"
       xmlns:xsi=
         "http://www.w3.org/2001/XMLSchema-instance"
       xsi:schemaLocation="
         http://www.springframework.org/schema/beans
      http://www.springframework.org/schema/beans/spring-beans.xsd
         http://camel.apache.org/schema/cxf
    http://camel.apache.org/schema/cxf/camel-cxf.xsd
         http://camel.apache.org/schema/spring
```

```
http://camel.apache.org/schema/spring/camel-spring.xsd
    ">

<cxf:cxfEndpoint
    id="paymentServiceEndpoint"
    address="http://localhost:1234/paymentService"
    serviceClass="org.camelcookbook.ws
                .payment_service.Payment"/>

<!-- 그 밖의 내용 -->
</beans>
```

자바 DSL에서는 스프링 네임스페이스 핸들러(즉 cxfEndpoint)를 사용할 수 없기 때문에 엔드포인트 URI 스트링을 생성한다.

```
final String cxfUri =
    "cxf:http://localhost:1234/paymentService?"
    + "serviceClass=" + Payment.class.getCanonicalName();
```

2. 요청에 작업을 수행한다. 웹 서비스 메시지를 처리하기 위한 가장 쉬운 방법은 요청 객체를 파라미터로 받고 메소드 호출에 대한 응답을 리턴하는 POJO를 생성하는 것이다. 대부분 WSDL로부터 요청과 응답 산출물을 생성했을 것이므로 자바 코드에서는 생성된 POJO들을 직접 사용하기만 하면 된다.

```
import org.camelcookbook.ws.payment_service.types
        .TransferRequest;
import org.camelcookbook.ws.payment_service.types
        .TransferResponse;

public class PaymentServiceImpl {
  public TransferResponse
      transfer(TransferRequest request) {
    TransferResponse response = new TransferResponse();
    response.setReply("OK");
    return response;
  }
}
```

3. 요청과 응답을 라우팅한다. 모든 웹 서비스가 응답을 리턴할 필요는 없다. 응답을 할 것인지 아닌지는 예제에서처럼 익스체인지 내의 MEP가 InOut으로 지정되었는지에 의해 표시된다.

XML DSL에서는 cxf:bean을 사용해 1단계에서 설정한 엔드포인트를 참조한다. 그 엔드포인트는 카멜 컨슈머가 되기 위해, 즉 SOAP 메시지를 받고 카멜 루트로 메시지를 공급하기 위한 HTTP 리스너를 생성하기 위해 from 문에서 참조되어야만 한다.

```xml
<route id="wsRoute">
  <from uri="cxf:bean:paymentServiceEndpoint"/>
  <transform>
    <simple>${in.body[0]}</simple>
  </transform>
  <log message="request = ${body}"/>
  <bean ref="paymentServiceImpl"/>
  <log message="response = ${body}"/>
</route>
```

자바 DSL에서는 1단계에서 본 대로 엔드포인트 URI에 부가적인 옵션을 연결한다.

```java
from(cxfUri)
    .id("wsRoute")
  .transform(simple("${in.body[0]}"))
  .log("request = ${body}")
  .bean(PaymentServiceImpl.class)
  .log("response = ${body}");
```

> 카멜 CXF 컴포넌트는 엔드포인트 컨슈머로 행동할 때 카멜 메시지 내로 객체의 배열을 넣는데, 특별히 요청 파라미터의 배열을 집어넣는다. 문서 스타일 웹 서비스를 위해서는 단일 파라미터만 있을 것이다. transform(simple("${in. body[0]}")) 단계가 루트의 나머지 부분에서 처리되도록 하기 위해 그 단일 POJO 요청 객체를 추출해 카멜 메시지의 바디로 넣는다.

카멜 CXF 컴포넌트는 (루트의 from 부분에서) 컨슈머 엔드포인트로 사용될 때 내부적으로 HTTP 리스너를 시작해, 카멜 루트가 시작되면 SOAP 메시지를 받게 한다. 그 엔드포인트는 SOAP 메시지를 받아 파싱하고 카멜 익스체인지로 루트에 매핑한다.

이 매핑은 카멜 CXF 컴포넌트의 dataFormat 옵션에 기반하는데 SOAP 헤더와 다른 관련된 연결 정보를 익스체인지 헤더로 연결하는 POJO가 그 기본값이다. SOAP 바디는 JAX-WS 바인딩에 따라 POJO로 전환되고 익스체인지의 메시지 바디에 들어갈 것이다.

 dataFormat 파라미터를 PAYLOAD로 지정해 메시지 바디를 XML 문서로 소비할 수도 있다. 이는 XPath 매칭이나 XSLT 변환에 유용하다.
이 파라미터를 MESSAGE로 지정해 SOAP 메시지 전체를 XML 문서로 소비할 수도 있다.

POJO 데이터 형식을 사용할 때 카멜 CXF 엔드포인트 컨슈머는 요청 파라미터의 배열인 MessageContentList를 생성한다. 이것이 익스체인지의 메시지 바디로 들어가는 것이다. 웹 서비스가 문서-리터럴(Document-Literal) 스타일, 즉 단일 파라미터만 포함하더라도, 그 요청 파라미터는 배열로부터 접근해야 한다는 것을 염두에 두라. 이는 흔히 카멜 CXF 컴포넌트를 사용할 때 혼란의 원인이 된다.

요청을 처리하는 자바 빈[bean]은 생성된 JAX-WS 웹서비스 자바 인터페이스인 org.camelcookbook.ws.payment_service.Payment를 구현한다. 이는 해당 WSDL에 강한 타입 검사[strong typing]를 제공하지만 단일 자바 클래스 내에 웹 서비스 동작 모두를 구현하는 것을 강제하는데, 사용자는 그것을 원치 않을 수도 있다. 일반적으로 강한 타입 검사를 이루기 위해 메소드 파라미터 내에 생성된 요청과 응답 타입을 사용하는 것이 쉽다.

호출된 웹 서비스의 동작 이름은 `operationName`라는 익스체인지의 헤더로 대치될 것이다. 이 헤더를 사용해 그 요청을 제대로 라우팅하고 처리할 수 있다. '단일 루트 내에서 여러 개의 웹 서비스 동작 제공하기' 예제에서 이것에 대한 예제를 볼 것이다.

참고 사항

- 카멜 CXF 컴포넌트: http://camel.apache.org/cxf
- 아파치 CXF: http://cxf.apache.org
- 'WSDL로 서비스 스텁 생성하기' 예제
- '단일 루트 내에서 여러 개의 웹 서비스 동작 제공하기' 예제

단일 루트 내에서 여러 개의 웹 서비스 동작 제공하기

'카멜 루트로 웹 서비스 구현하기' 예제에서 봤듯이 카멜 CXF 컴포넌트는 카멜 루트가 SOAP (또는 REST) 웹 서비스 리스너로 동작하게 하는 기능을 가지고 있다. 대부분의 웹 서비스는 그 인터페이스에서 하나 이상의 동작을 노출한다. 이 예제는 웹 서비스 프론트엔드에서 동작하는 단일 카멜 루트 내에 복수 개의 웹 서비스 동작을 다루기 위한 정책을 보여준다.

준비

이 예제는 사용자가 'WSDL로 서비스 스텁 생성하기' 예제에서 본 대로 만들어진 JAX-WS 산출물을 가진 프로젝트가 있다고 가정한다. 사용자 빌드에 그 프로젝트를 의존성으로 포함한다.

```
<dependency>
  <groupId>org.camelcookbook.examples</groupId>
  <artifactId>ws-payments-api</artifactId>
  <version>1.0-SNAPSHOT</version>
</dependency>
```

이 예제는 `paymentService2.wsdl`에 기반하는데, 그 인터페이스는 `transferFunds`와 `checkStatus` 두 개의 동작을 가지고 있다.

```
<wsdl:portType name="Payment">
  <wsdl:operation name="transferFunds">
    <wsdl:input message="tns:TransferRequest"/>
    <wsdl:output message="tns:TransferResponse"/>
    <wsdl:fault name="fault" message="tns:FaultMessage"/>
  </wsdl:operation>
  <wsdl:operation name="checkStatus">
    <wsdl:input message="tns:CheckStatusRequest"/>
    <wsdl:output message="tns:CheckStatusResponse"/>
    <wsdl:fault name="fault" message="tns:FaultMessage"/>
  </wsdl:operation>
</wsdl:portType>
```

이 예제의 모든 소스 파일은 camel-cookbook-web-services 모듈의 ws-camel-routes 프로젝트 내에 위치하고 있다. 이 예제의 자바 코드는 `org.camelcookbook.ws.multipleoperations` 패키지에 위치하고 있다. 스프링 XML 파일은 src/main/resources/META-INF/spring 아래에 withmultipleOperations라는 접두어를 달고 있다.

예제 구현

단일 카멜 루트에서 여러 웹 서비스 동작을 제공하기 위해 다음 단계를 수행한다.

1. 카멜 루트로 웹 서비스 구현하기 예제의 1단계에 설명한 대로 카멜 CXF 엔드포인트를 설정한다.

2. 내용 기반 라우터를 사용해 `operationName` 헤더에 따라 익스체인지를 라우트한다.

   XML DSL에서는 다음과 같이 작성한다.

   ```
   <route id="wsRoute">
     <from uri="cxf:bean:paymentServiceEndpoint"/>
     <transform>
   ```

```xml
      <simple>${in.body[0]}</simple>
    </transform>
    <log message="request = ${body}"/>
    <choice>
      <when>
        <simple>
          ${in.header.operationName} == 'transferFunds'
        </simple>
        <bean ref="paymentServiceImpl"/>
      </when>
      <when>
        <simple>
          ${in.header.operationName} == 'checkStatus'
        </simple>
        <bean ref="checkStatusServiceImpl"/>
      </when>
      <otherwise>
        <setFaultBody>
          <method ref="faultHandler"
                  method="createInvalidOperation"/>
        </setFaultBody>
      </otherwise>
    </choice>
    <log message="response = ${body}"/>
</route>
```

자바 DSL에서는 동일한 루트를 다음과 같이 표현된다.

```java
from(cxfUri).id("wsRoute")
  .transform(simple("${in.body[0]}"))
  .log("request = ${body}")
  .choice()
    .when(simple(
        "${in.header.operationName} == 'transferFunds'"
    ))
      .bean(PaymentServiceV2Impl.class)
    .when(simple(
        "${in.header.operationName} == 'checkStatus'"
```

```
  ))
    .bean(CheckStatusServiceV2Impl.class)
  .otherwise()
    .setFaultBody(method(FaultHandler.class,
                        "createInvalidOperation"))
  .end()
  .log("response = ${body}");
```

choice 영역의 otherwise 부분에서 유효하지 않은 동작 이름이 감지되면 SOAP 오류가 setFaultBody DSL 문을 통해 발생한다. 이 메커니즘은 '웹 서비스 오류 다루기' 예제에 자세히 설명한다.

예제 분석

카멜 CXF 엔드포인트 컨슈머는 웹 서비스 동작 이름을 익스체인지의 operationName 헤더로 넣는다. 이 값을 기반으로 카멜의 내용 기반 라우터를 사용해 요청을 적절히 라우팅한다.

컨슈머는 또 SOAP 동작의 네임스페이스를 포함하는 operationNamespace 헤더를 지정한다. 이것은 사용자 WSDL이 네임스페이스 안의 버전을 통해 웹 서비스의 다양한 버전을 지원할 때 유용하다. 이 헤더를 사용해 익스체인지를 다른 서비스 메소드로 보낼 수도 있다.

내용 기반 라우터의 otherwise 부분은 알지 못하는 동작 이름을 가진 요청을 잡을 것이다. 이 예제에서 SOAP 오류가 리턴된다. 카멜에서 오류 처리에 대한 더 자세한 사항은 '웹 서비스 오류 다루기' 예제를 보라.

부연 설명

카멜 CXF 컴포넌트는 ?wsdl 쿼리 파라미터를 포함하는 서비스 URL로 HTTP 요청이 만들어질 때 서비스 엔드포인트를 위한 WSDL을 리턴하는 규약을 지원한다.

예를 들면, 웹 서비스가 http://localhost:8080/paymentServicev2를 통해 접근된다면, 그 서비스 엔드포인트를 위한 WSDL은 http://localhost:8080/

paymentServicev2?wsdl을 통해 접근한다.

이 컴포넌트는 설정된 JAX-WS 산출물을 사용해 해당 엔드포인트에 정의된 serviceClass의 애노테이션에 따라서 런타임에 WSDL을 생성하도록 한다. 노출된 웹서비스와 생성된 WSDL 규약을 세세히 조정할 수 있는 여러 가지 카멜 CXF 옵션들이 있다. 더 자세한 사항을 컴포넌트 문서를 보라.

참고 사항

- 카멜 CXF 컴포넌트: http://camel.apache.org/cxf
- 아파치 CXF: http://cxf.apache.org
- 'WSDL로 서비스 스텁 생성하기' 예제
- '카멜 루트로 웹 서비스 구현하기' 예제
- '웹 서비스 오류 다루기' 예제

웹 서비스 오류 다루기

때때로 요청을 처리하는 동안 에러가 발생한다. 그리고 그 에러를 SOAP 오류 메시지로 리턴하기를 원한다. 이 예제는 웹 서비스 루트 내의 예외를 잡아 절절한 SOAP 오류를 리턴하는 법을 보여준다.

준비

이 예제는 사용자가 'WSDL로 서비스 스텁 생성하기' 예제에서 본 대로 만들어진 JAX-WS 산출물을 가진 프로젝트가 있다고 가정한다. 사용자 빌드에 그 프로젝트를 의존성으로 포함한다.

```
<dependency>
  <groupId>org.camelcookbook.examples</groupId>
  <artifactId>ws-payments-api</artifactId>
  <version>1.0-SNAPSHOT</version>
</dependency>
```

480

이 예제는 paymentService.wsdl에 기반한다. 그것의 `transferFunds` 동작은 FaultMessage 타입의 오류를 리턴할 수 있다.

```
<wsdl:portType name="Payment">
  <wsdl:operation name="transferFunds">
    <wsdl:input message="tns:TransferRequest"/>
    <wsdl:output message="tns:TransferResponse"/>
    <wsdl:fault name="fault" message="tns:FaultMessage"/>
  </wsdl:operation>
</wsdl:portType>
```

이 예제를 위한 모든 소스 파일은 camel-cookbook-web-services 모듈의 ws-camel-routes 프로젝트에 위치하고 있다. 이 예제의 자바 코드는 `org.camelcookbook.ws.fault` 패키지에 위치한다. 스프링 XML 파일은 src/main/resources/META-INF/spring 아래에 withfault라는 접두어를 가지고 있다.

예제 구현

카멜 루트로부터 SOAP Fault를 리턴하기 위해 다음의 단계를 수행한다.

1. 웹 서비스 엔드포인트를 설정하고 '카멜 루트로 웹 서비스 구현하기' 예제에 설명한 대로 루트를 통해 메시지를 처리한다.

2. Exception을 WSDL에 정의된 오류 타입으로 변환하는 메소드를 가진 Fault Handler POJO를 정의한다.

```java
import org.camelcookbook.ws.payment_service.FaultMessage;

public class FaultHandler {
  public FaultMessage createFault(Exception exception) {
    FaultMessage fault =
        new FaultMessage(exception.getMessage());
    fault.setStackTrace(exception.getStackTrace());
    return fault;
  }
}
```

3. `FaultHandler`를 사용해 잡은 예외를 오류 타입으로 변환하는 예외 처리 영역을 추가한다.

XML DSL에서는 다음과 같이 작성한다.

```xml
<route id="wsRoute">
  <from uri="cxf:bean:paymentServiceEndpoint"/>
  <onException>
    <exception>
      org.camelcookbook.ws.fault.TransferException
    </exception>
    <handled>
      <constant>true</constant>
    </handled>
    <setFaultBody>
      <method ref="faultHandler" method="createFault"/>
    </setFaultBody>
  </onException>
  <transform>
    <simple>${in.body[0]}</simple>
  </transform>
  <log message="request = ${body}"/>
</route>
```

자바 DSL에서는 동일한 루트를 다음과 같이 표현한다.

```java
from(cxfUri)
    .id("wsRoute")
  .onException(TransferException.class)
    .handled(true)
    .setFaultBody(method(FaultHandler.class,
                          "createFault"))
  .end()
  .transform(simple("${in.body[0]}"))
  .log("response = ${body}");
```

카멜은 오류 개념 또는 회복 불가능한 에러의 개념을 가지고 있고 그것은 익스체인지에 boolean 값인 오류 플래그로 표현된다. 오류 바디를 지정하는 것은 앞의 예제에서처럼 내부적으로 이 플래그를 지정한다.

이 예제의 onException 영역이 어떻게 동작하는지에 대한 더 자세한 사항은 7장, '에러 처리와 보상'을 보라.

FaultHandler 메소드는 카멜의 파라미터 바인딩 기능을 이용한다. 카멜은 잡은 예외를 CamelExceptionCaught라는 익스체인지 속성으로 집어 넣는다. 카멜의 파라미터 바인딩은 자동적으로 그 속성을 어떤 빈[bean]의 예외 타입 메소드 파라미터나 메소드 표현식 호출로 매핑시킨다. 카멜의 파라미터 바인딩 기능에 대해 더 자세한 사항은 3장, '사용자 코드로 라우팅'을 참조하라.

- 카멜 CXF 컴포넌트: http://camel.apache.org/cxf
- 아파치 CXF: http://cxf.apache.org
- 'WSDL로 서비스 스텁 생성하기' 예제
- '카멜 루트로 웹 서비스 구현하기' 예제

웹 서비스 대리하기

백엔드 서비스에 대한 요청을 대리[proxying]하는 것은 카멜에서 매우 흔하다. 웹 서비스 클라이언트를 백엔드 서비스로부터 결합을 제거하면 대리자[proxy] 코드만 수정해 쉽게 백엔드를 옮기거나 바꿀 수 있다. 그렇지 않고 백엔드를 직접 사용할 경우에는 클라이언트 시스템 전체를 수정해야 한다. 이 방법은 엔드포인트 가상화로 알려져 있다.

또한 대리자proxy는 원래 서비스를 새로운 종류의 클라이언트에 노출하는 것 같은 경우에 보안이나 감사 계층을 적용하는 데도 사용된다.

이 예제는 카멜에서 단순 웹 서비스 대리자를 생성하는 기본적인 내용을 보여준다.

준비

이 예제는 사용자가 'WSDL로 서비스 스텁 생성하기' 예제에서 본 대로 만들어진 JAX-WS 산출물을 가진 프로젝트가 있다고 가정한다. 사용자 빌드에 그 프로젝트를 의존성으로 포함한다.

```
<dependency>
  <groupId>org.camelcookbook.examples</groupId>
  <artifactId>ws-payments-api</artifactId>
  <version>1.0-SNAPSHOT</version>
</dependency>
```

이 예제는 paymentService.wsdl에 기반한다. 이 예제를 위해 대리자와 백엔드 서비스는 동일한 WSDL 인터페이스를 가지고 있다고 가정한다. 만약 그것들이 다르다면 별도 프로젝트에서 WSDL에 대한 JAX-WS 산출물들을 생성해야 한다.

이 예제의 모든 소스 파일은 camel-cookbook-web-services 모듈의 ws-camel-routes 프로젝트에 위치한다. 이 예제의 자바 코드는 org.camelcookbook.ws.proxy 패키지에 위치한다. 스프링 XML 파일은 src/main/resources/META-INF/spring 아래에 withproxy라는 접두어를 가지고 있다.

예제 구현

이 예제에는 두 개의 주요 단계가 있다. 프론트엔드와 백엔드의 카멜 CXF 엔드포인트를 설정하는 것과 대리자 루트를 명세하는 것이다.

1. 엔드포인트 설정

    XML DSL에서는, 스프링 빈beans 엘리먼트 내에서 하나는 프론트엔드 프록시frontend proxy를 위해 다른 하나는 백엔드 서비스를 위해 두 개의 cxfEndpoints를 설정한다.

```
<cxf:cxfEndpoint
    id="paymentServiceProxy"
    address="http://host1:port1/paymentService"
    serviceClass="org.camelcookbook.ws.payment_service.Payment"/>
```

```
<cxf:cxfEndpoint
    id="paymentServiceBackend"
    address="http://host2:port2/paymentService"
    serviceClass="org.camelcookbook.ws.payment_service.Payment"/>
```

자바 DSL에서는 각 엔드포인트를 위해 엔드포인트 URI 스트링을 생성한다.

```
final String paymentServiceProxyUri =
    "cxf:http://host1:port1/paymentService" +
    "?serviceClass=" +
    Payment.class.getCanonicalName();
```

```
final String paymentServiceBackendUri =
    "cxf:http://host2:port2/paymentService" +
    "?serviceClass=" +
    Payment.class.getCanonicalName();
```

2. 프록시 루트 생성

XML DSL에서는 다음과 같이 정의한다.

```
<route id="wsProxy">
  <from uri=
    "cxf:bean:paymentServiceProxy?dataFormat=PAYLOAD"/>
  <log message="request = ${body}"/>
  <to uri=
    "cxf:bean:paymentServiceBackend?dataFormat=PAYLOAD"/>
  <log message="response = ${body}"/>
</route>
```

자바 DSL에서는 다음과 같이 표현한다.

```
from(paymentServiceProxyUri + "&dataFormat=PAYLOAD")
    .id("wsProxy")
```

```
    .log("request = ${body}")
    .to(paymentServiceBackendUri + "&dataFormat=PAYLOAD")
    .log("response = ${body}");
```

 SOAP 메시지의 바디를 XML로 처리하기 위해 dataFormat=PAYLOAD 옵션을
사용했다. 이것은 엄격하게는 필요없지만 카멜 CXF 컴포넌트가 메시지 바디를 XML
에서 POJO로, 그리고 다시 XML로 변환하지 않으므로 처리량을 향상하는 데 도움을
준다.

예제 분석

이 예제는 앞의 두 예제를 효과적으로 조합하고 있다. '카멜에서 원격 웹 서비스 호출
하기' 예제와 '카멜 루트로 웹 서비스 구현하기' 예제가 하나로 조합되는데, 카멜 루
트가 메시지를 처리하지는 않지만 백엔드의 서비스로 메시지를 전달한다는 차이점이
있다.

이 예제는 프론트엔드와 백엔드 서비스들이 동일한 WSDL 인터페이스를 가지고 있
다고 가정한다. 만약 다르다면 엔드포인트 설정을 적절하게 바꿀 수 있다. 특별히
serviceClass 옵션을 올바른 JAX-WS WebService 산출물로 참조하게 지정한다. 그
러고 나서 두 개의 인터페이스를 연결하기 위해 프록시 카멜 루트에서 바디에 필요한
전환을 수행할 수 있다.

카멜 CXF에 의해 컨슈밍 (from) 엔드포인트로부터 지정된 헤더는 그 엔드포인트 URI
에 명세된 기본 행위를 덮어써서 프로듀싱 엔드포인트의 행위를 방해할 수도 있기 때
문에 익스체인지의 어떤 헤더를 지우거나 변경할 필요도 있을 것이다. 예를 들어 백
엔드가 프록시 웹 서비스의 동작 이름operations name과 다른 동작 이름을 가지고 있다
면, 백엔드 서비스를 실행하기 전에 operationName 헤더를 수정할 필요가 있다.

486

부연 설명

명시적으로 에러 핸들러를 추가해 재전송 설정을 지정하게 할 수 있다. 재전송^{redelivery}은 백엔드 서비스가 일반적인 유지보수나 업그레이드의 이유로 임시적으로 사용이 불가능할 때와 같은 상황에서 매우 유용하다. 카멜은 지속적 가용성^{continuous availability}을 표면상으로 제공해 얼마 동안의 지연 후에 메시지를 재전송하게 시도할 수 있다.

참고 사항

- 카멜 CXF 컴포넌트: http://camel.apache.org/cxf
- 아파치 CXF: http://cxf.apache.org
- 7장, '에러 처리와 보상'의 '동작 재시도하기' 예제
- 'WSDL로 서비스 스텁 생성하기' 예제
- '카멜에서 원격 웹 서비스 호출하기' 예제
- '카멜 루트로 웹 서비스 구현하기' 예제

찾아보기

에이콘출판의 기틀을 마련하신 故 정완재 선생님 (1935-2004)

acorn+PACKT Technical Book 시리즈

아파치 Camel 따라잡기
다재다능한 EIP 기반 오픈소스 통합 프레임워크

인 쇄 ㅣ 2015년 4월 13일
발 행 ㅣ 2015년 4월 20일

지은이 ㅣ 스콧 크랜튼 • 야쿱 코랍
옮긴이 ㅣ 전 재 홍

펴낸이 ㅣ 권 성 준
엮은이 ㅣ 김 희 정
        오 원 영
디자인 ㅣ 선우숙영

인 쇄 ㅣ 한일미디어
용 지 ㅣ 신승지류유통(주)

에이콘출판주식회사
경기도 의왕시 계원대학로 38 (내손동 757-3) (437-836)
전화 02-2653-7600, 팩스 02-2653-0433
www.acornpub.co.kr / editor@acornpub.co.kr

이 도서의 국립중앙도서관 출판시도서목록(CIP)은 서지정보유통지원시스템 홈페이지(http://seoji.nl.go.kr)와
국가자료공동목록시스템(http://www.nl.go.kr/kolisnet)에서 이용하실 수 있습니다.(CIP제어번호: CIP2015010777)

책값은 뒤표지에 있습니다.